Lehr- und Handbücher zu Sprachen und Kulturen

Herausgegeben von
José Vera Morales
und Martin M. Weigert

Bisher erschienene Werke:

Arabisch

Waldmann, Wirtschaftswörterbuch Arabisch-Deutsch · Deutsch-Arabisch

Chinesisch

Liu · Siebenhandl, Einführung in die chinesische Wirtschaftssprache

Englisch

Ehnes · Labriola, Politisches Wörterbuch zum Regierungssystem der USA · Englisch-Deutsch, Deutsch-Englisch, 2. Auflage
O'Neal, Banking and Financial English, 2. Auflage
Schäfer · Galster · Rupp, Wirtschaftsenglisch, 11. Auflage
Wheaton · Schrott, Total Quality Management
Zürl, English Training: Confidence in Dealing with Conferences, Discussions, and Speeches

Französisch

Jöckel, Training Wirtschaftsfranzösisch, 2. Auflage
Lavric · Pichler, Wirtschaftsfranzösisch fehlerfrei – le français économique sans fautes, 2. Auflage

Italienisch

Macedonia, Wirtschaftsitalienisch

Polnisch

Milińska, Übersetzungskurs Polnisch-Deutsch und Deutsch-Polnisch

Russisch

Baumgart · Jänecke, Rußlandknigge
Fijas · Tjulnina, Wirtschaftsrussisch – Wörterbuch Band I: Deutsch-Russisch
Rathmayr · Dobrušina, Texte schreiben und präsentieren auf Russisch

Spanisch

Jöckel, Wirtschaftsspanisch – Einführung
Padilla Gálvez · Figueroa de Wachter, Wirtschaftsspanisch: Textproduktion
Padilla Gálvez, Wirtschaftsspanisch: Marketing
Schnitzer · Martí, Wirtschaftsspanisch – Terminologisches Handbuch, 2. Auflage

Tschechisch

Schmidt, Deutsch-tschechisches Wörterbuch der Betriebswirtschaftslehre

Wirtschafts-wörterbuch

Arabisch – Deutsch
Deutsch – Arabisch

Von
Dr. Albert Waldmann

R. Oldenbourg Verlag München Wien

Die Deutsche Bibliothek - CIP-Einheitsaufnahme

Waldmann, Albert:
Wirtschaftswörterbuch arabisch-deutsch, deutsch-arabisch / von Albert Waldmann. – München ; Wien : Oldenbourg, 1999
(Lehr- und Handbücher zu Sprachen und Kulturen)
ISBN 3-486-24285-7

Rosenheimer Straße 145, D-81671 München
Telefon: (089) 45051-0, Internet: http://www.oldenbourg.de

Gedruckt auf säure- und chlorfreiem Papier
Gesamtherstellung: Druckhaus „Thomas Müntzer“ GmbH, Bad Langensalza

ISBN 3-486-24285-7

Benutzerhinweise

Das vorliegende ***Wirtschaftswörterbuch Arabisch-Deutsch, Deutsch-Arabisch*** umfaß ca. 9000 Eintragungen und ist das Ergebnis einer Bestandsaufnahme des aktuellen arabischen Wirtschaftswortschatzes aus überregionalen arabischen Originalquellen im Zeitraum zwischen 1996-1998. Dabei wurde versucht, allen wirtschaftlich relevanten Bereiche wie Weltwirtschaft, Volkswirtschaft, Betriebswirtschaft, Bankwesen, Rechnungswesen, Versicherungswesen, Vertragswesen, Wirtschaftsgeografie u. a. Rechnung zu tragen. Regionaler bzw. dialektaler Wortschatz fand soweit wie möglich keine Berücksichtigung.

Reihenfolge der Einträge
Die Einträge sind nach dem arabischen Wurzelsystem und darin alphabetisch geordnet. Präpositionen wurden dabei nicht berücksichtigt. Innerhalb der Wurzeln gilt folgende Abfolge:

1. Verben in der Perfektform, I. - X. Stamm
2. Verbalsubstantive, I. - X. Stamm
3. Partizipien Aktiv / Passiv, I. -X. Stamm
4. freie Substantive / Adjektive

Nisbeadjektive sind ihrem Grundwort zugeordnet. Bei den Verben des Grundstamms sind der Imperfektvokal und das Verbalsubstantiv in Klammern beigefügt.

Einträge
Das arabische Stichwort steht in Standardgröße der Buchstaben, alle Erweiterungen in kleinerer Größe. Die deutsche Entsprechung steht in Standardschrift, die Erweiterung in *Kursiv*schrift Die Wurzeln sind durch eine einfache Linie voneinander getrennt.

Arabische Substantive bzw. Adjektive und Substantiv-Adjektiv-Verbindungen sind in der Regel indeterminiert, Genitivverbindungen determiniert zitiert. Die deutschen Entsprechungen sind grammatisch nicht zwangsweise mit den arabischen Einträgen identisch.

*Kapital*gesellschaft	شركة رأسْماليّة	Preis	سِعْر
*Wechsel*kurs	سِعْر الصرْف	teuer	غالٍ

Generell werden die Stichwörter, insbesondere Verben, Verbalsubstantive und Präpositionen, mit fachsprachlich relevanten Erweiterungen zitiert.

Vermarktung *von Waren*	تسويق البضائع	kreditieren *Betrag*	اعتمد مبْلغا
*zoll*pflichtig	خاضع للجُمْرك	sich beteiligen *an Projekt*	شارك في مشروع

Bei intransitiven Verben trägt das Subjekt die Flexionsendung *ḍamma*. Um die Kongruenzregeln mit der Verbform nicht zu verletzen, steht es in Klammern.

fallen *(Preise)*	انخفض (الأسعارُ)

Arabische Substantive werden mit fachsprachlich relevanten Verben zitiert.

Preis *kontrollieren*	ضبط سِعْرا	Preis *senken*	خفّض سِعْرا
Preis *akzeptieren*	قبِل سِعْرا	Preis *erhöhen*	رفع سِعْرا

Die Pluralformen von Substantiven bzw. Adjektiven sind im Arabischen in allen Fällen angegeben., bei den deutschen Entsprechungen nicht. Bei den regelmäßigen Pluralendungen auf ون bzw ات werden nach dem Pluralzeichen ج nur diese zitiert, so daß sie an die Singularform angefügt werden müssen.

مهنْدِسون	<	مهنْدِس ج ون
اعتمادات	<	اعتماد ج ات

Umschrift

Die Umschrift der arabischen Einträge steht in eckigen Klammern. Bei der Imperfektform des Grundstammes der Verben ist die volle Lautung angegeben. Die Singularform der Substantive ist von der Pluralform durch ein Komma getennt.

Bei den regelmäßigen Pluralformen steht anstelle der Singularform eine Tilde [~].

[muhandis, ~ûn]	> [muhandisûn]
[iʿtimâd, ~ât]	> [iʿtimâdât]

Die Umschriftzeichen entsprechen folgenden Lauten:

Vokale und Diphtonge

[a]	kurzes a	[i]	kurzes i
[â]	langes a	[î]	langes i
[u]	kurzes u	[ay]	ai
[û]	langes u	[aw]	au

Konsonanten

[ʾ]	Stimmritzenverschluß (am Wortanfang unberück-sichtigt)	[ṣ]	velarisiertes *s*
[ṯ]	engl. stimmhaftes *th*	[ḍ]	velarisiertes *d*
[ǧ]	engl. *j* wie *John*	[ṭ]	velarisiertes *t*
[ḥ]	gepreßtes *h*	[ẓ]	velarisiertes stimmhaftes engl. *th*
[ḫ]	*ach*-Laut	[ʿ]	gepreßter Stimmritzenverschluß
[ḏ]	engl. stimmhaftes *th*	[ġ]	Zäpfchen-*r*
[r]	Zungen-*r*	[q]	*k* am Gaumensegel
[z]	stimmhaftes *s*	[w]	engl. *w* wie *what*
[š]	*sch*-Laut	[y]	j

Die übrigen Konsoanten [b, t, d, s, f, k, l, m, n, h] entsprechen weitestgehend den deutschen Konsonanten. Bei Doppelkonsonanz in der Umschrift wird die Artikulation angehalten. In der Umgebung der velarisierten Konsonanten [ṣ, ḍ, ṭ, ẓ] sowie [q] werden die Vokale dunkel gefärbt.

Vokalisierung
Nicht vokalisiert sind:

- die Verben mit Ausnahme des Imperfektvokals des Grundstammes, die Verbalsubstantive mit Ausnahme des Grundstammes und von *ḍamma* in den Verbalsubstantiven im V. und VI Stamm, die Partizipien mit Ausnahme von *kasra* bei den Aktivpartizipien der abgeleiteten Stämme,
- *fatha* in allen Fällen,
- *kasra* bei der Nisbeendung,
- *šadda* in Verbindung mit dem Artikel,
- Präpositionen und Partikeln,
- die nominalen Flexionsendungen und die Nunation.

In der Appositon sind ḍamma und die Nunation bei beiden Substantiven angegeben.

Alle übrigen Fälle sind vokalisiert.

Übersicht der arabischen Länder
Nach dem arabisch-deutschen Teil befindet sich eine Übersicht über die Bezeichnung der arabischen Länder, ihre Hauptstädte und Währungen auf arabisch und deutsch.

Deutsches Glossar
Neben dem arabisch-deutschen Teil befinden sich die deutschen Entsprechungen mit den Seitenangaben der entsprechenden arabischen Stichwörter. Da die Ausgangssprache Arabisch ist, sollte der Benutzer nicht erwarten, den gesamten deutschsprachigen wirtschaftlichen Fachwortschaft vorzufinden.

Abkürzungen und Symbole

Dubletten	/	Plural	ج
siehe (auch)	←	feminin	م

Die arabischen Länder, Hauptstädte und Währungen البلدان العربية وعاصماتها وعملاتها

Jordanien / Amman	Dinar = 1000 Fils	١٠٠٠ فِلْس	دِينار	عمّان	الأُرْدُن
Emirate / Abu Dhabi	Dirham = 100 Fils	١٠٠ فِلْس	دِرْهم	أبُو ذبِي	الإمارات
Bahrain / Manama	Dinar = 1000Fils	١٠٠٠ فِلْس	دِينار	المنامة	البحْريْن
Tunesien / Tunis	Dinar = 1000 Millieme	١٠٠٠ مِلّيم	دِينار	تُونِس العاصمة	تُونِس
Algerien / Algier	Dinar = 100 Centime	١٠٠ سنْتِيم	دِينار	الجزائِر العاصمة	الجزائِر
Dschibuti / Dschibuti	Franc		فرْنك	جِيبُوتِي	جِيبُوتِي
Saudiarabien / Riad	Rial = 100 Halalah	١٠٠ هلله	رِيال	الرِّياض	السعُوديّة
Syrien / Damaskus	Lira = 100 Qirsch	١٠٠ قِرْش	لِيرة	دِمشْق	سُوريا
Sudan / Khartum	Pfund = 1000 Millieme	١٠٠٠ مِلّيم	جُنيْه	الُخرْطُوم	السُّودان
Somalia / Mogadischu	Shilling		شِلِن	مُقدِيشُو	الصُّومال
Oman / Maskat	Rial = 1000 Baiza	١٠٠٠ بيْزة	رِيال	مسْقط	عُمان
Irak / Bagdad	Dinar = 1000 Fils	١٠٠٠ فِلْس	دِينار	بغْداد	العِراق
Qatar / Doha	Rial = 100 Dirham	١٠٠ دِرْهم	رِيال	الدوْحة	قطر
Kuwait / Kuwait	Dinar = 1000 Fils	١٠٠٠ فِلْس	دِينار	الكُويْت	الكُويْت
Libanon / Beirut	Lira = 100 Qirsch	١٠٠ قِرْش	لِيرة	بيْرُوت	لُبْنان
Libyen / Tripolis	Dinar = 1000 Dirham	١٠٠٠ دِرْهم	دِينار	طرابُلُس	لِيبيا
Marokko / Rabat	Dirham = 100 Centime	١٠٠ ستْنِيم	دِرْهم	الرِّباط	المغْرِب
Ägypten / Kairo	Pfund = 100 Qirsch	١٠٠ قِرْش	جُنيْه	القاهِرة	مِصْر
Mauretanien / Nouakschott	Ougouiya		أُوغِية	نُوكْشُوط	مُورِيطانِيا
Jemen / Sanaa	Rial = 100 Fils	١٠٠ فِلْس	رِيال /	صنْعاء	اليمن

أ

Abgabe, Gebühr	[itâwa, ~ât / atâwâ]	إتاوة ج ات / أتاوى
automatisieren *Produktion*	[atmata al-intâǧ]	أتْمت الإنتاج
Automatisierung *der Arbeit*	[atmatat al-ʿamal]	أتْمتة العمل
beeinflussen, wirken *auf*, beeinträchtigen *Markt*	[at̲t̲ara ʿalâ as-sûq]	أثّر على السُوق
negativ wirken *auf Nachfrage*	[at̲t̲ara salban ʿalâ aṭ-ṭalab]	أثّر سلْبا على الطلب
positiv wirken *auf Verkauf*	[at̲t̲ara îǧâbiyyan ʿalâ al-bayʿ]	أثّر إيجابيا على البيْع
beinträchtigt sein o. werden *durch Krise*	[ta'at̲t̲ara bi-azma]	تأثّر بأزْمة
Einfluß, Wirkung *auf Wirtschaft*	[ta't̲îr ʿalâ al-iqtiṣâd]	تأثير على الاقتصاد
finanzielle Einflußfaktoren	[mu'at̲t̲irât mâliyya]	ج مؤثِّرات ماليّة
Folge, Konsequenz	[at̲ar, ât̲âr]	أثر ج آثار
*Umwelt*folgen	[ât̲âr bî'iyya]	آثار بِيئيّة
*Treibhaus*effekt	[at̲ar ad-dafî'a]	أثر الدفِيئة
*rück*wirkend *von einem Datum*	[bi-at̲ar raǧʿî min târîḫ]	بأثر رجْعيّ من تارِيخ
negative Folgen	[ât̲âr salbiyya]	آثار سلْبيّة
vermieten *Zimmer an Touristen*	[aǧǧara ġurfa li-suyyâḥ]	أجّر غُرْفة لسُيّاح
verpachten *Land*	[aǧǧara arḍan]	أجّر أرْضا
vermietet, verpachtet sein o. werden *(Haus)*	[ta'aǧǧara (al-bait)]	تأجّر (البيْتُ)
mieten *Appartement*	[ista'ǧara šuqqa]	استأجر شُقّة
pachten *Land*	[ista'ǧara arḍan]	استأجر أرْضا
leasen *Auto*	[ista'ǧara sayyâra]	استأجر سيّارة
chartern *Flugzeug*	[ista'ǧara ṭâ'ira]	استأجر طائرة
*Produktions*lizenz	[ta'ǧîr barâ'at al-intaǧ]	تأجير براءة الإنتاج
*Auto*verleih	[ta'ǧîr as-sayyârât]	تأجير السيّارات
Verpachtung *eines Hotels*	[ta'ǧîr al-funduq]	تأجير الفُنْدُق
gepachtet, auf Pacht	[bi-t-ta'ǧîr]	بالتأجير
Vermietung, Verpachtung	[îǧâr]	إيجار

zu vermieten	[li-l-îğâr]	للإيجار
Miete, Pacht	[îğâr, ~ât]	إيجار ج ات
*Natural*pacht	[îğâr ʿainî]	إيجار عيْنيّ
*Geld*pacht	[īğâr naqdî]	إيجار نقْديّ
Miete, Vermietung	[iğâra]	إجارة
Chartern *eines Schiffes*	[isti'ğâr as-safîna]	استئجار السفِينة
Leasing *eines Autos*	[isti'ğâr as-sayyâra]	استئجار السيّارة
Lohnarbeiter	[ma'ğûr, ~ûn]	مأجور ج ون
Vermieter, Verpächter	[mu'ağğir, ~ûn]	مؤجِّر ج ون
vermietet, verpachtet, geleast	[mu'ağğar]	مؤجّر
Mieter, Pächter	[mu'ağğar lahu, mu'ağğar lahum]	مؤجّر له ج مؤجّر لهم
Mieter, Pächter	[musta'ğir, ~ûn]	مستأجِر ج ون
Lohn, Gehalt, Sold, Honorar, Gebühr	[ağr, uğûr]	أجْر ج أُجُور
*Brutto*lohn	[ağr iğmâlî]	أجْر إجماليّ
*Real*lohn	[ağr ḥaqîqî]	أجْر حقِيقىّ
niedrige Löhne	[uğûr munḫafiḍa]	أُجُور منخفِضة
hohe Löhne	[uğûr murtafiʿa]	أُجُور مرتفِعة
*Fracht*gebühren	[uğûr aš-šaḥn]	أُجُور الشّحْن
*Monats*lohn	[ağr šahrî]	أجْر شهْريّ
*Netto*lohn	[ağr ṣâfin]	أجْر صافٍ
*Akkord*lohn	[ağr bi-l-qiṭʿa]	أجْر بالقِطْعة
gleicher Lohn	[ağr mutakâfi']	أجْر متكافِئ
*Tarif*lohn	[uğûr ḥasba al-ittifâq]	أُجُور حسب الاتّفاق
Löhne *einfrieren*	[ğammada uğûran]	جمّد أُجُورا
Löhne *kürzen*	[ḫaffaḍa uğûran]	خفّض أُجُورا
Löhne *erhöhen*	[rafaʿa uğûran]	رفع أُجُورا
Pacht, Taxe, Mietgebühr	[uğra]	أُجْرة
*Post*gebühr, *Brief*porto	[uğrat al-barîd]	أُجْرة البريد
*Arbeits*entgelt	[uğrat al-ʿamal]	أجْرة العمل

*Transport*gebühr	[uğrat an-naql]	أجْرة النقْل
Lohnarbeiter	[ağîr, uğarâ']	أجِير ج أُجراء
Tagelöhner	[ağîr muyâwim]	أجير مياوِم
aufschieben, vertagen *Termin*	[aǧǧala maw'idan]	أجّل موْعِدا
stunden *Zahlung*	[aǧǧala daf'an]	أجّل دفْعا
Stundung, *Zahlungs*aufschub, Moratorium	[ta'ǧîl ad-daf']	تأجيل الدفْع
Termin-	[âǧil]	آجِل
gestundet, vertagt	[mu'aǧǧal]	مؤجّل
Frist, Laufzeit	[aǧal, âǧâl]	أجل ج آجال
*lang*fristig	[ṭawîl al-aǧal]	طوِيل الأجل
*kurz*fristig	[qaṣîr al-aǧal]	قصِير الأجل
*mittel*fristig	[mutawassiṭ al-aǧal]	متوسِّط الأجل
auf unbestimmte Frist	[ilâ aǧal ġair musamman]	إلى أجل غيْر مسمّىً
Termin-	[li-aǧal]	لأجل
Frist *verlängern*	[maddada âǧalan]	مدّد أجلا
verzögern, aufhalten *Lieferung*	[aḫḫara šaḥnan]	أخّر شحْنا
sich verspäten *(Lieferung)*	[ta'aḫḫara (aš-šaḥn)]	تأخّر (الشحْنُ)
in Rückstand geraten *bei der Produktion*	[ta'aḫḫara fî al-intâǧ]	تأخّر في الإنتاج
überfällig sein *mit Zahlung,* im *Zahlungs*rückstand sein	[ta'aḫḫara 'an ad-daf']	تأخّر عن الدفْع
in *Liefer*rückstand sein	[ta'aḫḫara 'an maw'id at-taslîm]	تأخّر عن موْعِد التسليم
Verspätung, Verzögerung, Verzug, Rückstand	[ta'aḫḫur]	تأخُّر
Rückstand *bei Ratenzahlung*	[ta'aḫḫur 'an tasdîd al-qisṭ]	تأخُّر عن تسديد القِسْط
Restbetrag, Restzahlung	[mu'aḫḫar, ~ât]	مؤخّر ج ات
verspätet, im Rückstand befindlich	[muta'aḫḫir]	متأخِّر
rückständig, veraltet	[muta'aḫḫir]	متأخِّر
Zahlungsrückstände	[muta'aḫḫirât]	ج متأخِّرات
überfällige *Lohn*zahlungen	[muta'aḫḫirât min al-uğûr]	متأخِّرات من الأُجُور
fällige Rückstände	[muta'aḫḫirât mustaḥiqqa]	متأخِّرات مستحِقّة
aufgelaufene Zahlungsrückstände	[muta'aḫḫirât mutarâkima]	متأخِّرات متراكِمة

strukturelle Rückstände	[muta'aḫḫirât haykaliyya]	متأخّرات هيْكليّة
Zahlungsrückstände *begleichen*	[sadda muta'aḫḫirât]	سدّ متأخّرات
Instrument, Werkzeug	[adât, adawât]	أداة ج أدوات
Instrumentarien *des Marketings*	[adawât at-taswîq]	أدوات التسويق
*Finanz*instrumente	[adawât mâliyya]	أدوات ماليّة
*Produktions*mittel	[adawât al-intâğ]	أدوات الإنتاج
*Transport*mittel	[adawât an-naql]	أدوات النقْل
*Verbrauchs*güter	[adawât al-istihlâk]	أدوات الاستهلاك
leisten *einen Dienst*	[addâ ḫidma]	أدّى خِدْمة
spielen *wirtschaftliche Rolle*	[addâ dawran iqtiṣâdiyyan]	أدّى دوْرا اقتصاديّا
tilgen *Schuld*	[addâ daynan]	أدّى ديْنا
zahlen *Steuer*	[addâ ḍarîba]	أدّى ضرِيبة
ausführen, leisten *Arbeit*	[addâ ʿamalan]	أدّى عملا
ausüben *Funktion*	[addâ waẓîfa]	أدّى وظِيفة
	[ta'diya]	تأدية ← أداء
*Schulden*tilgung	[adâ' ad-duyûn]	أداء الدُّيُون
*Aktien*rendite	[adâ' al-ashum]	أداء الأسْهُم
Leistungsfähigkeit *der Aktienmärkte*	[adâ' sûq al-ashum]	أداء سُوق الأسْهُم
*Steuer*zahlung	[adâ' aḍ-ḍarâ'ib]	أداء الضرائِب
*Arbeits*leistung	[adâ' al-ʿamal]	أداء العمل
Leistungskraft *der Wirtschaft*	[adâ' al-iqtiṣâd]	أداء الاقتصاد
Produktivität *des Agrarsektors*	[adâ' al-qiṭâʿ az-zirâʿî]	أداء القِطاع الزِراعيّ
Anweisung, Order, Erlaubnis	[iḏn, uḏûn / uḏûnât]	إذْن ج أُذُون / أُذُونات
*Post*anweisung	[iḏn al-barîd]	إذْن البرِيد
*Schatz*anweisung, Schatzbrief	[iḏn al-ḫizâna/al-ḫazîna]	إذْن الخِزانة / الخزِينة
*Zutritts*erlaubnis	[iḏn ad-duḫûl]	إذْن الدُخُول
*Zahlungs*anweisung	[iḏn aṣ-ṣarf]	إذن الصرْف
*Aufenthalts*erlaubnis	[iḏn al-iqâma]	إذْن الإقامة
*Import*lizenz	[iḏn al-istîrâd]	إذن الاستيراد

Amtsbefugnis	[ma'ḏûniyya]	مأذونيّة
schwanken *(Preise)*	[ta'arǧaḥa (al-as'âr)]	تأرْجح (الأسْعارُ)
*Wechselkurs*schwankung	[ta'arǧuḥ as'âr aṣ-ṣarf]	تأرْجُح أسْعار الصرْف
schwankend, labil	[muta'arǧiḥ]	متأرْجح
datieren *Rechnung*	[arraḫa fâtûra]	أرّخ فاتُورة
*rück*datieren *Brief*	[arraḫa risâla bi-tarîḫ sâbiq]	أرّخ رِسالة بتارِيخ سابق
*vor*datieren *Brief*	[arraḫa risâla bi-târîḫ lâḥiq]	أرخ رِسالة بتارِيخ لاحق
Datierung *einer Rechnung*	[ta'rîḫ al-ḥisâb]	تأريخ الحِساب
Datum	[târîḫ, tawârîḫ]	تارِيخ ج توارِيخ
Datum *des Poststempels*	[târîḫ ḫatm al-barîd]	تارِيخ ختْم البرِيد
*Ausstellungs*datum, *Emmissions*datum	[târîḫ al-iṣdâr]	تارِيخ الإصدار
*Verfalls*datum	[târiḫ intihâ' aṣ-ṣalâḥiyya]	تارِيخ انتهاء الصلاحيّة
datiert	[mu'arraḫ]	مؤرّخ
*un*datiert, *ohne* Datum	[ġayr mu'arraḫ]	غيْر مؤرّخ
Jordan *(Fluß)*	[(nahr) al-urdunn]	(نهْر) الأُرْدُنّ
archivieren, ablegen *Unterlagen*	[aršafa mustanadât]	أرْشف مستندات
Archivierung *von Akten*	[aršafat al-milaffât]	أرْشفة المِلفّات
Archiv, Ablage	[aršîf, ~ât, arâšîf]	أرْشيف ج ات / أراشيف
Erde, Land, Boden, Territorium, Gebiet	[arḍ, arâḍin]	أرْض ج أراضٍ
*Hoheits*gebiet	[arâḍin iqlîmiyya]	أراضٍ إقْليميّة
Domäne	[arḍ amîriyya]	أرْض أمِيريّة
bewohntes Territorium	[arâḍin ma'hûla]	أراضٍ مأهولة
*Brach*land, *Öd*land	[arḍ bûr]	أرْضٌ بورٌ
fruchtbares Land	[arḍ ḫaṣiba]	أرْض خصِبة
landwirtschaftlich genutzter Boden	[arâḍin mazrû'a]	أراضٍ مزروعة
*Wüsten*boden	[arâḍin ṣaḥrâwiyya]	أراضٍ صحْراويّة
kulturfähiger Boden	[arḍ ṣâliḥa li-z-zirâ'a]	أرْض صالحة للزِراعة
urbar gemachtes Land	[arâḍin mustaṣlaḥa]	أراضٍ مستصلحة

Waqf-Land	[arâḍî al-awqâf]	أراضِي الأوْقاف
Fundament, Untergrenze	[arḍiyya, ~ât]	أرْضيّة ج ات
Kontrollabschnitt *eines Schecks*	[arûmat aš-šîk, ~ât]	أرُومة الشِيك ج ات
Engpaß	[ma'ziq, ma'âziq]	مأْزِق ج مآزِق
aus Engpaß *herauskommen*	[ḫaraǧa min ma'ziq]	خرج من مأْزِق
zuspitzen *Lage*	[azzama al-waḍʿ]	أزّم الوضْع
zugespitzt sein o. werden in der Krise sein *Wirtschaft*	[ta'azzama (al-iqtiṣâd)]	تأزّم (الاقتصادُ)
in der Krise, zugespitzt	[ma'zûm]	مأزوم
in der Krise, kritisch, zugespitzt	[muta'azzim]	متأزِّم
Krise	[azma, ~ât]	أزْمة ج ات
*Struktur*krise	[azma binyawiyya]	أزْمة بِنْيويّة
akute, scharfe Krise	[azma ḥâdda]	أزْمة حادّة
schwere Krise	[azma ḫâniqa]	أزْمة خانقة
zyklische Krise	[azma dawriyya]	أزْمة دوْريّة
*Verschuldungs*krise	[azmat al-madyûniyya]	أزْمة المديونيّة
*Agrar*krise	[azma zirâʿiyya]	أزْمة زِراعيّة
chronische Krise	[azma muzmina]	أزْمة مزمِنة
*Absatz*krise	[azmat at-taswîq]	أزْمة التسويق
*Liquiditäts*krise	[azmat as-suyûla]	أزْمة السُّيُولة
*Energie*krise	[azmat aṭ-ṭâqa]	أزْمة الطاقة
*Wirtschafts*krise	[azma iqtiṣâdiyya]	أزْمة اقتصاديّة
latente Krise	[azma kâmina]	أزْمة كامنة
*Finanz*krise	[azma mâliyya]	أزْمة ماليّة
*Währungs*krise	[azma naqdiyya]	أزْمة نقْديّة
Krise *ausbrechen*	[(indalaʿa) al-azma]	(اندلع) الأزْمةُ
Krise *überwinden*	[taǧâwaza azma]	تجاوز أزْمة
aus einer Krise *herauskommen*	[ḫaraǧa min azma]	خرج من أزْمة
in eine Krise *geraten*	[waqaʿa fî azma]	وقع في أزْمة
gründen *Unternehmen*	[assasa šarika]	أسّس شرِكة

gegründet sein o. werden *Betrieb*	[ta'assasa (al-maṣnaʿ)]	تأسّس (المصْنَعُ)
Gründung *einer Bank*	[ta'sîs al-maṣrif]	تأسيس المصْرِف
Gründungs-	[ta'sîsî]	تأسيسيّ
Gründer	[mu'assis, ~ûn]	مؤسِّس ج ون
gegründet	[mu'assas]	مؤسّس
Institution, Einrichtung, Stiftung, Unternehmen, Organisation	[mu'assasa, ~ât]	مؤسّسة ج ات
*Nichtregierungs*organisation	[mu'assasa ġayr ḥukûmiyya]	مؤسّسة غيْر حُكوميّة
*Industrie*unternehmen	[mu'assasa ṣinâʿiyya]	مؤسّسة صِناعيّة
staatliche Institution	[mu'assasa ʿâmma]	مؤسّسة عامّة
*Finanz*institut	[mu'assasa mâliyya]	مؤسّسة ماليّة
*Produktions*unternehmen	[mu'assasa intâğiyya]	مؤسّسة إنتاجيّة
*Eich*amt	[mu'assasat al-muwâṣafât wa-l-maqâyîs]	مؤسّسة المواصفات والمقاييس
*Treuhand*anstalt	[mu'assatat al-wiṣâya]	مؤسّسة الوِصاية
institutionell	[mu'assasâtî]	مؤسّساتيّ
Grundlage, Fundament	[asâs, usus]	أساس ج أُسُس
auf kommerzieller Grundlage	[ʿalâ usus tiğâriyya]	على أُسُس تِجاريّة
*Lebens*grundlagen	[usus al-maʿîša]	أُسُس المعيشة
*Verhandlungs*basis	[asâs at-tafâwuḍ]	أساس التفاوُض
Grundlagen der *Wirtschaft*	[usus al-iqtiṣâd]	أُسُس الاقتصاد
materielle Grundlage	[asâs mâddî]	أساس مادّيّ
grundlegend, prinzipiell, Haupt-	[asâsî]	أساسيّ
Grundlagen	[asâsiyyât]	أساسيّات
Meister, Handwerksmeister	[ustaḏ, asâtiḏa]	أُسْتاذ ج أساتِذة
Strategie	[istrâtîğiyâ / strâtîğiyâ, ~ât]	إسْتراتِيجيا / سْتراتِيجيا ج ات
*Vermarktungs*strategie	[istrâtîğiyâ taswîqiyya]	إسْتراتِيجيا تسويقيّة
*Unternehmens*strategie	[istrâtiğiyâ aš-šarika]	إسْتراتِيجيا الشرِكة
*Entwicklungs*strategie	[istrâtîğiyâ at-tanmiya]	إسْتراتِيجيا التنمية
Strategie *verfolgen*	[tabannâ istrâtîğiyâ]	تبنّى إسْتراتِيجيا
strategisch, Stratege	[istrâtîğî, ~ûn]	إسْتراتِيجيّ ج ون

Formular, Fragebogen, Vordruck	[istimâra, ~ât]	استمارة ج ات
*Antrags*formular	[istimârat aṭ-ṭalab]	استمارة الطلب
Formular *ausfüllen*	[mala’a istimâra]	ملأ استمارة
Flotte, Fuhrpark	[usṭûl, asâṭîl]	أُسْطُول ج أساطِيل
*Schiffs*flotte	[usṭûl baḥrî]	أُسْطُول بحْريّ
*Handels*flotte	[usṭûl tiğârî]	أُسْطُول تِجاريّ
*Luft*flotte	[usṭûl ğawwî]	أُسْطُول جوّيّ
*Fischfang*flotte	[usṭûl ṣayd as-samak]	أُسْطُول صيْد السمك
Islamisierung *der Wirtschaftsordnung*	[aslamat an-niẓâm al-iqtiṣâdî]	أسْلمة النِظام الاقتصاديّ
Zement	[asmant / ismant]	أسْمنْت / إسْمنْت
loser Zement	[asmant sâ’ib]	أسْمنْت سائب
abgepackter Zement	[asmant muʿabba’]	أسْمنْت معبّأ
mit einem Sichtvermerk versehen *Reisepaß*	[aššara ta’šîra ʿalâ ğawâz as-safar]	أشّر تأشيرة على جواز السفر
Eintragung eines Vermerks	[ta’šîr]	تأشير
Visum, Sichtvermerk	[ta’šîra, ~ât]	تأشيرة ج ات
*Sammel*visum	[ta’šîra ğamâʿiyya]	تأشيرة جماعيّة
*Ausreise*visum	[ta’šîrat al-ḫurûğ]	تأشيرة الخُرُوج
*Einreise*visum	[ta’šîrat ad-duḫûl]	تأشيرة الدُخُول
*Besucher*visum	[ta’šîrat az-ziyâra]	تأشيرة الزيارة
*Aufenthalts*visum	[ta’šîrat al-iqâma]	تأشيرة الإقامة
*Trans*itvisum	[ta’šîrat al-murûr]	تأشيرة المُرُور
Kennziffer, Index	[mu’aššir, ~ât]	مؤشّر ج ات
*Haupt*kennziffern, *Eck*daten	[mu’ašširât asâsiyya]	مؤشّرات أساسيّة
*Preis*index	[mu’âššir al-asʿâr]	مؤشّر الأسْعار
*Einzelhandelspreis*index	[mu’aššir asʿâr at-tağzi’a]	مؤشّر أسْعار التجزئة
*Rohstoffpreis*index	[mu’aššir asʿâr al-mawâdd al-ḫâm]	مؤشّر أسْعار الموادّ الخام
*Verbraucherpreis*index	[mu’aššir asʿâr al-mustahlikîn]	مؤشّر أسْعار المستهلِكين
*Aktien*index	[mu’aššir al-ashum]	مؤشّر الأسْهُم

*Industrie*index	[mu'aššir ṣinâʿî]	مؤشّر صِناعيّ
wirtschaftliche Kennziffern	[mu'ašširât iqtiṣâdiyya]	مؤشّرات اقتصاديّة
*Lebenshaltungskosten*index	[mu'aššir takâlîf al-maʿîša]	مؤشّر تكالِيف المعيشة
*Finanz*kennziffern	[mu'ašširât mâliyya]	مؤشّرات ماليّة
Bestände, Guthaben, Aktiva	[uṣûl]	ج أُصُول
fixe Bestände	[uṣûl ṯâbita]	أُصُول ثابتة
*Auslands*guthaben	[uṣûl ağnabiyya]	أُصُول أجْنبيّة
*Umlauf*mittel	[uṣûl mutadâwala]	أُصُول متداولة
*Anlage*vermögen, *Kapital*bestände	[uṣûl ra'smâliyya]	أُصُول رأْسْماليّة
gepfändete Bestände	[uṣûl marhûna]	أُصُول مرهونة
flüssiges Vermögen, *flüssige* Mittel	[uṣûl sâ'ila]	أُصُول سائلة
Aktiva *und Passiva*	[uṣûl wa-ḫuṣûm]	أُصُول وخُصُوم
Vermögen *an Grund und Boden*	[uṣûl ʿaqâriyya]	أُصُول عقاريّة
immaterielles Anlagevermögen	[uṣûl ġayr mâddiyya]	أُصُول غيْر مادّيّة
*Bargeld*guthaben	[uṣûl naqdiyya]	أُصُول نقْديّة
Bestände *verwalten*	[adâra uṣûlan]	أدار أُصُولا
Herkunft, Ursprung	[aṣl, uṣûl]	أصْل ج أُصُول
von arabischer Herkunft	[min aṣl ʿarabî]	من أصْل عربيّ
Original *eines Vertrages*	[aṣl al-ittifâqiyya]	أصْل الاتّفاقيّة
fünf von ursprünglich *zehn*	[ḫamsa min aṣl ʿašra]	خمْسة من أصْل عشْرة
ursprünglich, original, Grund-	[aṣlî]	أصْلي
ausbilden *Führungskräfte*	[aṭṭara uṭuran]	أطّر أُطُرا
Ausbildung *von Managern*	[ta'ṭîr al-mudarâ']	تأطير المُدراء
Führungspersonal	[uṭur]	ج أُطُر
Führungskräfte	[uṭur qiyâdiyya]	أُطُر قِياديّة
Rahmen	[iṭâr, ~ât]	إِطار ج ات
institutioneller Rahmen	[iṭâr mu'assasâtî]	إِطار مؤسّساتيّ
rechtlicher Rahmen	[iṭâr qânûnî]	إِطار قانُونيّ
wirtschaftlicher Rahmen	[iṭâr iqtiṣâdî]	إِطار اقتصاديّ

*Finanz*rahmen	[iṭâr mâlî]	إطار ماليّ
*Organisations*rahmen	[iṭâr tanẓîmî]	إطار تنظيميّ
Perspektive	[ufuq, âfâq]	أُفُق ج آفاق
Perspektiven *eröffnen*	[fataḥa âfâqan]	فتح آفاقا
horizontal	[ufuqî]	أُفُقيّ
anpassen *Wirtschaftsstruktur*	[aqlama at-binya al-iqtiṣâdiyya]	أقْلم البِنْية الاقتصاديّة
regionalisieren *Wirtschaftssystem*	[aqlama niẓâman iqtiṣâdiyyan]	أقْلم نِظاما اقتصاديًا
sich anpassen *an Markt*	[ta'aqlama maʿa as-sûq]	تأقْلم مع السُوق
Regionalisierung	[aqlama]	أقْلمة
Anpassung *an Marktwirtschaft*	[ta'aqlum maʿa iqtiṣâd as-sûq]	تأقْلُم مع اقتصاد السُوق
Region	[iqlîm, aqâlîm]	إقْلِيم ج أقالِيم
regional	[iqlîmî]	إقْلِيميّ
Regionalismus	[iqlîmiyya]	إقْلِيميّة
sich abnutzen, verschlissen sein o. werden *(Material)*	[ta'akkala (al-mawâdd)]	تأكّل (الموادُّ)
sich abnutzen, verschlissen sein o. werden *(Maschinen)*	[ta'âkala (al-âlât)]	تآكل (الآلاتُ)
Abnutzung, Verschleiß *von Geräten*	[ta'akkul al-aǧhiza]	تأكُّل الأجْهِزة
Verfall *der Währung*	[ta'âkul al-ʿumla]	تآكُل العُمْلة
Promille	[fî al-alf]	في الألْف
Aluminium	[aluminyum]	ألُمِنْيُوم
nationalisieren, verstaatlichen *Anteile*	[ammama ḥiṣaṣan]	أمّم حِصصا
Nationalisierung, Verstaatlichung *von Banken*	[ta'mîm al-maṣârif]	تأميم المصارِف
nationalisiert, verstaatlicht	[mu'ammam]	مؤمّم
Frist, Zeitspanne, Laufzeit	[amad, âmâd]	أمد ج آماد
*lang*fristig	[ṭawîl al-amad]	طوِيل الأمد
*kurz*fristig	[qaṣîr al-amad]	قصِير الأمد
*mittel*fristig	[mutawassiṭ al-amad]	متوسّط الأمد
anweisen *einem Angestellten eine Aufgabe*	[amara (ya'muru, amr) muwaẓẓafan bi-muhimma]	أمر (ـُ أمْر) موظّفا بمهِمّة
Anordnung, Auftrag, Order, Verfügung, Befehl, Erlaß	[amr, awâmir]	أمْر ج أوامِر

*Zahlungs*befehl	[amr bi-d-dafʿ]	أمْر بالدفْع
*Verwaltungs*anordnung	[amr idârî]	أمْر إداريّ
*Transport*auftrag	[amr bi-š-šaḥn]	أمْر بالشحْن
*Konkurseröffnungs*beschluß	[amr bi-išhâr al-iflâs]	أمْر بإشهْار الإفلاس
*Zahlungs*anweisung	[amr bi-ṣ-ṣarf]	أمْر بالصرْف
offener Auftrag	[amr maftûḥ]	أمْر مفتوح
gerichtliche Anordnung	[amr qaḍâ'î]	أمْر قضائيّ
Anordnung *erlassen*	[aṣdara amran]	أصدر أمْرا
*Liefer*auftrag	[amr bi-t-taslîm]	أمْر بالتسليم
beauftragt, Beauftragter, Verwalter	[ma'mûr, ~ûn]	مأمور ج ون
*Konkurs*verwalter	[ma'mûr at-taflîsa]	مأمور التفليسة
sichern, sicherstellen *Versorgung*	[ammana at-tamwîn]	أمّن التموين
versichern *Kunden gegen Risiko*	[ammana ʿamîlan ḍidda muḫâṭara]	أمّن عميلا ضِدّ مخاطرة
Sicherheit	[amn]	أمْن
soziale Sicherheit	[amn iǧtimâʿî]	أمْن اجتماعيّ
Sicherung *der industriellen Entwicklung*	[amn ṣinâʿî]	أمْن صِناعيّ
Sicherung *der Nahrungsmittel-versorgung*	[amn ġiḏâ'î]	أمْن غِذائيّ
Sicherung *der Wasserersorgung*	[amn mâ'î]	أمْن مائيّ
Sicherung *von Ölquellen*	[ta'mîn maṣâdir an-nafṭ]	تأمين مصادِر النفْط
Versicherung, Assekuranz	[ta'mîn]	تأمين ج ات
*Arbeitslosen*versicherung	[ta'mîn ḍidda al-biṭâla]	تأمين ضدّ البِطالة
*Sozial*versicherung	[ta'mîn iǧtimâʿî]	تأمين اجتماعيّ
*Unfall*versicherung	[ta'mîn ḍidda al-ḥawâdiṯ]	تأمين ضدّ الحوادِث
*Feue*rversicherung	[ta'mîn ḍidda al-ḥarîq]	تأمين ضدّ الحرِيق
*Lebens*versicherung	[ta'mîn ʿalâ al-ḥayât]	تأمين على الحياة
*Schadens*versicherung	[ta'mîn ḍidda al-aḫṭâr]	تأمين ضدّ الأخْطار
*Auto*versicherung	[ta'mîn as-sayyârât]	تأمين السيّارات
*Kranken*versicherung	[ta'mîn ṣiḥḥî]	تأمين صِحّيّ
*Unfall*versicherung	[ta'mîn ḍidda al-iṣâbât]	تأمين ضدّ الإصابات

*Kredit*sicherung	[ta'mîn al-iqtirâḍ]	تأمين الاقتراض
*Pflicht*versicherung	[ta'mîn ilzâmî]	تأمين إلزاميّ
Versicherungs-	[ta'mînî]	تأمينيّ
Kredit	[i'timân, ~ât]	ائتمان ج ات ← تسليف / اعتماد قرْض
Kredit-	[i'timânî]	ائتمانيّ
versichert, Versicherter, Versicherungsnehmer	[mu'amman ʿalaihi, mu'amman ʿalaihim	مؤمّن عليه ج مؤمّن عليهم
Treuhandschaft, Treuhänderamt	[amâna]	أمانة
Depositum, deponiertes Gut	[amâna, ~ât]	أمانة ج ات
Sekretariat	[amâna, ~ât]	أمانة ج ات
Sekretär, Treuhänder, Kämmerer	[amîn, umanâ']	أمِين ج أُمناء
Archivar	[amîn al-maḥfûẓât]	أمِين المحفوظات
Sekretär	[amîn as-sirr]	أمِين السِرّ
Kassierer, Schatzmeister	[amîn aṣ-ṣundûq]	أمِين الصُنْدُوق
Internet	[intirnit]	إِنْتِرْنت
humanisieren *Arbeit*	[ansana al-ʿamal]	أنْسن العمل
Humanisierung *von Arbeitsbedingungen*	[ansanat ẓurûf al-ʿamal]	أنْسنة ظُرُوف العمل
Roboter	[insân âlî]	إِنْسان آليّ
Gefäß	[inâ', awânin]	إِناء ج أوانٍ
qualifizieren, fortbilden *Arbeiter*	[ahhala ʿummâlan]	أهّل عُمّالاً
sanieren, funktionstüchtig machen *Betrieb*	[ahhala maṣnaʿan]	أهّل مصْنعا
sich qualifizieren *(Arbeitskräfte)*	[ta'ahhala (al-ʿamâla)]	تأهّل (العمالةُ)
Qualifizierung, Fortbildung *des Personals*	[ta'hîl al-ʿâmilîn]	تأهيل العاملين
Sanierung *eines Unternehmens*	[ta'hîl aš-šarika]	تأهيل الشرِكة
*Industrie*sanierung	[ta'hîl ṣinâʿî]	تأهيل صِناعيّ
Sanierung *von Straßen*	[ta'hîl aṭ-ṭuruq]	تأهيل الطُرُق
Qualifizierungs-, Fortbildungs-, Sanierungs-	[ta'hîlî]	تأهيليّ
Qualifikationen, Eignung	[mu'ahhilât]	ج مؤهِّلات

qualifiziert, fähig	[mu'ahhal]	مؤهّل
saniert	[mu'ahhal]	مؤهّل
national, einheimisch	[ahlî]	أهْليّ
Eignung, Qualifikation, Geschäftsfähigkeit	[ahliyya]	أهْليّة
*Kredit*würdigkeit, Bonität	[ahliyya i'timâniyya]	أهْليّة ائتمانيّة
Geschäftsfähigkeit, Rechtsfähigkeit	[ahliyya qânûniyya]	أهْليّة قانُونيّة
OPEC	[ûbik]	أُوبيك
Autobahn	[ûtûstrâd, ~ât]	أُوتُوسْتْراد ج ات
Euro *(Währung)*	[ûrû]	أُورُو
Maschine, Gerät, Apparat, Automat, Instrument, Werkzeug	[âla, ~ât]	آلة ج ات ← جِهاز
Rechner	[âla ḥasiba]	آلة حاسبة
*Geld*automat	[âlat aṣ-ṣarf]	آلة الصرْف
*Geld*automat	[âlat aṣ-ṣarf aḏ-ḏâtî]	آلة الصرْف الذاتيّ
Kopierer	[âlat at-tansiḫ]	آلة التنسيخ
maschinell, automatisch	[âlî]	آليّ
Mechanismus	[âliyya, ~ât]	آليّة ج ات
*Markt*mechanismen	[âliyyât as-sûq]	آليّات السُوق
*Wechselkurs*mechanismus	[âliyyat ṣarf al-ʿumlât]	آليّة صرْف العُمْلات
Unze *(Gewichtsmaß 28,35 g)*	[ûnṣa, ~ât]	أُونْصة ج ات
ökologisch, Ökologe	[îkûlûğî]	إيكُولُوجيّ
Ökologie	[îkûlûğiyya]	إيكُولُوجيّة

ب

für *fünf Piaster*	[bi-ḫamsat qurûš]	بـخمْسة قُرُوش
Dampfmaschine	[bâbûr, bawâbîr]	بابُور ج بوابِير
Brunnen	[bi'r, âbâr]	بِئْر ج آبار
artesischer Brunnen	[bi'r artuwâziyya]	بِئْر أرْتُوازيّة

*Erdöl*quelle	[bi'r al-batrûl]	بِئْر البتْرُول
beträchtlich, erheblich	[lâ ba'sa bihi]	لا بأْسَ به
Elend	[bu's]	بُؤْس
elend, arm	[ba'îs, bu'asâ']	بئِيس ج بُؤَساء
Ballen	[bâla, ~ât]	بالة ج ات
Petrodollar	[bitrûdûlâr, ~ât]	بِتْرُودُولار ج ات
petrochemische Produkte	[bitrûkîmâwiyyât]	ج بِتْرُوكيماويّات
Erdöl	[batrûl]	بتْرُول ← نفْط
Erdöl *fördern*	[istaḫraǧa al-batrûl]	استخرج البتْرُول
Erdöl *erkunden*	[istakšafa al-batrûl]	استكشف البتْرُول
Erdöl *raffinieren*	[ṣaffâ al-batrûl]	صفّى البتْرُول
nach Erdöl *bohren*	[naqqaba ʿan al-batrûl]	نقّب عن البتْرُول
Forschung, Studie	[baḥṯ ʿilmî, buḥûṯ / abḥâṯ]	بحْث عِلْميّ ج بُحُوث / أبْحاث
*Markt*forschung	[abḥaṯ ḥâlat as-sûq]	أبْحاث حالة السُّوق
*Wirtschafts*forschung	[abḥâṯ iqtiṣâdiyya]	أبْحاث اقتصاديّة
*Entwicklungs*forschung	[abḥâṯ at-tanmiya]	أبْحاث التنمية
Meer	[baḥr, biḥâr]	بحْر ج بِحار
*Mittel*meer	[al-baḥr al-abyaḍ al-mutawassiṭ]	البحْر الأبْيض المتوسّط
Rotes Meer	[al-baḥr al-aḥmar]	البحْر الأحْمر
Arabisches Meer	[baḥr al-ʿarab]	بحْر العرْب
Totes Meer	[al-baḥr al-mayyit]	البحْر الميّت
Dampfschiff	[bâḫira, bawâḫir]	باخرة ج بواخِر
Frachtschiff, Frachter	[bâḫirat aš-šaḥn]	باخرة الشحْن
Weihrauch	[baḫûr]	بخُور
geizig sein *mit Geldausgeben*	[baḫula (yabḫulu, buḫl) bi-ṣarf al-fulûs]	بخُل (ـُ بُخْل) بصرْف الفلُوس
Geiz	[buḫl]	بُخْل
geizig, Geizhals	[baḫîl, buḫalâ']	بخِيل ج بُخلاء
Anfangs-	[mabda'î]	مبْدئيّ

vergeuden, verschwenden, verschleudern *Gelder*	[baddada amwâlan]	بدّد أمْوالا
vergeudet sein o. werden *(Wasser)*	[tabaddada (al-miyâh)]	تبدّد (المياهُ)
Verschwendung *von Energie*	[tabdîd aṭ-ṭâqa]	تبديد الطاقة
vergeudet, verschwendet	[mubaddad]	مبدّد
Initiative	[mubâdara, ~ât]	مبادرة ج ات
freies Unternehmertum	[mubâdara ḥurra]	مبادرة حُرّة
private Initiative	[mubâdara ḫâṣṣa]	مبادرة خاصّة
wirtschaftliche Initiativen *auslösen*	[aṭlaqa mubâdarât iqtiṣâdiyya]	أطلق مبادرات اقتصاديّة
Anzeichen *einer Krise*	[bâdirat al-azma, bawâdir]	بادرة الأزْمة ج بوادِر
Anzeichen *der Belebung*	[bâdirat al-intiʿâš]	بادرة الانتعاش
schöpferisch gestalten *Produkt*	[abdaʿa mantûǧan]	أبدع منتوجا
kreieren, erfinden *Methode*	[ibtadaʿa uslûban]	ابتدع أُسْلُوبا
schöpferische Leistung	[ibdâʿ]	إبداع
schöpferisch, kreativ	[ibdâʿî]	إبداعيّ
Kreation *eines Modells*	[ibtidâʿ aṭ-ṭirâz]	ابتداع الطِراز
schöpferisch, Schöpfer, Gestalter	[mubdiʿ, ~ûn]	مبدِع ج ون
austauschen, auswechseln, ersetzen *Ersatzteile*	[baddala qiṭaʿ al-ġiyâr]	بدّل قِطع الغِيار
umgetauscht sein o. werden *Waren*	[tabaddala as-silaʿ]	تبدّل (السِلعُ)
sich ändern, sich verändern *(Konjunktur)*	[tabaddala (al-waḍʿ al-iqtiṣâdî)]	تبدّل (الوضْع الاقتصاديّ)
gegenseitig austauschen *Waren*	[tabâdala baḍâʾiʿ]	تبادل بضائِع
ersetzen, substituieren *Erdöl durch Erdgas*	[istabdala an-nafṭ bi-l-ġâz]	استبدل النفْط بالغاز
*Termin*geschäfte	[mubâdalât âǧila]	مبادلات آجلة
gegenseitige Warenlieferungen	[mubâdalât tiǧâriyya]	مبادلات تِجارِيّة
*Währungs*umtausch	[ibdâl al-ʿumla]	إبدال العُمْلة
wirtschaftliche Veränderungen	[tabaddulât iqtiṣâdiyya]	تبدُّلات اقتصاديّة
*Handels*austausch	[tabâdul tiǧârî]	تبادُل تِجارِيّ
*Waren*austausch	[tabâdul silaʿî]	تبادُل سِلعيّ
*Informations*austausch	[tabâdul al-maʿlûmât]	تبادُل المعلومات
Austausch, Substitution	[istibdâl]	استبدال

gegenseitig ausgetauscht	[mutabâdal]	متبادل
Entgelt, finanzielle Entschädigung, Ausgleichszahlung, Ersatz	[badal, ~ât]	بدل ج ات
*Reise*kosten	[badal as-safar]	بدل السفر
*Wohn*geld	[badal as-sakan]	بدل السكن
*Übernachtungs*kosten	[badal al-mabît]	بدل المبيت
Gemischtwarenhändler	[baddâl, ~ûn]	بدّال ج ون
Telefonzentrale	[baddâla]	بدّالة
Ersatz, Ausgleich	[badîl, badâ'il]	بدِيل ج بدائِل
alternativ	[badîl]	بدِيل
Beduinentum, Nomadentum	[badâwa]	بداوة
Beduine, Nomade, beduinisch	[badawî, badw]	بدويّ ج بدْو
nomadisierender Beduine	[badawî râḥil, badw ruḥḥal]	بدويّ راحل ج بدْو رُحّل
Steppe, Wüste	[bâdiya, bawâdin]	بادِية ج بوادٍ
säen *Samen*	[baḏara (yabḏuru, baḏr) buḏûran]	بذر (ـُ بذْر) بُذُورا
vergeuden *Wasser*	[baḏḏara al-mâ']	بذّر الماء
Saat, Aussaat	[baḏr, buḏûr / biḏâr]	بذْر ج بُذُور / بِذار
Vergeudung *von Energie*	[tabḏîr aṭ-ṭâqa]	تبذير الطاقة
unternehmen *Anstrengungen*	[baḏala (yabḏulu, baḏl) ǧuhûdan]	بذل (ـُ بذْل) جُهُودا
aufwenden *Gelder für ein Projekt*	[baḏala amwâlan ʿalâ mašrûʿ]	بذل أمْوالا على مشروع
*Zeit*aufwendung	[baḏl al-waqt]	بذْل الوقْت
aufgewendet	[mabḏûl]	مبذول
Patent, Urkunde	[barâ'a, ~ât]	براءة ج ات
Patent *auf eine Erfindung*	[barâ'at al-iḫtirâʿ]	براءة الاختراع
*Kauf*urkunde	[barâ'at aš-širâ']	براءة الشِراء
Post	[barîd]	برِيد
E-mail	[barîd ilîktrûnî]	برِيد إلِيكْتْرُونيّ
*Luft*post	[barîd ǧawwî]	برِيد جوّيّ
eingeschriebene Post	[barîd musaǧǧal]	برِيد مسجّل

*Expreß*post	[barîd sarîʿ]	بريد سريع
normale Post	[barîd ʿâdî]	بريد عاديّ
mit der Post *schicken einen Brief*	[arsala risâla bi-l-barîd]	أرسل رِسالة بالبريد
spenden *Geld*	[tabarraʿa mâlan]	تبرّع مالا
Spende	[tabarruʿ, ~ât]	تبرُّع ج ات
Spenden *für wohltätige Zwecke*	[tabarruʿât ḫayriyya]	تبرُّعات خيْريّة
Spender	[mutabarriʿ, ~ûn]	متبرِّع ج ون
Telegramm	[barqiyya, ~ât]	برْقيّة ج ات
*Eil*telegramm	[barqiyya ʿâğila]	برْقيّة عاجلة
schließen *Handelsvertrag*	[abrama ittifâqiyya tiğâriyya]	أبرم اتّفاقيّة تِجاريّة
ratifizieren *Vertrag*	[abrama ittafâqiyya]	أبرم اتّفاقيّة
Abschluß *eines Kontrakts*	[ibrâm al-ʿaqd]	إبرام العقْد
Ratifizierung *eines Vertrages*	[ibrâm al-ittifâqiyya]	إبرام الاتّفاقيّة
programmieren *Arbeitsablauf*	[barmağa sayr al-ʿamal]	برْمج سيْر العمل
Programmierung *eines Computers*	[barmağat al-kumbyûtir]	برْمجة الكُمْبْيُوتِر
programmiert	[mubarmağ]	مبرْمج
Programm, Plan	[barnâmağ, barâmiğ]	برْنامج ج برامِج
*Umwelt*programm	[barnâmağ al-bî'a]	برْنامج البِيئة
*Konsolidierungs*programm	[barnâmağ al-istitbâb]	برْنامج الاستتباب
*Investitions*programm	[barnâmağ istiṯmârî]	برْنامج استثماريّ
*Privatisierungs*programm	[barnâmağ al-ḫaṣḫaṣa]	برْنامج الخصْخصة
*Ausbildungs*programm	[barnâmağ tadrîbî]	برْنامج تدريبيّ
*Zeit*plan	[barnâmağ zamanî]	برْنامج زمنيّ
*Tilgungs*plan	[barnâmağ as-sadâd]	برْنامج السداد
*Reform*programm	[barnâmağ al-iṣlâḥ]	برْنامج الإصلاح
touristisches Programm	[barnâmağ siyâḥî]	برْنامج سِياحيّ
*Industrialisierungs*programm	[barnâmağ at-taṣnîʿ]	برْنامج التصنيع
*Arbeits*programm	[barnâmağ al-ʿamal]	برْنامج العمل
*Welternährungs*programm	[barnâmağ at-taġḏiya al-ʿâlamî]	برْنامج التغذية العالميّ

*Kreditvergabe*programm	[barnâmaǧ al-iqrâḍ]	بْرنامج الإقراض
*Spar*programm	[barnâmaǧ at-taqaššuf]	بْرنامج التقشُّف
illegal kopiertes Programm	[barnâmaǧ muqallad]	بْرنامج مقلّد
*Computer*programm, Software	[barnâmaǧ al-kumbyûtir]	بْرنامج الكُمْبْيُوتِر
Software *arabisieren*	[ʿarraba barâmiǧ al-kumbyûtir]	عرّب برامِج الكُمْبْيُوتِر
*Produkt*programm	[barnâmaǧ al-muntaǧât]	بْرنامج المنتجات
*Entwicklungs*programm	[barnâmaǧ at-tanmiyya]	بْرنامج التنمية
*Entwicklungs*programm	[barnâmaǧ inmâʾî]	بْرنامج إنمائيّ
Programm *erstellen*	[aʿadda barnâmaǧan]	أعدّ بْرنامجا
Programm *erarbeiten*	[waḍaʿa barnâmaǧan]	وضع بْرنامجا
Software	[barmaǧiyyât]	ج بْرمجيّات
Faß, Tonne	[barmîl, barâmîl]	بْرمِيل ج برامِيل
Barrel *(Hohlmaß 159 l)*	[barmîl]	بْرمِيل
Protokoll	[brûtûkûl, ~ât]	بْرُوتُوكُول ج ات
*Handels*protokoll	[brûtûkûl tiǧârî]	بْرُوتُوكُول تِجاريّ
*Finanz*protokoll	[brûtûkûl mâlî]	بْرُوتُوكُول ماليّ
Protokoll *abschließen*	[ʿaqada brûtûkûlan]	عقد بْرُوتُوكُولا
in Wettbewerb treten *um Anteile*	[tabârâ ʿalâ ḥiṣaṣ]	تبارى على حِصص
Wettbewerb *um Markt*	[tabârin ʿalâ as-sûq]	تبارٍ على السُّوق
Mitbewerber	[mutabârin, ~ûn]	متبارٍ ج ون
erpressen *Geschäftsmann*	[ibtazza raǧul al-aʿmâl]	ابتزّ رجُل الأعْمال
Erpressung *von Geld von einer Bank*	[ibtizâz an-nuqûd min maṣrif]	ابتزاز النُّقُود من مصْرِف
Erpresser	[mubtazz, ~ûn]	مبتزّ ج ون
Stoffhändler	[bazzâz, ~ûn]	بزّاز ج ون
einkaufen *Lebensmittel*	[tabaḍḍaʿa maʾkûlât]	تبضّع مأكولات
Einkauf *von Bedarfsartikeln*	[tabaḍḍuʿ al-ḥâǧât]	تبضُّع الحاجات
Ware, Gut, Artikel	[biḍâʿa, baḍâʾiʿ]	بِضاعة ج بضائِع ← سِلْعة
schwer verkäuflicher Artikel, Ladenhüter	[biḍâʿa râkida]	بِضاعة راكدة

*Schütt*güter	[badâ'iʿ sâ'iba]	بضائع سائبة
*Fertig*waren, *Industrie*waren	[badâ'iʿ muṣannaʿa]	بضائع مصنّعة
entladene Güter	[badâ'iʿ mufarraġa]	بضائع مفرّغة
diverse Artikel	[badâ'iʿ mutafarriqa]	بضائع متفرّقة
schlecht verkäufliche Ware	[biḍâʿa kâsida]	بضاعة كاسدة
vergriffener Artikel	[biḍâʿa nâfida]	بضاعة نافدة
*Schmuggel*ware	[biḍâʿa muharraba]	بضاعة مهرّبة
Waren *unter Zollverschluß*	[badâ'iʿ mûdaʿa fî maḫâzin al-ǧumruk]	بضائع مُودعة في مخازن الجُمْرُك
verlangsamen, verzögern *Entwicklung*	[abṭa'a at-tanmiyya]	أبطأ التنمية
sich verlangsamen *(wirtschaftliche Entwicklung)*	[tabâṭa'a (at-taṭawwur al-iqtiṣâdî)]	تباطأ (التطوّرُ الاقتصاديّ)
Langsamkeit *des Wachstums*	[buṭ' fî an-numûw]	بُطْء في النُمُوّ
*Wachstums*verzögerung	[ibṭâ' an-numûw]	إبطاء النُمُوّ
verzögerte *Wirtschaft*sentwicklung	[tabâṭu' al-iqtiṣâd]	تباطُؤ الاقتصاد
langsam	[baṭî']	بطيء
verzögert, verlangsamt	[mutabâṭi']	متباطئ
Karte, Ticket	[biṭâqa, ~ât, baṭâ'iq]	بطاقة ج ات / بطائق
*Kredit*karte	[biṭâqat al-i'timân]	بطاقة الائتمان
Etikett, Anhänger	[biṭâqat al-bayân]	بطاقة البيان
*Chip*karte	[biṭâqa ḏakîya]	بطاقة ذكية
*Kredit*karte	[biṭâqat at-taslîf]	بطاقة التسليف
*Personal*ausweis	[biṭâqa šaḫṣiyya]	بطاقة شخْصيّة
*Scheck*karte	[biṭâqat aš-šîk]	بطاقة الشيك
*Geldautomaten*karte	[biṭâqat aṣ-ṣarf al-âlî]	بطاقة الصرْف الآليّ
*Steuer*karte	[biṭâqa ḍarîbiyya]	بطاقة ضريبيّة
*Visiten*karte	[biṭâqat at-taʿrîf]	بطاقة التعريف
*Lebensmittel*karte	[biṭâqa tamwîniyya]	بطاقة تموينيّة
außer Kraft setzen *Klausel*	[abṭala bandan]	أبطل بنْدا
zunichte machen *Gewinne*	[abṭala makâsib]	أبطل مكاسِب
Ungültigkeit *eines Urteils*	[buṭlân al-ḥukm]	بُطْلان الحُكْم

Unzulässigkeit *einer Klage*	[buṭlân ad-daʿwâ]	بُطْلان الدعْوى
Außerkraftsetzung *des Vertrages*	[ibṭâl al-ittifâqiyya]	إبطال الاتّفاقيّة
null und nichtig	[bâṭil wa-lâġin]	باطل ولاغٍ
Arbeitslosigkeit, Erwerbslosigkeit	[biṭâla]	بِطالة
chronische Arbeitslosigkeit	[biṭâla muzmina]	بِطالة مزمِنة
offene Arbeitslosigkeit	[biṭâla sâfira]	بِطالة سافرة
versteckte Arbeitslosigkeit	[biṭâla muqannaʿa]	بِطالة مقنّعة
latente Arbeitslosigkeit	[biṭâla kâmina]	بِطالة كامنة
saisonale Arbeitslosigkeit	[biṭâla mawsimiyya]	بِطالة موْسميّة
Arbeitslosigkeit *eindämmen*	[ḥadda min al-biṭâla]	حدّ من البِطالة
Arbeitslosigkeit *senken*	[ḫafaḍa al-biṭâla]	خفض البِطالة
Arbeitslosigkeit *bekämpfen*	[kâfaḥa al-biṭâla]	كافح البِطالة
Sub-	[bâṭin / min al-bâṭin]	باطِن / من الباطِن
Abordnung, Mission	[baʿṯa, ~ât]	بعْثة ج ات
*Experten*gruppe	[baʿṯat al-ḫubarâʾ]	بعْثة الخُبراء
*technische Experten*gruppe	[baʿṯa fanniyya]	بعْثة فنّيّة
Dimension	[buʿd, abʿâd]	بُعْد ج أبْعاد
wirtschaftliche Dimension	[buʿd iqtiṣâdî]	بُعْد اقتصادي
Trinkgeld	[baqšîš]	بقْشيش
Lebensmittelhändler	[baqqâl, ~ûn]	بقّال ج ون
neu schaffen, kreieren *Technologie*	[ibtakara tiknûlûğiyâ]	ابتكر تِكْنولوجيا
Neuschöpfung *einer Methode*	[ibtikâr al-uslûb]	ابتكار الأُسْلوب
Innovation, Neuschöpfung, Kreation	[ibtikâr, ~ât]	ابتكار ج ات
schöpferisch, originell	[ibtikârî]	ابتكاريّ
schöpferisch, erfinderisch, Schöpfer	[mubtakir]	مبتكِر
innovativ, originell, neuartig	[mubtakar]	مبتكَر
Innovationen, Neuschöpfungen	[mubtakarât]	ج مبتكرات
*Finanz*innovationen	[mubtakarât mâliyya]	مبتكرات ماليّة

Land	[balad, bilâd / buldân]	بلد ج بِلاد / بُلْدان ← دوْلة
*Schwellen*land	[balad âẖiḏ fî an-numûw]	بلد آخِذ في النُمُوّ
*Ausfuhr*länder	[buldân muṣaddira]	بُلْدان مصدّرة
*Transit*land	[balad al-ʿubûr]	بلد العُبُور
reiche Länder	[buldân ġanîya]	بُلْدان غنيّة
arme Länder	[buldân faqîra]	بُلْدان فقِيرة
die ärmsten Länder	[al-buldân al-akṯar faqran]	البُلْدان الأكْثر فقْرا
*Transformations*länder	[buldân intiqâliyya]	بُلْدان انتقاليّة
*Herkunfts*land	[balad al-manša']	بلد المنْشأ
*Entwicklungs*land	[balad nâmin]	بلد نامٍ
*Entwicklungs*länder	[buldân nâmiya]	بُلْدان نامية
*Einfuhr*länder	[buldan mustawrida]	بُلْدان متسوِردة
kommunal, Gemeinde-	[baladî]	بلديّ
Kommunalverwaltung	[baladiyya, ~ât]	بلديّة ج ات
betragen, sich belaufen *(auf) Betrag*	[balaġa (yabluġu, bulûġ) mablaġan]	بلغ (ـُ بُلُوغ) مبْلغا
überbewerten *Wert*	[bâlaġa fî taqdîr al-qîma]	بالغ في تقدير القِيمة
Betrag, Summe	[mablaġ, mabâliġ]	مبْلغ ج مبالِغ
beträchtlicher, erheblicher Betrag	[mablaġ lâ ba'sa bihi]	مبْلغ لا بأْس به
*Gesamt*betrag	[mablaġ iǧmâlî]	مبْلغ إجماليّ
zur Zahlung fälliger Betrag	[mablaġ mustaḥiqq ad-dafʿ]	مبْلغ مستحِقّ الدفْع
sagenhafte Summen	[mabâliġ ẖurâfiyya]	مبالِغ خُرافيّة
bereitgestellter Betrag	[mablaġ marṣûd]	مبْلغ مرصود
ausstehender Betrag	[mablaġ taḥta as-sadâd]	مبْلغ تحت السداد
geringe Summe	[mablaġ ḍa'îl]	مبْلغ ضئِيل
*Riesen*beträge	[mabâliġ ḍaẖma]	مبالِغ ضخْمة
enormer Betrag	[mablaġ ṭâ'il]	مبْلغ طائل
steuerfreier Betrag	[mablaġ muʿfan min aḍ-ḍarîba]	مبْلغ معفىً من الضرِيبة
astronomische Summen	[mabâliġ falakiyya]	مبالِغ فلكيّة
erstattungsfähige Summe	[mablaġ qâbil li-l-istirdâd]	مبْلغ قابل للاسترداد

*Pauschal*summe	[mablaġ maqṭûʿ]	مبْلغ مقطوع
*Rekord*summe	[mablaġ qiyâsî]	مبْلغ قِياسيّ
lächerlich geringe Summe	[mablaġ hazîl]	مبْلغ هزِيل
nicht unbeträchtlicher Betrag	[mablaġ lâ yustahânu bihi]	مبْلغ لا يُستهان به
geringfügige Summe	[mablaġ yasîr]	مبْلغ يسِير
Betrag *überschreiten*	[taǧâwaza mablaġan]	تجاوز مبْلغا
Betrag *festlegen*	[ḥaddada mablaġan]	حدّد مبْلغا
sich abnutzen, verschleißen *Material*	[baliya (yablâ, bilan) (al-mawâdd)]	بلِي (ـَ بِلًى) (الموادُّ)
Abnutzung, Verschleiß	[bilan]	بِلًى
Abnutzung *und* Verschleiß	[bilan wa-ta'âkul]	بِلًى وتآكُل
abgenutzt, zerschlissen	[bâlin]	بالٍ
Milliarde	[balyûn, balâyîn]	بلْيُون ج بلايِين
Kaffeebohnen, Kaffee	[bunn]	بُنّ
Absatz *eines Vertrages*	[band al-ittifâqiyya, bunûd]	بنْد الاتّفاقيّة ج بُنُود
Posten *in einer Liste*	[band fî qâ'ima]	بنْد في قائمة
Benzin	[banzîn]	بنْزِين
bleifreies Benzin	[banzîn ḫâlin min ar-raṣâṣ]	بنْزِين خالٍ من الرصاص
Punkt *(im Aktienindex)*	[bunṭ (fî mu'aššir al-ashum)]	بُنْط (في مؤشّر الأسْهُم)
Bank, Geldinstitut	[bank, bunûk]	بنْك ج بُنُوك ← مصْرِف
*National*bank	[bank ahlî]	بنْك أهْلِيّ
*Welt*bank	[al-bank ad-duwalî]	البنْك الدُولِيّ
Internationale Bank *für Wiederaufbau und Entwicklung*	[al-bank ad-duwalî li-l-iʿmâr wa-t-tanmiya]	البنْك الدُولي للإعمار والتنمية
*Zentral*bank	[bank markazî]	بنْك مرْكزِيّ
*Daten*bank	[bank al-maʿlûmât]	بنْك المعلومات
Banknote	[banknût, awrâq al-banknût]	بنْكْنُوت ج أوْراق البنْكْنُوت
bauen *Gebäude*	[banâ (yabnî, binâ') ʿimâra]	بنى (ـِ بِناء) عِمارة
Bau *eines Depots*	[binâ' al-maḫzan]	بِناء المخْزن
Gebäude	[binâ', abniya]	بِناء ج أبْنِية

Struktur, Gefüge, Konstitution	[binya, binan]	بِنْية ج بِنىً ← هيْكل
*Infra*struktur	[binya asâsiyya]	بِنْية أساسيّة
*Infra*struktur	[binya taḥtiyya]	بِنْية تحْتيّة
*Wirtschafts*struktur	[binya iqtiṣâdiyya]	بِنْية اقتصاديّة
*Organisations*struktur	[binya tanẓîmiyya]	بِنْية تنظيميّة
strukturell	[binyawî]	بِنْيويّ
Gebäude	[mabnân, mabânin]	مبْنىً ج مبانٍ
Gewürze	[bahârât]	ج بهارات
brach liegen (*Boden*)	[bâra (yabûru, bûr) (al-arḍ)]	بار (ـُ بُور) (الأرْضُ)
stagnieren (*Handel*)	[bâra (at-tiğâra)]	بار (التِجارةُ)
stagnieren lassen *Markt*	[bawwara as-sûq]	بوّر السُوق
unverkäuflich	[bâ'ir]	بائر
Unverkäuflichkeit *einer Ware*	[bawâr as-silʿa]	بوار السِلْعة
Börse	[bûrṣa, ~ât]	بُورْصة ج ات
*Kapital*börse	[bûrṣat ar-ra'smâl]	بُورْصة الرأْسْمال
*Waren*börse	[bûrṣat as-silaʿ]	بُورْصة السِلع
*Tourismus*börse	[bûrṣa siyâḥiyya]	بُوْرصة سِياحيّة
Zoll (*Längenmaß 2,54 cm*)	[bûṣa, ~ât]	بُوصة ج ات
Police	[bûlîṣa, ~ât, bawâliṣ]	بُولِيصة ج ات / بوالِص
*Versicherungs*police	[bûlîṣat at-ta'mîn]	بُولِيصة التأمين
Konnossement	[bûlîṣat aš-šaḥn]	بُولِيصة الشحْن
Umwelt, Milieu, Umfeld	[bî'a, ~ât]	بِيئة ج ات
*Investitions*klima	[bî'a istiṯmâriyya]	بِيئة استثماريّة
gesunde Umwelt	[bî'a salîma]	بِيئة سليمة
natürliche Umwelt	[bî'a ṭabîʿiyya]	بِيئة طبِيعيّة
wirtschaftliches Umfeld	[bî'a iqtiṣâdiyya]	بِيئة اقتصاديّة
wirtschaftliches Umfeld *schaffen*	[awğada bî'a iqtiṣâdiyya]	أوجد بِيئة اقتصاديّة
verschmutzte Umwelt	[bî'a mulawwaṯa]	بِيئة ملوّثة

Umwelt *erhalten*	[ḥâfaẓa ʿalâ al-bîʾa]	حافظ على البِيئة
Umwelt *schützen*	[ḥamâ al-bîʾa]	حمى البِيئة
*Handels*haus	[bayt tiğârî, buyûtât]	بيْت تِجاريّ ج بُيُوتات
verpfändetes Haus	[bayt marhûn]	بيْت مرهون
*Finanzierung*haus, *Bank*haus	[bayt at-tamwîl]	بيْت التمويل
bürokratisch	[bîrûqrâṭî]	بِيرُوقْراطيّ
Bürokratie	[birûqrâṭiyya]	بِيرُوقْراطيّة
blanko	[ʿalâ al-bayâḍ]	على البياض
verkaufen, absetzen *Produkte*	[bâʿa (yabîʿu, bayʿ) muntağât]	باع (-ِ بيْع) منتجات
Handelsgeschäft abschliessen *mit einem Kunden*	[bâyaʿa ʿamîlan]	بايع عمِيلا
miteinander Geschäfte machen	[tabâyaʿa]	تبايع
kaufen *Haus*	[ibtâʿa baytan]	ابتاع بيْتا
Verkauf, Absatz	[bayʿ, buyûʿ / buyûʿât]	بيْع ج بُيُوع / بُيُوعات
Verkauf *an Meistbietenden*	[bayʿ li-âḫir râġib]	بيْع لآخِرِ راغب
*Direkt*verkauf	[bayʿ mubâšir]	بيْع مباشِر
*Zwangs*verkauf	[bayʿ ğabarî]	بيْع جبريّ
*Baisse*verkauf	[bayʿ bi-l-inḫifâḍ]	بيْع بالانخفاض
*Raten*verkauf	[bayʿ bi-t-taqsîṭ]	بيْع بالتقسيط
*Bar*verkauf	[bayʿ naqdî]	بيْع نقْديّ
zum Verkauf	[li-l-bayʿ]	لِلْبيْع
umständehalber zu verkaufen	[li-l-bayʿ li-ʿadam at-tafarruġ]	للبيْع لعدم التفرُّغ
Verkaufsabschluß	[bayʿa, ~ât]	بيْعة ج ات
obendrein, als Zugabe	[ʿalâ al-bayʿa]	على البيْعة
Handelsvertragsabschluß; (Kauf-, verkaufs-) Beleg, Nachweis	[mubâyaʿa, ~ât]	مبايعة ج ات
Kauf	[ibtiyâʿ]	ابتياع
Verkäufer	[bâʾiʿ, bâʿa]	بائع ج باعة
ambulanter Händler	[bâʾiʿ mutağawwil]	بائع متجوّل
verkauft	[mabîʿ]	مبيع
Bestseller	[akṯar kitâb mabîʿan]	أكْثر كِتاب مبيعا

Umsatz, Absatz, verkaufte Waren	[mabî ʿât]	ج مبيعات
*Einzelhandels*umsätze	[mabîʿât at-taǧzi'a]	مبيعات التجزئة
stabile Umsätze	[mabîʿât mustaqirra]	مبيعات مستقِرّة
Käufer	[mubtâʿ, ~ûn]	مبتاع ج ون
Verkäufer	[bayyâʿ, ~ûn]	بيّاع ج ون
Bericht, Aufstellung, Erklärung, Verzeichnis	[bayân, ~ât]	بيان ج ات
*Zoll*erklärung	[bayân ǧumrukî]	بيان جُمْركيّ
Cashflow-Bericht	[bayân ḥarakat an-naqd]	بيان حركة النقْد
*Konto*auszug	[bayân al-ḥisâb]	بيان الحِساب
*Rechnungs*beleg	[bayân al-muḥâsaba]	بيان المحاسبة
*Einkommens*erklärung	[bayân ad-daḫl]	بيان الدخْل
*Bank*auszug	[bayân maṣrifî]	بيان مصْرِفيّ
*Steuer*erklärung	[bayân aḍ-ḍarîba]	بيان الضرِيبة
*Kosten*aufstellung	[bayân at-takâlîf]	بيان التكالِيف
*Finanz*bericht	[bayân mâlî]	بيان ماليّ
Bilanz	[bayân al-mîzân]	بيان الميزان
Daten, Angaben	[bayânât]	ج بيانات
*Arbeitslosen*zahlen	[bayânât al-biṭâla]	بيانات البطالة
statistische Angaben	[bayânât iḥṣâ'iyya]	بيانات إحصائيّة
reelle Angaben	[bayânât ḥaqîqiyya]	بيانات حقِيقيّة
*Preis*angaben	[bayânât as-siʿr]	بيانات السعْر
*Beschäftigungs*daten	[bayânât al-ʿamâla]	بيانات العمالة
detaillierte Angaben	[bayânât tafṣîliyya]	بيانات تفصيليّة
*Wirtschafts*daten	[bayânât iqtiṣâdiyya]	بيانات اقتصاديّة
Daten *sammeln*	[ǧamaʿa bayânât]	جمع بيانات
Datern *speichern*	[ḫazzana bayânât]	خزّن بيانات
Daten *verarbeiten*	[ʿâlaǧa bayânât]	عالج بيانات
Daten *veröffentlichen*	[našara bayânât]	نشر بيانات
Befragung, Umfrage, Auskunft	[istibyân, ~ât]	استبيان ج ات

Umfrage *durchführen*	[qâma bi-istibyân]	قام باستبيان
voneinander abweichend, divergierend	[mutabâyin]	متبايِن
Zwischen-, inner-	[baynî]	بيْنيّ

ت

sich konsolidieren *(wirtschaftliche Lage)*	[istatabba (al-waḍʿ al-iqtiṣâdî)]	استتبّ (الوضْعُ الاقتصاديُّ)
Konsolidierung *der Finanzlage*	[istitbâb al-waḍʿ al-mâlî]	استتباب الوضْع الماليّ
gehören *zu*, unterstehen *einem Unternehmen*	[tabiʿa (yatbaʿu, tabaʿ) aš-šarika]	تبِع (ـَ تبع) الشرِكة
verfolgen, kontrollieren *Projekt*	[tâbaʿa mašrûʿan]	تابع مشروعا
*Planerfüllungs*kontrolle	[mutâbaʿat tanfîḏ al-ḫuṭṭa]	متابعة تنفيذ الخُطّة
abhängig *von*, untergeordnet, unterstellt *einem Ministerium*	[tâbiʿ li-wizâra]	تابع لـوزارة
Folge, Konsequenz	[tabiʿa, ~ât]	تبِعة ج ات
negative Folgen	[tabiʿât salbiyya]	تبِعات سلْبيّة
Abhängigkeit	[tabaʿiyya]	تبعيّة
wirtschaftliche Abhängigkeit	[tabaʿîyya iqtiṣâdiyya]	تبعيّة اقتصاديّة
absolute Abhängigkeit	[tabaʿiyya mutlaqa]	تبعيّة مطلقة
Abhängigkeit *von Einfuhren*	[tabaʿiyya li-l-wâridât]	تبعيّة للواردات
Tabak	[tibġ]	تِبْغ
Gewürze	[tawâbil]	ج توابِل
handeln *mit Waren*	[tâğara fî silaʿ]	تاجر في سِلع
handeln *mit Erdöl*	[ittağara fî an-nafṭ]	اتّجر في النفْط
Handeln *mit Gewürzen*	[mutâğara fî at-tawâbil]	متاجرة في التوابِل
Handeln *mit Zitrusfrüchten*	[ittiğâr fî al-ḥimḍiyyât]	اتّجار في الحِمْضيّات
Handel, Kommerz	[tiğāra]	تِجارة
Kaufmannsberuf	[tiğāra]	تِجارة
*Transit*handel	[tiğârat at-trânsît]	تِجارة التْرانْسِيت
bilateraler Handel	[tiğâra ṯunâʾiyya]	تِجارة ثُنائيّة

*Einzel*handel	[tiğâra bi-t-tağzi'a]	تِجارة بِالتجزئة
*Groß*handel	[tiğâra bi-l-ğumla]	تِجارة بالجُمْلة
protektionistischer Handel	[tiğâra ḥimâ'iyya]	تِجارة حِمائيّة
*Drogen*handel	[tiğârat al-muḫaddirât]	تِجارة المخدّرات
*Außen*handel	[tiğâra ḫâriğiyya]	تِجارة خارجيّة
*Binnen*handel	[tiğâra dâḫiliyya]	تِجارة داخليّة
stagnierender Handel	[tiğāra rākida]	تِجارة راكدة
*Sklaven*handel	[tiğârat ar-riqq]	تِجارة الرِقّ
florierender Handel	[tiğâra muzdahira]	تِجارة مزدهِرة
*Waffen*handel	[tiğârat al-asliḥa]	تِجارة الأسْلِحة
illegaler Handel	[tiğâra ġayr mašrû'a]	تِجارة غيْر مشروعة
innerarabischer Handel	[tiğâra 'arabiyya bayniyya]	تِجارة عربيّة بيْنيّة
*Übersee*handel	[tiğârat mâ warâ'a al-biḥâr]	تِجارة ما وراء البِحار
*Transit*handel	[tiğârat al-murûr]	تِجارة المرُور
*Einzel*handel	[tiğâra bi-al-mufarraq]	تِجارة بالمفرّق
Handel *treiben*	[mârasa tiğâra]	مارس تِجارة
Handels-, kommerziell, kaufmännisch, geschäftlich	[tiğārî]	تِجارِيّ
Geschäftsmann, Händler	[tiğârî, ~ûn]	تِجارِيّ ج ون
Händler, Kaufmann, Handelsmann	[tâğir, tuğğâr]	تاجر ج تُجّار
*Einzel*händler	[tâğir at-tağzi'a]	تاجر التجزئة
*Groß*händler	[tâğir al-ğumla]	تاجر الجُمْلة
ambulanter Händler	[tâğir ğawwâl]	تاجر جوّال
konzessionierter Händler	[tâğir muraḫḫaṣ lahu]	تاجر مرخّص له
ehrlicher Händler	[tâğir šarîf]	تاجر شريف
Kommissionär	[tâğir bi-l-'umûla]	تاجر بالعُمُولة
*Devisen*händler	[tâğir al-'umla]	تاجر العُمْلة
*Voll*kaufmann	[tâğir kâmil]	تاجر كامل
*Geld*händler	[tâğir al-amwâl]	تاجر الأمْوال
*Schein*kaufmann	[tâğir wahmî]	تاجر وهْميّ

*Klein*händler	[ṣiġâr at-tuǧǧâr]	ج صِغار التُجّار
*Groß*händler	[kibâr at-tuǧǧâr]	ج كِبار التُجّار
Laden, Geschäft, Warenhaus	[matǧar, matāǧir]	متْجر ج متاجِر
*Einzelhandels*geschäft	[matǧar at-taǧzi'a]	متْجر التجزئة
Boden, Erde	[turba]	تُرْبة
fruchtbarer Boden	[turba ḫaṣiba]	تُرْبة خصِبة
Arsenal	[tirsâna, ~ât]	تِرْسانة ج ات
Werft	[tirsânat as-sufun]	تِرْسانة السُفُن
nukleares Arsenal	[tirsâna nawawiyya]	تِرْسانة نوويّة
Luxus	[taraf]	ترف
luxuriös	[mutraf]	مترف
Nachlaß, Hinterlassenschaft	[tarika]	تركة
Honorar	[taʿab, atʿâb]	تعب ج أتْعاب
meisterhaft beherrschen *Handel*	[atqana at-tiǧâra]	أتقن التِجارة
meisterhafte Beherrschung, Perfektion	[itqân]	إتقان
meisterhaft, perfekt	[mutqan]	متقن
Technik, Technologie	[tiqaniyya, ~ât]	تِقنيّة ج ات ← تِكْنُولُوجِيا
*Gen*technologie	[tiqaniyya ǧîniyya]	تِقنيّة جِينيّة
moderne Technik	[tiqaniyya ḥadîṯa]	تِقنيّة حدِيثة
*Agrar*technik	[tiqaniyya zirâ'iyya]	تِقنيّة زِراعيّة
*Wasser*technologie	[tiqaniyyat al-miyâh]	تِقنيّة المِياه
*Multimedia*technik	[tiqaniyya al-wasâ'iṭ al-mutaʿaddida]	تِقنيّة الوسائِط المتعدّدة
Technologie *anwenden*	[tabannâ tiqaniyya]	تبنّى تِقنيّة
technisch, Techniker	[tiqanî, ~ûn]	تِقنيّ ج ون
technokratisch, Technokrat	[tiknûqrâṭî]	تِكْنُوقْراطيّ
Technokratie	[tiknûqrâṭiyya]	تِكْنُوقْراطيّة
Technologie, Technik	[tiknûlûǧiyâ, ~ât]	تِكْنُولُوجِيا ج ات ← تِقنيّة
veraltete Technologie	[tiknûlûǧiyâ muta'aḫḫira]	تِكْنُولُوجِيا متأخّرة

*Umwelt*technologie	[tiknûlûğiyâ al-bî'a]	تِكْنُولُوجِيا البيئة
moderne Technolgie	[tiknûlûğiyâ ḥadîṯa]	تِكْنُولُوجِيا حدِيثة
*Hoch*technologie	[tiknûlûğiyâ rafîʿa]	تِكْنُولُوجِيا رفِيعة
führende Technologie	[tiknûlûğiyâ râ'ida]	تِكْنُولُوجِيا رائدة
entwickelte Technologie	[tiknûlûğiyâ mutaṭawwira]	تِكْنُولُوجِيا متطوِّرة
fortgeschrittene Technologie	[tiknûlûğiyâ mutaqaddima]	تِكْنُولُجِيا متقدِّمة
*Informations*technik	[tiknûlûğiyâ al-maʿlûmât]	تِكْنُولُوجِيا المعلومات
*Hoch*technologie	[tiknûlûğiyâ ʿulyâ]	تِكْنُولُوجِيا عُلْيا
saubere Technologie	[tiknûlûğiyâ naẓîfa]	تِكْنُولُوجِيا نظِيفة
Technologie *anwenden*	[tabannâ tiknûlûğiyâ]	تبنّى تِكْنُولُوجِيا
technologisch	[tiknûlûğî]	تِكْنُولُوجِيّ
verderben, verdorben sein o. werden, schadhaft sein o. werden *(Feldfrüchte)*	[talifa (yatlafu, talaf) (al-maḥâṣîl)]	تلِف (ـَ تلف) (المحاصِيل)
verderben, vernichten *Getreide*	[atlafa al-ḥubûb]	أتلف الحُبُوب
Verderb, Zerstörung, Beschädigung	[talaf, atlâf]	تلف ج أتْلاف
leicht verderblich	[sarîʿ at-talaf]	سريع التلف
Vernichtung *von Unterlagen*	[itlâf al-mustandât]	إتلاف المستندات
verdorben, schadhaft, defekt, beschädigt	[tâlif]	تالف
verdorben, vernichtet, Ausschuß-	[mutlaf]	متلف
Fernsehen	[tilfâz, ~ât]	تِلْفاز ج ات
Fernsehen	[talfaza]	تلْفزة
telefonieren	[talfana]	تلْفن
Telefon	[talifûn, ~ât]	تلِيفُون ج ات ← هاتف
Telex	[tiliks]	تِلِكْس
*Kabel*fernsehen	[tilifizyûn al-kâbil]	تلِيفِزْيُون الكابِل
linear	[mutatâlin]	متتالٍ
Telefax	[tilîfaks]	تلِيفكْس
Datteln	[tamar, tumûr]	تمر ج تُمُور
*Welthandels*ströme	[tayyârât at-tiğâra al-ʿâlamiyya]	تيّارات التِجارة العالميّة

elektrischer Strom	[tayyâr kahrabâ'î]	تيّار كهْربائيّ

ث

stabil sein o. werden, stabil bleiben (*Preise*)	[t̲abata (yat̲butu, t̲abât) (al-as'âr)]	ثبت (ـُ ثبات) (الأسْعار)
stabilisieren *Preise*	[t̲abbata as'âran]	ثبّت أسْعارا
bestätigen, feststellen, nachweisen *Qualität*	[at̲bata al-ǧûda]	أثبت الجُودة
Stabilität *der Kaufkraft*	[t̲abât al-quwa aš-širâ'iyya]	ثبات القُوة الشِرائيّة
Stabilisierung *des Marktes*	[tat̲bît as-sûq]	تثبيت السُوق
*Qualitäts*nachweis	[it̲bât al-ǧûda]	إثبات الجُودة
*Deckungs*zusage	[it̲bât at-taġṭiya]	إثبات التغطية
fest, stabil, fix	[t̲âbit]	ثابت
Reichtum, Ressource	[t̲arwa, ~ât]	ثرْوة ج ات
*Tier*bestand	[t̲arwa ḥayawâniyya]	ثرْوة حيوانيّة
landwirtschaftliche Ressourcen	[t̲arwa zirâ'iyya]	ثرْوة زِراعيّة
*Fisch*bestand	[t̲arwa samakiyya]	ثرْوة سمكيّة
natürliche Ressourcen	[t̲arawât ṭabî'iyya]	ثروات طبِيعيّة
*Boden*schätze	[t̲arawât ma'diniyya]	ثروات معْدِنيّة
finanzieller Reichtum	[t̲arwa mâliyya]	ثرْوة ماليّة
versiegender Reichtum	[t̲arwa nâḍiba]	ثرْوة ناضبة
reich, wohlhabend	[t̲arîy, at̲riyâ']	ثريّ ج أثْرِياء
Lücke. Engpaß	[t̲aġra, ~ât]	ثغْرة ج ات
*Ozon*loch	[t̲aġrat al-ûzûn]	ثغْرة الأُوزُون
*Finanzierungs*lücke	[t̲aġra tamwîliyya]	ثغْرة تمويليّة
*Versorgungs*lücke	[t̲aġra tamwîniyya]	ثغْرة تموينيّة
Lücke *schließen*	[sadda t̲aġra]	سدّ ثغْرة
wirtschaftliches Gewicht	[t̲iql iqtiṣâdî]	ثِقْل اقتصاديّ
schwer *(Gewicht)*	[t̲aqîl]	ثقِيل

dreier-	[ṯulâṯî]	ثُلاثيّ
anlegen, investieren *Gelder*	[istiṯmara amwâlan]	استثمر أمْوالا
ausbeuten *Rohstoffe*	[istaṯmâra mawâdd awwaliyya]	استثمر موادّ أوّليّة
Investieren *einer Summe*	[istiṯmâr al-mablaġ]	استثمار المبْلغ
Investitionstätigkeit	[istiṯmâr]	استثمار
Investition	[istiṯmâr, ~ât]	استثمار ج ات
*Direkt*investition	[istiṯmâr mubâšir]	استثمار مباشِر
ausländische Investitionen	[istiṯmârât ağnabiyya]	استثمارات أجْنبيّة
private Investition	[istiṯmâr ḫâṣṣ]	استثمار خاصّ
*Netto*investition	[istiṯmâr ṣâfin]	استثمار صافٍ
Investitionstätigkeit *im Immobilienbereich*	[istiṯmâr ʿaqârî]	استثمار عقاريّ
zweckgebundene Investitionen	[istiṯmârât muqayyada]	استثمارات مقيّدة
vielversprechende Investition	[istiṯmâr wâʿid]	استثمار واعد
Investitionen *schützen*	[ḥamâ istiṯmârât]	حمى استثمارات
Investitionen *steuern*	[waǧǧaha istiṯmârât]	وجّه استثمارات
Investitions-, Investor, Anleger	[istiṯmârî, ~ûn]	استثماريّ ج ون
Investoren *gewinnen*	[istiqṭaba istiṯmâriyyîn]	استقطب استثماريّين
Investoren *abschrecken*	[naffara istiṯmârîyyîn]	نفّر استثماريّين
Investor	[mustaṯmir, ~ûn]	مستثمِر ج ون
*Klein*anleger	[ṣiġâr al-mustaṯmirîn]	صِغار المستثمِرين
angelegt, investiert, genutzt, verwertet	[mustaṯmar]	مستثمر
schätzen, taxieren *Wert*	[ṯammana qîma]	ثمّن قيمة
Wertbestimmung *von Grundstücken*	[taṯmîn al-ʿaqârât]	تثمين العقارات
Taxator, Schätzer	[muṯammin, ~ûn]	مثمِّن ج ون
Preis	[ṯaman, aṯmân / aṯmina]	ثمن ج أثمان / أثْمِنة ← سِعْر
Kosten, Versicherung und Fracht *(cif)*	[aṯ-ṯaman wa-t-ta'mîn wa-š-šaḥn]	الثمن والتأمين والشحْن
wertvoll, Edel-	[ṯamîn]	ثمِين
binär, bilateral, bi-	[ṯunâ'î]	ثُنائيّ
sekundär, zweitklassig	[ṯânawî]	ثانويّ

industrielle Revolution	[ṯawra ṣinâʿiyya, ~ât]	ثوْرة صناعيّة ج ات

﴿ ج ﴾

erheben *Steuer auf Gewinn*	[ğabâ (yağbî, ğibâya) ḍarîba ʿalâ ar-ribḥ]	جبى (-ِ جِباية) ضرِيبة على الرِبْح
Eintreiben *von Schulden*	[ğibâyat ad-duyûn]	جِباية الدُيُون
Steuer, Abgabe	[ğibâya, ~ât]	جِباية ج ات
steuerlich, fiskalisch	[ğibâ'î]	جِبائيّ
Steuereinnehmer	[ğâbin, ğubât]	جابٍ ج جُباة
erneuern *Maschinen*	[ğaddada âlât]	جدّد آلات
Erneuerung *von Geräten*	[tağdîd al-ağhiza]	تجديد الأجْهِزة
Verlängerung *einer Genehmigung*	[tağdîd ar-ruḫṣa]	تجديد الرُخْصة
erneuerbar, regenerierbar	[mutağaddid]	متجدِّد
neu	[neu]	جدِيد
*brand*neu	[ğadîd kull al-ğidd]	جدِيد كُلّ الجِدّ
erbringen *Nutzen*	[ağdâ nafʿan]	أجدى نفْعا
Nutzen	[ğadwâ]	جدْوى
nutzlos, zwecklos	[ʿadîm al-ğadwâ]	عدِيم الجدْوى
auflisten, in Listen führen *Daten*	[ğadwala bayânât]	جدْول بيانات
Auflistung *von Schulden*	[ğadwalat ad-duyûn]	جدْولة الدُيُون
Tabelle, Tafel, Verzeichnis, Liste	[ğadwal, ğadâwil]	جدْول ج جداوِل
statistische Tabelle	[ğadwal iḥṣâ'î]	جدْول إحصائيّ
*Zeit*plan	[ğadwal zamanî]	جدْول زمنيّ
*Steuer*tabellen	[ğadâwil aḍ-ḍarâ'ib]	جداوِل الضرائِب
*Tages*ordnung	[ğadwal al-aʿmâl]	جدْول الأعْمال
*Produktions*tabellen	[ğadâwil al-intâğ]	جداوِل الإنتاج
Tagesordnung *beschließen*	[aqarra ğadwal al-aʿmâl]	اقرّ جدْول الأعْمال
*Zeit*plan	[ğadwal al-mawâʿîd]	جدول المواعِيد

gewinnen, anlocken *Investor*	[ǧaḏaba (yaǧḏibu, ǧaḏb) mustaṯmiran]	جذب (ـِ جذْب) مستثمِرا
aufbringen *Gelder*	[ǧaḏaba amwâlan]	جذب أمْوالا
werben *für Investitionen*	[iǧtaḏaba istiṯmârât]	اجتذب استثمارات
Anwerbung *von Kunden*	[ǧaḏb al-ʿumalâ']	جذْب العُملاء
Aufbringen *von Finanzmitteln*	[iǧtiḏâb al-amwâl]	اجتذاب الأمْوال
Anziehungskraft *des Marktes*	[ǧâḏibiyyat as-sûq]	جاذبيّة السُوق
attraktiv	[ǧaḏḏâb]	جذّاب
probieren, erproben, testen *Maschine*	[ǧarraba âla]	جرّب آلة
Erproben *einer Methode*	[taǧrîb al-uslûb]	تجريب الأُسْلُوب
Versuchs-, Probe-, experimentell	[taǧrîbî]	تجريبيّ
Versuch, Experiment, Erfahrung	[taǧriba, taǧârib]	تجْرِبة ج تجارِب
technischer Versuch	[taǧriba tiqaniyya]	تجْرِبة تِقنيّة
*Pionier*versuch	[taǧriba râ'ida]	تجْرِبة رائدة
erprobt, getestet, erfahren	[muǧarrab]	مجرّب
inventarisieren *Bestände*	[ǧarada (yaǧridu, ǧard) mawǧûdât]	جرد (ـِ جرْد) موجودات
Inventur unterzogen werden *(Lager)*	[inǧarada (al-mustawdaʿ]	انجرد (المستودعُ)
Inventur	[ǧard]	جرْد
*Wirtschafts*verbrechen	[ǧarîma iqtiṣâdiyya, ǧarâ'im]	جريمة اِقْتِصاديّة ج جرائِم
*Wirtschafts*verbrechen *begehen*	[irtakaba ǧarîma iqtṣâdiyya]	اِرْتكب جريمة اقتصاديّة
*Wirtschafts*krimineller	[muǧrim iqtiṣâdî, ~ûn]	مُجْرِم اقتصاديّ ج ون
fließen *(Wasser)*	[ǧarâ (yaǧrî, ǧarayân) (al-mâ')]	جرى (ـِ جريان) (الماءُ)
Schritt halten *mit internationalem Niveau*	[ǧârâ al-mustawâ al-ʿilmî]	جارى المستوى العالميّ
durchführen *Reform*	[aǧrâ iṣlâḥan]	أجرى إصلاحا
Herstellen *von Kontakten*	[iǧrâ' al-ittiṣâlât]	إجراء الاتصالات
Maßnahme, Formalität	[iǧrâ', ~ât]	إجراء ج ات
*Disziplinar*maßnahmen	[iǧrâ'ât ta'dîbiyya]	إجراءات تأديبيّة
*Liberalisierungs*maßnahmen	[iǧrâ'ât taḥarruriyya]	اجراءات تحرُّريّة
*Vorsichts*maßnahmen	[iǧrâ'ât iḥtirâziyya]	إجراءات احترازيّة

*Verwaltungs*maßnahmen	[iğrâ'ât idâriyya]	إجراءات إداريّة
unpopuläre Maßnahmen	[iğrâ'ât ġayr šaʿbiyya]	إجراءات غيْر شعْبيّة
*Korrektur*maßnahmen	[iğrâ'ât taṣḥîḥiyya]	إجراءات تصحيحيّة
*Reform*maßnahmen	[iğrâ'ât iṣlâḥiyya]	اجراءات إصلاحيّة
*Sofort*maßnahmen	[iğrâ'ât ʿâğila]	اجراءات عاجلة
*Straf*maßmahmen	[iğrâ'ât ʿiqâbiyya]	إجراءات عِقابيّة
rechtliche Maßnahmen	[iğrâ'ât qânûniyya]	إجراءات قانُونيّة
*Spar*maßnahmen	[iğrâ'ât at-taqaššuf]	إجراءات التقشُّف
organisatorische Maßnahmen	[iğrâ'ât tanẓîmiyya]	إجراءات تنظيميّة
*Präventiv*maßnahmen	[iğrâ'ât wiqâ'iyya]	اجراءات وِقائيّة
Maßnahmen *ergreifen*	[ittaḫaḏa iğrâ'ât]	اتّخذ إجراءات
Formalitäten *erledigen*	[anğaza iğrâ'ât]	انجز إجراءات
laufend, im Umlauf befindlich	[ğârin]	جارٍ
Gang, Lauf, Fluß	[mağran, mağârin]	مجْرىً ج مجارٍ
Ration, Verpflegung	[ğirâya, ~ât]	جِراية ج ات
stückeln, splitten *Aktien*	[ğazza'a ashuman]	جزّأ أسْهُما
gestückelt, gesplittet sein o. werden *(Unternehmen)*	[tağazza'a (aš-šarika)]	تجزأ (الشرِكةُ)
*Aktien*splitt	[tağzi'at al-ashum}	تجزئة الأسْهُم
Segmentierung *des Marktes*	[tağzi'at as-sûq]	تجزئة السُوق
gesplittet, gestückelt	[muğazza']	مجزّأ
Teil, Bestandteil	[ğuz', ağzâ']	جُزْء ج أجْزاء
untrennbarer Teil	[ğuz' lâ yatağazza'u]	جُزْء لا يتجزّأ
*Arabische Halb*insel	[al-ğazîra al-ʿarabiyya]	الجزيرة العربيّة
Risiko, Risikobereitschaft	[muğâzafa]	مجازفة
risikobereit, Risiko-	[muğâzif]	مجازِف
Kauf in Bausch und Bogen	[ğuzâf]	جُزاف
lohnend, gewinnbringend, lukrativ	[muğzin]	مُجزٍ
Kopfsteuer *(historisch für Nichtmuslime)*	[ğizya, ğizan]	جِزْية ج جزىً

spionieren, auskundschaften *Industriegeheimnisse*	[tağassasa ʿalâ asrâr ṣinâʿiyya]	تجسّس على أسْرار صِناعيّة
*Industrie*spionage	[tağassus ṣinâʿî]	تجسُّس صِناعيّ
Spion	[ğâsûs, ğawâsîs]	جاسُوس ج جواسِيس
Brücke	[ğisr, ğusûr]	جِسْر ج جُسُور
Brücke *bauen*	[madda ğisran]	مدّ جِسْرا
Trockenheit, Dürre	[ğafâf]	جفاف
trocken	[ğâff]	جافّ
kommerzielle Zeitschrift	[mağalla tiğâriyya, ~ât]	مجلّة تِجاريّة ج ات
*Börsen*sitzung	[ğalsat at-taʿâmulât, -ât]	جلْسة التعاملات ج ات
*Vewaltungs*rat	[mağlis al-idâra, mağâlis]	مجْلس الإدارة ج مجالِس
*Betriebs*rat	[mağlis al-ʿummâl]	مجْلِس العُمّال
*Welternährungs*rat	[mağlis at-taġḏiya al-ʿâlamî]	مجْلِس التغذية العالميّ
*Wirtschafts- und Sozial*rat *(ECOSOC)*	[al-mağlis al-iqtiṣâdî wa-l-iğtimâʿî]	المجْلِس الاقتصاديّ والاجتماعيّ
Rat *wählen*	[intaḫaba mağlisan]	انتخب مجْلسا
*Golfkooperations*rat	[mağlis at-taʿâwun al-ḫalîğî]	مجْلِس التعاوُن الخلِيجيّ
einfrieren *Gelder*	[ğammada amwâlan]	جمّد أمْوالا
eingefroren sein o. werden *(Guthaben)*	[tağammada (al-arṣida)]	تجمّد (الأرْصِدة)
Einfrieren *von Beständen*	[tağmîd al-mawğûdât]	تجميد الموجودات
eingefroren	[mugammad/mutağammid]	مجمّد / متجمِّد
Zoll	[ğumruk, ğamârik]	جُمْرُك ج جمارِك
*Präferenz*zoll	[ğumruk imtiyâzî]	جُمْرُك امتيازيّ
*Schutz*zoll	[ğumruk ḥimâ'î]	جُمْرُك حِمائيّ
*Einheits*zoll	[ğumruk muwaḥḥad]	جُمْرُك موحّد
Zoll-	[ğumrukî]	جُمْرُكيّ
sammeln *Daten*	[ğamaʿa (yağmaʿu, ğamʿ) maʿlûmât]	جمع (ـَ جمْع) معلومات
aufbringen *Finanzmittel*	[ğamaʿa amwâlan]	جمع أمْوالا
ernten *Obst*	[ğamaʿa fawâkih]	جمع فواكِه
addieren *Betrag*	[ğamaʿa mablaġan]	جمع مبْلغا

montieren *Maschinen*	[ğammaʿa âlât]	جمّع آلات
akkumulieren *Gewinne*	[ğammaʿa arbâḥan]	جمّع أرْباحا
sammeln, aufbringen *Gelder*	[ğammaʿa amwâlan]	جمّع أمْوالا
konsolidieren *Bilanz*	[ğammaʿa mîzânan]	جمّع مِيزانا
gesammelt sein o. werden, sich zusammenballen, sich zusammenschließen	[tağamma'a]	تجمّع
Addition	[ğamʿ]	جمْع
Vereinigung, Gesellschaft, Genossenschaft	[ğamʿiyya, ~ât]	جمْعيّة ج ات
*Handwerks*genossenschaft	[ğamʿiyya ḥirafiyya]	جمْعيّة حِرفيّة
*Spar*genossenschaft	[ğamʿiyyat al-iddaḫâr]	جمْعيّة الادّخار
*Agrar*genossenschaft	[ğamʿiyya zirâʿiyya]	جمْعيّة زِراعيّة
*Aktionärs*versammlung	[ğamʿiyyat al-musâhimîn]	جمْعيّة المساهِمين
*Vermarktungs*genossenschaft	[ğamʿiyya taswîqiyya]	جمعيّة تسويقيّة
*Bank*gesellschaft	[ğamʿiyya maṣrifiiya]	جمْعيّة مصْرِفيّة
*Industriellen*vereinigung	[ğamʿiyyat aṣ-ṣinâʿiyyîn]	جمْعيّة الصِناعيّين
*Haupt*versammlung	[ğamʿiyya ʿumûmiyya]	جمْعيّة عُمُوميّة
*ordentliche Haupt*versammlung	[ğamʿiyya ʿumûmiyya ʿâdiyya]	جمْعيّة عُمُوميّة عاديّة
*außerordentliche Haupt*versammlung	[ğamʿiyya ʿumûmiyya ġayr ʿâdiyya]	جمْعيّة عُمُوميّة غيْر عاديّة
Genosssenschaft	[ğamʿiyya taʿâwuniyya]	جمْعيّة تعاوُنيّة
*Berufs*genossenschaft	[ğamʿiyya mihaniyya]	جمْعيّة مِهنيّة
*Produktions*genossenschaft	[ğamʿiyya intâgîyya]	جمْعيّة إنتاجيّة
*Transport*gesellschaft	[ğamʿiyyat an-naql]	جمْعيّة النقْل
*Konsum*genossenschaft	[ğamʿiyya istihlâkiyya]	جمْعيّة استهلاكيّة
Montage *von Geräten*	[tağmîʿ al-ağhiza]	تجميع الأجْهِزة
Ballung, Komplex, Zusammenschluß, Pool	[tağammuʿ]	تجمُّع ج ات
wirtschaftliche Zusammenballungen	[tağammuʿât iqtiṣâdiyya]	تجمُّعات اقتصاديّة
*Verwaltungs*komplex	[tağammûʿ idârî]	تجمُّع إداريّ
Ballungsgebiete	[tağamuʿât sukkâniyya]	تجمُّعات سُكّانيّة
gesellschaftlich, sozial	[iğtimâʿî]	اجتماعيّ

Soziales, soziale Angelegenheiten	[iğtimâʿiyyât]	ج اجتماعيّات
sozio-*ökonomisch*	[iğtimâʿî iqtiṣâdî]	اجتماعيّ اقتصاديّ
gesammelt	[mağmûʿ]	مجموع
Summe, Gesamtergebnis	[mağmûʿ, mağâmîʿ]	مجموع ج مجاميع
Gesamt*gewinne*	[mağmûʿ al-arbâḥ]	مجموع الأرْباح
*Gesamt*summe	[mağmûʿ kullî]	مجموع كُلّيّ
Gruppe, Sammlung, Kollektion	[mağmûʿa, ~ât]	مجموعة ج ات
*Versicherungs*gruppe	[mağmûʿa ta'mîniyya]	مجموعة تأمينيّة
*Investitions*gruppe	[mağmûʿa istiṯmâʿiyya]	مجموعة استثماريّة
*Banken*gruppe	[mağmûʿa maṣrifiyya]	مجموعة مصْرِفيّة
*Interessen*gruppe, Lobby	[mağmûʿat aḍ-ḍağṭ]	مجموعة الضغْط
*Arbeits*gruppe	[mağmûʿat al-ʿamal]	مجموعة العمل
*Hotel*gruppe	[mağmûʿa funduqiyya]	مجموعة فُنْدُقيّة
gesammelt, akkumuliert	[muğammaʿ]	مجمّع
konsolidiert	[muğammaʿ]	مجمّع
Komplex, Zentrum	[muğammaʿ , ~ât]	مجمّع ج ات
*Einkaufs*zentrum	[muğammaʿ at-tasawwuq]	مجمّع التسوُّق
*Touristen*zentrum	[muğammaʿ siyâḥî]	مجمّع سِياحيّ
*Produktions*komplex	[muğammaʿ al-intâğ]	مجمّع الإنتاج
Gesellschaft	[muğtamaʿ ~ât]	مجتمع ج ات
*Dienstleistungs*gesellschaft	[muğtamaʿ al-ḫadamât]	مجتمع الخدمات
*Wohlstands*gesellschaft	[muğtamaʿ ar-rafâhiyya]	مجتمع الرفاهيّة
*Industrie*gesellschaft	[muğtamaʿ ṣinâʿî]	مجتمع صِناعيّ
*Informations*gesellschaft	[muğtamaʿ al-maʿlûmât]	مجتمع المعلومات
*Wirtschafts*akademie	[mağmaʿ iqtiṣâdî]	مجْمع اقتصاديّ
Gruppe, Team	[ğamaʿa, ~ât]	جماعة ج ات
Gesamt-, Brutto-, Pauschal-, summarisch, Gesamtsumme	[iğmâlî]	إجماليّ
Gesamt*verschuldung*	[iğmâlî al-madyûniyya]	إجماليّ المديونيّة
Gesamt*einnahmen*	[iğmâlî al-îrâdât]	إجماليّ الإيرادات

Gesamt*investitionen*	[muğmal al-istitmârât]	مجمل الاستثمارات
Gesamt*kosten*	[ğumlat at-takâlîf]	جُمْلة التكاليف
en gros, in Massen, in Mengen	[bi-l-ğumla]	بالجُمْلة
Kamel	[ğamal, ğimâl]	جمل ج جِمال
Publikum	[ğumhûr, ğamâhîr]	جُمْهُور ج جماهِير
Ausstellungspavillion	[ğanâḥ, ağniḥa]	جناح ج أجْنِحة
ernten *Früchte*	(ğanâ (yağnî, ğany) ṯimâran	جنى (-ِ جَنْي) ثِمارا
erzielen *Gewinn*	[ğanâ ribḥan]	جنى رِبْحا
Erzielen *von Gewinnen*	[ğany al-arbâḥ]	جَنْي الأرْباح
Anstrengungen, Bemühungen	[ğuhd, ğuhûd]	جُهْد ج جُهُود
wirtschaftliche Anstrengungen *unternehmen*	[badala ğuhûdan iqtiṣâdiyya]	بذل جُهُودا اقتصاديّة
Arbeitsleistung	[mağhûd, ~ât]	مجهود ج ات
ausrüsten, ausstatten *Unternehmen mit Maschinen*	[ğahhaza šarika bi-mâkînât]	جهّز شرِكة بماكِينات
ausgerüstet, ausgestattet sein o. werden *mit Geräten*	[tağahhaza bi-ağhiza]	تجهّز بأجْهِزة
Ausrüstung *eines Schiffes*	[tağhîz as-safîna]	تجهيز السفِينة
Ausrüstungen, Ausstattungen	[tağhîzât]	ج تجهيزات
*Industrie*ausrüstungen	[tağhîzât ṣinâʿiyya]	تجهيزات صِناعيّة
*Betriebs*ausrüstungen	[tağhîzât al-maṣnaʿ]	تجهيزات المصْنع
*arbeits*fähig, *arbeits*bereit	[ğahiz li-l-ʿamal]	جاهز للعمل
*unterschrifts*reif	[ğâhiz li-t-tawqîʿ]	جاهز للتوقيع
ausgerüstet *mit den modernsten Maschinen*	[muğahhaz bi-aḥdaṯ al-âlât]	مجهّز بأحْدث الآلات
Gerät, Apparat	[ğihâz, ağhiza]	جِهاز ج أجْهِزة ← ألة
*Fernseh*gerät	[ğihâz at-tilifizyûn]	جِهاز التِلِفِزْيُون
Computer	[ğihâz al-ḥâsûb]	جِهاز الحاسُوب
*Regierungs*apparat	[ğihâz ḥukûmî]	جِهاز حُكُوميّ
*Verwaltungs*apparat	[ğihâz idârî]	جِهاز إداريّ
*Radio*apparat	[ğihâz ar-râdiyû]	جِهاز الراديُو
*Sende*gerät	[ğihâz al-irsâl]	جِهاز الإرسال

*Kontroll*organe	[ağhizat al-murâqaba]	أجْهزة المراقبة
*Vertrieb*sapparat	[ağhizat at-taswîq]	أجْهزة التسويق
funktionierendes Gerät	[ğihâz šaġġâl]	جِهاز شغّال
*Geld*automat	[ġihâz aṣ-ṣarf al-âlî]	جِهاز الصّرف الآليّ
*Banken*system	[ğihâz maṣrifî]	جِهاز مصْرِفيّ
*Steuer*verwaltung, Fiskus	[ğihâz ḍarîbî]	جِهاز ضريبيّ
*Justiz*apparat	[ağhiza qaḍâ'îyya]	أجْهِزة قضائيّة
*Rechnungs*hof	[ğihâz markazî li-l-muḥâsaba]	جِهاز مرْكزيّ للمحاسبة
tragbares Gerät	[ğihâz naqqâl]	جِهاز نقّال
Luft, Klima	[ğaww, ağwâ']	جوّ ج أجْواء
*Investitions*klima	[ğaww istitmârî]	جوّ استثماريّ
*Arbeits*klima	[ğaww al-ʿamal]	جوّ العمل
geeignetes Klima *schaffen*	[ḥayya'a ğawwan munâsiban]	هيّأ جوّا مناسبا
Qualität	[ğûda]	جُودة ← نوْعيّة
hohe Qualität	[ğûda rafîʿa]	جُودة رفيعة
schlechte Qualität	[ğûda sayyi'a]	جُودة سيّئة
mittlere Qualität	[ğûda mutawassiṭa]	جُودة متوسّطة
Qualität *sichern*	[ammana al-ğûda]	أمّن الجُودة
Qualität *überwachen*	[râqaba al-ğûda]	راقب الجُودة
gut	[ğayyid]	جيّد
genehmigen, erlauben *Export von Maschinen einem Unternehmen*	[ağâza taṣdîr al-âlât li-šarika]	أجاز تصدير الآلات لشركة
überschreiten *Summe*	[tağâwaza mablaġan]	تجاوز مبْلغا
überschreiten *Kompetenzen*	[tağâwaza ṣalâḥiyyât]	تجاوز صلاحيّات
überwinden *wirtschaftliche Schwierigkeiten*	[iğtâza ʿaqabât iqtiṣâdiyya]	اجتاز عقبات اقتصاديّة
Erlaubnis, Genehmigung, Lizenz	[iğâza]	إجازة ج ات
Urlaub, Ferien	[iğâza]	إجازة
bezahlter Urlaub	[iğâza bi-l-ağr]	إجازة بالأجْر
*Mutterschafts*urlaub	[iğâzat al-umûma]	إجازة الأُمُومة
bezahlter Urlaub	[iğâza madfûʿa]	إجازة مدفوعة

staatlicher Feiertag	[iǧâza rasmiyya]	إجازة رسْميّة
*Jahres*urlaub	[iǧâza sanawiyya]	إجازة سنويّة
*Transit*genehmigung	[iǧâzat al-ʿubûr]	إجازة العُبُور
*Krankheits*urlaub	[iǧâza maraḍiyya]	إجازة مرضيّة
Überschreiten *von Kompetenzen*	[taǧâwuz aṣ-ṣalâḥiyyât]	تجاوُز الصلاحيّات
Auszeichnung, Preis, Prämie	[ǧâ'iza, ǧawâ'iz]	جائزة ج جوائِز
*Geld*prämie	[ǧa'iza naqdiyya]	جائزة نقْديّة
Paß	[ǧawâz, ~ât]	جواز ج ات
*Reise*paß	[ǧawâz as-safar]	جواز السفر
Hungersnot	[maǧâʿa, ~ât]	مجاعة ج ات
kommerzieller Bereich	[maǧâl tiǧârî, ~ât]	مجال تِجاريّ ج ات
girieren *Police*	[ǧayyara bûlîṣa]	جيّر بُولِيصة
Indossierung	[taǧyîr]	تجيير
Generation	[ǧîl, aǧyâl]	جِيل ج أجْيال
*Computer*generation	[ǧîl min al-kumbyûtirât]	جِيل من الكُمْبْيُوتِرات

ح

Laden, Geschäft	[ḥânût, ḥawânît]	حانُوت ج حوانِيت
Getreide	[ḥubûb]	ج حُبُوب
protestieren *gegen eine Entscheidung*	[iḥtaǧǧa ʿalâ qarâr]	احتجّ على قرار
Protest *gegen ein Urteil*	[iḥtiǧâǧ ʿalâ ḥukm]	احتجاج على حُكْم
reservieren, bestellen *Ware*	[ḥaǧaza (yaḥǧizu, ḥaǧz) silʿa]	حجز (ـِ حجْز) سِلْعة
beschlagnahmen, pfänden *Eigentum*	[ḥaǧaza ʿalâ mumtalakât]	حجز على ممتلكات
Reservierung, Bestellung	[ḥaǧz, ḥuǧûzât]	حجْز ج حُجُوزات
Reservierung *stornieren, abbestellen*	[alġâ ḥaǧzan]	ألغى حجْزا
Beschlagnahme, Pfändung *von Geldern*	[ḥaǧz ʿala al-amwâl]	حجْز على الأمْوال
Schranke, Barriere, Hindernis	[ḥâǧiz, ḥawâǧiz]	حاجز ج حواجِز

*Handels*schranke	[ḥâğiz tiğârî]	حاجز تِجاريّ
*Zoll*schranken	[ḥawâğiz ğumrukiyya]	حواجِز جُمْرُكيّة
protektionistische Handelsschranken	[ḥawâğiz ḥimâ'iyya]	حواجِز حِمائيّة
Schranken *beseitigen*	[azâla ḥawâğiz]	أزال حواجِز
Schranken *errichten*	[aqâma ḥawâğiz]	أقام حواجِز
reserviert, bestellt	[maḥğûz]	محجوز
beschlagnahmt, gepfändet	[maḥğûz ʿalayhi]	محجوز عليه

Volumen, Format, Größe, Umfang, Abmessung	[ḥağm, aḥğâm]	حجْم ج أحْجام
*Umsatz*volumen	[ḥağm al-mabîʿât]	حجْم المبيعات
*Handels*volumen	[ḥağm at-tiğâra]	حجْم التِجارة
*Investitions*volumen	[ḥağm al-istiṯmârât]	حجْم الاستثمارات
*Schulden*höhe	[ḥağm ad-duyûn]	حجْم الدُيُون
*Arbeits*pensum	[ḥağm al-ʿamal]	حجْم العمل
*Finanz*volumen	[ḥağm mâlî]	حجْم ماليّ

begrenzen, einschränken *Defizit*	[ḥadda (yaḥuddu, ḥadd) min ʿağz]	حدّ (ـُ حدّ) من عجْز
festlegen, festsetzen, bestimmen *Preis*	[ḥaddada siʿran]	حدّد سِعْرا
festgelegt, festgesetzt, bestimmt sein o. werden *(Betrag)*	[taḥaddada (al-mablaġ)	تحدّد (المبْلغُ)
Eindämmung *der Inflation*	[ḥadd min at-taḍaḫḫum al-mâlî]	حدّ من التضخّم الماليّ
Grenzwert, Grenze, Limit	[ḥadd, ḥudûd]	حدّ ج حُدُود
Minimum, *Unter*grenze	[ḥadd adnâ, ḥudûd dunyâ]	حدّ أدْنى ج حُدُود دُنْيا
Mindest*kapital*	[al-ḥadd al-adnâ li-r-ra'smâl]	الحدّ الأدْنى للرأْسْمال
*Preis*untergrenze	[al-ḥadd al-adnâ li-s-siʿr]	الحدّ الأدْنى للسِعْر
*Kredit*linie	[ḥadd at-taslîf]	حدّ التسليف
*Armuts*grenze	[ḥadd al-faqr]	حدّ الفقْر
Maximum, *Ober*grenze	[hadd aqṣā, ḥudûd quṣwâ]	حدّ أقْصى ج حُدُود قُصْوى
*Höchst*gebühr	[al-hadd al-aqṣā li-r-rusûm]	الحدّ الأقْصى للرُسُوم
maximieren Gewinn	[ḥaqqaqa al-ḥadd al-aqṣâ li-r-ribḥ]	حقّق الحدّ الأقْصى للربْح
Grenze, Grenzen	[ḥudûd]	ج حُدُود
wirtschaftliche Grenzen	[ḥudûd iqtiṣâdiyya]	ج حُدُود اقتصاديّة

Grenzen *des Wachstums*	[ḥudûd an-numûw]	حُدُود النُمُوّ
Grenzen *schließen*	[aġlaqa ḥudûdan]	أغلق حُدُودا
Grenzen *öffnen*	[fataḥa ḥudûdan]	فتح حُدُودا
ca. *5%*	[fî ḥudûd ḫamsa bi-l-mi'a]	في حُدُود ٥٪
Festlegung, Festsetzung, Bestimmung, Quotierung *von Mengen*	[taḥdîd al-kammiyyât]	تحديد الكمّيّات
scharf, akut	[ḥâdd]	حادّ
beschränkt, eingeschränkt	[maḥdûd]	محدود
Beschränktheit *von Ressourcen*	[maḥdûdiyyat al-mawârid]	محدوديّة الموارِد
festgelegt, bestimmt	[muḥaddad]	محدّد
Schärfe *des Wettbewerbs*	[ḥiddat at-tanâfus]	حِدّة التنافُس
Eisen	[ḥadîd]	حدِيد
modernisieren *Flotte*	[ḥaddaṯa usṭûlan]	حدّث أسْطُولا
neu entwickeln, neu einführen *Technologie*	[istaḥdaṯa tiknûlûğiyâ]	استحدث تِكْنُولُوجِيا
Moderniserung *der Landwirtschaft*	[taḥdîṯ az-zirâʿa]	تحديث الزِراعة
Schaffung *von neuen Stellen*	[istiḥdâṯ al-waḍâ'if]	استحداث الوظائِف
Unfall, Havarie	[ḥādiṯ, ḥawādiṯ]	حادث ج حوادِث
*Arbeits*unfall	[ḥādiṯ al-ʿamal]	حادث العمل
*Firmen*sprecher	[mutaḥaddiṯ bi-ism aš-šarika, ~ûn]	متحدِّث بِاسْم الشرِكة ج ون
Neuerungen, Neuentwicklungen	[mustaḥdaṯât]	ج مستحدثات
modern	[ḥadîṯ]	حدِيث
neu*reich*	[ḥadiṯ al-ġinâ]	حدِيث الغِنى ج حُدثاء
herausfordern *Konkurrenten*	[taḥaddâ munâfisan]	تحدّى منافِسا
Herausforderung	[taḥaddin, ~ât]	تحدٍّ ج ات
reagieren auf Herausforderungen	[radda ʿalâ taḥaddiyât]	ردّ على تحدِّيات
sich wirtschaftlichen Herausforderungen *stellen*	[wâğaha taḥaddiyât iqtiṣâdiyya]	واجه تحدِّيات اقتصاديّة
streichen *Klausel*	[ḥaḏafa (yaḥḏifu, ḥaḏf) šarṭan]	حذف (ـِ حذْف) شرْطا
Streichen *eines Artikels*	[ḥaḏf al-band]	حذْف البنْد
Gefahren, Risiken	[maḥâḏîr]	ج محاذِير

liberalisieren, freigeben *Handel*	[ḥarrara at-tiǧâra]	حرّر التِجارة
ausfertigen *Dokument*	[ḥarrara waṯîqa]	حرّر وثِيقة
freigegeben sein o. werden *(Preise)*	[taḥarrara (al-asʿâr)]	تحرّر (الأسْعارُ)
Freigabe *der Preise*	[taḥrîr al-asʿâr]	تحرير الأسْعار
Liberalisierung *der Wirtschaft*	[taḥrîr al-iqtiṣâd]	تحرير الاقتصاد
liberalisiert	[mutaḥarrir]	متحرِّر
frei	[ḥurr]	حُرّ
Freiheit *des Welthandels*	[ḥurriyat at-tiǧâra al-ʿâlamiyya]	حُرّيّة التِجارة العالميّة
*Vertrags*freiheit	[ḥurriyyat at-taʿâqud]	حرّيّة التعاقُد
*Wettbewerbs*freiheit	[ḥurriyat al-munâfasa]	حرّيّة المنافسة
*Eigentums*freiheit	[ḥurriyyat al-milkiyya]	حُرّيّة المِلْكيّة
Freiheit *des Warenverkehrs*	[ḥurriyat tanaqqul al-baḍâ'iʿ]	حُرّيّة تنقُّل البضائِع
*Berufs*freiheit, *Gewerbe*freiheit	[ḥurriya mihaniyya]	حُرّيّة مِهنيّة
*Bewegungs*freiheit	[ḥurriyyat at-tanaqqul]	حُرّيّة التنقُّل
bekämpfen *Korruption*	[ḥâraba al-fasâd]	حارب الفساد
Bekämpfung *des Hungers*	[muḥârabat al-ǧûʿ]	محاربة الجُوع
Krieg	[ḥarb, ḥurûb]	حرْب ج حُرُوب
*Handels*krieg	[ḥarb tiǧâriyya]	حرْب تِجاريّة
*Preis*krieg	[ḥarb al-asʿâr]	حرْب الأسْعار
*Wirtschafts*krieg	[ḥarb iqtiṣâdiyya]	حرْب اقتصاديّة
Krieg *führen gegen ein Land*	[šanna ḥarban ʿalâ balad]	شنّ حرْبا على بلد
Forst	[ḥarağ, aḥrâğ]	حرج ج أحْراج
abweichen *von Kosten*	[inḥarafa ʿan at-takâlîf]	انحرف عن التكاليف
berufsmäßig, professionell betreiben *Beruf*	[iḥtarafa mihna]	احترف مِهْنة
Abweichung	[inḥirâf, ~ât]	انحراف ج ات
*Verbrauchs*abweichung	[inḥirâf istihlâkî]	انحراف استهلاكيّ
berufsmäßige Ausübung *eines Berufes*	[iḥtirâf al-mihna]	احتراف المِهْنة
berufsmäßig, professionell, Profi	[muḥtarif, ~ûn]	محترِف ج ون
Handwerk, Gewerbe	[ḥirfa, ḥiraf]	حِرْفة ج حِرف

handwerklich, gewerblich	[ḥirafî]	حِرفيّ
Handwerker, Gewerbetreibender	[ḥirafî, ~ûn]	حِرفيّ ج ون
Brennstoffe	[maḥrûqât]	ج محروقات
*Müll*verbrennungsanlagen	[maḥâriq an-nifâyât]	محارِق النِفايات
in Bewegung setzen *Wirtschaft*	[ḥarraka al-iqtiṣâd]	حرّك الاقتصاد
sich bewegen *(Investionstätigkeit)*	[taḥarraka (al-istitmâr)]	تحرّك (الاستثمار)
Mobilisierung *der Investitionstätigkeit*	[taḥrîk al-istitmâr]	تحريك الاستثمار
Bewegung, Initiative	[taḥarruk, ~ât]	تحرُّك ج ات
*Aufwärts*bewegung	[taḥarruk ṣuʿûdî]	تحرُّك صُعُوديّ
wirtschaftliche Initiative	[taḥarruk iqtiṣâdî]	تحرُّك اقتصاديّ
Motor *des Wirtschaftswachstums*	[muḥarrik an-numûw al-iqtiṣâdî]	محرِّك النُمُوّ الاقتصاديّ ج ات
Bewegung	[ḥaraka, ~ât]	حركة ج ات
Handel	[ḥarakat at-tiǧâra]	حركة التِجارة
*Kapital*bewegung	[ḥarakat ar-ra'smâl]	حركة الرأْسْمال
*Preis*bewegung	[ḥarakat al-asʿâr]	حركة الأسْعار
*Reise*tätigkeit	[ḥarakat as-safar]	حركة السفر
*Waren*bewegung	[ḥarakat as-silaʿ]	حركة السِلع
*Markt*bewegung	[ḥarakat as-sûq]	حركة السُوق
*Korrektur*bewegung	[ḥarakat at-taṣḥîḥ]	حركة التصحيح
*Flug*verkehr	[ḥarakat aṭ-ṭayarân]	حركة الطيران
Verkehr	[ḥarakat al-murûr]	حركة المُرُور
*Schiffs*verkehr	[ḥarakat al-milâḥa]	حركة المِلاحة
Cash flow	[ḥarakat an-naqd]	حركة النقْد
Dynamik	[ḥarakiyya]	حركيّة
Armut, Entbehrung	[ḥirmān]	حِرْمان
*Konsum*entzug	[ḥirmân istihlâkî]	حِرْمان استهلاكيّ
verpacken, einpacken *Ware*	[ḥazama (yaḥzimu, ḥazm) biḍâʿa]	حزم (ـِ حزْم) بِضاعة
Bündel, Bund	[ḥuzma, ḥuzam]	حُزْمة ج حُزم

rechnen, anrechnen, berechnen *Betrag*	ḥasaba (yaḥsubu, ḥisâb / ḥusbân) mablaġan]	حسب (ـُ حِساب / حُسْبان) مبْلغا
anrechnen *Betrag zu Lasten eines Kunden*	[ḥasaba mablaġan ʿalâ ʿamîl]	حسب ملْبغا على عمِيل
gutschreiben *Betrag einem Kunden*	[ḥasaba mablaġan li-ʿamîl]	حسب مبْلغا لعمِيل
abrechnen *mit einem Kunden*	[ḥâsaba zabûnan]	حاسب زبُونا
berechnen, kalkulieren *Summe*	[ḥâsaba mablaġan]	حاسب مبْلغا
miteinander abrechnen *(Partner)*	[taḥâsaba (aš-šurakâ')]	تحاسب (الشُركاء)
anrechnen, in Rechnung stellen *Inflationsrate*	[iḥtasaba nisbat at-taḍaḫḫum]	احتسب نِسْبة التضخُّم
Rechnung , Rechnen	[ḥisâb, ât]	حِساب ج ات
Rechnen *mit Hilfe des Zahlenwertes der arabischen Buchstaben*	[ḥisâb al-ǧummal]	حِساب الجُمّل
*Schluß*rechnung	[ḥisâb ḫitâmî]	حِساب خِتاميّ
Verbindlichkeiten	[ḥisâbat dâ'ina]	حِسابات دائنة
Außenstände	[ḥisâbât madîna]	حِسابات مدِينة
*Gewinn- und Verlust*rechnung	[ḥisâb al-arbâḥ wa-l-ḫasâ'ir]	حِساب الأرْباح والخسائِر
*Rentabilitäts*rechnung	[ḥisâb ar-rayʿiyya]	حِساب الرِيْعيّة
*Zins*rechnung	[ḥisâb al-fawâ'id]	حِساب الفوائِد
zu Lasten *des Kunden*	[ʿalâ ḥisâb al-ʿamîl]	على حِساب العمِيل
auf eigene Rechnung	[li-ḥisâbihi al-ḫâṣṣ]	لحِسابِه الخاصّ
auf fremde Rechnung	[li-ḥisâb al-ġayr]	لحِساب الغيْر
Rechnung *ausstellen*	[ḥarrara ḥisâban]	حرّر حِسابا
Rechnung *begleichen*	[saddada ḥisâban]	سدّد حِسابا
Rechnung *stornieren*	[alġâ ḥisâban]	الغى حِسابا
rechnerisch, Rechen-	[ḥisâbî]	حِسابيّ
Konto	[ḥisâb, ~ât]	حِساب ج ات
*Zeit*konto	[ḥisâb li-aǧal]	حِساب لأجْل
*Giro*konto, *laufendes* Konto	[ḥisâb ǧârin]	حِساب جارٍ
eingefrorenes Konto	[ḥisâb muǧammad]	حِساب مجمّد
*Kapital*konto	[ḥisâb ra'smâlî]	حِساب رأسْماليّ
*Gemeinschafts*konto	[ḥisâb muštarak]	حِساب مشترك
*Bank*konto	[ḥisâb maṣrifî]	حِساب مصْرِفيّ

*Spesen*konto	[ḥisâb al-maṣrûfât]	حِساب المصروفات
offenes Konto	[ḥisâb maftûḥ]	حِساب مفتوح
*Privat*konto	[ḥisâb fardî]	حِساب فَرْديّ
überzogenes Konto	[ḥisâb makšûf]	حِساب مكشوف
*Budget*konto	[ḥisâb al-muwâzana]	حِساب الموازنة
*Spar*konto	[ḥisâb at-tawfîr]	حِساب التوفير
*Sperr*konto	[ḥisâb mawqûf]	حِساب موقوف
Konto *einfrieren*	[ǧammada ḥisâban]	جمّد حِسابا
Konto *ausgleichen*	[sawwâ ḥisâban]	سوّى حِسابا
Konto *schließen*	[aġlaqa ḥisâban]	أغلق حِسابا
Konto *eröffnen, einrichten*	[fataḥa ḥisâban]	فتح حِسابا
Konto *sperren*	[awqafa ḥisâban]	أوقف حِسابا
Abrechnung, Rechnungslegung	[muḥâsaba]	محاسبة
Kalkulation	[muḥâsaba]	محاسبة
Buchhaltung, Buchführung, Rechnungswesen	[muḥâsaba]	محاسبة
*Preis*kalkulation	[muḥâsabat al-asʿâr]	محاسبة الأسْعار
quartalsmäßige Abrechnung	[muḥâsaba faṣliyya]	محاسبة فصْليّة
doppelte Buchführung	[muḥâsabat al-qayd al-muzdawiǧ]	محاسبة القيْد المزدوِج
*Kosten*rechnung	[muḥâsabat at-takâlîf]	محاسبة التكاليف
*Finanz*buchhaltung, *Finanz*buchführung	[muḥâsaba mâliyya]	محاسبة ماليّة
Anrechnung *von Kosten*	[iḥtisâb al-kulfa]	احتساب الكُلْفة
Rechner	[ḥâsib / ḥâsiba, ~ât, ḥawâsib]	حاسب / حاسبة ج ات/ حواسِب
Computer	[ḥâsib âlî]	حاسب آليّ
*Taschen*rechner	[ḥâsib al-ǧayb]	حاسب الجيْب
*Personal*computer	[ḥâsib šaḫṣî]	حاسب شخْصيّ
berechnet, berechenbar	[maḥsûb]	محسوب
Vetternwirtschaft	[maḥsûbiyya]	محسوبيّة
Buchhalter, Wirtschaftsprüfer	[muḥâsib, ~ûn]	محاسِب ج ون
amtlich zugelassener Wirtschaftsprüfer	[muḥâsib qânûnî]	محاسِب قانُونيّ

Computer	[ḥâsûb]	حاسُوب ← كُمْبْيُوتِر
laut *Vertrag*	[ḥasba al-ʿaqd]	حسْبَ العقْد
rückläufig sein, zurückgehen *(landwirtschaftliche Produktion)*	[inḥasara (al-intâǧ az-zirâʿî]	انحسر (الإنتاجُ الزِراعيُّ)
Rückgang *von Produktionszahlen*	[inḥisâr arqâm al-intâǧ]	انحسار أرْقام الإنتاج
Rezession, rückläufige Entwicklung	[inḥisâr iqtiṣadî]	انحسار اقتصاديّ
abziehen, diskontieren *Betrag*	[ḥasam (yaḥsimu, ḥasm) mablaġan]	حسم (-ِ حسْم) مبْلغا ← خصم
Abzug, Diskont, Preisnachlaß, Skonto	[ḥasm, ḥûmât]	حسْم ج حُسُومات
*Steuer*abzug	[ḥasm aḍ-ḍarîba]	حسْم الضرِيبة
*Preis*nachlässe	[ḥusûmât siʿriyya]	حُسُومات سِعْريّة
verbessern *wirtschaftliche Lage*	[ḥassana al-waḍʿ al-iqtiṣâdî]	حسّن الوضْع الاقتصاديّ
sich verbessern (*Bedingungen*)	[taḥassana (aẓ-ẓurûf)]	تحسّن (الظُرُوفُ)
gute *Leistungsfähigkeit*	[ḥusn al-adâ']	حُسْن الأداء
gutfunktionierende *Verwaltung*	[ḥusn al-idâra]	حُسْن الإدارة
gute *Behandlung*	[ḥusn al-muʿâmala]	حُسْن المعاملة
gute *Planerfüllung*	[ḥusn tanfiḏ al-ḫuṭṭa]	حُسْن تنفيد الخُطّة
reibungslose *Organisation*	[ḥusn at-tanẓîm]	حُسْن التنظيم
in guter *Absicht*	[bi-ḥusn an-niyya]	بحُسْن النِيّة
Verbesserung *der Qualität*	[taḥsîn an-nawʿiyya]	تحسين النوْعيّة
Verbesserung *der Konjunktur*	[taḥassun al-ḥâla al-iqtiṣâdiyya]	تحسُّن الحالة الاقتصاديّة
geringfügige Verbesserung	[taḥassun ṭafîf]	تحسُّن طفِيف
qualitative Verbesserung	[taḥassun nawʿî]	تحسُّن نوْعيّ
wirtschaftliche Vorteile	[maḥâsin iqtisâdiyya]	ج محاسِن اقتصاديّة
aufbringen *Gelder*	[ḥašada (yaḥšudu, ḥašd) amwâlan]	حشد (ـُ حشْد) أمْوالا
Aufbringen *von Riesensummen*	[ḥašd mabâliġ ṭâ'ila]	حشْد مبالِغ طائلة
zuteilen, rationieren, kontingentieren *Erdöl*	[ḥaṣṣaṣa al-batrûl]	حصّص البتْرُول
Zuteilung, Rationierung, Kontingentierung *von Lebensmitteln*	[taḥṣîṣ al-mawâdd al-ġiḏâ'iyya]	تحصيص الموادّ الغِذائيّة
Anteil, Quote, Kontingent, Ration	[ḥiṣṣâ, ḥiṣṣas]	حِصّة ج حِصص ← نصِيب
*Löwen*anteil	[ḥiṣṣat al-asad]	حِصّة الأسد

*Investitions*anteile	[ḥiṣaṣ istiṯmâriyya]	حِصص استثماريّة
Dividende, *Gewinn*anteil	[ḥiṣṣat al-arbâḥ]	حِصّة الأرْباح
*Bar*dividende	[ḥiṣṣat al-arbâḥ an-naqdiyya]	حِصّة الأرْباح النقْديّة
wachsender Anteil	[ḥiṣṣa mutazâyida]	حِصّة متزايدة
*Markt*anteil	[ḥiṣṣa sûqiyya]	حِصّة سُوقيّة
*Export*quoten	[ḥiṣaṣ at-taṣdîr]	حِصص التصدير
Pro-Kopf-Anteil	[ḥiṣa ʿalâ al-fard]	حِصّة على الفرْد
*Produktions*anteile	[ḥiṣaṣ al-intâğ]	حِصص الإنتاج
Anteile *sichern*	[ammana ḥiṣaṣan]	أمّن حِصصا
Anteile *verkaufen*	[bâʿa ḥiṣaṣan]	باع حِصصا
Anteile *reduzieren*	[ḫafaḍa ḥiṣaṣan]	خفض حِصصا
Anteile *zurückgewinnen*	[istaradda ḥiṣaṣan]	استردّ حِصصا
Anteile *erhöhen*	[rafaʿa ḥiṣaṣan]	رفع حِصصا
*Produktions*anteile *einhalten*	[iltazama bi-ḥiṣaṣ al-intâğ]	التزم بحِصص الإنتاج
Anteile *erwerben*	[tamallaka ḥiṣaṣan]	تملّك حِصصا
Anteile *erweitern*	[wassaʿa ḥiṣaṣan]	وسّع حِصصا
ernten *Getreide*	[ḥaṣada (yaḥṣudu, ḥaṣâd) al-ḥubûb]	حصد (ـُ حصاد) الحُبُوب
Ernte *von Feldfrüchten*	[ḥaṣâd al-maḥâṣîl]	حصاد المحاصِيل
zusammenstellen, erfassen *Daten*	[ḥaṣara (yaḥṣaru, ḥaṣr) bayânât]	حصر (ـُ حصْر) بيانات
beschränken *Wettbewerb*	[ḥaṣara al-munâfasa]	حصر المنافسة
blockieren *Öllieferung*	[ḥâṣara tawrîd an-nafṭ]	حاصر توريد النفْط
*Tabak*monopol	[ḥaṣr at-tibġ wa-t-tumbâk]	حصْر التِبْغ والتُمْباك
*Wettbewerbs*beschränkung	[ḥaṣr al-munâfasa]	حصْر المنافسة
Blockade, Sperre	[ḥiṣâr]	حِصار
*Nachrichten*sperre	[ḥiṣâr iʿlâmî]	حِصار إعلاميّ
*Wirtschafts*blockade	[ḥiṣâr iqtiṣâdî]	حِصار اقتصاديّ
Blockade *aufheben gegen ein Land*	[rafaʿa ḥiṣâran ʿan balad]	رفع حِصارا عن بلد
Blockade *verhängen gegen ein Land*	[faraḍa ḥiṣâran ʿalâ balad]	فرض حِصارا على بلد
Blockade *aufbrechen*	[fakka ḥiṣâran]	فكّ حِصارا

einziehen, erheben *Gebühren*	[ḥaṣṣâla rusûman]	حصّل رُسوما
einsammeln, kassieren *Geld*	[ḥaṣṣala nuqûdan]	حصّل نُقودا
*Steuer*einzug	[taḥṣîl aḍ-ḍarâ’ib]	تحصيل الضرائِب
Inkasso	[taḥṣîl]	تحصيل
Ertrag, Erzeugnis, Produkt	[ḥâṣil, ~ât]	حاصل ج ات
*Agrar*produkte	[ḥâṣilât zirâʿiyya]	حاصلات زِراعيّة
Ertrag, Ernteertrag, Aufkommen	[maḥṣûl, maḥâṣîl]	محصول ج محاصِيل
*Feld*früchte	[maḥâṣîl ḥaqliyya]	محاصِيل حقْليّة
*Agrar*erzeugnisse	[maḥâṣîl zirâʿiyya]	محاصِيل زِراعيّة
exportfähige Kulturen	[maḥâṣîl qâbila li-t-taṣdîr]	محاصِيل قابلة للتصدير
traditionelle Kulturen	[maḥâṣîl taqlîdiyya]	محاصِيل تقليديّة
Steuereinnehmer, Kassierer	[muḥaṣṣil, ~ûn]	محصِّل ج ون
Einnahmen, Einkünfte	[mutaḥaṣṣilât]	ج متحصِّلات
Ausbeute, Erlös, Ertrag, Aufkommen	[ḥaṣîla, ḥaṣâʾil]	حصِيلة ج حصائِل
*Produktions*ertrag	[ḥaṣîlat al-intâǧ]	حصِيلة الإنتاج
*Erdöl*ausbeute	[ḥaṣîlat al-batrûl]	حصِيلة البتْرول
finanzieller Erlös	[ḥaṣîla mâliyya]	حصِيلة ماليّة
*Steuer*aufkommen	[ḥaṣîlat aḍ-ḍarâ’ib]	حصِيلة الضرائِب
Sparbüchse, Sammelbüchse	[ḥaṣṣâla, ~ât]	حصّالة ج ات

statistisch erfassen *Produktion*	[aḥṣâ al-intâǧ]	أحصى الإنتاج
statistische Zählung *der Bevölkerung*	[iḥṣâ’ as-sukkân]	إحصاء السُكّان
Statistik(en)	[iḥṣâ’ât]	إحصاءات
*Umsatz*statistik	[iḥṣâ’ât al-mabîʿât]	إحصاءات المبيعات
*Agrar*statistik	[iḥṣâʾât zirâʿiyya]	إحصاءات زِراعيّة
Statistiken *anfertigen*	[aʿadda iḥṣâ’ât]	اعدّ إحصاءات
statistisch, Statistiker	[iḥṣâ’î, ~ûn]	إحصائيّ ج ون
Statistik(en)	[iḥṣâ’iyyât]	ج إحصائيّات

Präparate	[mustaḥḍarât]	ج مستحضرات
Protokoll	[maḥḍar, maḥâḍir]	محْضر ج محاضِر

*Sitzungs*protokoll	[maḥḍar al-ǧalsa]	محضر الجلْسة
*Abschluß*protokoll	[maḥḍar ḫitâmî]	محضر ختاميّ
Urbanisierung	[taḥaḍḍur]	تحضُّر
städtisch, urban	[ḥaḍarî]	حضريّ
sinken, sich verringern (*Niveau*)	[inḥaṭṭa (al-mustawâ)]	انحطّ (المستوى)
Sinken *der Preise, Preis*verfall	[inḥiṭâṭ al-asʿâr]	انحطاط الأسْعار
Station, Bahnhof, Haltestelle, Terminal	[maḥaṭṭâ, ~ât]	محطّة ج ات
*Heiz*werk	[maḥaṭṭâ buḫâriyya]	محطّة بُخاريّة
*Meerwasserentsalzungs*anlage	[maḥaṭṭât taḥliyat al-miyâh al-baḥriyya]	محطّة تحلية المِياه البحْريّة
*Container*terminal	[maḥaṭṭât al-ḥâwiyât]	محطّة الحاويات
*Sende*station	[maḥaṭṭât al-irsâl]	محطّة الإرسال
*Atomkraft*werk	[maḥaṭṭat aṭ-ṭâqa aḏ-ḏarriyya]	محطّة الطاقة الذرّيّة
*Kernkraft*werk	[maḥaṭṭat aṭ-ṭâqa an-nawawiyya]	محطّة الطاقة النوويّة
Terminal	[maḥaṭṭa ṭarafiyya]	محطّة طرفيّة
*Klär*werk	[maḥaṭṭat muʿâlaǧat al-miyâh]	محطّة معالجة المِياه
*Weltraum*station	[maḥaṭṭa faḍâ'iyya]	محطّة فضائيّة
*Kraft*werk	[maḥaṭṭa kahrabâ'îyya]	محطّة كهْربائيّة
*Wasserkraft*werk	[maḥaṭṭa kahramâ'iyya]	محطّة كهْرمائيّة
*Verteiler*station	[maḥaṭṭât at-tawzîʿ]	محطّة التوزيع
*Kraft*werk	[maḥaṭṭât tawlîd aṭ-ṭâqa]	محطّة توليد الطاقة
Aussicht, Chance	[ḥaẓẓ, ḥuẓûẓ]	حظّ ج حُظُوظ
Aussichten *des Wirtschaftswachstums*	[ḥuẓûẓ an-numûw al-iqtiṣâdî]	حُظُوظ النُمُوّ الاقتصاديّ
Embargo, Sperre, Verbot	[ḥaẓr]	حظْر
Verbot *von Wucherzinsen*	[ḥaẓr al-fa'ida ar-ribawiyya]	حظْر الفائدة الرِبويّة
*Wirtschafts*embargo	[ḥaẓr iqtiṣâdî]	حظْر اقتصاديّ
*Liefer*sperre	[ḥaẓr at-tawrîd]	حظْر التوريد
*Import*verbot	[ḥaẓr al-istîrâd]	حظْر الاستيراد
Embargo *lockern*	[ḫaffafa ḥaẓran]	خفّف حظْرا
Embargo *aufheben gegen ein Land*	[rafaʿa ḥaẓran ʿan balad]	رفع حظْرا عن بلد

Embargo *teilweise aufheben*	[rafaʿa ḥaẓran ǧuz'iyyan]	رفع حظْرا جُزْئيًا
Embargo *vollständig aufheben*	[rafaʿa ḥaẓran kâmilan]	رفع حظْرا كاملا
Embargo *verhängen über ein Land*	[faraḍa ḥaẓran ʿalâ balad]	فرض حظْرا على بلد
verboten, gesperrt, unter Embargo	[maḥẓûr]	محظور
motivieren *Mitarbeiter zur Arbeit*	[ḥafaza (yaḥfizu, ḥafz) al-ʿâmilîn ʿalâ al-ʿamal]	حفز (ـِ حفْز) العاملين على العمل
Anreize geben *für Investitionstätigkeit*	[ḥaffaza al-istiṯmâr]	حفّز الاستثمار
motivieren *Mitarbeiter zur Arbeit*	[ḥaffaza al- ʿâmilîn ʿalâ al-ʿamal]	حفّز العاملين على العمل
Motivierung *von Arbeitern*	[taḥfîz al-ʿummâl]	تحفيز العُمّال
Anreiz	[ḥâfiz, ḥawâfiz]	حافز ج حوافِز
*Investitions*anreize	[ḥawâfiz istiṯmâriyya]	حوافِز استثماريّة
*Steuer*anreize	[ḥawâfiz ḍarîbiyya]	حوافِز ضريبيّة
finanzielle Anreize	[ḥawâfiz mâliyya]	حوافِز ماليّة
erhalten, schonen *Energie*	[ḥafiẓa (yaḥfaẓu , ḥifẓ) aṭ-ṭâqa]	حفِظ (ـَ حِفْظ) الطاقة
ablegen, archivieren *Akten*	[ḥafiẓa milaffât]	حفظ مِلفّات
*post*lagernd	[yuḥfaẓu fî maktab al-barîd]	يُحْفظ في مكْتب البريد
behalten, erhalten, wahren *Marktanteile*	[ḥâfaẓa ʿalâ ḥiṣaṣ as-sûq]	حافظ على حِصص السُوق
für sich behalten *Anteile*	[iḥtafaẓa bi-ḥiṣaṣ]	احتفظ بحِصص
wirtschaftlicher Umgang *mit Wasser*	[ḥifẓ al-miyâh]	حِفْظ المِياه
*Daten*ablage	[ḥifẓ al-bayânât]	حِفْظ البيانات
Wahrung *von Rechten*	[muḥâfaẓa ʿalâ ḥuqûq]	محافظة على حُقوق
Bezirk, Provinz	[muḥâfaẓa, ~ât]	محافظة ج ات
wirtschaftliche Vorbehalte	[taḥaffuẓât iqtiṣâdiyya]	تحفُّظات اقتصاديّة
Wahrung *der Überlegenheit*	[iḥtifâẓ bi-t-tafawwuq]	احتفاظ بالتفوُّق
*Geld*börse	[ḥâfiẓat an-nuqûd, ~ât]	حافظة النُقود ج ات
aufbewahrt, geschützt	[maḥfûẓ]	محفوظ
archivierte Unterlagen, Akten	[maḥfûẓât]	ج محفوظات
Gouverneur *einer Bank*	[muḥāfiẓ al-maṣrif]	مُحافِظ المصْرف ج ون
Portfolio	[maḥfaẓa, maḥâfiẓ]	محْفظة ج محافِظ
*Investment*portfolio	[maḥfaẓa istiṯmâriyya]	محْفظة استثماريّة

Portfolio	[maḥfaẓa mâliyya]	محْفظة ماليّة
*Wertpapier*portfolio	[maḥâfiẓ al-awqrâq al-mâliyya]	محافِظ الأوْراق الماليّة
Geldbörse, Portemonnaie	[maḥfaẓat an-nuqûd]	محْفظة النُقود ج محافِظ
Bus	[ḥâfila, ~ât]	حافِلة ج ات
erzielen, realisieren *Gewinn*	[ḥaqqaqa ribḥan]	حقّق رِبْحا
erfüllen *wirtschaftlichen Zweck*	[ḥaqqaqa ġaraḍan iqtiṣâdiyyan]	حقّق غرضا اقتصاديّا
untersuchen, prüfen *Finanzlage*	[taḥaqqaqa fî al-waḍʿ al-mâlî]	تحقّق في الوضْع الماليّ
fällig sein *(Schulden)*	[istaḥaqqa (ad-duyûn)]	استحقّ (الدُيُونُ)
beanspruchen, Anspruch haben *auf eine Rente*	[istaḥaqqa maʿâšan]	استحقّ معاشا
Erzielung *des wirtschaftlichen Fortschritts*	[taḥqîq at-taqaddum al-iqtiṣâdî]	تحقيق التقدُّم الاقتصاديّ
Fälligkeit *eines Wechsels*	[istiḥqâq as-sanad]	استحقاق السند
ausstehende Beträge, Fälligkeiten	[istiḥqâqât]	ج استحقاقات
fällig *zur Zahlung*	[mustaḥiqq ad-dafʿ]	مستحِقّ الدفْع
Fälligkeiten, fällige Zahlungen	[mustaḥiqqât]	ج مستحِقّات
Fälligkeiten *begleichen*	[wafâ bi-mustaḥiqqât]	وفى بمستحِقّات
Anspruchsberechtigter	[mustaḥiqq, ~ûn]	مستحِقّ ج ون
Nutznießer *einer Stiftung*	[mustaḥiqq al-waqf]	مستحِقّ الوقْف
Recht, Anrecht *auf Besitz*	[ḥaqq, ḥuqûq fî milkiyya]	حقّ ج حُقُوق في مِلْكيّة
*Autoren*recht	[ḥaqq al-mu'allif]	حقّ المؤلّف
*Patent*recht	[ḥaqq barâ'at al-iḫtirâʿ]	حقّ براءة الاختراع
*Sicherungspfand*recht	[ḥaqq al-ḥaǧz]	حقّ الحجْز
*Ausschließlichkeits*recht	[ḥaqq ḥaṣrî]	حقّ حصْريّ
geschützte Rechte	[ḥuqûq maḥmiyya]	حُقُوق محميّة
*Ziehungs*rechte	[ḥuqûq as-saḥb]	حُقُوق السحْب
*Sonder*ziehungs*rechte*	[ḥuqûq as-saḥb al-ḫâṣṣa]	حُقُوق السحْب الخاصّة
*Aktionärs*rechte	[ḥuqûq al-musâhimîn]	حُقُوق المساهِمين
garantierte Rechte	[ḥuqûq maḍmûna]	حُقُوق مضمونة
*Transit*recht	[ḥaqq fî al-murûr]	حقّ في العُبُور
dingliche Rechte	[ḥuqûq ʿayniyya]	حُقُوق عيْنيّة

Rechte *Dritter*	[ḥuqûq al-ġayr]	حُقُوق الغَيْر
*Minderheiten*rechte	[ḥuqûq al-aqalliyya]	حُقُوق الأقلّيّة
*Eigentums*recht, Rechtstitel	[ḥaqq al-milkiyya]	حقّ المِلْكيّة
Patent	[ḥaqq al-imtiyâz]	حقّ الامتياز
umstrittene Rechte	[ḥuqûq mutanâzaʿ ʿalayhâ]	حُقُوق متنازع عليها
*Nutzungs*recht	[ḥaqq al-intifâʿ]	حقّ الانتفاع
*Veto*recht	[ḥaqq an-naqḍ]	حقّ النقْض
*Copy*right	[ḥuqûq aṭ-ṭabʿ]	حُقُوق الطبْع
Alle Rechte vorbehalten.	[ǧamîʿ al-ḥuqûq maḥfûẓa]	جميع الحُقُوق محفوظة
real, Ist-, Effektiv-	[ḥaqîqî]	حقِيقيّ
Vorrecht	[aḥaqqiyya]	أحقّيّة
*Vorkaufs*recht	[aḥaqqiyya fî al-istimlâk]	أحقّيّة في الاستملاك
Acker, Feld	[ḥaql zirâʿî, ḥuqûl]	حقْل زِراعيّ ج حُقُول
*Erdöl*feld	[ḥaql an-nafṭ]	حقْل النفْط
industrieller Bereich	[ḥaql ṣinâʿî]	حقْل صِناعيّ
Feld-	[ḥaqlî]	حقْليّ
monopolisieren *Energieversorgung*	[iḥtakara tawzîʿ aṭ-ṭâqa]	احتكر توزيع الطاقة
Monopolisierung *des Marktes*	[iḥtikâr as-sûq]	احتكار السُوق
Monopol	[iḥtikâr, ~ât]	احتكار ج ات
Monopol *brechen*	[kasara iḥtikâran]	كسر احتكارا
Monopolbildung *verhindern*	[manaʿa al-iḥtikâr]	منع الاحتكار
Monopol-, monopolistisch, Monopolist	[iḥtikârî, ~ûn]	احتكاريّ ج ون
Monopolstellung, Monopolismus	[iḥtikâriyya]	احتكاريّة
Monopol *auf Vermarktung*	[ḥikr ʿalâ at-taswîq]	حِكْر على التسويق
urteilen, entscheiden *in einem Rechtsfall*	[ḥakama (yaḥkumu, ḥukm) fî qaḍîya]	حكم (ـُ حُكْم) في قضية
schlichten *einen kommerziellen Rechtsstreit*	[ḥakkama fî qaḍîya tiğâriyya]	حكّم في قضية تِجاريّة
kontrollieren *Markt*	[taḥakkama fî / bi-s-sûq]	تحكّم في / بالسُوق
urteilen *nach dem Preis*	[iḥtakam ilâ as-siʿr]	احتكم الى السِعْر
anrufen *Schiedskommission*	[iḥtakama ilâ lağnat at-taḥkîm]	احتكم الى لجْنة التحكيم

Urteil, (Gerichts-)Entscheidung *in einem Streit*	[ḥukm, aḥkâm fî nizâʿ]	حُكْم ج أحْكام في نِزاع
Bestimmungen *eines Vertrages*	[aḥkâm al-ittifâqiyya]	ج أحْكام الاتّفاقيّة
*Durchführungs*bestimmungen	[aḥkâm tanfîḏiyya]	أحْكام تنفيذيّة
Schlichtung, Schiedsspruch	[taḥkîm]	تحكيم
kommerzielle Schlichtung, Arbitrage	[taḥkîm tiğârî]	تحكيم تِجاريّ
internationale Schlichtung	[taḥkîm duwalî]	تحكيم دُوليّ
*Preis*kontrolle	[taḥakkum fî al-asʿâr]	تحكُّم في الأسْعار
*un*kontrollier*bar*	[lâ yumkinu at-taḥakkum bihi]	لا يمكن التحكُّم به
Richter, Herrscher, Machthaber	[ḥâkim, ḥukkâm]	حاكم ج حُكّام
Schlichter	[muḥakkim, ~ûn]	محكِّم ج ون
Regierung	[ḥukûma, ~ât]	حُكُومة ج ات
Regierungs-, staatlich	[ḥukûmî]	حُكُومىّ
Gericht	[maḥkama, maḥâkim]	محْكمة ج محاكِم
*Konkurs*gericht	[maḥkamat al-iflâs]	محْكمة الإفلاس
*Zivil*gericht	[maḥkama madaniyya]	محْكمة مدنيّة
lösen *Finanzproblem*	[ḥalla (yaḥullu, ḥall) mas'ala mâliyya]	حلّ (ـُ حلّ) مسْألة ماليّة
auflösen *Unternehmen*	[ḥalla šarika]	حلّ شركة
analysieren *Markt*	[ḥallala as-sûq]	حلّل السُوق
ersetzen, substituieren *Produkt*	[aḥalla mantûğan maḥallahu]	أحلّ منتوجا محلّه
Auflösung *eines Unternehmens*	[ḥall aš-šarika]	حلّ الشركة
Lösung	[ḥall, ḥulûl]	حلّ ج حُلُول
praktische Lösung	[ḥall ʿamalî]	حلّ عمليّ
*Sofort*lösung	[ḥall fawrî]	حلّ فوْريّ
optimale Lösung	[ḥall amṯal]	حلّ أمْثل
wirksame Lösung	[ḥall nâğiʿ]	حلّ ناجع
Kompromiß	[ḥall wasaṭ, ḥulûl wasaṭ]	حلّ وسطٌ ج حُلُولٌ وسطٌ
Analyse	[taḥlîl, ~ât / taḥâlîl]	تحليل ج ات / تحالِيل
*Umwelt*analyse	[taḥlîl bî'î]	تحليل بِيئيّ
*Markt*analyse	[taḥlîl as-sûq]	تحليل السُوق ج ات

*Unternehmens*analyse	[taḥlîl aš-šarika]	تحليل الشركة
*Kunden*analyse	[taḥlîl al-ʿumalâ']	تحليل العُملاء
*Wirtschafts*analyse	[taḥlîl iqtiṣâdî]	تحليل اقتصاديّ
Kosten-Nutzen -Analyse	[taḥlîl at-takâlîf wa-l-ʿâ'idât]	تحليل التكاليف والعائدات
*Wettbewerbs*analyse	[taḥlîl al-munâfasa]	تحليل المنافسة
*Aufgaben*analyse	[taḥlîl al-mahâmm]	تحليل المهامّ
*Ressourcen*analyse	[taḥlîl al-mawârid]	تحليل الموارِد
*Bilanz*analyse	[taḥlîl al-mîzân]	تحليل المِيزان
Analysen *erstellen*	[ağrâ taḥlîlât]	أجرى تحليلات
Analyst	[muḥallil, ~ûn]	محلِّل ج ون
Laden, Geschäft	[maḥall (tiğârî), ~ât]	محلّ تِجاريّ ج ات
vermieteter Laden	[maḥall mu'ağğar]	محلّ مؤجّر
Laden, Geschäft	[maḥall (al-bayʿ)]	محلّ البيْع
örtlich, lokal, einheimisch, Inlands-, Binnen-	[maḥallî]	محلّيّ
Lohn-Preis-Spirale	[ḥalazûn al-uğur wa-l-asʿâr]	حلزُون الأُجُور والأسْعار
Bündnis, Allianz, Pakt, Bund	[taḥâluf, ~ât]	تحالُف ج ات
Zitrusfrüchte	[ḥimḍiyyât]	ج حِمْضِيّات
tragen, befördern *Waren*	ḥamala (yaḥmilu, ḥaml) baḍâ'iʿ]	حمل (ـِ حمْل) بضائِع
beladen *Wagen*	[ḥammala ʿaraba]	حمّل عربة
aufbürden *Kosten einem Kunden*	[ḥammala an-nafaqât ʿamîlan]	حمّل النفقات عميلا
tragen *Lasten, Belastungen*	[taḥammala aʿbâ'an]	تحمّل أعْباءً
tragen *Kosten*	[taḥammala nafaqât]	تحمّل نفقات
Tragen, Transport	[ḥaml]	حمْل
Verladung *von Waren*	[taḥmîl al-baḍâ'iʿ]	تحميل البضائِع
Beladen *von Containern*	[taḥmîl al-ḥâwiyât]	تحميل الحاويات
Aufbürden *der Verantwortung*	[taḥmîl al-mas'ûliyya]	تحميل المسؤوليّة
Übernahme *von Verantwortlichkeit*	[taḥammul al-mas'ûliyya]	تحمّل المسؤوليّة
Träger, Überbringer, Besitzer, Inhaber	[ḥâmil, ḥamala]	حامل ج حملة
*Kreditkarten*inhaber	[ḥâmil biṭâqat al-i'timân]	حامل بِطاقة الائتمان

*Konto*inhaber	[ḥâmil al-ḥisâb]	حامل الحِساب
Inhaber *eines Wechsels*	[ḥâmil as-sanad]	حامل السند
Aktionär, Anteilseigner	[ḥâmil al-ashum]	حامل الأسْهُم
*Zeugnis*inhaber	[ḥâmil aš-šahâda]	حامل الشهادة
Überbringer *eines Schecks*	[ḥâmil aš-šîk]	حامل الشِيك
beladen, transportiert, tragbar	[maḥmûl]	محمول
potentiell	[muḥtamal]	محتمل
Kampagne, Aktion	[ḥamla, ~ât]	حمْلة ج ات
*Werbe*kampagne	[ḥamla diʿâ'iyya]	حمْلة دِعائيّة
*Verkaufs*aktion	[ḥamlat at-tarwîǧ]	حمْلة الترويج
*Verkaufs*aktion	[ḥamlat at-taswîq]	حمْلة التسويق
*Verleumdungs*kampagne	[ḥamla at-tašhîr]	حمْلة التشهير
*Werbe*kampagne	[ḥamla iʿlâmiyya]	حمْلة إعلاميّة
Kampagne *führen*	[šanna ḥamla]	شنّ حمْلة
Ladekapazität, Tragfähigkeit, Tonnage	[ḥumûla]	حُمُولة
*Schiffs*tonnage	[ḥumûlat as-safîna]	حُمُولة السفِينة
Träger	[ḥammâl, ~ûn]	حمّال ج ون
Last, Bürde	[ḥiml, aḥmâl]	حِمْل ج أحْمال
schützen *Interessen vor Risiken*	[ḥamâ (yaḥmî, ḥimâya) maṣâliḥ min maḫâṭir]	حمى (-ِ حِماية) مصالِح من مخاطِر
*Versicherungs*schutz	[ḥimâya ta'mîniyya]	حِماية تأمينيّة
*Umwelt*schutz	[ḥimâyat al-bî'a]	حِماية البِيئة
*Daten*schutz	[ḥimâyat al-bayânât]	حِماية البيانات
*Patent*schutz	[ḥimâyat al-iḫtirâʿ]	حِماية الاختراع
Schutz *des Kunden*	[ḥimâyat al-ʿamîl]	حِماية العمِيل
Schutz *des Eigentums*	[ḥimâyat al-milkiyya]	حِماية المِلْكيّة
*Copy*right	[ḥimâyat an-našr]	حِماية النشْر
*Verbraucher*schutz	[ḥimâyat al-mustahlik]	حِماية المستهلِك
Schutz *von Ressourcen*	[ḥimâyat al-mawârid]	حِماية الموارِد
Protektion	[ḥimâya]	حِماية

protektionistisch	[ḥimâ'î]	حِمائيّ
Protektionismus	[ḥimâ'iyya]	حِمائيّة
geschützt	[maḥmîy]	محميّ
Rechtsanwalt	[muḥâmin, ~ûn]	محامٍ ج ون
benötigen, brauchen *Lebensmittel*	[iḥtâğa ila mawâdd ġiḏâ'iyya]	احتاج إلى موادّ غِذائيّة
Bedarf *an Finanzmitteln*	[iḥtiyâğ ilâ amwâl]	احتياج إلى أمْوال
*Jahres*bedarf	[iḥtiyâğ sanawî]	احتياج سنويّ
Bedürfnis	[iḥtiyâğ, ~ât]	احتياج ج ات
Bedürfnisse *decken*	[ġaṭṭâ iḥtiyâğât]	غطّى احتياجات
Bedürfnisse *befriedigen*	[labbâ iḥtiyâğât]	لبّى احتياجات
Bedürfnisse	[iḥtiyâğiyyât]	ج احتياجيّات
Bedarf *an Dienstleistungen*	[ḥâğa ilâ ḫadamât]	حاجة إلى خدمات
*Inlands*bedarf	[ḥâğa maḥalliyya]	حاجة محلّيّة
zunehmender Bedarf	[ḥâğa mutazâyida]	حاجة متزايِدة
abnehmender Bedarf	[ḥâğa mutanâqiṣa]	حاجة متناقِصة
bestehender Bedarf	[ḥâğa qâ'ima]	حاجة قائمة
dringender Bedarf	[ḥâğa muliḥḥa]	حاجة مِلحّة
dringender Bedarf	[ḥâğa mâssa]	حاجة ماسّة
*Finanzierungs*bedarf	[ḥâğa tamwîliyya]	حاجة تمويليّة
Bedarfsartikel, Bedarfsgegenstand	[ḥâğa, ḥâğât]	حاجة ج ات
Bedarf *sichern*	[ammana ḥâğa]	أمّن حاجة
Bedarf *decken*	[ġaṭṭâ ḥâğa]	غطّى حاجة
Bedarf *decken*	[kafâ ḥâğa]	كفى حاجة
Bedarfsgüter	[ḥâğiyyât]	ج حاجِيّات
Besitz ergreifen *von Eigentum*	[istaḥwaḏa ʿalâ mumtalakât]	استحوذ على ممتلكات
Besitzergreifung *von Geldern*	[istiḥwâḏ ʿalâ al-amwâl]	استحواذ على الأموال
in Besitz nehmen *Gelder*	[ḥâza (yaḥûzu, ḥiyâza) ʿalâ amwâl]	حاز (ـُ حِيازة) على أمْوال
Inbesitznahme, Besitz *von Besitztümern*	[ḥiyâzat al-mumtalakât]	حِيازة الممتلكات
*Immobilien*besitz	[ḥiyâza ʿaqâriyya]	حِيازة عقاريّة

Besitztum, Besitzung, Eigentum	[ḥiyâza, ~ât]	حِيازة ج ات
*Zeugnis*inhaber	[ḥâ'iz ʿalâ šahâda, ~ûn]	حائز على شهادة ج ون
Besitz	[ḥawza]	حوْزة
computerisieren	[ḥawsaba]	حوْسب
Computerisierung	[ḥawsaba]	حوْسبة
Becken, Dock, Werft	[ḥawḍ, aḥwâḍ]	حوْض ج أحْواض
*Meeres*becken	[ḥawḍ al-baḥr]	حوْض البحْر
*Wasser*becken	[ḥawḍ mâ'î]	حوْض مائيّ
Reserve, Rücklage	[iḥtiyâṭ, ~ât]	احتياط ج ات
strategische Reserve	[iḥtiyâṭ istrâtîǧî]	احتياط إسْتْراتِيجيّ
freie Reserven	[iḥtiyâṭât ḥurra]	احتياطات حُرّة
*Gold*reserve	[iḥtiyâṭ min aḏ-ḏahab]	احتياط من الذهب
*Kapital*reserve	[iḥtiyâṭ ra'smâlî]	احتياط رأسْماليّ
*gesetzliche Mindest*reserve	[iḥtiyâṭ qânûnî]	احتياط قانُونيّ
*Pflicht*reserve	[iḥtiyâṭ ilzâmî]	احتياط إلزاميّ
*Finanz*reserven	[iḥtiyâṭât mâliyya]	احتياطات ماليّة
*Erdöl*vorräte	[iḥtiyâṭât nafṭiyya]	احتياطات نفْطيّة
*Devisen*reserven	[iḥtiyâṭât naqdiyya]	احتياطات نقْديّة
riesige Reserven	[iḥtiyâṭât hâ'ila]	احتياطات هائلة
Reserven *bilden*	[kawwana iḥtiyâṭât]	كوّن احتياطات
Reserve-, Reserve	[iḥtiyâṭâtî, ~ât]	احتياطيّ ج ات
*Gold*reserve	[iḥtiyâṭî aḏ-ḏahab]	احتياطيّ الذهب
Reserven	[iḥtiyâṭiyyât]	احتياطيّات
umwandeln *Bestände in Geld*	[ḥawwala uṣûlan ilâ amwâl]	حوّل أُصُولا الى أمْوال
überweisen, transferieren, umbuchen *Betrag auf ein Konto*	[ḥawwala mablaġan ilâ ḥisâb]	حوّل مبْلغا الى حِساب
verarbeiten *Eisen zu Stahl*	[ḥawwal al-ḥadîda ilâ aṣ-ṣulb]	حوّل الحدِيد الى الصُلْب
umtauschen, umrechnen, konvertieren *Währung*	[ḥawwala ʿumla]	حوّل عُمْلة
übertragen *Eigentum an ein Unternehmen*	[ḥawwla milkiyya ilâ šarika]	حوّل مِلْكيّة الى شرِكة
weiterleiten, zuleiten *Antrag an Stelle*	[aḥâla ṭalaban ilâ ǧiha]	أحال طلبا إلى جِهة

versetzen *Angestellten in Ruhestand*	[aḥâla muwaẓẓafan ilâ al-maʿâš]	أحال موظّفا الى المعاش
sich verändern, sich wandeln *(Konjunktur)*	[taḥawwala (al-waḍʿ al-iqtiṣâdî)]	تحوّل (الوضعُ الاقتصاديُ)
überwechseln *in ein anderes Unternehmen*	[taḥawwala ilâ šarika uḫrâ]	تحوّل الى شرِكة أُخْرى
betrügen, übervorteilen *Kunden*	[iḥtâla ʿalâ ʿamîl]	احتال على عمِيل
Umwandlung, Überweisung, Umtausch, Konvertierung, Transfer	[taḥwîl]	تحويل
*Kapital*transfer	[taḥwîl ar-ra'smâl]	تحويل الرأسْمال
*Kapital*transferzahlungen	[taḥwîlât ra'smâliyya]	تحويلات رأسْماليّة
*Gewinn*transfer	[taḥwîl al-arbâḥ]	تحويل الأرْباح
*Gewinn*überweisungen *ins Ausland*	[taḥwîlât al-arbâḥ ilâ al-ḫâriǧ]	تحويلات الأرْباح الى الخارج
*Bank*überweisung	[taḥwîl maṣrifî]	تحويل مصْرِفيّ
Überweisung *von Geldern*	[taḥwîl al-amwâl]	تحويل الأمْوال
*telegrafische Geld*überweisung	[taḥwîl al-mâl barqiyyan]	تحويل المال برقيّا
Transferzahlungen	[taḥwîlât maliyya]	تحويلات ماليّة
*Bar*überweisung	[taḥwîl naqdî]	تحويل نقْديّ
Versetzung *in den Ruhestand*	[iḥâla ilâ al-maʿâš]	إحالة الى المعاش
Veränderung, Umwandlung	[taḥawwul, ~ât]	تحوّل ج ات
*Werte*wandel	[taḥawwul al-qiyam]	تحوُّل القِيم
*Struktur*wandel	[taḥawwul haykalî]	تحوُل هيْكليّ
Übervorteilung *eines Partners*	[iḥtiyâl ʿalâ šarîk]	احتيال على شرِيك
betrügerisch	[iḥtiyâlî]	احتياليّ
umgewandelt, überwiesen, transferiert, umgetauscht, umgerechnet, übertragen	[muḥawwal]	محوّل
Überweisung, Transferzahlung, Zahlungsanweisung, Wechsel	[ḥawâla, ~ât]	حوالة ج ات
*Post*anweisung	[ḥawâla barîdiyya]	حوالة بريديّة
*Bank*wechsel	[ḥawâla maṣrifiyya]	حوالة مصْرِفيّة
Lage	[ḥâla, ~ât]	حالة ج ات ← وضْع
*Arbeitsmarkt*lage	[ḥâlat sûq al-ʿamal]	حالة سُوق العمل
*Ertrags*lage	[ḥâlat al-ʿawâ'id]	حالة العوائِد
*Ausnahme*zustand, *Not*stand	[ḥâlat aṭ-ṭawâri']	حالة الطوارِئ
wirtschaftliche Lage, Konjunktur	[ḥâla iqtiṣâdiyya]	حالة اقتصاديّة

*Vermögens*lage	[ḥâlat al-amlâk]	حالة الأملاك
*Finanz*lage	[ḥâla mâliyya]	حالة ماليّة
List, Trick	[ḥîla, ḥiyal]	حيلة ج حِيل
ca. *6 %*	[ḥawâlay sitta bi-l-mi'a]	حواليْ ٦٪
enthalten, beinhalten *Waren*	[iḥtawâ ʿalâ silaʿ]	احتوى على سِلع
Container	[ḥâwiya, ~ât]	حاوية ج ات
*Groß*container	[ḥâwiya ʿimlâqa]	حاوية عِمْلاقة
*Standard*container	[ḥâwiya namaṭiyya]	حاوية نمطيّة
Inhalt	[muḥtawan, ~âṭ]	محتوًى ج ات
*Container*inhalt	[muḥtawâ al-ḥâwiyât]	محتوى الحاويات
wiederbeleben, ankurbeln *Wirtschaft*	[aḥyâ al-iqtiṣâd]	أحيى الاقتصاد
Wiederbelebung *der Börse*	[iḥyâ' al-bûrṣa]	إحياء البُورْصة
lebenswichtig	[ḥayawî]	حيويّ
Lebenskraft, Vitalität *der Wirtschaft*	[ḥayâwiyyat al-iqtiṣâd]	حيويّة الاقتصاد
*Wirtschafts*leben, Business	[ḥayât iqtiṣâdiyya]	حياة اقتصاديّة
*Finanz*leben	[ḥayât mâliyya]	حياة ماليّة
Tier	[ḥayawân, ~ât]	حيوان ج ات
Tiere *züchten*	[rabbâ ḥayawânât]	ربّى حيوانات

﴿ خ ﴾

roh, unbearbeitet	[ḫâm]	خام
Rohstoff	[ḫâm, ~ât]	خام ج ات
Spalte, Rubrik	[ḫâna, ~ât]	خانة ج ات
prüfen, testen *Produkte*	[iḫtabara mantûğât]	اختبر منتوجات
Telefongespräch, Telefonat	[muḫâbara, ~ât]	مخابرة ج ات
Testen *einer Maschine*	[iḫtibâr al-âla]	اختبار الآلة
Prüfung, Test, Kontrolle, Erprobung, Versuch, Experiment	[iḫtibâr , ~ât]	اختبار ج ات

*Qualitäts*test	[iḫtibâr al-ǧûda]	اختبار الجُودة
*Crash*test	[iḫtibâr at-taḥaṭṭum]	اختبار التحطُّم
in der Erprobung	[taḥta al-iḫtibâr]	تحت الاختبار
technische Tests *vornehmen*	[qâma bi-iḫtibârât fanniyya]	قام باختبارات فنّيّة
experimentell	[iḫtibârî]	اختباريّ
Laboratorium	[muḫtabar, ~ât]	مختبر ج ات
Erfahrung, Sachkenntnis	[ḫibra, ~ât]	خِبْرة ج ات
technologisches Know-how	[ḫibra tiknûlûǧiyya]	خبرة تِكْنُولوجيّة
Know-how	[ḫibra fanniyya]	خِبْرة فنّيّة
Erfahrung *sammeln*	[kawwana ḫibra]	كوّن خِبْرة
fachkundig, sachkundig *in Projektierung*	[ḫabîr bi-t-taṣmîm]	خبير بالتصميم
Experte, Fachmann, Spezialist, Sachverständiger	[ḫabîr, ḫubarâ']	خبير ج خُبراء
Taxator	[ḫabîr muṯammin]	خبير مثمّن
technischer Experte	[ḫabîr fannî]	خبير فنّيّ
*Wirtschafts*experte	[ḫabîr iqtiṣâdî]	خبير اقتصاديّ
*Finanz*experte	[ḫabîr mâlî]	خبير ماليّ
Laboratorium	[maḫbar, maḫâbir]	مخْبر ج مخابِر
stempeln, abstempeln *Dokument*	[ḫatama (yaḫtimu, ḫatm) waṯîqa]	ختم (ـِ ختْم) وثيقة
siegeln *Zertifikat*	[ḫatama šahâda bi-š-šamʿ]	ختم شهادة بالشمْع
Versiegelung *eines Lastwagens*	[ḫatm aš-šâḥina]	ختْم الشاحنة
Stempel(-abdruck), Siegel(-abdruck)	[ḫatm, aḫtâm]	ختْم ج أختام
*Post*stempel	[ḫatm al-barîd]	ختْم البريد
*Feingehalt*stempel	[ḫatm al-ʿiyâr]	ختْم العِيار
Stempel, Siegel	[ḫâtam / ḫâtim, ḫawâtim]	خاتم / خاتِم ج خواتِم
gestempelt, gesiegelt	[maḫtûm]	مختوم
versiegelt	[maḫtûm bi-š-šamʿ]	مختوم بالشمْع
Rauschgift, Drogen	[muḫaddirât]	ج مخدِّرات
betrügen, täuschen *Partner*	[ḫadaʿa (yaḫdaʿu, ḫidâʿ) šarîkan]	خدع (ـَ خِداع) شريكا
betrügen, täuschen *Kunden*	[ḫâdaʿa ʿamîlan]	خادع عميلا

Betrug, Täuschung	[ḫidâʿ]	خِداع
dienen *dem Kunden*	[ḫadam (yaḫdimu, ḫidma) al-ʿamîl]	خدم (ـِ خِدْمة) العميل
benutzen, verwenden *Material*	[istaḫdama mâdda]	استخدم مادّة
in Dienst stellen *Schiff*	[istaḫdama safîna]	استخدم سفينة
beschäftigen, einstellen *Arbeitskräfte*	[istaḫdama ʿamâla]	استخدم عمالة
Dienst, Dienstleistung, Service, Kundendienst	[ḫidma, ~ât / ḫadamât]	خِدْمة ج ات / خدمات
*Kunden*service	[ḫidma mâ baʿda al-bayʿ]	خِدْمة ما بعد البيْع
innovative Dienstleistungen	[ḫadamât mubtakara]	خدمات مبتكرة
*Sozial*leistungen	[ḫadamât iğtimâʿiyya]	خدمات اجتماعيّة
*Schulden*dienst	[ḫidmat ad-dayn]	خِدْمة الديْن
*Touristen*service	[ḫidma siyâḥiyya]	خِدْمة سِياحيّة
*Consulting*leistungen	[ḫadamât istišâriyya]	خدمات استشاريّة
*Bank*dienstleistungen	[ḫadamât maṣrifiyya]	خدمات مصْرِفيّة
*Informations*dienstleistungen	[ḫadamât iʿlâmiyya]	خدمات إعلاميّة
*Hotel*service	[ḫidma funduqiyya]	خِدْمة فُنْدُقيّة
*Finanz*dienstleistungen	[ḫadamât mâliyya]	خدمات ماليّة
*Transport*leistungen	[ḫadamât an-naql]	خدمات النقْل
*Telefon*service	[ḫidma hâtifîyya]	خِدْمة هاتفيّة
im Dienste *des Kunden*	[fî / li-ḫidmat az-zabûn]	في / لِخِدْمة الزبُون
Dienst *leisten*	[addâ ḫidma]	أدّى خِدْمة
Service *verbessern*	[ḥassana ḫidma]	حسّن خِدْمة
Dienstleistung *anbieten*	[qaddama ḫidma]	قدّم خِدْمة
Dienstleistungs-	[ḫadamî]	خدميّ
Dienstleistungs-	[ḫadamâtî]	خدماتيّ
Benutzung, Verwendung, Einsatz *von Maschinen*	[istiḫdâm al-âlât]	استخدام الآلات
kommerzieller Gebrauch	[istiḫdâm tiğârî]	استخدام تِجاريّ
rationelle Nutzung	[istiḫdâm rašîd]	استخدام رشِيد
optimale Nutzung	[istiḫdâm amṯal]	استخدام أمْثل
*Haushalts*gebrauch	[istiḫdâm manzilî]	استخدام منْزِليّ

Verwendungszweck	[istiḫdâm, ~ât]	استخدام ج ات
Einstellung *von Ingenieuren*	[istiḫdâm al-muhandisîn]	استخدام المهنْدِسين
Diener, Dienstbote	[ḫâdim, ḫadam]	خادم ج خدم
Dienstpersonal	[ḫadam]	ج خدم
Arbeitgeber, Dienstherr	[mustaḫdim, ~ûn]	مستخدِم ج ون
Nutzer *einer Technologie*	[mustaḫdim at-tiknûlûğiyâ]	مستخدِم التِكْنُولُوجِيا ج ون
Angestellter	[mustaḫdam, ~ûn]	مستخدَم ج ون
zerstören *Fabrik*	[ḫarraba maṣnaʿan]	خرّب مصْنعا
zerstört sein o. werden *(Land)*	[taḫarraba (al-balad)]	تخرّب (البلدُ)
Zerstörung *einer Stadt*	[taḫrîb al-madîna]	تخريب المدِينة
ausbilden *Ingenieure*	[ḫarrağa muhandisîn]	خرّج مهنْدِسين
absolvieren *Wirtschaftsinstitut*	[taḫarrağa min maʿhad iqtiṣâdî]	تخرّج من معْهد اقتصاديّ
ausführen *Devisen*	[aḫrağa naqdan ağnabiyya]	أخرج نقْدا أجْنبيّا
abbauen, fördern *Erdöl*	[istaḫrağa an-nafṭ]	استخرج النفْط
erwirken *Genehmigung*	[istaḫrağa ruḫṣa]	استخرج رُخْصة
Ausfuhr *von Waren*	[ḫurûğ al-baḍâ'iʿ]	خُرُوج البضائِع
Ausbildung *von Spezialisten*	[taḫrîğ al-ḫubarâ']	تخريج الخُبراء
Ausfuhr *von Waren*	[iḫrâğ as-silaʿ]	إخراج السِلع
*Erdgas*förderung	[istiḫrâğ al-ġâz aṭ-ṭabîʿî]	استخراج الغاز الطبِيعيّ
ins Ausland	[ilâ al-ḫâriğ]	إلى الخارج
im Ausland	[fî al-ḫâriğ]	في الخارج
Output	[muḫrağ]	مُخرج
Auszug *aus einem Register*	[mustaḫrağ min sigill, ~ât]	مستخرج من سِجِلّ ج ات
Absolvent	[ḫirrîğ, ~ûn]	خِرِّيج ج ون
Grundsteuer	[ḫarâğ]	خراج
verschrotten *Eisen*	[ḫarrada al-ḥadîd]	خرّد الحدِيد
Schrott, Altmetall	[ḫurda]	خُرْدة
Kramwaren	[ḫurdawât]	ج خُرْدوات
erfinden *Gerät*	[iḫtaraʿa ğihâzan]	اخترع جِهازا

Erfindung *des Computers*	[iḫtirâʿ al-ḥâsûb]	اختراع الحاسُوب
Erfinder	[muḫtariʿ, ~ûn]	مخترِع ج ون
Erfindungen	[muḫtaraʿât]	ج مخترعات
lagern, speichern, horten *Waren*	[ḫazana (yaḫzunu, ḫazn) silaʿan]	خزن (ـُ خزْن) سِلعا
speichern *Daten*	[ḫazana bayânât]	خزن بيانات
lagern, speichern, Vorräte anlegen *Lebensmittel*	[ḫazzana mawâdd ġiḏâ'iyya]	خزّن موادّ غِذائيّة
lagern, speichern, sich bevorraten *mit Holz*	[iḫtazana al-ḫašab]	اختزن الخشب
Lagerung, Speicherung *von Treibstoff*	[ḫazn al-waqûd]	خزْن الوقُود
Lagerung *von Getreide*	[taḫzîn al-ḥubûb]	تخزين الحُبُوب
Speicherung *von Wasser*	[taḫzîn al-miyâh]	تخزين المِياه
Speicherung *von Daten*	[iḫtizân al-bayânât]	اختزان البيانات
Schatzmeister	[ḫâzin, ḫazana]	خازن ج خزنة
gelagert, gespeichert	[maḫzûn]	مخزون
Vorrat, Bestand, Inventar, Aufkommen, Vorkommen	[maḫzûn, ~ât / maḫâzîn]	مخزون ج ات ومخازِين
unterirdische Vorkommen	[maḫzûn ǧûfî]	مخزون جُوفيّ
*Erfahrungss*schatz	[maḫzûn al-ḫibrât]	مخزون الخِبْرات
angehäufte Bestände	[maḫâzîn mutarâkima]	مخازِين متراكِمة
*Waren*bestand	[maḫzûn as-silaʿ]	مخزون السِلع
*Erdöl*vorräte	[maḫzûnât min an-nafṭ]	مخزونات من النفْط
*Welt*vorräte	[maḫzûnât ʿâlamiyya]	مخزونات عالميّة
*Rohstoff*vorkommen	[maḫâzîn min al-mawâdd al-ḫâm]	مخازِين من الموادّ الخامّ
finanzielle Bestände	[maḫâzîn mâliyya]	مخازِين ماليّة
Vorräte *anlegen*	[kawwana maḫzûnât]	كوّن مخزونات
Staubecken, Speicherbecken, Tank, Kessel, Behälter, Speicher	[ḫazzân, ~ât]	خزّان ج ات
Safe, Tresor, Schließfach, Geldschrank	[ḫizâna, ḫazâ'in]	خِزانة ج خزائِن
*Staats*kasse	[ḫizânat ad-dawla]	خِزانة الدوْلة
Kasse, Schatzkammer, Tresorraum	[ḫazîna, ḫazâ'in]	خزِينة ج خزائِن
öffentliche Kassen	[ḫazîna ʿâmma]	خزِينة عامّة
Depot, Lager, Magazin, Speicher	[maḫzan, maḫâzin]	مخْزن ج مخازِن

Laden, Geschäft	[maḫzan]	مخْزن ج مخازِن
Verluste erleiden *beim Versand*	[ḫasira (yaḫsaru, ḫasâra) fî aš-šaḥn]	خسِر (ـَ خسارة) في الشحْن
verlieren, einbüßen *Geld*	[ḫasira amwâlan]	خسِر أمْوالا
Verlust, Schaden, Einbuße	[ḫasâra, ḫasâ'ir]	خسارة ج خسائِر
starker Verlust	[ḫasâra bâliġa]	خسارة بالغة
schwere Verluste	[ḫasâra bâhiẓa]	خسائِر باهظة
*Kapital*verlust	[ḫasâra ra'smâliyya]	خسارة رأْسْماليّة
verhängnisvoller Verlust	[ḫasâra fadiḥa]	خسارة فادحة
materielle Schäden	[ḫasâ'ir mâddiya]	خسائِر ماديّة
Schaden *erfassen*	[ḥaṣara ḫasâra]	حصر خسارة
Verluste *erzielen*	[ḥaqqaqa ḫasâ'ir]	حقّق خسائِر
Verluste *abwenden*	[dara'a ḫasâ'ir]	درأ خسائِر
Verlust *wiedergutmachen*	[istaradda ḫasâra]	استردّ خسارة
Verlust *ausgleichen*	[sadda ḫasâra]	سدّ خسارة
Schäden *regulieren*	[sawwâ ḫasâ'ir]	سوّى خسائِر
Verluste *ersetzen*	[ʿawwaḍa ʿan ḫasâ'ir]	عوّض عن خسائِر
Verluste *decken*	[ġaṭṭa ḫasâ'ir]	غطّى خسائِر
Verluste *erleiden (Unternehmen)*	[(laḥiqa) al-ḫasâ'ir bi-šarika]	(لحِق) الخسائِرُ بشركة
Verluste *zufügen einem Kunden*	[alḥaqa ḫasâ'ir bi-ʿamîl]	ألحق خسائِر بعمِيل
Verluste *erleiden*	[muniya bi-ḫasâ'ir]	مُنِي بخسائِر
verlustbringend, Verlierer	[ḫasir, ~ûn]	خاسر ج ون
bereitstellen, zur Verfügung stellen, zuweisen *Gelder*	[ḫaṣṣaṣa amwâlan]	خصّص أمْوالا
privatisieren *Bank*	[ḫaṣṣaṣa maṣrifan]	خصّص مصْرفا
spezialisiert sein o. werden, sich spezialisieren *in Industriezweig*	[taḫaṣṣaṣa fî ṣinâʿa]	تخصّص في صِناعة
zuständig sein *für Versand*	[iḫtaṣṣa bi-š-šaḥn]	اختصّ بالشحْن
Bereitstellung *von Krediten*	[taḫṣîṣ al-qurûḍ]	تخصيص القُروض
Privatisierung *des staatlichen Sektors*	[taḫṣîṣ al-qiṭâʿ al-ʿâmm]	تخصيص القِطاع العامّ
Privatisierungsbewegung	[taḫṣîṣiyya]	تخصيصيّة
Spezialisierung *auf Finanzierung*	[taḫaṣṣuṣ fî at-tamwîl]	تخصُّص في التمويل

Zuständigkeit, Befugnis, Kompetenz, Fachgebiet	[iḫtiṣâṣ, ~ât]	اختصاص ج ات
Kompetenzen *überschreiten*	[tağâwaza al-iḫtiṣâṣât]	تجاوز الاختصاصات
Fachmann, Spezialist	[iḫtiṣâṣî, -ûn]	اختصاصيّ ج ون
Sonder-, speziell, privat	[ḫâṣṣ]	خاصّ
vorgesehen, zugeteilt, zugewiesen, zweckgebunden *für Verteilung*	[muḫaṣṣaṣ li-t-tawzîʿ]	مخصّص للتوزيع
finanzielle Zuwendungen, bewilligte Gelder	[muḫaṣṣaṣât]	ج مخصّصات
*Entwicklungshilfe*leistungen	[muḫaṣṣaṣât inmâ'iyya]	ج مخصّصات إنمائيّة
spezialisiert *auf Transport*	[mutaḫaṣṣiṣ]	متخصِّص في النقْل
Fachmann, Spezialist	[mutaḫaṣṣiṣ, ~ûn]	متخصِّص ج ون
zuständig, kompetent *für Marketing*	[muḫtaṣṣ bi-t-taswîq]	مختصّ بالتسويق
Fachmann, Spezialist	[aḫiṣṣâ'î, ~ûn]	أخِصّائيّ ج ون
privatisieren *Bank*	[ḫaṣḫaṣa maṣrifan]	خصْخص مصْرِفا
Privatisierung *des staatlichen Sektors*	[ḫaṣḫaṣat al-qiṭâʿ al-ʿâmm]	خصْخصة القِطاع العامّ
privatisiert	[muḫaṣḫaṣ]	مخصْخص
abziehen, absetzen, diskontieren *Betrag*	[ḫaṣama mablaġan]	خصم (ـِ خصْم) مبْلغا ← حسم
Abzug *der Steuer*	[ḫaṣm aḍ-ḍarîba]	خصْم الضرِيبة
Abzug, Diskontierung	[ḫaṣm, ḫuṣúm/ḫuṣûmât]	خصْم ج خُصُوم / خُصُومات
Diskont, Rabatt, Skonto	[ḫaṣm]	خصْم
Rabatt *auf Einkäufe*	[ḫaṣm ʿalâ muštarayât]	خصْم على مشتريات
*Bar*rabatt	[ḫaṣm naqdî]	خصْم نقْديّ
Passiva	[ḫuṣûm]	ج خُصُوم
Preisabschläge	[ḫusûmât]	ج خُصُومات
diskontiert	[maḫṣûm]	مخصوم
unterliegen *einer Steuer*	[ḫaḍaʿa (yaḫḍaʿu, ḫuḍûʿ) li-ḍarîba]	خضع (ـَ خُضُوع) لضرِيبة
*abgabe*pflichtig	[ḫâḍiʿ li-r-rusûm]	خاضع للرُسُوم
*nachfrage*abhängig	[ḫâḍiʿ li-ṭ-ṭalab]	خاضع للطلب
*ersatz*pflichtig, *regreß*pflichtig	[ḫâḍiʿ li-t-aʿwîḍ]	خاضع للتعويض
*verhandel*bar	[ḫâḍiʿ li-t-tafâwuḍ]	خاضع للتفاوُض
*zoll*pflichtig	[ḫâḍiʿ li-l-ğumruk]	خاضع للجُمْرُك

*nicht zoll*pflichtig	[ġayr ḫâḍiʿ li-l-ǧumruk]	غيْر خاضع للجُمْرُك
planen, projektieren *Projekt*	[ḫaṭṭaṭa mašrûʿan]	خطّط مشروعا
aufstellen, entwerfen *Plan*	[iḫtaṭṭa ḫuṭṭa]	اختطّ خُطّة
Planung *der Volkswirtschaft*	[taḫṭîṭ al-iqtiṣâd al-waṭanî]	تخطيط الاقتصاد الوطنيّ
*Umsatz*planung	[taḫṭiṭ al-mabîʿât]	تخطيط المبيعات
*Bedarfs*planung	[taḫṭîṭ al-ḥâǧa]	تخطيط الحاجة
zentrale Planung	[taḫṭîṭ markazî]	تخطيط مرْكزيّ
dezentrale Planung	[taḫṭîṭ lâ-markazî]	تخطيط لا مركزيّ
*Ablauf*planung	[taḫṭîṭ sayr al-aʿmâl]	تخطيط سيْر الأعْمال
*Karriere*planung	[taḫṭîṭ as-sîra al-mihaniyya]	تخطيط السِيرة المِهنيّة
langfristige Planung	[taḫṭîṭ ṭawîl al-madâ]	تخطيط طوِيل المدى
*Stadt*planung	[taḫṭîṭ ʿumrânî]	تخطيط عُمْرانيّ
*Finanz*planung	[taḫṭîṭ mâlî]	تخطيط ماليّ
Planungs-	[taḫṭîṭî]	تخطيطيّ
Plan, Skizze, Entwurf	[muḫaṭṭaṭ, ~ât]	مخطّط ج ات
Linie, Strecke, Trasse, Kurs	[ḫaṭṭ, ḫuṭûṭ]	خطّ ج خُطُوط
*Rohr*leitung, *Pipe*line	[ḫaṭṭ al-anâbîb]	خطّ الأنابيب
*Erdöl*pipeline	[ḫaṭṭ al-batrûl]	خطّ البتْرُول
Diagramm, Kurve	[ḫaṭṭ bayânî]	خطّ بيانيّ
Fluglinie, Fluggesellschaft	[ḫaṭṭ ǧawwî]	خطّ جوّيّ
*Eisenbahn*linie	[ḫaṭṭ sikkat al-ḥadîd]	خطّ سِكّة الحدِيد
*Neben*strecke	[ḫaṭṭ farʿî]	خطّ فرْعيّ
*Wirtschafts*kurs	[ḫaṭṭ iqtiṣâdî]	خطّ اقتصاديّ
*Schiffahrts*linie	[ḫaṭṭ milâḥi]	خطّ مِلاحيّ
*Produktions*linie	[ḫaṭṭ al-intâǧ]	خطّ الإنتاج
*Telefon*leitung	[ḫaṭṭ hâtifî]	خطّ هاتفيّ
Plan	[ḫuṭṭa, ḫuṭaṭ]	خُطّة ج خُطط
*Sanierungs*plan, *Qualifizierungs*plan	[ḫuṭṭat at-ta'hîl]	خُطّة التأهيل
*Fünfjahres*plan	[ḫuṭṭa ḫamsiyya]	خُطّة خمْسيّة

*Stufen*plan	[ḫuṭṭa marḥaliyya]	خُطّة مرْحليّة
*Zeit*plan	[ḫuṭṭa zamaniyya]	خُطّة زمنيّة
strategischer Plan	[ḫuṭṭa strâtîğiyya]	خُطّة سْتراتيجيّة
Tilgungsplan	[ḫuṭṭat at-tasdîd]	خُطّة التسديد
*Jahres*plan	[ḫuṭṭa sanawiyya]	خُطّة سنويّة
*Notstands*plan	[ḫuṭṭat aṭ-ṭawâri']	خُطّة الطوارِئ
*Bebauungs*plan	[ḫuṭṭa ʿumrâniyya]	خُطّة عُمْرانيّة
*Arbeits*plan	[ḫuṭṭat al-ʿamal]	خُطّة العمل
*Wirtschafts*plan	[ḫuṭṭa iqtiṣâdiyya]	خُطّة اقتصاديّة
*Finanz*plan	[ḫuṭṭa mâliyya]	خُطّة ماليّة
*Rettungs*plan	[ḫuṭṭat al-inqâḏ]	خُطّة الإنقاذ
*Entwicklungs*plan	[ḫuṭṭat at-tanmiya]	خُطّة التنمية
Plan *erfüllen*	[naffaḏa ḫuṭṭa]	نفّذ خُطّة
Plan *erstellen*	[waḍaʿa ḫuṭṭa]	وضع خُطّة
Fehler, Irtum	[ḫaṭa', aḫṭâ']	خطأ ج أخْطاء
Irrtümer *und Auslassungen vorbehalten*	[mâ ʿadâ al-ḫaṭa' wa-s-sahw]	ما عدا الخطأ والسهْو
Fehler *vermeiden*	[tağannaba ḫaṭa'an]	تجنّب خطأً
*Empfehlungs*schreiben	[ḫiṭâb at-tazkiya]	خِطاب التزكية
*Sicherheitspfand*brief	[ḫiṭâb aḍ-ḍamân]	خِطاب الضمان
*Akkreditiv*schreiben, Akkreditiv	[ḫiṭâb al-iʿtimâd]	خِطاب الاعتماد
*Luftfracht*brief	[ḫiṭâb an-naql al-ğawwî]	خِطاب النقْل الجوّيّ
*Empfehlungs*schreiben	[ḫiṭâb at-tawṣiya]	خِطاب التوصيّة
Gefahr, Risiko	[ḫaṭar, aḫṭâr]	خطر ج أخْطار
*Umwelt*gefahren	[aḫṭâr bi'îyya]	أخْطار بيئيّة
*Feuer*gefahr	[ḫaṭar al-ḥarîq]	خطر الحريق
*Berufs*risiken	[aḫṭâr mihaniyya]	أخْطار مِهنيّة
*Lebens*gefahr	[ḫaṭar al-maut]	خطر الموْت
finanzielles Risiko	[ḫaṭar mâlî]	خطر ماليّ
Gefahr *für Umwelt abwenden*	[dara'a ḫaṭaran ʿalâ al-bî'a]	درأ خطرا على البيئة

Gefahren *ausgesetzt sein o. werden*	[taʿarraḍa li-aḫṭâr]	تعرّض لأخْطار
Risiko, Wagnis	[muḫâṭara, ~ât]	مخاطرة ج ات
Risiken, Gefahren	[maḫâṭir]	ج مخاطِر
*Investitions*risiken	[maḫâṭir al-istiṯmâr]	مخاطِر الاستثمار
unkalkulierbare Risiken	[maḫâṭir ġayr maḥsûba]	مخاطِر غيْر محسوبة
finanzielle Risiken	[maḫâṭir maliyya]	مخاطِر ماليّة
Risiken *vermeiden*	[taǧannaba maḫâṭir]	تجنّب مخاطِر
Risiken *tragen*	[taḥammala maḫâṭir]	تحمّل مخاطِر
Risiken *eingehen*	[rakiba maḫâṭir]	ركِب مخاطِر
Risiken *übersehen*	[ahmala maḫâṭir]	أهمل مخاطِر
Risiken *verteilen*	[wazzaʿa maḫâṭir]	وزّع مخاطِر
wirtschaftlicher Schritt	[ḫuṭwa iqtiṣâdiyya, ~ât]	خُطْوة اقتصاديّة ج ات
Schritt *machen*	[ittaḫaḏa ḫuṭwa]	اتّخذ خُطْوة
leicht *(Gewicht)*	[ḫafîf]	خفِيف
senken, verringern, vermindern, herabsetzen *Preis*	[ḫafaḍa (yaḫfiḍu, ḫafḍ) as-siʿr]	خفض (-ِ خفْض) السِعْر
senken, verringern, vermindern, drosseln, herabbsetzen, reduzieren, kürzen *Löhne*	[ḫaffaḍa al-uǧûr]	خفّض الأُجُور
abwerten *Währung*	[ḫaffaḍa qîmat al-ʿumla]	خفّض قِيمة العُمْلة
sinken, sich verringern, abnehmen, niedrig sein o. werden, gesenkt sein o. werden *auf Null*	[inḫafaḍa ilâ aṣ-ṣifr]	انخفض إلى الصِفْر
*Kosten*senkung	[ḫafḍ an-nafaqât]	خفْض النفقات
*Gebühren*senkung	[ḫafḍ ar-rusûm]	خفْض الرُسُوم
*Zinssatz*senkung	[ḫafḍ asʿâr al-fâʾida]	خفْض أسْعار الفائدة
*Lohn*kürzung	[taḫfîḍ al-uǧûr]	تخفيض الأُجُور
*Zoll*ermäßigung	[taḫfîḍ ǧumrukî]	تخفيض جُمْركِيّ
*Schulden*abbau	[taḫfîḍ ad-duyûn]	تخفيض الدُيُون
*Preisermäßigung, Preis*senkung, *Preis*nachlaß	[taḫfîḍ al-asʿâr]	تخفيض الأسْعار
Abwertung *einer Währung*	[taḫfîḍ qîmat al-ʿumla]	تخفيض قِيمة العمْلة
*Produktions*drosselung	[taḫfîḍ al-intâǧ]	تخفيض الإنتاج
Ausverkauf, Schlußverkauf	[taḫfîḍât]	ج تخفيضات

*Steuer*ermäßigungen	[taḫfîḍât ḍarîbiyya]	تخفيضات ضريبيّة
Sinken, Verminderung, Verringerung, niedriger Stand	[inḫifâḍ]	انخفاض
Sinken *der Preise*, niedriges *Preis*niveau	[inḫifâḍ al-asʿâr]	انخفاض الأسْعار
Verringerung *des Umsatzes*	[inḫifâḍ al-mabîʿât]	انخفاض المبيعات
niedriges *Zins*niveau	[inḫifâḍ asʿâr al-fâ'ida]	انخفاض أسْعار الفائدة
geringfügiger Rückgang	[inḫifâḍ ṭafîf]	انخفاض طفيف
ermäßigt, herabgesetzt, reduziert, vermindert	[muḫaffaḍ]	مخفّض
niedrig	[munḫafiḍ]	منخفِض
scheitern *(Projekt)*	[aḫfaqa (al-mašrûʿ)]	أخفق (المشروعُ)
Scheitern, Mißerfolg	[iḫfâq]	إخفاق
stören *wirtschaftliches Gleichgewicht*	[aḫalla bi-t-tawâzun al-iqtiṣâdî]	أخلّ بالتوازُن الاقتصاديّ
verstoßen *gegen Vertragsbestimmungen*	[aḫalla bi-aḥkâm al-ʿaqd]	أخلّ بأحْكام العقْد
gestört sein o. werden *(Gleichgewicht)*	[iḫtalla (at-tawâzun)]	اختلّ (التوازُنُ)
*Vertrags*verletzung	[iḫlâl bi-ittifâqiyya]	إخلال باتّفاقيّة
wirtschaftliche Störungen	[iḫtilâlât iqtiṣâdiyya]	اختلالات اقتصاديّة
strukturelle Störungen	[iḫtilâlât haykaliyya]	اختلالات هيكْليّة
*sitten*widrig	[muḫill bi-l-âdâb]	مخِلّ بالآداب
gestört	[muḫtall]	مختلّ
Störung, Schaden, Defekt	[ḫalal, ḫilâl]	خلل ج خِلال
Arabischer / Persischer Golf	[al-ḫalîǧ al-ʿarabî / al-fârisî]	الخليج العربيّ / الفارِسيّ
veruntreuen, unterschlagen *Gelder*	[iḫtalasa amwâlan]	اختلس أمْوالا
Veruntreuung, Unterschlagung	[iḫtilâs, ~ât]	اختلاس ج ات
veruntreut, unterschlagen	[muḫtalas]	مختلس
abfertigen *(zollmäßig) Waren*	[ḫallaṣa 'alâ baḍâ'iʿ]	خلّص على بضائِع
freimachen *Brief*	[ḫallaṣa ʿalâ risâla]	خلّص على رِسالة
abrechnen *mit einem Kunden*	[ḫâlaṣa ʿamîlan]	خالص عميلا
abstoßen, loswerden *Waren*	[taḫallaṣa min al-baḍâ'iʿ]	تخلّص من البضائِع
entsorgen *Müll*	[taḫallaṣa min an-nifâyât]	تخلّص من النِفايات

miteinander abrechnen	[taḫâlaṣa]	تخالص
*Zoll*abfertigung, Verzollung	[taḫlîṣ ǧumrukî]	تخليص جُمْرُكيّ
Abrechnung, Verrechnung	[muḫâlaṣa]	مخالصة
Abstoßen *von Schulden*	[taḫalluṣ min ad-duyûn]	تخلُّص من الدُيُون
Porto bezahlt	[ḫâliṣ uǧrat al-barîd]	خالص أُجْرة البرِيد
*gebühren*frei	[ḫâliṣ ar-rusûm]	خالص الرُسُوم
freigemacht, verzollt	[muḫallaṣ ʿalayhi]	مخلّص عليه
Mischung, Mix	[ḫalîṭ]	خليط
Marketing Mix	[ḫalîṭ min asâlîb at-taswîq]	خليط من أساليب التسويق
gemischt	[muḫtaliṭ]	مختلِط
zurückbleiben *hinter der Entwicklung*	[taḫallafa ʿan at-taṭawwur]	تخلّف عن التطّور
Meinungsverschiedenheit	[ḫilâf, ~ât]	خِلاف ج ات
kommerzielle Meinungsverschiedenheiten	[ḫilâfât tiǧâriyya]	خِلافات تِجاريّة
Meinungsverschiedenheiten *beilegen*	[sawwâ ḫilâfât]	سوّى خِلافات
Rückständigkeit	[taḫalluf]	تخلُّف
Abfälle, Rückstände, Überbleibsel	[muḫallafât]	ج مخلّفات
rückständig, unterentwickelt	[mutaḫallif]	متخلّف
wirtschaftlicher Hintergrund	[ḫalfiyya iqtiṣâdiyya]	خلْفيّة اقتصاديّة
*Management*ethik	[aḫlâq al-idâra]	أخْلاق الإدارة
*Unternehmens*ethik	[aḫlâqiyyât aš-šarika]	أخلاقيّات الشرِكة
verzichten *auf*, abtreten *Rechte*	[taḫallâ ʿan ḥuqûq]	تخلّى عن حُقُوق
Verzicht *auf Klageerhebung*	[taḫallin ʿan rafʿ ad-daʿwâ]	تخلٍّ عن رفْع الدعْوى
leer	[ḫâlin]	خالٍ
*abgaben*frei, *gebühren*frei	[ḫâlin min ar-rusûm]	خالٍ من الرُسُوم
un*bebaut*	[ḫâlin min al-ʿumrân]	خالٍ من العُمْران
	[ḫalawî]	خلويّ ← هاتف خلويّ
abflauen, sich abschwächen *(Umsatz)*	[ḫamada (yaḫmudu, ḫumûd) (al-mabîʿât)]	خمد (ـُ خُمُود) (المبيعات)
abschwächen, drosseln *Handel*	[aḫmada at-tiǧâra]	أخمد التِجارة

Abflauen *des Handels*	[ḫumûd at-tiǧâra]	خُمُود التِجارة
abflauend, nachlassend	[ḫâmid]	خامد
träge sein o. werden *(Markt)*	[ḫamala (yaḫmulu, ḫumûl)(as-sûq)]	خمل (ـُ خُمُول) (السُوقُ)
träge, inaktiv, passiv	[ḫâmil]	خامل
schätzen, taxieren *Wert*	[ḫammana al-qîma]	خمّن القِيمة
Schätzung *des Vermögens*	[taḫmîn al-amlâk]	تخمين الأَمْلاك
Taxator, Schätzer	[muḫammin]	مخمِّن ج ون
Engpaß	[iḫtinâq]	اختناق
*Verkehrs*stau	[iḫtinâq al-murûr]	اختناق المُرُور
*Versorgungs*engpaß	[iḫtinâq fî at-tamwîn]	اختناق في التموين
einräumen *einem Kunden Rechte*	[ḫawwala ʿamîlan ḥuqûqan]	خوّل عميلا حُقُوقا
Einräumung *eines Vorrechts*	[taḫwîl al-aḥaqqiyya]	تخويل الأحقّية
wirtschaftlicher Mißerfolg, Scheitern	[ḫayba iqtiṣâdiyya]	خيْبة اقتصاديّة
auswählen *Muster*	[iḫtâra ʿayyinât]	اختار عيِّنات
Auswahl *unter Angeboten*	[iḫtiyâr bayna alʿurûḍ]	اختيار بين العُرُوض
Option	[ḫiyâr, ~ât]	خِيار ج ات
strategische Option	[ḫiyâr istrâtîǧî]	خِيار اِسْتْراتِيجيّ
Güter, Reichtümer, Ressourcen	[ḫayrât]	ج خيْرات
Wohltätigkeits-, karitativ	[ḫayrî]	خيْريّ
Wohltätigkeit	[ḫayriyya]	خيْريّة

د

Büroklammer	[dabbûs, dabâbîs]	دبُّوس ج دبابِيس
Betrüger, Schwindler	[daǧǧâl, ~ûn]	دجّال ج ون
Tigris	[(nahr) diǧla]	(نهْر) دِجْلة
sparen *Geld*	[iddaḫara nuqûdan]	ادّخر نُقُودا
Sparen *von Geldern*	[iddaḫâr al-amwâl]	ادّخار الأَمْوال

*Bau*sparen	[iddiḫâr sakanî]	ادّخار سكنيّ
Ersparnisse, Spareinlagen	[iddaḫârât]	ج ادّخارات
private Spareinlagen	[iddiḫârât šaḫṣiyya]	ادخارات شخْصيّة
Sparer	[muddaḫir, ~ûn]	مدّخِر ج ون
*Klein*sparer	[ṣiġâr al-muddaḫirîn]	صِغار المدّخِرين
Ersparnisse, Spareinlagen	[muddaḫarât]	ج مدّخرات
eintreten *in Markt*	[daḫala (yadḫulu, duḫûl) as-sûq]	دخل (ـُ دُخُول) السُوق
einführen *Getreide*	[adḫala al-ḥubûb]	أدخل الحُبُوب
einführen *Modifizierungen in ein Gesetz*	[adḫala taʿdîlât ʿalâ qânûn]	أدخل تعديلات على قانُون
sich einmischen, intervenieren *in Markt*	[tadaḫḫala fî as-sûq]	تدخّل في السُوق
Einfuhr *von Waren*	[duḫûl al-baḍâ'iʿ]	دُخُول البضائِع
Zutritt *zum Markt*	[duḫûl as-sûq]	دُخُول السُوق
Einkommen	[daḫl]	دخْل
laufendes Einkommen	[daḫl ǧârin]	دخْل جارٍ
*Brutto*einkommen	[daḫl iǧmâlî]	دخْل إجماليّ
*Real*einkommen	[daḫl ḥaqîqî]	دخْل حقِيقيّ
niedriges Einkommen	[daḫl munḫafiḍ]	دخْل منخفِض
fallendes Einkommen	[daḫl mutadannin]	دخْل متدنٍّ
hohes Einkommen	[daḫl murtafiʿ]	دخْل مرتفِع
persönliches Einkommen	[daḫl šaḫṣî]	دخْل شخْصيّ
*Netto*einnahme	[daḫl ṣâfin]	دخْل صافٍ
zusätzliches Einkommen	[daḫl iḍâfî]	دخْل إضافيّ
Pro-Kopf-Einkommen	[daḫl al-fard]	دخْل الفرْد
entgangenes Einkommen	[daḫl fâqid]	دخْل فاقد
*Zins*einkommen	[daḫl al-fawâ'id]	دخْل الفوائِد
*National*einkommen, *Volks*einkommen	[daḫl qawmî]	دخْل قوْميّ
finanzielles Einkommen	[daḫl mâlî]	دخْل ماليّ
mittleres Einkommen	[daḫl mutawassiṭ]	دخْل متوسّط
überdurchschnittliches Einkommen	[daḫl mâ fawqa al-mutawassiṭ]	دخْل ما فوق المتوسّط

*National*einkommen, *Volks*einkommen	[daḫl waṭanî]	دخْل وطنيّ
*Kapital*zufluß	[duḫûl al-amwâl]	دُخُول الأمْوال
Einfuhr *von Datteln*	[idḫâl t-tamr]	إدخال التمْر
Einführung *neuer Methoden*	[idḫâl asâlîb ğadîda]	إدخال أساليِب جدِيدة
Einmischung, Intervention	[tadaḫḫûl]	تدخُّل
*Preis*intervention	[tadaḫḫul fî al-asʿâr]	تدخُّل فى الأسْعار
*Nicht*einmischung *in Marktkräfte*	[ʿadam at-tadaḫḫul fî quwâ as-sûq]	عدم التدخُّل في قُوى السُوق
Interventionismus	[tadaḫḫuliyya]	تدخُّليّة
im Inland	[fî ad-dâḫil]	في الداخل
Inlands-, Binnen-	[dâḫilî]	داخليّ
Einkommen	[madḫûl, madâḫîl]	مدخول ج ات مداخِيل ← دخْل
Input	[mudḫal]	مُدخل
abwerfen *Einnahmen*	[darra, yadirru, darr) îrâdât]	درّ (-ِ درّ) ايرادات
abwerfen *Gewinn*	[adarra ribḥan]	أدرّ رِبْحا
gewinnbringend, gewinnabwerfend	[mudirr]	مدِرّ
ausbilden *Arbeitskräfte*	[darraba quwâ ʿâmila]	درّب قُوى عاملة
ausgebildet sein o. werden *im Beruf*	[tadarraba fî mihna]	تدرّب في مِهْنة
Ausbildung *von Arbeitern*	[tadrîb al-ʿummâl]	تدريب العُمّال
*Grund*ausbildung	[tadrîb ʿâmm]	تدريب عامّ
*Berufs*ausbildung	[tadrîb mihanî]	تدريب مِهنيّ
Lehrling, Auszubildender	[mutadarrib, ~ûn]	متدرِّب ج ون
verzeichnen, eintragen *Daten*	[adrağa bayânât]	أدرج بيانات
gehen *an die Börse mit einer Aktie*	[adrağa sahman fî al-burṣa]	أدرج سهْما في البُورْصة
listen *Ware*	[adrağa silʿa fî qâʾima]	أدرج سِلْعة في قائمة
allmählich	[tadrîğî]	تدريجيّ
stufenweise, allmählich	[tadrîğiyyan]	تدريجيّا
Eintragung *von Kunden in Liste*	[idrâğ al-ʿumalâʾ fî qâʾima]	إدراج العُملاء في قائمة
gelistet, notiert *an Börse*	[mudrağ fî al-bûrṣa]	مدرج في البُورْصة
Grad, Klasse, Rang	[darağa, ~ât]	درجة ج ات

erste Klasse	[daraǧa ûlâ]	درجة أُولى
zweite Klasse	[daraǧa ṯâniya]	درجة ثانية
Temperatur	[daraǧat al-ḥarâra]	درجة الحرارة
*Risiko*grad	[daraǧat al-muḫâṭara]	درجة المخاطرة
*Ausbildungs*grad	[daraǧat at-tadrîb]	درجة التدريب
*Verschuldungs*grad	[daraǧat al-madyûniyya]	درجة المديونيّة
*Business*klasse	[daraǧa riǧal al-aʿmâl]	درجة رِجال الأعْمال
*Deckungs*beitrag	[daraǧat at-taġṭiya]	درجة التغطية
*Touristen*klasse	[daraǧa iqtiṣâdiyya]	درجة اقتصاديّة
in ausreichendem Maße	[bi-daraǧa kâfiya]	بِدرجة كافِية
Dutzend	[darzan, darâzin]	درْزن ج درازِن
prüfen, untersuchen *Projekt*	[darasa (yadrusu, dirâsa) mašrûʿan]	درس (ـُ دِراسة) مشروعا
Studie	[dirâsa, ~ât]	دِراسة ج ات
*Kredit*prüfung	[dirâsa i'timâniyya]	دِراسة ائتمانيّة
*Wirtschafts*wissenschaften	[dirâsât tiǧâriyya]	دِراسات تِجاريّة
*Machbarkeits*studie	[dirâsat al-ǧadwâ]	دِراسة الجدْوى
*Markt*studie	[dirâsat ḥâlat as-sûq]	دِراسة حالة السُوق
detaillierte Studie	[dirâsa tafṣîliyya]	دِراسة تفصيليّة
technische Studie	[dirâsa fanniyya]	دِراسة فنّية
*Wirtschafts*studie	[dirâsa iqtiṣâdiyya]	دِراسة اقتصاديّة
*Feld*studie	[dirâsa maydâniyya]	دِراسة مَيْدانيّة
Studie *anfertigen*	[aǧrâ dirâsa]	أجرى دِراسة
Studie *anfertigen*	[aʿadda dirâsa]	أعدّ دِراسة
*Handels*schule	[madrasa tiǧâriyya, madâris]	مدْرسة تِجاريّة ج مدارِس
*Berufs*schule	[madrasa mihaniyya]	مدْرسة مِهنيّة
ein paar Pfennige	[durayhimât]	ج دُرَيْهِمات
Dutzend, Päckchen	[dasta, dusat]	دسْتة ج دُست
einweihen *Projekt*	[daššana mašrûʿan]	دشّن مشروعا

*Schiffs*taufe	[tadšîn as-safîna]	تدشين السفينة
stützen, unterstützen, subventionieren *Preise*	[daʿama (yadʿumu, daʿm) asʿâran]	دعم (ـُ دعْم) أسْعارا
subventionieren, stützen *Handel*	[daʿʿama at-tiǧâra]	دعّم التِجارة
*Preis*stützung, Subventionierung	[daʿm as-asʿâr]	دعْم الأسْعار
Subventionierung *aufheben*	[rafaʿa ad-daʿm ʿan al-asʿâr]	رفع الدعْم عن الأسْعار
Stützen *einer Währung*	[tadʿîm al-ʿumla]	تدعيم العُمْلة
gestützt, subventioniert	[madʿûm]	مدعوم
auffordern *Kunden zur Zahlung*	[daʿâ (yadʿû, daʿwa / daʿwâ) ʿamîlan li-d-dafʿ]	دعا (ـُ دعْوة / دعْوى) عمِيلا للدفْع
zurückrufen *Autos*	[istadʿâ sayyârât]	استدعى سيّارات
*Zahlungs*aufforderung	[daʿwa li-d-dafʿ]	دعْوة للدفْع
Werbung	[diʿâya]	دِعاية
Klage *vor Gericht*	[daʿwâ qaḍâʾiyya, daʿâwâ]	دعْوى قضائية ج دعاوى
zivilrechtliche Klage	[daʿwâ madaniyya]	دعْوى مدنيّة
Klage *erheben gegen eine Firma*	[rafaʿa daʿwâ ʿalâ šarika]	رفع دعْوى على شرِكة
Klage *führen gegen eine Firma*	[aqâma daʿwâ ʿalâ šarika]	أقام دعْوى على شرِكة
Rückruf *von Produkten*	[istidʿâʾ al-muntaǧât]	استدعاء المنتجات
Kläger	[muddaʿin, ~ûn]	مدّعٍ ج ون
Verklagter	[muddaʿan ʿalayhi, muddaʿan ʿalayhim]	مدّعىً عليه ج مدّعىً عليهم
Geschäftsbuch, Register, Verzeichnis	[daftar, dafâtir]	دفْتر ج دفاتِر
*Haupt*buch	[daftar al-ustâḏ]	دفْتر الأُسْتاذ
*Rechnungs*buch	[daftar al-muḥasaba]	دفْتر المحاسبة
*Konto*buch	[daftar ar-raṣd]	دفْتر الرصْد
Bücher *eines Unternehmens*	[dafâtir aš-šarika]	دفاتِر الشرِكة
*Wareneingangs*buch	[daftar al-muštarayât]	دفْتر المشتريات
*Scheck*heft	[daftar aš-šîk]	دفْتر الشيك
*Kassen*buch	[daftar aṣ-ṣundûq]	دفْتر الصُنْدُوق
*Auftrags*buch	[daftar aṭ-ṭalabât]	دفْتر الطلبات
*Spar*buch	[daftar at-tawfîr]	دفْتر التوفير
Einsicht nehmen in Bücher	[iṭṭalaʿa ʿalâ ad-dafâtir]	اطّلع على الدفاتِر

Buch *führen*	[masaka ad-dafâtir]	مسك الدفاتِر
Buch-	[daftarî]	دفْتريّ
zahlen, bezahlen *Betrag*	[dafaʿa (yadfaʿu, dafʿ) mablaġan]	دفع (ـَ دفْع) مبْلغا
zahlen *Betrag auf ein Konto*	[dafaʿa ʿalâ ḥisâb]	دفع مبْلغا على حِساب
bezahlen *Ware im voraus*	[dafaʿa silʿa muqaddaman]	دفع سِلْعة مقدَما
in Raten zahlen	[dafaʿa bi-l-aqsâṭ]	دفع بالأقْساط
zahlen *Ware in bar*	[dafaʿa silʿa naqdan]	دفع سِلْعة نقْدا
Abholmarkt	[idfaʿ wa-nqul]	إدفع وأنْقُل
treiben *Preise nach oben*	[dafaʿa al-asʿâr ṣuʿûdan]	دفع الأسْعار صُعُودا
treiben *Aktienkurse nach unten*	[dafaʿa asʿâr al-ashum nuzûlan]	دفع أسْعار الأسْهم نُزُولا
verteidigen *Marktanteile*	[dâfaʿa ʿan ḥiṣaṣ fî as-sûq]	دافع عن حِصص في السُوق
gestundete Zahlung	[dafʿ mu'ağğal]	دفْع مؤجّل
elektronische Zahlung	[dafʿ ilîktrûnî]	دفْع إلِيكْتْرُونيّ
Zahlung *eines Betrages*	[dafʿ al-mablaġ]	دفْع المبْلغ
Zahlung *einer Rechnung*	[dafʿ al-ḥisâb]	دفْع الحِساب
Zahlung *bei Fälligkeit*	[ad-dafʿ ʿinda al-istiḥqâq]	الدفْع عند الاستحقاق
per Nachnahme	[ad-dafʿ ʿinda at-taslîm]	الدفْع عند التسليم
Zahlung *bei Empfang der Ware*	[ad-dafʿ ʿinda tasallum al-biḍâʿa]	الدفْع عند تسلُّم البِضاعة
Zahlung *vor Empfang der Ware*	[ad-dafʿ qabla tasallum al-biḍâʿa]	الدفْع قبل تسلُّم البِضاعة
Zahlung *gegen Dokumente*	[ad-dafʿ muqâbila al-mustanadât]	الدفْع مقابِل المستندات
*Scheck*zahlung	[dafʿ bi-šîk]	دفْع بشِيك
*Bar*zahlung	[dafʿ naqdî]	دفْع نقْديّ
säumig sein bei Zahlung	[mâṭala fî ad-dafʿ]	ماطل في الدفْع
Zahlung *einstellen*	[awqafa ad-dafʿ]	أوقف الدفْع
Zahlung	[dafʿa, ~ât]	دفْعة ج ات
letzte Zahlung	[dafʿa aḫîra]	دفْعة أخِيرة
*An*zahlung	[dafʿa awwaliyya]	دفْعة أوّليّة
Annuität	[dafʿa sanawiyya]	دفْعة سنويّة
*Zusatz*zahlung	[dafʿa iḍâfiyya]	دفْعة إضافيّة

*Monats*zahlungen	[dafʿât šahriyya]	دفعات شهْريّة
*halb*monatliche *Zahlung*	[dafʿa niṣf šahriyya]	دفْعة نِصْف شهْريّة
Zahlungspflichtige, Einzahler	[dâfiʿ, ~ûn]	دافع ج ون
*Steuer*zahler	[dâfiʿ aḍ-ḍarîba]	دافع الضرِيبة
gezahlt	[madfûʿ]	مدفوع
Zahlungsempfänger	[madfûʿ lahu, madfûʿ lahum]	مدفوع له ج مدفوع لهم
Zahlungen	[madfûʿât]	ج مدفوعات
aufgeschobene Zahlungen	[madfûʿât mu’ağğala]	مدفوعات مؤجّلة
symbolische Zahlungen	[madfûʿât ramziyya]	مدفوعات رمْزيّة
fiktive Zahlungen	[madfûʿât ṣuwariyya]	مدفوعات صُوريّة
*Bar*zahlungen	[madfûʿât naqdiyya]	مدفوعات نقْديّة
ausgeglichene Zahlungen	[madfûʿât mutawâzina]	مدفوعات متوازِنة
*Investitions*schub	[dufʿa istiṯmâriyya]	دُفْعة استثماريّة
stoßweise, in Schüben	[bi-d-dufʿât]	بالدُفْعات
fließen *(Gelder)*	[tadaffaqa (al-amwâl)]	تدفّق (الأمْوال)
*Kapital*fluß	[tadaffuq ar-ra’smâl]	تدفُّق الرأسْمال
*Devisen*fluß	[tadaffuq al-ʿumla al-ağnabiyya]	تدفُّق العُمْلة الأجْنبيّة
prüfen, auditieren *Rechnung*	[daqqaqa fâtûra]	دقّق فاتُورة
*Rechnungs*prüfung	[tadqîq al-ḥisâbât]	تدقيق الحسابات
Prüfung *der Unterlagen*	[tadqîq al-mustanadât]	تدقيق المستندات
Rechnungsprüfer, Revisor, Auditor	[mudaqqiq, ~ûn]	مدقِّق ج ون
exakt, genau	[daqîq]	دقِيق
Laden, Geschäft	[dukkân, dakâkîn]	دُكّان ج دكاكِين
Anzeichen, Vorzeichen	[dalîl, dalâ’il]	دلِيل ج دلائِل
wirtschaftliche Vorzeichen	[dalâ’il iqtiṣâdiyya]	دلائِل اقتصاديّة
Handbuch, Telefonbuch	[dalîl, adilla]	دلِيل ج أدِلّة
*Qualitäts*nachweise	[adillat al-ğûda]	أدِلّة الجُودة
*Anschriften*liste	[dalîl al-ʿanâwîn]	دلِيل العناوِين
*Touristen*führer	[dalîl siyâḥî, adillâ’]	دلِيل سِياحيّ ج أدِلاّء

Vermittler, Makler, Auktionator	[dallâl, ~ûn]	دلّال ج ون
betrügen *Partner*	[dallasa šarîkan]	دلّس شريكا
Betrug, Schwindel	[tadlîs]	تدليس
fusionieren, verschmelzen *Firmen*	[damağa (yadmiğu, damğ) šarikât]	دمج (-ِ دمْج) شرِكات
integrieren *Sektor in Wirtschaft*	[admağa qiṭâ'an fî al-iqtiṣâd]	أدمج قِطاعا في الاقتصاد
fusionieren, verschmelzen *(Banken)*	[indamağa (al-maṣârif)]	اندمج (المصارِفُ)
Fusionierung *von Firmen*	[damğ aš-šarikât]	دمْج الشرِكات
Fusion, Verschmelzung *von Banken*	[indimâğ al-maṣârif]	اندماج المصارِف
zerstören *Häuser*	[dammara buyûtan]	دمّر بُيُوتا
zerstört sein o. werden *(Stadt)*	[tadammara (al-madîna)]	تدمّر (المدينةُ)
Zerstörung *eines Kraftwerks*	[tadmîr al-maḥaṭṭa al-kahrabâ'iyya]	تدمير المحطّة الكهْربائيّة
Zerstörung	[damâr]	دمار
*Umwelt*zerstörung	[damâr bî'î]	دمار بيئيّ
stempeln, mit Feingehaltsstempel versehen *Ring*	[damaġa (yadmuġu, damġ) ḫâtaman]	دمغ (ـُ دمْغ) خاتما
Stempel, Stempelabdruck, Feingehaltsstempel	[damġa, ~ât]	دمْغة ج ات
sinken *(Preise)*	[tadannâ (al-as'âr)	تدنّى (الأسْعارُ)
Sinken *der Inflationsrate*	[tadannî nisbat at-taḍaḫḫum]	تدنّي نِسْبة التضخّم
sinkend, fallend, niedrig	[mutadannin]	متدنٍّ
sich verschlechtern (*Konjunktur*)	[tadahwara (al-waḍ' al-iqtiṣâdî)]	تدهْور (الوضعُ الاقتصاديُّ)
Verschlechterung *der Finanzlage*	[tadahwur al-waḍ' al-mâlî]	تدهْوُر الوضْع الماليّ
*Preis*verfall	[tadahwur al-as'âr]	تدهْوُر الأسْعار
*Wert*verfall	[tadahwur al-qîma]	تدهْوُر القِيمة
sich verschlechternd	[mutadahwir]	متدهْوِر
zirkulieren *(Geld)*	[dâra (yadûru, dawarân) (al-mâl)]	دار (ـُ دوران) (المالُ)
recyceln *Abfälle*	[dawwara nifâyât]	دوّر نِفايات
leiten, lenken, verwalten, managen *Unternehmen*	[adâra ṣarika]	ادار شرِكة
*Kapital*umschlag	[dawarân ar-ra'smâl]	دوران الرأسْمال
Kreislauf *des Geldes*	[dawarân al-mâl]	دوران المال

Recycling *von Abfällen*	[tadwîr an-nifâyât]	تدوير النِفايات
Leitung, Lenkung, Verwaltung	[idâra, ~ât]	إدارة ج ات
Management, Unternehmensführung	[idâra, ~ât]	إدارة ج ات
Direktion, Hauptabteilung	[idâra, ~ât]	إدارة ج ات
*Umwelt*management	[idârat al-bî'a]	إدارة البِيئة
*Zwangs*verwaltung	[idâra ǧabariyya]	إدارة جبريّة
*Qualitäts*management	[idârat al-ǧûda]	إدارة الجُودة
*Portfolio*management	[idârat al-maḥfaẓa]	إدارة المحْفظة
*Risiko*management	[idârat al-maḫâṭir]	إدارة المخاطِر
*Schulden*verwaltung	[idârat ad-duyûn]	إدارة الدُيُون
zentrale Verwaltung	[idâra markaziyya]	إدارة مرْكزيّة
*Projekt*management	[idârat al-mašrûʿ]	إدارة المشروع
*Unternehmens*führung	[idârat aš-šarika]	إدارة الشرِكة
*Personal*management	[idârat šu'ûn al-muwaẓẓafîn]	إدارة شُؤُون الموظّفين
*Fonds*verwaltung	[idârat aṣ-ṣundûq]	إدارة الصُنْدُوق
*Top*management	[idâra ʿulyâ]	إدارة عُلْيا
*Arbeits*verwaltung	[idârat al-ʿamal]	إدارة العمل
*Betriebs*wirtschaft, Management	[idâra al-aʿmâl]	إدارة الأعْمال
leistungsssstarke, effiziente Verwaltung	[idâra kufû'a]	إدارة كُفُوءة
geschicktes Management	[idâra mâhira]	إدارة ماهرة
*Finanz*verwaltung	[idârat al-amwâl]	إدارة الأمْوال
*Finanz*führung	[idâra mâliyya]	إدارة ماليّة
*Personal*führung	[idârat al-muwaẓẓafîn]	إدارة الموظّفين
mittleres Management	[idâra wusṭâ]	إدارة وُسْطى
Verwaltungs-, administrativ, Verwaltungsbeamter	[idârî]	إداريّ ج ون
revolvierend	[dâ'ir]	دائر
Amt, Behörde, Dienststelle, Abteilung	[dâʿira, dawâ'ir]	دائرة ج دوائِر
*Rechnungs*abteilung	[dâ'irat al-muḥâsaba]	دائرة المحاسبة
öffentliche Verwaltungen	[dawâ'ir rasmiyya]	دوائِر رسْميّة

*Einkaufs*abteilung	[dâ’irat al-muštarayât]	دائِرة المشتريات
*Wirtschafts*kreise	[dawâ’ir iqtiṣâdiyya]	دوائِر اقتصاديّة
Bereich, Umfeld	[dâ’ira]	دائرة
*Markt*bereich	[dâ’irat as-sûq]	دائرة السُوق
Direktor, Leiter, Ressortleiter	[mudīr, mudarā’, ~ûn]	مدِير ج مُدراء / ون
Geschäftsführer, Manager	[mudîr]	مدِير
*Regional*direktor	[mudîr iqlîmî]	مدِير إقْلِيميّ
*Verkaufs*leiter	[mudîr al-mabîʿât]	مدِير المبيعات
*Verwaltungs*direktor	[mudîr idârî]	مدِير إداريّ
stellvertretender Geschäftsführer	[mudîr musâʿid]	مدِير مساعِد
*Bank*direktor	[mudîr al-maṣrif]	مدِير المصْرِف
*Fonds*manager	[mudîr aṣ-ṣanâdîq]	مدِير الصنادِيق
*General*direktor, Geschäftsführer	[mudîr ʿâmm]	مدِير عامّ
*Arbeits*direktor	[mudîr al-ʿamal]	مدِير العمل
*Exekutiv*direktor	[mudîr tanfîḏî]	مدِير تنفيذيّ
Direktion, Hauptabteilung	[mudîriyya, ~ât]	مدِيريّة ج ات
Kreislauf, Zyklus	[dawra, ~ât]	دوْرة ج ات
Kurs, Lehrgang	[dawra, ~ât]	دوْرة ج ات
*Handels*kreislauf	[dawra tiǧâriyya]	دوْرة تِجاريّة
*Fortbildungs*kurs	[dawra ta’hîliyya]	دوْرة تأهيليّة
*Abrechnungs*zyklus	[dawrat al-muḥâsaba]	دوْرة المحاسبة
*Ausbildungs*lehrgang, Praktikum	[dawra tadrībiyya]	دوْرة تدْرِيبيّة
*Kapital*kreislauf	[dawrat ar-ra’smâl]	دوْرة الرأْسْمال
*Frucht*folge	[dawra zirāriyya]	دوْرة زِراعِيّة
*Waren*kreislauf	[dawrat as-silaʿ]	دوْرة السِلع
*Wirtschafts*kreislauf, *Wirtschafts*zyklus, *Konjunktur*zyklus	[dawra iqtiṣādiyya]	دوْرة اقْتِصاديّة
*Geld*kreislauf	[dawra naqdiyya]	دوْرة نقْديّة
turnusmässig, zyklisch	[dawrî]	دوْريّ
*Münz*stätte, Münze	[dâr sakk an-nuqûd, dûr]	دار سكّ النُقُود ج دُور

*Münz*stätte, Münze	[dâr aḍ-ḍarb]	دار الضرْب
Verlag	[dâr an-našr]	دار النشر
das ganze *Jahr* hindurch	[ʿalâ madâr as-sana]	على مدار السنة
Dossier, Akte	[dussîh, ~ât]	دُوسِيه ج ات
internationalisieren *Märkte*	[dawwala al-aswâq]	دوّل الأسْواق
in Umlauf setzen *Währung*	[tadâwala ʿumla]	تداول عُمْلة
Internationalisierung *der Wirtschaft*	[tadwîl al-iqtiṣâd]	تدويل الاقتصاد
*Handels*austausch	[tadâwul tiǧârî]	تداوُل تِجاريّ
*Kapital*umlauf	[tadâwul ar-ra'smâl]	تداوُل الرأسْمال
*Waren*zirkulation	[tadâwul as-silaʿ]	تداوُل السِلع
*Geld*umlauf	[tadâwul naqdî]	تداوُل نقْديّ
Börsenhandel, Börsenumsatz	[tadâwul, ~ât]	تداوُل ج ات
normaler Börsenumsatz	[tadâwul ʿâdî, ~ât]]	تداوُل عاديّ ج ات
mittlerer Börsenumsatz	[tadâwul mutawassiṭ]	تداوُل متوسّط
Börsenhändler	[mutadâwil , ~ûn]	متداوِل ج ون
im Umlauf befindlich, kursierend, gehandelt	[mutadâwal]	متداوَل
Staat, Land	[dawla, duwal]	دوْلة ج دُوَل ← بلد
*Niedrig*lohnland	[dawla munḫafiḍat ad-daḫl]	دوْلة منخفِضة الدخْل
*Gläubiger*land	[dawla dâ'ina]	دوْلة دائنة
*Schuldner*land	[dawla madîna]	دوْلة مدينة
*Hochlohn*land	[dawla murtafiʿat ad-daḫl]	دوْلة مرتفِعة الدخْل
*Wohlfahrt*staat	[dawla ar-rafâhiyya]	دوْلة الرفاهيّة
*Agrar*staat	[dawla zirâʿiyya]	دوْلة زِراعيّة
erdölexportierende Staaten	[dawla muṣaddira li-n-nafṭ]	دُول مصدّرة للنفْط
*Industrie*staat	[dawla ṣinâʿiyya]	دوْلة صِناعيّة
*entwickelter Industrie*staat	[dawla ṣinâʿiyya mutaṭawwira]	دوْلة صِناعيّة متطوّرة
*Industrie*staat	[dawla muṣannaʿa]	دوْلة مصنّعة
fortgeschrittener Staat	[dawla mutaqaddima]	دوْلة متقدّمة
Länder *mit dem geringsten Wachstum*	[ad-duwal al-aqall numûwan]	الدُول الأقلّ نُمُوًا

Staaten *mit der höchsten Verschuldung*	[ad-duwal al-akṯar madyûniyya]	الدُّوَل الأكْثَر مديونيّةً
*Geber*land	[dawla mâniḥa]	دوْلة مانحة
erdölproduzierende Staaten	[duwal muntiğa li-n-nafṭ]	دُوَل منتِجة للنفْط
*Entwicklungs*land	[dawla nâmiya]	دوْلة نامِية
*Verbrauchs*länder	[duwal mustahlika]	دُوَل مستهلِكة
international	[duwalî]	دُوَليّ
Dollarisierung	[dawlara]	دوْلرة
Arzneimittel, Medikament	[dawâ', adwiya]	دواء ج أدْوِية
eintragen, registrieren *Daten*	[dawwana bayanât]	دوّن بيانات
Eintragungen, Aufzeichnungen	[mudawwanât]	ج مدوّنات
Kanzlei	[dîwân, dawâwîn]	دِيوان ج دواوِين
*Rechnungs*hof	[dîwân al-muḥâsaba]	دِيوان المحاسبة
Donum *(Flächenmaß 2500 qm)*	[dûnum, ~ât]	دُونُم ج ات
Demographie	[dîmûġrâfiyya]	دِيمُوغْرافيّة
demographisch	[dîmûġrâfî]	دِيمُوغْرافيّ
Gläubiger sein *eines Kunden*	[dâyana ʿamîlan]	داين عمِيلا
verborgen, verleihen *Geld*	[adâna nuqûdan]	أدان نُقُودا
sich gegenseitig Geld leihen	[tadâyana]	تداين
sich verschulden, Schulden aufnehmen	[istadâna amwâla]	استدان أمْوالا
Schuld, Forderung	[dayn, duyûn]	ديْن ج دُيُون
*Neu*verschuldung	[dayn ğadîd]	ديْن جديد
fällige Schuld	[dayn mustaḥiqq]	ديْن مستحِقّ
*Auslands*schulden	[duyûn ḫâriğiyya]	دُيُون خارجيّة
*Buch*schuld	[dayn daftarî]	ديْن دفْتريّ
aufgelaufene Schulden	[duyûn mutarâkima]	دُيُون متراكِمة
liquide Schuld	[dayn sâ'il]	ديْن سائل
dubiose Forderungen	[duyûn maškûk fî taḥṣîlihâ]	دُيُون مشكوك في تحصيلها
abgesicherte Schuld	[dayn maḍmûn]	ديْن مضمون

dubiose Forderungen	[duyûn muta'aṯṯira]	دُيُون متعثّرة
nicht einziehbare Forderungen	[duyûn ma'dûma]	دُيُون معدومة
*Staats*verschuldung, *öffentliche* Verschuldung	[dayn 'âmm]	دَيْن عامّ
privilegierte Schulden	[duyûn mumtâza]	دُيُون ممتازة
nicht einziehbare Forderungen	[duyûn hâlika]	دُيُون هالكة
Verbindlichkeiten *eines Kunden*	[dayn mutawaǧǧib 'alâ 'amîl]	دَيْن متوجّب على عمِيل
Forderungen *einer Bank*	[dayn mutawaǧǧib li-maṣrif]	دَيْن متوجّب لمصْرِف
konsolidierte Schuld	[dayn muwaḥḥad]	دَيْن موحّد
auf Kredit	[bi-d-dayn]	بالدَيْن
Schuld *abbauen*	[ḫaffaḍa daynan]	خفّض دَيْنا
Schuld *tilgen*	[saddada daynan]	سدّد دَيْنا
Schuld *streichen eines Unternehmens*	[asqaṭa daynan 'an šarika]	أسقط دَيْنا عن شرِكة
Schuld *begleichen*	[sawwâ daynan]	سوّى دَيْنا
Schuld *streichen*	[šaṭaba daynan]	شطب دَيْنا
Schuld *tilgen*	[ṣaffâ daynan]	صفّى دَيْنا
Schuld *tilgen*	[aṭfa'a daynan]	أطفأ دَيْنا
Schuld *erlassen*	[alġâ daynan]	ألغى دَيْنا
Schuld *begleichen*	[wafâ bi-dayn]	وفى بدَيْن
Verschuldung	[istidâna]	استدانة
Gläubiger	[dâ'in, ~ûn]	دائن ج ون
verschuldet, Schuldner	[madîn, ~ûn]	مَدين ج ون
verschuldet, Schuldner	[madyûn]	مديون
Verschuldung	[madyûniyya]	مديونيّة
*Inlands*verschuldung	[madyûniyya dâḫiliyya]	مديونية داخليّة
*Auslands*verschuldung	[madyûniyya ḫâriǧiyya]	مديونيّة خارجيّة
*Über*schuldung	[mudyûniyya mufriṭa]	مديونيّة مفرِطة
Verschuldung *abbauen*	[qallala al-madyûniyya]	قلّل المديونيّة
verschuldet, Schuldner	[mustadîn]	مستدين
dynamisch	[dînâmî / dînâmîkî]	ديناميّ / دينامِيكيّ

ذ

schwanken *(Preise)*	[taḏabḏaba (al-as'âr)]	تذبْذب (الأسْعارُ)
Schwanken *der Wechselkurse*	[taḏabḏub as'âr aṣ-ṣarf]	تذبْذُب أسْعار الصرْف
Höhepunkt *einer Krise*	[ḏarwat al-azma, ~ât]	ذرْوة الأزمة ج ات
Eintrittskarte, Fahrkarte, Ticket	[taḏkira, taḏâkir]	تذْكِرة ج تذاكِر
kostenloses Ticket	[taḏkira maǧǧâniyya]	تذْكِرة مجّانيّة
*Absichts*erklärung	[muḏakkirat at-tafâhum, ~ât]	مذكِّرة التفاهُم ج ات
Zahlungsverpflichtung	[ḏimma, ḏimam]	ذِمّة ج ذِمم
in der Schuld *der Bank*	[fî ḏimmat al-maṣrif]	في ذِمّة المصْرِف
von Zahlungsverpflichtung *entlasten*	[abra'a ḏimma]	أبرأ ذِمّة
Zahlungsverpflichtung *eintreiben*	[ḥaṣṣala ḏimma]	حصّل ذِمّة
Gold	[ḏahab]	ذهب
reines Gold	[ḏahab ḫâliṣ]	ذهب خالص
zuständig, kompetent	[ḏû al-iḫtiṣâṣ]	ذُو الاختصاص
Leute *mit niedrigem Einkommen*	[ḏawû ad-daḫl al-maḥdûd]	ذوُو الدخْل المحدود
eigen-, selbst-	[ḏâtî]	ذاتيّ
Nachtrag anfügen *an einen Vertrag*	[ḏayyala ittifâqiyya]	ذيّل اتّفاقيّة
Stempel und Unterschrift setzen *unter einen Vertrag*	[ḏayyala 'aqdan bi-ḫatm wa-tawqî']	ذيّل عقْداً بختْم وتوقيع
Anhang, Nachtrag	[ḏayl, ḏuyûl]	ذيْل ج ذُيُول

ر

Vorsitz führen *im Verwaltungsrat*	[ra'asa (yar'asû, ri'âsa) maǧlis as-idâra]	رأس (ـَ رِئاسة) مجْلس الإدارة
leiten *Ausschuß*	[tara''asa laǧna]	ترأّس لجْنة
Vorsitz, Leitung, Präsidentschaft	[ri'âsa]	رِئاسة

Stück *Vieh*	[ra's al-mâšiya, ru'ûs]	رأس الماشية ج رُؤُوس
Kapital	[ra's al-mâl, ru'ûs al-amwâl]	رأس المال ج رُؤُوس الأَمْوال
		← رأْسْمال
senkrecht, vertikal	[ra'sî]	رأسيّ
Vorsitzender, Leiter, Chef, Präsident, Vorgesetzter	[ra'îs, ru'asâ']	رئِيس ج رُؤَساء
*Abteilungs*leiter	[ra'îs al-qism]	رئِيس القِسْم
unterstellt, Unterstellter, Untergebener	[mar'ûs, ~ûn]	مرؤوس ج ون
kapitalisieren *Reserven*	[ra'smala / rasmala iḥtiyâṭiyyât]	رأْسْمل / رسْمل احتياطيّات
kapitalisiert sein o. werden *(Gewinne)*	[tara'smala / tarasmala (al-arbâḥ)]	ترأسْمل / ترسْمل (الأَرْباح)
Kapitalisierung *von Anteilen*	[ra'smalat al-ḥiṣaṣ]	رأْسْملة الحِصص
Kapital	[ra'smâl, rasâmîl]	رأْسْمال ج رسامِيل
*Anfangs*kapital	[ra'smâl mabda'î]	رأْسْمال مبْدئيّ
*Human*kapital	[ra'smâl bašarî]	رأْسْمال بشريّ
fixes Kapital	[ra'smâl ṯâbit]	رأْسْمال ثابت
*Monopol*kapital	[ra'smâl iḥtikârî]	رأْسْمال احتكاريّ
*Privat*kapital	[ra'smâl ḫâṣṣ]	رأْسْمال خاصّ
*Risiko*kapital	[ra'smâl muḫâṭir]	رأْسْمال مُخاطِر
*Anlage*kapital	[ra'smâl madfûʿ]	رأْسْمال مدفوع
*Umlauf*vermögen	[ra'smâl mutadâwal]	رأْسْمال متداول
*Eigen*kapital	[ra'smâl ḏâtî]	رأْسْمال ذاتيّ
*genehmigtes Grund*kapital	[ra'smâl muraḫḫaṣ]	رأْسْمال مرخّص
vorgeschossenes Kapital	[ra'smâl musallaf]	رأْسْمال مسلّف
*Aktien*kapital	[ra'smâl al-ashum]	رأْسْمال الأَسْهُم
flüssiges Kapital	[ra'smâl sâ'il]	رأْسْمال سائل
exportiertes Kapital	[ra'smâl muṣaddar]	رأْسْمال مصدّر
*genehmigtes Grund*kapital	[ra'smâl muṣarraḥ bîhi]	رأْسْمال مصرّح به
*Bank*kapital	[ra'smâl maṣrifî]	رأْسْمال مصْرفيّ
spekulatives Kapital	[ra'smâl muḍârib]	رأْسْمال مضارِب
Working Capital	[ra'smâl ʿâmil]	رأْسْمال عامل

*Fremd*kapital	[ra'smâl al-ġayr]	رأْسمال الغيْر
*Finanz*kapital	[ra'smâl mâlî]	رأْسمال ماليّ
investiertes Kapital	[ra'smâl muwaẓẓaf]	رأْسمال موظّف
Kapital *investieren*	[istaṯmara ra'smâlan]	استثمر رأْسمالا
Kapital *abziehen*	[saḥaba ra'smâlan]	سحب رأْسمالا
Kapital *exportieren*	[ṣaddara ra'smâlan]	صدّر رأْسمالا
Kapital *bilden*	[kawwana ra'smâlan]	كوّن رأْسمالا
Kapital-, kapitalistisch, Kapitalist	[ra'smâlî, ~ûn]	رأْسماليّ ج ون
Kapitalismus	[ra'smâliyya]	رأْسماليّة
*Monopol*kapitalismus	[ra'smâliyya iḥtikâriyya]	رأْسماليّة احتكاريّة
*Staats*kapitalismus	[ra'smâliyat ad-dawla]	رأْسماليّة الدوْلة
*Unternehmens*vision	[ru'yâ aš-šarika]	رُؤْيا الشرِكة
*Arbeit*geber	[rabb al-ʿamal, arbâb]	ربّ العمل ج أرْباب
Gewinn machen, profitieren, Profit machen *von einem Geschäft*	[rabaḥa (yarbaḥu, ribḥ)] ribḥan min ṣafaqa]	ربح (ـَ رِبْح) رِبْحا من صفقة
gewinnbringend sein *für einen Händler*	[arbaḥa tâǧiran ribḥan]	أربح تاجرا رِبْحا
Gewinn, Profit	[ribḥ, arbâḥ]	رِبْح ج أرْباح
aufgelaufene Gewinne	[arbâḥ muǧammaʿa]	أرْباح مجمّعة
*Brutto*gewinn	[ribḥ iǧmâlî]	رِبْح إجماليّ
Gewinn *vor Steuerabzug*	[ribḥ qabla ḫaṣm aḍ-ḍarîba]	رِبْح قبل خصْم الضريبة
niedriger Gewinn	[ribḥ munḫafiḍ]	رِبْح منخفِض
*Buch*gewinn	[ribḥ daftarî]	رِبْح دفْتريّ
*Kapital*gewinn	[ribḥ ra'smâlî]	رِبْح رأْسماليّ
hoher Gewinn	[ribḥ murtafiʿ]	رِبْح مرتفِع
aufgelaufene Gewinne	[arbâḥ mutarâkima]	أرْباح متراكِمة
steigender, zunehmender Gewinn	[ribḥ mutazâyid]	رِبْح متزايِد
Dividende, *Aktien*gewinne	[arbâḥ al-ashum]	أرْباح الأسْهُم
*Netto*gewinne	[arbâḥ ṣâfiya]	أرْباح صافية
fiktive Gewinne	[arbâḥ ṣuwariyya]	أرْباح صُوريّة
*Mehr*wert	[ribḥ muḍâf]	رِبْح مضاف

langfristige Gewinne	[arbâḥ ṭawîlat al-amad]	أرْباح طوِيلة الأمد
außerordentliche Gewinne	[arbâḥ ġayr iʿtiyâdiyya]	أرْباح غيْر اعتياديّة
ausschüttbare Gewinne	[arbâḥ qâbila li-t-tawzîʿ]	أرْباح قابلة للتوزيع
*Bar*gewinne	[arbâḥ naqdiyya]	أرْباح نقْديّة
*Rekord*gewinn	[ribḥ qiyâsî]	رِبْح قِياسيّ
abnehmender Gewinn	[ribḥ mutanâqiṣ]	رِبْح متناقِص
Gewinn *sichern*	[ammana ribḥan]	أمّن رِبْحا
Gewinn *erzielen*	[ḥaqqaqa ribḥan]	حقّق رِبْحا
Gewinne *verheimlichen*	[aḫfâ arbâḥan]	أخفى أرْباحا
Gewinne *garantieren*	[ḍamina arbâḥan]	ضمِن أرْباحا
Gewinne *verschleiern*	[mawwaha arbâḥan]	موّه أرْباحا
Profitabilität	[ribḥiyya]	رِبْحيّة
Weiterverkauf mit Aufschlag	[murâbaḥa]	مرابحة
gewinnbringend, einträglich, profitabel	[râbiḥ]	رابح
gewinnbringend, einträglich, profitabel	[murbiḥ]	مربِح
binden *Kunden an Bedingung*	[rabaṭa (yarbuṭu, rabṭ) ʿamîlan bi-šarṭ	ربط (ـُ ربْط) عمِيلا بشرْط
festsetzen, veranlagen *Steuer*	[rabaṭa aḍ-ḍarîba]	ربط الضرِيبة
Besteuerung	[rabṭ aḍ-ḍarîba]	ربْط الضرِيبة
miteinander verbunden sein o. werden *(Volkswirtschaften)*	[tarâbaṭa (al-iqtiṣâdât]	ترابط (الاقتصاداتُ)
verbunden, gebunden sein *mit / an Verpflichtungen*	[irtabaṭa bi-iltizâmât]	ارتبط بالتزامات
Fixum, festes Gehalt	[marbûṭ]	مربوط
assoziiert	[murtabiṭ]	مرتبِط
übersteigen *Betrag*	[rabâ, yarbû, rubûw) 'an/'alâ mablaġ]	ربا (ـُ رُبُوّ) عن / على ملْبغ
züchten *Tiere*	[rabbâ ḥayawânât]	ربّى حيوانات
wuchern, Wucher treiben	[râbâ]	رابى
*Vieh*zucht	[tarbiyat al-mawâšî]	تربية المواشِي
*Vieh*züchter	[murabbî al-mawâšî, ~ûn]	مربّي المواشِي ج ون
Wucherer	[murâbin, ~ûn]	مرابٍ ج ون
Wucher	[riban]	رِباً

Wucher-	[ribawî]	رِبويّ
ordnen, regeln, anbahnen *Finanzierung*	[rattaba at-tamwîl]	رتّب التمويل
Anbahnung *eines Kredits*	[tartîb al-qarḍ]	ترتيب القرْض
*Kreditvergabe*vorkehrungen	[tartîbât iqrâḍiyya]	ترتيبات إقراضيّة
Reihenfolge, Ordnung	[tartîb, ~ât]	ترتيب ج ات
in aufsteigender Reihenfolge	[bi-tartîb taṣâʿudî]	بترتيب تصاعُديّ
in abnehmender Reihenfolge	[bi-tartîb tanâzulî]	بترتيب تنازُليّ
in alphabetischer Reihenfolge	[bi-tartîb hiǧâ'î]	بترتيب هِجائيّ
Gehalt	[râtib, rawâtib]	راتب ج رواتِب
*Monats*gehalt	[râtib šahrî]	راتب شهْريّ
Gehalt *zahlen*	[dafaʿa râtiban]	دفع راتبا
Gehalt *beziehen*	[taqâḍâ râtiban]	تقاضى راتبا
geordnet, geregelt	[murattab]	مرتّب
Gehalt	[murattab, ~ât]	مرتّب ج ات
Rang, Stelle	[martaba, ~ât]	مرْتبة ج ات
Rang, Stelle *einnehmen*	[iḥtalla martaba]	احتلّ مرْتبة
vertagen *Termin*	[arǧa'a mawʿidan]	أرجأ موْعِدا
Vertagung *einer Sitzung*	[irǧâ' al-ǧalsa]	إرجاء الجلْسة
prüfen, durchsehen *Rechnung*	[râǧaʿa ḥisâban]	راجع حِسابا
konsultieren, Rücksprache nehmen *mit Bank*	[râǧaʿa maṣrifan]	راجع مصْرِفا
rückläufig sein, zurückgehen (*Produktion*)	[tarâǧaʿa (al-intâǧ)]	تراجع (الإنتاج)
zurückfordern *Betrag*	[istarǧaʿa mablaġan]	استرجع ملْبغا
Prüfung, Durchsicht, Audit	[murâǧaʿa]	مراجعة
*Rechnungs*prüfung, Revision	[murâǧarat al-ḥisâbât]	مراجعة الحِسابات
turnusmäßige Prüfung	[murâǧaʿa dawriyya]	مراجعة دوْريّة
*Finanz*prüfung	[murâǧaʿa mâliyya]	مراجعة ماليّة
*Haushalts*prüfung	[murâǧarat al-mîzâniyya]	مراجعة الميزانيّة
Rücksprache *mit einer Agentur*	[murâǧarat al-wikâla]	مراجعة الوِكالة
Prüfung *unterliegen*	[ḫaḍaʿa li-murâǧara]	خضع لمراجعة

Rückgang *der Investitionstätigkeit*	[tarâǧuʿ al-istiṯmâr]	تراجُع الاستثمار
*Nachfrage*rückgang	[tarâǧuʿ aṭ-ṭalab]	تراجُع الطلب
Rückgang *der Bevölkerung*	[tarâǧûʿ ʿadad as-sukkân]	تراجُع عدد السُكّان
Rezession	[tarâǧuʿ iqtiṣâdî]	تراجُع اقتصاديّ
Prüfer, Revisor	[murâǧiʿ, ~ûn]	مراجِع ج ون
*Bilanz*prüfer	[murâǧiʿ al-mîzâniyya]	مراجِع الميزانيّة
rückläufig	[mutarâǧiʿ]	متراجِع
Retouren	[murtaǧaʿât]	ج مرتجعات
Referenz, Instanz, Autorität	[marǧiʿ , marâǧiʿ]	مَرْجِع ج مراجِع
provisorisch, improvisiert	[irtiǧâlî]	ارتجاليّ
Manager	[raǧul al-idâra, riǧâl]	رجُل الإدارة ج رِجال
*Spitzen*manager	[riǧâlât al-idâra]	رِجالات الإدارة
*Geschäfts*mann	[raǧul al-ʿamal]	رجُل العمل
expedieren, überführen *Waren*	[raḥḥala silaʿan]	رحّل سِلعا
befördern *Touristen*	[raḥḥala suyyâḥan]	رحّل سُيّاحا
ausweisen *Arbeitskräfte*	[raḥḥala quwâ ʿâmila]	رحّل قُوى عاملة
übertragen, vortragen *Summe*	[raḥḥala maǧmûʿan]	رحّل مجموعا
ausgewiesen sein o. werden *Arbeitskräfte*	[taraḥḥala (al-ʿamâla)]	ترحّل (العمالةُ)
übertragen, vorgetragen sein o. werden *Summe*	[taraḥḥala (al-maǧmûʿ)]	ترحّل (المجموعُ)
Beförderung *von Passagieren*	[tarḥîl ar-rukkâb]	ترحيل الرُكّاب
Ausweisung *von ausländischen Arbeitskräften*	[tarḥîl al-ʿamâla al-wâfida]	ترحيل العمالة الوافدة
Übertrag *einer Summe*	[tarḥîl al-maǧmûʿ]	ترحيل المجموع
expediert, befördert	[muraḥḥal]	مرحّل
ausgewiesen	[muraḥḥal]	مرحّل
Übertrag, Vortrag, Saldo	[muraḥḥal, ~ât]	مرحّل ج ات
Phase, Etappe, Periode, Stadium	[marḥala, marâḥil]	مرْحلة ج مراحِل
*Test*phase	[marḥala iḫtibâriyya]	مرْحلة اختباريّة
*Konstruktion*phase	[fî marḥalat at-taṣmîm]	مرْحلة التصميم
*Schwäche*periode	[marḥalat aḍ-ḍuʿf]	مرْحلة الضُعْف

*Übergangs*phase	[marḥala intiqâliyya]	مرْحلة انتقاليّة
*Wachstums*phasen	[marâḥil an-numûw]	مراحِل النُمُوّ
etappen*weise*	[ʿalâ marâḥil]	على مراحِل
Phase *durchlaufen*	[qaṭaʿa marḥala]	قطع مرْحلة
Reise, Flug	[riḥla, riḥlât]	رِحْلة ج ات
*See*reise	[riḥla baḥriyya]	رِحْلة بحْريّة
*Flug*reise	[riḥla ǧawwiyya]	رِحْلة جوّيّة
*Gruppen*reise	[riḥla ǧamâʿiyya]	رِحْلة جماعيّة
*Transport*flug	[riḥlat aš-šaḥn]	رِحْلة الشحْن
*Linien*flug	[riḥla niẓâmiyya / muntaẓima]	رِحْلة نِظاميّة / منتظِمة
Reise *organisieren*	[naẓẓama riḥla]	نظّم رِحْلة
billig sein o. werden *Waren*	[raḫuṣa (yarḫuṣu, ruḫṣ) (as-silaʿ)]	رخُص (ـُ رُخْص) (السِلعُ)
verbilligen *Brot*	[raḫḫaṣa al-ḫubz]	رخّص الخُبْز
genehmigen, zulassen, lizenzieren, konzessionieren *Firma*	[raḫḫaṣa bi-šarika]	رخّص بشرِكة
Billigkeit *von Waren*	[ruḫṣ al-baḍâʾiʿ]	رُخْص البضائِع
Verbilligung *von Ölpreisen*	[tarḫîṣ asʿâr an-nafṭ]	ترخيص أسْعار النفْط
Lizenzerteilung	[tarḫîṣ]	ترخيص
Genehmigung, Zulassung, Lizenz	[tarḫîṣ, tarâḫîṣ]	ترخيص ج تراخِيص ← تصريح
Erlaubnis(-schein), Genehmigung, Lizenz	[ruḫṣa, ruḫaṣ]	رُخْصة ج رُخص
*Bau*genehmigung	[ruḫṣat al-binâʾ]	رُخْصة البِناء
*Handels*lizenz	[ruḫṣa tiǧâriyya]	رُخْصة تِجاريّة
*Arbeits*erlaubnis	[rûḫṣat al-ʿamal]	رُخْصة العمل
*Einzel*genehmigung	[ruḫṣa fardiyya]	رُخْصة فرْديّة
*Führer*schein, *Fahr*erlaubnis	[ruḫṣat al-qiyâda]	رُخْصة القِيادة
provisorische Genehmigung	[ruḫṣa muʾaqqata]	رُخْصة مؤقّتة
Genehmigung *erneuern*	[ǧaddada ruḫṣa]	جدد رُخْصة
Genehmigung *erwirken*	[istaḫraǧa ruḫṣa]	استخرج رُخْصة
Genehmigung *entziehen*	[saḥaba ruḫṣa]	سحب رُخْصة
Genehmigung *ausstellen*	[aṣdara ruḫṣa]	أصدر رُخْصة

Genehmigung *annullieren*	[alġâ ruḫša]	ألغى رُخْصة
Genehmigung *verlängern*	[maddada ruḫṣa]	مدّد رُخْصة
Genehmigung *erteilen*	[manaḥa ruḫša]	منح رُخْصة
genehmigt, zugelassen, lizenziert	[muraḫḫaṣ bihi]	مرخّص به
berechtigt	[muraḫḫaṣ lahu]	مرخّص له
billig, preiswert	[raḫiṣ]	رخِيص
Wohlstand	[raḫâ’]	رخاء
zurückgeben, zurückerstatten *Betrag einem Kunden*	[radda (yaruddu, radd) mablaġan li-ʿamîl]	ردّ (ـُ ردّ) مبْلغا لعمِيل
abwerfen *Dividende*	[radda) ʿâ’idât al-ashum]	ردّ عائدات الأسْهُم
reagieren *auf Globalisierung*	[radda ʿalâ al-ʿawlama]	ردّ على العوْلمة
zurückfordern, zurückverlangen *Betrag*	[istaradda mablaġan]	استردّ مبْلغا
Rückgabe, Rückerstattung *von Geldern*	[radd al-amwâl]	ردّ الأمْوال
Reaktion	[radd al-fiʿl, rudûd al-fiʿl}	ردّ الفِعْل ج رُدُود الفِعْل
Reaktion *auf Börsenkrach*	[radd al-fiʿl ʿalâ inhiyâr al-burṣa]	ردّ الفِعْل على انهيار البُورْصة
*Steuer*rückforderung	[istirdâd aḍ-ḍarîba]	استرداد الضرِيبة
zurückgegeben, zurückerstattet	[mardûd]	مردود
Nutzeffekt, Wirkungsgrad, Effektivität, Ausstoß, Ertrag, Dividende	[mardûd, ~ât]	مردود ج ات
*Aktien*dividende	[mardûd al-ashum]	مردود الأسْهُم
Ertrag *erzielen*	[saǧǧala mardûdan]	سجّل مردودا
Effektivität	[mardûdiyya]	مردوديّة
erstattet, zurückgezahlt	[mustaradd]	مستردّ
Minderwertigkeit *von Waren*	[radâ’at as-silaʿ]	رداءة السلع
schlecht, minderwertig	[radî’]	ردِيء
Parkett *der Börse*	[radhat al-bûrṣa]	ردْهة البُورْصة
sich verschlechtern (*Qualität*)	[taraddâ (al-ǧûda)]	تردّى (الجُودة)
Verschlechterung *der wirtschaftlichen Lage*	[taraddî al-waḍʿ al-iqtiṣâdî]	تردّي الوضْع الاقتصاديّ
sich verschlechternd	[mutaraddin]	متردٍّ
Lebensunterhalt verdienen *von Landwirtschaft*	[irtazaqa min az-zirâʿa]	ارتزق من الزِراعة

Lebensunterhalt	[rizq, arzâq]	رِزْق ج أَرْزاق
Lebensunterhalt *verdienen*	[kasaba ar-rizq]	كسب الرِزْق
Erwerb des Lebensunterhalts	[irtizâq]	ارتزاق
Kalender	[rûznâma / ruznâma]	رُوزْنامة / رُزْنامة
korrespondieren *mit einem Kunden*	[rāsala ʿamîlan]	راسل عميلا
schicken, abschicken, senden, absenden, *Lieferung*	[arsala šaḥnan]	أرسل شحْنا
miteinander korrespondieren	[tarāsala]	تراسل
Geschäftskorrenspondenz	[murāsalāt tiǧāriyya]	مراسلات تِجاريّة
Verschickung, Versendung *von Angeboten*	[irsāl al-ʿurûḍ]	إرسال العُرُوض
Sendung, Lieferung	[irsāliyya, ~ât]	إرساليّة ج ات
*Wirtschafts*korrespondent	[murâsil iqtiṣâdî, ~un]	مراسِل اقتصاديّ ج ون
Absender	[mursil, ~ûn]	مرسِل ج ون
Adressat	[mursal ilayhi, mursal ilayhim]	مرسل إليه ج مرسل إليهم
Brief, Schreiben	[risâla, rasâ'il]	رِسالة ج رسائِل
*Geschäfts*brief	[risâla tiǧâriyya]	رِسالة تِجاريّة
*Empfehlungs*schreiben	[risâlat at-tazkiya]	رِسالة التزكية
Brief mit Rückschein	[risâla bi-ʿilm al-wuṣûl]	رِسالة بعِلْم الوُصُول
*Begleit*schreiben	[risat at-taġṭiya]	رِسالة التغطية
*Vollmacht*schreiben	[risâlat at-tafwîḍ]	رِسالة التفويض
*Bestätigungs*schreiben	[risâlat al-iqrâr]	رِسالة الإقرار
*Vollmacht*schreiben	[risâlat at-tawkîl]	رِسالة التوكيل
Erlaß, Verordnung	[marsûm, marâsîm]	مرسوم ج مراسِيم
*Gesetzes*verordnung	[marsûm tašrîʿî]	مرسوم تشريعيّ
Verordnung *erlassen*	[aṣdara marsûman]	أصدر مرسوما
Gebühr, Abgabe	[rasm, rusûm, rusûmât]	رسْم ج رُسُوم / رُسُومات
*Leih*gebühren	[rusûm al-isti'ǧâr]	رُسُوم الاستئجار
*Post*gebühren, Porto	[rusûm al-barîd]	رُسُوم البرِيد
*Zoll*gebühren	[rusûm ǧumrukiyya]	رُسُوم جُمْرُكيّة
*Pauschal*gebühr	[rasm iǧmâlî]	رسْم إجماليّ

*Service*aufschlag	[rasm al-ḫidma]	رسْم الخِدْمة
*Lager*gebühren	[rusûm at-taḫzîn]	رُسُوم التخزين
*Stempel*gebühr	[rasm ad-damġa]	رسْم الدمْغة
*Verwaltungs*gebühren	[rusûm idâriyya]	رُسُوم إداريّة
symbolische Gebühr	[rusûm ramziyya]	رُسُوم رمْزيّة
*Anmeld*egebühr	[rusûm at-tasǧîl]	رُسُوم التسجيل
gültige Gebühren	[rusûm sâriyya]	رُسُوم سارية
*Monats*gebühr	[rusûm šahriyya]	رُسُوم شهْريّة
*Bank*gebühren	[rusûm maṣrifiyya]	رُسُوم مصْرِفيّة
Aufschlag, Zuschlag	[rasm iḍâfî]	رسْم إضافيّ
Gebühren *inklusive*	[ar-rusûm ḍimnan]	الرُسُوم ضِمْنا
*Straf*gebühren	[rusûm ʿiqâbiyya]	رُسُوم عِقابيّة
*Bearbeitungs*gebühr	[rusûm al-muʿâmalât]	رُسُوم المعاملات
diskriminierende Gebühren	[rusûm tamyîziyya]	رُسُوم تمييزيّة
*Hafen*gebühren	[rusûm al-mînâ’]	رُسُوم المِيناء
*Telefon*gebühren	[rusûm al-hâtif]	رُسُوم الهاتف
zu zahlende Gebühren *vom Kunden*	[rusûm mutawaǧǧiba ʿalâ az-zabûn]	رُسُوم متوجّبة على الزبُون
*Import*abgaben	[rusûm al-istîrâd]	رُسُوم الاستيراد
Gebühren *senken*	[ḫafaḍa rusûman]	خفض رُسُوما
Gebühren *erhöhen*	[rafaʿa rusûman]	رفع رُسُوما
Gebühren *erheben für Service*	[faraḍa rusûman ʿalâ al-ḫidma]	فرض رُسُوما على الخِدْمة
Zeichnung, Skizze	[rasm]	رسْم ج رُسُوم
Diagramm	[rasm bayânî]	رسْم بيانيّ
*Umsatz*diagramm	[rasm bayânî li-l-mabîʿât]	رسْم بيانيّ للمبيعات
*Planungs*skizze	[rasm taḫṭîṭî]	رسْم تخطيطيّ
bestimmt *für den Geschäftsführer*	[bi-rasm al-mudîr]	برسْم المدِير
offiziell, amtlich	[rasmî]	رسْميّ
kapitalisieren	[rasmala]	رسْمل ← رأسْمل
ankern *(Schiff)*	[rasâ (yarsû, rasw) (as-safîna)]	رسا (ـُ رسْو) (السفِينة)

Zuschlag erhalten *(Unternehmen für einen Auftrag)*	[rasâ (yarsû, rasw) (al-munâqaṣa ʿalâ šarika]	رسا (المناقصةُ) على شركة
Zuschlag erteilen *einem Unternehmen bei einer Ausschreibung*	[rassâ munâqaṣa ʿalâ šarika]	رسّى مناقصة على شركة
Zuschlag erteilen *einem Händler bei Versteigerung*	[arsâ mazâdan ʿalâ tâğir]	أرسى مزادا على تاجر
Zuschlagserteilung, Auftragsvergabe	[tarsiya / irsâ’]	ترسية / إرساء
Ankerplatz, Reede	[marsan, marâsin]	مرْسىً ج مراسٍ
rationalisieren *Produktion*	[raššada al-intâğ]	رشّد الإنتاج
Rationalisierung *des Verbrauchs*	[taršîd al-istihlâk]	ترشيد الاستهلاك
wirtschaftlicher Umgang *mit*, sparsame Verwendung *von Ressourcen*	[taršîd al-mawârid]	ترشيد الموارِد
Optimierung *von Kosten*	[taršîd al-infâq]	ترشيد الإنفاق
*Touristen*führer	[muršid siyâḥî, ~ûn]	مرشِد سياحيّ ج ون
bestechen *Beamten*	[rašâ (yaršû, rašw) muwaẓẓafan]	رشا (ـُ رشْو) موظّفا
sich bestechen lassen (*Minister*)	[irtašâ (al-wazîr)]	ارتشى (الوزيرُ)
Bestechung *eines Polizisten*	[rašw aš-šurṭî]	رشْو الشُرْطيّ
Bestechungsgeld	[rašwa, rašâwâ]	رشْوة ج رشاوى
Bestechlichkeit	[irtišâ’]	ارتشاء
stapeln *Waren*	[raṣṣa (yaruṣṣu, raṣṣ) baḍâ’iʿ]	رصّ (ـُ رصّ) بضائع
bereitstellen, zur Verfügung stellen *Betrag*	[raṣada (yarṣudu, raṣd) mablaġan]	رصد (ـُ رصْد) مبْلغا
überwachen *Umwelt*	[raṣada al-bî’a]	رصد البيئة
bereitstellen *Finanzmittel*	[raṣṣada amwâlan]	رصّد أمْوالا
Bereitstellung *von Mitteln*	[raṣd amwâlan]	رصْد الأمْوال
Bereitstellung *von Ressourcen*	[tarṣîd al-mawârid]	ترصيد الموارِد
bereitgestellt	[marṣûd]	مرصود
Guthaben, Bestand, Einlagen, Saldo	[raṣîd, arṣida]	رصيد ج أرْصِدة
eingefrorenes Guthaben	[raṣîd muğammad]	رصيد مجمّد
*Konto*stand	[raṣîd al-ḥisâb]	رصيد الحِساب
Guthaben *im Ausland*	[arṣida ḫâriğiyya]	أرْصِدة خارجيّة
*Spar*einlagen	[raṣîd al-iddiḫâr]	رصيد الادّخار
*Gold*bestände	[arṣida min aḏ-ḏahab]	أرْصِدة من الذهب
*Gewinn*saldo	[raṣîd al-arbâḥ]	رصيد الأرْباح

*Bank*guthaben	[arṣîda maṣrifiyya]	أرصِدة مصْرِفيّة
Swing	[raṣîd ṣâfin li-l-muqâṣṣa]	رصِيد صافٍ للمُقاصّة
*Devisen*guthaben	[arṣida min al-ʿumla aṣ-ṣaʿba]	أرْصِدة من العُمْلة الصعْبة
ohne Deckung	[bidûn raṣîd]	بدون رصِيد
Kai, Hafendamm	[raṣîf, arṣifa]	رصِيف ج أرْصِفة
befriedigen *Gläubiger*	[arḍâ dâʾinan]	أرضى دائنا
Befriedigung *einer Forderung*	[irḍâʾ aṭ-ṭalab]	إرضاء الطلب
gütliche Einigung, gegenseitiges Einvernehmen	[tarâḍin]	تراضٍ
außergerichtliche Einigung	[tarâḍin ḫâriǧa al-maḥkama]	تراضٍ خارج المحْكمة
einvernehmlich	[bi-t-tarâḍî]	بالتراضِي
weiden, hüten *Vieh*	[raʿâ (yarʿâ, raʿy) al-mawâšî]	رعى (ـَ رعْي) المواشِي
Schirmherr sein *einer Ausstellung*	[raʿâ (yarʿâ, riʿâya) maʿriḍan]	رعى (ـَ رِعاية) معْرِضا
Weidewirtschaft	[raʿy]	رعْي
*Sozial*fürsorge	[riʿâya iǧtimâʿiyya]	رِعاية اجتماعيّة
Wahrung *von Rechten*	[riʿâyat al-ḥuqûq]	رِعاية الحُقوُق
unter Schirmherrschaft *der Regierung*	[taḥta riʿâyat al-ḥukûma]	تحت رِعاية الحُكُومة
Hirt	[râʿin, ruʿât]	راعٍ ج رُعاة
Schirmherr	[râʿin, ruʿât]	راعٍ ج رُعاة
*Wander*hirten, Nomaden	[ruʿât ruḥḥal]	رُعاة رحّل
Weideland	[marʿân, marâʿin]	مرْعىً ج مراعٍ
Hafen	[marfaʾ, marâfiʾ]	مرْفأ ج مرافِئ ← مِيناء
Geschenk, Zuwendung	[rifd, rufûd]	رِفْد ج رُفُود
Eckpfeiler *der Entwicklung*	[rawâfid at-tanmiya]	روافِد التنمية
ablehnen *Angebot*	[rafaḍa (yarfiḍu, rafḍ) ʿarḍan]	رفض (ـِ رفْض) عرْضا
Ablehnung *einer Bedingung*	[rafḍ aš-šarṭ]	رفْض الشرْط
abgelehnt, zurückgewiesen	[marfûḍ]	مرفوض
erhöhen, steigen lassen *Preise*	[rafaʿ (yarfaʿu, rafʿ) al-asʿâr]	رفع (ـَ رفْع) الأسْعار
aufwerten *Währung*	[rafaʿa qîmat al-ʿumla]	رفع قِيمة العُمْلة

hoch sein o. werden, steigen *Preise*	[irtafaʿa (al-asʿâr)]	ارتفع (الأسْعارُ)
*Preis*steigerung	[rafʿ al-asʿâr]	رفْع الأسْعار
*Preis*steigerung, hohes *Preis*niveau	[irtifâʿ al-asʿâr]	ارتفاع الأسْعار
hohe *Nachfrage*	[irtifâʿ aṭ-ṭalab]	ارتفاع الطلب
hohes *Zins*niveau	[irtifâʿ al-fawâ'id]	ارتفاع الفوائِد
Anziehen *der Aktienkurse*	[irtifâʿ asʿâr al-ashum]	ارتفاع أسْعار الأسْهُم
Hoch *verzeichnen*	[saǧǧala irtifâʿan]	سجّل ارتفاعا
hoch, zunehmend, ansteigend	[murtafiʿ]	مرتفِع
hochwertig	[rafîʿ]	رفِيع
beifügen *Unterlagen*	[arfaqa mustanadât]	أرفق مستندات
beigefügt, als Anlage	[murfaq bihi]	مرفق به
beigefügt, als Anlage	[murfaq ṭayyahu]	مرفق طيّه
Anlagen *(zu einem Schreiben)*	[murfaqât]	ج مرفقات
Anlage, Einrichtung	[mirfaq, marâfiq]	مِرْفق ج مرافِق
*Dienstleistungs*einrichtungen	[marâfiq al-ḫadamât]	مرافِق الخدمات
touristische Anlagen	[marâfiq siyâḥiyya]	مرافِق سِياحيّة
*Verlade*einrichtungen	[marâfiq aš-šaḥn]	مرافِق الشحْن
öffentliche Einrichtungen	[marâfiq ʿâmma]	مرافِق عامّة
*Verkehrs*einrichtungen	[marâfiq al-muwâṣalât]	مرافِق المواصلات
Wohlstand	[rafâh /rafâha /rafâhiyya]	رفاه / رفاهة / رفاهيّة
*Gemein*wohl	[rafâhiyya ʿâmma]	رفاهيّة عامّة
Freizeitbeschäftigung	[tarfîh]	ترفيه
Unterhaltungs-, Freizeit-	[tarfîhî]	ترفيهيّ
Mikrochip	[raqâqa, raqâ'iq]	رقاقة ج رقائِق
kontrollieren *Exportwaren*	[râqaba aṣ-ṣâdirât]	راقب الصادرات
*Fusions*kontrolle	[murâqabat al-indimâǧ]	مراقبة الاندماج
*Export*kontrolle	[murâqabat aṣ-ṣâdirât]	مراقبة الصادرات
*Produkt*kontrolle	[murâqabat al-muntaǧât]	مراقبة المنتجات
Kontrolle *der Zielerreichung des Planes*	[murâqabat tanfiḏ al-ḫuṭṭa]	مراقبة تنفيذ الخطّة

*Wettbewerbs*kontrolle	[murâqabat al-munâfasa]	مراقبة المنافسة
*Devisen*kontrolle	[murâqabat an-naqd]	مراقبة النقْد
*Budget*kontrolle	[murâqabat al-mîzâniyya]	مراقبة الميزانيّة
Kontrolle *über Banken*	[raqâba ʿalâ l-maṣârif]	رقابة على المصارِف
strenge Kontrolle	[raqâba ṣârima]	رقابة صارمة
Kontrolle *unterliegen*	[ḫaḍaʿa li-l-raqâba]	خضع للرقابة
Kontrolle *aufzwingen den Banken*	[faraḍa raqâba ʿalâ al-maṣârif]	فرض رقابة على المصارِف
Kontrolle *ausüben über Staat*	[mârasa raqâba ʿalâ ad-dawla]	مارس رقابة على الدوْلة
Kontrolleur, Inspektor	[murâqib, ~ûn]	مراقِب ج ون
Controller, *Finanz*inspektor	[murâqib mâlî]	مراقِب ماليّ
Stück Land	[ruqʿa, ruqaʿ / riqâʿ]	رُقْعة ج رُقع / رِقاع
nummerieren *Produkte*	[raqqama mantûǧât]	رقّم منتوجات
Nummerierung *von Aufträgen*	[tarqīm aṭ-ṭalabât]	ترقيم الطلبات
Digitalisierung	[tarqîm]	ترقيم
Nummer, Zahl	[raqm, arqām]	رقْم ج أرْقام
*Postleit*zahl	[raqm barîdî]	رقْم برِيديّ
divergierende Zahlen	[arqâm mutabâyina]	أرْقام متبايِنة
laufende Nummer, *lfd.* Nr.	[raqm at-tatâbuʿ]	رقْم التتابُع
*Telefon*nummer	[raqm at-talîfûn]	رقْم التلِيفُون
*Konto*nummer	[raqm al-ḥisâb]	رقْم الحِساب
exakte Zahlen	[arqâm daqîqa]	أرْقام دقِيقة
*Gewinn*zahlen	[arqâm râbiḥa]	أرْقام رابحة
rückläufige Zahlen	[arqâm mutarâǧiʿa]	أرْقام متراجِعة
offizielle Zahlen	[arqâm rasmiyya]	أرْقام رسْميّة
*Vor*wahl, Code	[raqm ramzî]	رقْم رمْزيّ
*Serien*nummer	[raqm mutasalsil]	رقْم متسلْسِل
*Netto*zahlen	[arqâm ṣâfiya]	أرْقام صافية
*Dunkel*ziffer	[raqm ʿašwâʾî]	رقْم عشْوائيّ
gefälschte Zahlen	[arqâm maġšûša]	أرْقام مغشوشة

*Rechnungs*nummer	[raqm al-fâtûra]	رقْم الفاتُورة
hypothetische Zahlen	[arqâm iftirâḍiyya]	أرْقام افتراضيّة
geschätzte Zahlen	[arqâm taqdîriyya]	أرْقام تقديريّة
*Registrier*nummer	[raqm al-qayd]	رقْم القيْد
*Rekord*zahl	[raqm qiyâsî]	رقْم قِياسىّ
*Rekord*zahlen *erzielen*	[saǧǧala arqâman qiyâsiyya]	سجّل أرْقاما قِياسيّة
*Akten*zeichen	[raqm al-milaff]	رقْم المِلفّ
*Telefon*nummer	[raqm hâtifî]	رقْم هاتفيّ
*Rekord*zahlen	[arqâm qiyâsiyya]	أرْقام قِياسيّة
Index	[raqm qiyâsî]	رقْم قِياسيّ ← مؤشّر
*Preis*index	[raqm qiyâsî li-l-asʿâr]	رقْم قِياسيّ للأسْعار
vorläufige Zahlen	[arqâm mu'aqqata]	أرْقام مؤقّتة
digital	[raqmî]	رقْميّ
aufstreben, sich positiv entwickeln *(Industrie)*	[raqiya (yarqâ, ruqiyy) (aṣ-ṣinâʿa)]	رقِي (ـَ رُقيّ) (الصِناعةُ)
fördern *Tourismus*	[raqiya bi-s-siyâḥa]	رقِي بالسِياحة
befördern *Angestellten im Rang*	[raqqâ muwaẓẓafan fî l-manṣib]	رقّى موظّفا في المنْصِب
sich entwickeln *(Landwirtschaft)*	[taraqqâ (az-zirâʿa)]	ترقّى (الزراعةُ)
sich aufwärts entwickeln *(Land)*	[irtaqâ (al-balad)]	ارتقى (البلدُ)
Aufwärtsentwicklung *der Wirtschaft*	[ruqîy a-iqtiṣâd]	رُقِيّ الاقتصاد
Beförderung *von Mitarbeitern*	[tarqiyat al-ʿâmilîn]	ترقية العاملين
hochentwickelt, niveauvoll	[râqin]	راقٍ
einsteigen, fahren *Auto*	[rakiba (yarkabu, rukûb) sayyâra]	ركِب (ـَ رُكُوب) سيّارة
eingehen *wirtschaftliche Risiken*	[rakiba maḫâṭir iqtiṣâdiyya]	ركِب مخاطِر اقتصاديّة
montieren, installieren *Maschine*	[rakkaba âla]	ركّب آلة
montiert, installiert sein o, werden *(Gerät)*	[tarakkaba (al-ǧihâz)]	تركّب (الجِهازُ)
Montage, Installation, Konstruktion	[tarkîb]	تركيب
Montage *des Autos*	[tarkīb as-sayyâra]	تركيب السيّارة
Installation *eines Telefons*	[tarkîb al-hâtif]	تركيب الهاتف
Struktur, Zusammensetzung	[tarkîb / tarkîba]	تركيب / تركيبة ← هيْكل ← بِنْية

institutionelle Struktur	[tarkîb mu'assasî]	تركيب مؤسّسيّ
*Kapital*struktur	[tarkîb ar-ra'smâl]	تركيب الرأسْمال
*Bevölkerungs*struktur	[tarkîb sukkânî]	تركيب سُكّانيّ
*Alters*struktur	[takîba ʿumriyya]	تركيبة عُمْريّة
*Wirtschafts*struktur	[tarkîb iqtiṣādī]	تركيب اقتصاديّ
*Arbeitskräfte*struktur	[tarkîb al-quwâ al-ʿâmila]	تركيب القُوى العاملة
*Organisations*struktur	[tarkîb tanẓîmî]	تركيب تنظيميّ
Struktur-, strukturell	[tarkībī]	تركيبيّ
Fahrgast, Passagier	[râkib, rukkâb]	راكب ج رُكّاب
Bestandteile, Komponenten	[murakkibât]	ج مركّبات
Boot, Schiff	[markab, marâkib]	مرْكب ج مراكِب
Fahrzeug	[markaba, ~ât]	مرْكبة ج ات
*Transport*fahrzeuge	[markabât an-naql]	مركبات النقْل
stagnieren *(Handel)*	[rakada (yarkudu, rukûd) (at-tiǧâra)]	ركد (ـُ رُكود) (التجارةُ)
Stagnation *des Marktes*	[rukûd as-sûq]	رُكود السُوق
stagnierend	[râkid]	راكد
konzentriert sein o. werden, sich konzentrieren *(Produktion)*	[tarakkaza (al-intâǧ)]	تركّز (الإنتاجُ)
sich stützen *auf Partnerschaft*	[irtakaza ʿalâ aš-širâka]	ارتكز على الشِراكة
Konzentration *auf Getreideproduktion*	[tarkîz ʿalâ intâǧ al-ḥubûb]	تركيز على إنتاج الحُبُوب
Konzentration *von Unternehmen*	[tarakkuz aš-šarikât]	تركُّز الشرِكات
Konzentration *der Produktion*	[tarakkuz al-intâǧ]	تركُّز الإنتاج
Position, Machtposition	[murtakaz, ~ât]	مرتكز ج ات
wirtschaftliche Positionen	[murtakazât iqtiṣâdiyya]	مرتكزات اقتصاديّة
Stütze, Pfeiler	[rakîza, rakâ'iz]	ركِيزة ج ركائِز
Zentrum, Stellung, Position, Platz, Zentrale	[markaz, marâkiz]	مرْكز ج مراكِز
*Forschungs*zentrum	[markaz al-buḥûṯ]	مرْكز البُحُوث
*Handels*zentrum, *Geschäfts*viertel	[markaz tiǧârî]	مرْكز تِجاريّ
*Kontroll*zentrum, *Leit*zentrum	[markaz at-taḥakkum]	مرْكز التحكُّم
*Ausbildungs*zentrum	[markaz at-tadrîb]	مرْكز التدريب

*Verwaltung*szentrale	[markaz al-idâra]	مرْكز الإدارة
*Freizeit*zentrum, *Vergnügungs*zentrum	[markaz tarfîhî]	مرْكز ترفيهيّ
*Einkaufs*zentrum	[markaz at-tasawwuq]	مرْكز التسوُّق
*Tourismus*zentrum	[markaz siyâḥî]	مرْكز سِياحيّ
*Banken*zentrum	[markaz maṣrifî]	مرْكز مصْرِفيّ
*Wartungs*station	[markaz aṣ-ṣiyâna]	مرْكز الصِيانة
*Messe*zentrum	[markaz al-maʿâriḍ]	مرْكز المعارِض
*Geschäfts*zentrum	[markaz al-aʿmâl]	مرْكز الأعْمال
*Wirtschafts*zentrum, *wirtschaftliche* Machtstellung	[markaz iqtiṣâdî]	مرْكز اقتصاديّ
*Finanz*zentrum, *finanzielle* Stellung	[markaz mâlî]	مرْكز ماليّ
*Produktions*zentrum	[markaz intâǧî]	مرْكز إنتاجيّ
Platz, Stellung *einnehmen*	[iḥtalla markazan]	احتلّ مرْكزا
zentral, Zentral-	[markazî]	مرْكزيّ
Zentralismus	[markaziyya]	مرْكزيّة
*De*zentralisation	[lâ-markaziyya]	لا مرْكزيّة
sich anhäufen, akkumuliert sein o. werden *(Kapital)*	[tarâkama (ar-ra'smâl)]	تراكم (الرأسْمالُ)
Akkumulation *des Kapitals*	[tarâkum ar-ra'smâl]	تراكُم الرأسْمال
*Zins*thesaurierung	[tarâkum al-fâ'ida]	تراكُم الفائدة
Akkumulations-, kumulativ	[tarâkumî]	تراكُميّ
angehauft, aufgelaufen, akkumuliert	[mutarâkim]	متراكِم
reparieren, ausbessern *Maschine*	[rammama âla]	رمّم آلة
Reparatur, Ausbesserung *von Geräten*	[tarmîm al-ağhiza]	ترميم الأجْهِزة
verschlüsseln, kodifizieren *Nummern*	[rammaza arqâman]	رمّز أرْقاما
Verschlüsselung, Kodifizierung *von Daten*	[tarmîz al-bayânât]	ترميز البيانات
Code, Chiffre	[ramz, rumûz]	رمْز ج رُمُوز
*Post*leitzahl	[ramz barîdî]	رمْز برِيديّ
*Bank*leitzahl	[ramz maṣrifî]	رمْز مصْرِفيّ
Code *entschlüsseln*	[fakka ramzan]	فكّ رمْزا
symbolisch	[ramzî]	رمْزيّ

Streß, Überlastung	[irhâq]	إرهاق
belastend, drückend	[murhiq]	مرهِق
erschöpft, überlastet, gestreßt	[murhaq]	مرهق
verpfänden, Hypothek aufnehmen *(für) ein Haus*	[rahan (yarhanu, rahn) baytan	رهْن (ـَ رهْن) بيْتا
wetten, setzen *auf Pferde*	[râhana ʿalâ ḫuyûl]	راهن على خيُول
setzen *auf Export*	[râhana ʿalâ at-taṣdîr]	راهن على التصدير
verpfändet sein o. werden *(Schmuck)*	[irtahana (al-ḥulîy)]	ارتهن (الحُليّ)
Verpfändung *von Grundstücken*	[rahn al-ʿaqârât]	رهْن العقارات
Pfand	[rahn, ruhûn / ruhûnât]	رهْن ج رُهُون / رُهُونات
Hypothek, Grundschuld	[rahn ʿaqârî]	رهْن عقاريّ
Pfand *einlösen*	[wafâ bi-rahn]	وفى برهْن
Setzen *auf Marktkräfte*	[murâhana ʿalâ quwâ as-sûq]	مراهنة على قُوى السُوق
Wette	[rihân, ~ât]	رِهان ج ات
Pfandleiher	[râhin, rahana]	راهن ج رهنة
gepfändet, verpfändet	[marhûn]	مرهون
Pfandnehmer, Pfandgläubiger	[murtahin, ~ûn]	مرتهِن ج ون
*Verwaltungs*routine	[rûtîn idârî]	رُوتِين إداريّ
florieren *(Markt)*	[râğa (yarûğu, rawâğ) (as-sûq)]	راج (ـُ رواج) (السُوقُ)
absetzen, in Umlauf setzen, vertreiben *Ware*	[rawwağa biḍāʿa]	روّج بِضاعة
beleben *Markt*	[rawwağa as-sûq]	روّج السُوق
werben *für Tourismus*	[rawwağa as-siyāḥa]	روّج السِياحة
Absatz, Zirkulation	[rawāğ tiğārī]	رواج تِجاريّ
großen Absatz *finden bei Kunden*	[laqiya rawâğan ladâ al-ʿumalâ']	لقِي رواجا كبيرا لدى العُملاء
Vertrieb *von Produkten*	[tarwîğ al-muntağât]	ترويج المنتجات
*Verkaufs*förderung, *Umsatz*förderung	[tarwīğ al-mabīʿāt]	ترويج المبيعات
*Handels*förderung	[tarwîğ at-tiğâra]	ترويج التِجارة
*Investitions*förderung	[tarwîğ al-istiṯmârât]	ترويج الاستثمارات
*Beschäftigungs*förderung	[tarwîğ at-tašġîl]	ترويج التشغيل
florierend	[râ'iğ]	رائج

schwanken *zwischen zwei Zahlen*	[tarāwaḥa bayna ʿadadayn]	تراوح بين عددين
*Unternehmer*geist	[rûḥ al-mubâdara]	رُوح المبادرة
Kreativität	[rûḥ al-ibdâʿ]	رُوح الإبداع
*Team*geist	[rûḥ al-farîq]	رُوح الفرِيق
Marktführerschaft, Spitzenstellung	[riyâda]	ريادة
marktführend	[riyâdî]	رِياديّ
marktführend	[râ'id]	رائد
bewässern *Feld*	[rawâ (yarwî, rayy) ḥaqlan]	روى (-ِ ريّ) حقْلا
bewässern *Boden*	[rawwâ al-arḍ}	روّى الأرْض
bewässern *Garten*	[arwâ ḥadîqa]	أروى حدِيقة
Bewässerung *von Feldern*	[rayy al-ḥuqûl]	ريّ الحُقُول
Beregnung	[rayy bi-r-rašš]	ريّ بالرشّ
künstliche Bewässerung	[rayy iṣṭinâʿî]	ريّ اصطناعيّ
natürliche Bewässerung	[rayy ṭabîʿî]	ريّ طبِيعيّ
*Tröpfchen*bewässerung	[rayy bi-t-tanqîṭ]	ريّ بالتنقيط
Bewässerung	[tarwiya / irwâ']	تروية / إرواء
Bewässerungs-	[irwâ'î]	إروائيّ
Ertrag; Rendite	[rayʿ, ruyûʿ]	رِيْع ج رُيُوع
*Aktien*rendite	[rayʿ al-ashum]	رِيْع الأسْهُم
Grundrente, Bodenrente	[rayʿ ʿaqârî]	رِيْع عقاريّ
Rentabilität	[rayʿiyya]	رِيْعيّة
Land, ländlicher Raum	[rîf, aryâf]	رِيف ج أرْياف

ز

Müll	[zubâla]	زُبالة
Müllmann	[zabbâl, ~ûn]	زبّال ج ون
Müllhaufen, Müllkippe	[mazbala, mazâbil]	مزْبلة ج مزابِل

Kunde	[zabûn, zabâ'in / zubanâ']	زبُون ج زبائِن / زُبناء ← عمِيل
Flasche	[zuǧâǧa, ~ât]	زُجاجة ج ات
Wettbewerb, Konkurrenz	[muzâḥama]	مزاحمة ← منافسة
Wettbwewerb, Konkurrenz	[tazâḥum]	تزاحُم ← تنافُس
Knopf	[zurr, azrâr]	زُرّ ج أزْرار
auf den Knopf *einer Maschine drücken*	[kabasa zurr al-âla]	كبس زُرّ الآلة
bestellen *Boden*	[zaraʿa (yazraʿu, zarʿ / zirâʿa) al-arḍ]	زرع (ـَ زرْع / زِراعة) الأرْض
pflanzen, anbauen, säen *Pflanzen*	[zaraʿa nabâtât]	زرع نباتات
bestellt sein o. werden *(Feld)*	[inzaraʿa (al-ḥaql)]	انزرع (الحقْلُ)
kultivieren *Boden*	[istazraʿa al-arḍ]	استزرع الأرْض
Aussaat *von Getreide*	[zarʿ al-ḥubûb]	زرْع الحبُوب
Samen, Saat, Saatfeld	[zarʿ, zurûʿ]	زرْع ج زُرُوع
Ackerbau *und Viehzucht*	[az-zarʿ wa-ḍ-ḍarʿ]	الزرْع والضرْع
Anbau *von Gemüse*	[zirârat al-ḫaḍrawât]	زِراعة الخضْروات
Landwirtschaft, Ackerbau	[zirâʿa]	زِراعة
*Regen*feldbau	[zirâʿa baʿliyya]	زِراعة بعْليّة
biologischer Anbau	[zirâʿa bayûlûǧiyya]	زِراعة بيُولُوجيّة
*Bewässerungs*landwirtschaft	[zirâʿa marwîya]	زِراعة مرويّة
landwirtschaftliche Kultur	[zirâʿa, ~ât]	زِراعة ج ات
landwirtschaftlich	[zirâʿî]	زِراعيّ
*Fisch*zucht	[istizrâʿ as-samak]	استزراع السمك
Ackerbauer, Landwirt	[zâriʿ, zurrâʿ]	زارع ج زُرّاع
angepflanzt, bestellt, gesät	[mazrûʿ]	مزروع
landwirtschaftliche Kultur	[mazrûʿa, ~ât]	مزروعة ج ات
Landwirt, Bauer	[muzâriʿ, ~ûn]	مزارِع ج ون
landwirtschaftlicher Betrieb, Bauernhof, Landgut, Farm	[mazraʿa, mazâriʿ]	مزْرعة ج مزارِع
*Rinder*farm	[mazraʿat al-baqar]	مزْرعة البقر
*Versuchs*farm	[mazraʿa taǧrîbiyya]	مزْرعة تجريبيّة

*Geflügel*farm	[mazraʿat ad-dawâğin]	مزرعة الدواجن
*Muster*farm	[mazraʿa namûḏağiyya]	مزرعة نموذجيّة
Saat, Feldfrüchte	[zarîʿa]	زرِيعة
erschüttern *Wirtschaft*	[zaʿzaʿa al-iqtiṣâd]	زعْزع الاقتصاد
erschüttert sein o. werden *(Währungssystem)*	[tazaʿzaʿa (niẓâm an-naqd)]	تزعْزع (نظامُ النقْد)
Erschütterung *des Bankensystems*	[zaʿzaʿat an-niẓâm al-maṣrifî]	زعْزعة النِظام المصْرفِيّ
schwankend, instabil	[mutazaʿziʿ]	متزعزِع
Zakat *(Pflichtabgabe im Islam)*	[zakât]	زكاة
chronisch	[muzmin]	مزمِن
florieren *(Wirtschaft)*	[izdahara (al-iqtiṣâd)]	ازدهر (الاقتصادُ)
Aufschwung, Boom, Prosperität	[izdihâr]	ازدهار
*Investitions*aufschwung	[izdihâr istiṯmârî]	ازدهار استثماريّ
*Immoblien*boom	[izdihâr ʿaqârî]	ازدهار عقاريّ
wirtschaftliche Prosperität, Hochkonjunktur	[izdihâr iqtiṣâdî]	ازدهار اقتصاديّ
florierend, prosperierend	[muzdahir]	مزْدهِر
Doppel*besteuerung*	[izdiwâğ ḍarîbî]	ازدواج ضرِيبيّ
Doppelbesteuerung *vermeiden*	[manaʿa al-izdiwâğ aḍ-ḍarîbî]	منع الازدواج الضريبيّ
paralleler *Wechselkurs*	[izdiwâğiyyat siʿr as-sarf]	ازدواجيّة سِعْر الصرْف
doppelt, zweifach	[muzdawiğ]	مزدوِج
Paar	[zawğ, azwâğ]	زوْج ج أزْواج
versorgen *Stadt mit Wasser*	[zawwada madîna bi-l-mâ’]	زوّد مدينة بالماء
versorgt sein o. werden *mit Lebensmitteln*	[tazawwada bi-l-mawâdd al-ġiḏâ’iyya]	تزوّد بالموادّ الغِذائيّة
*Energie*versorgung	[tazwîd bi-ṭ-ṭâqa]	تزويد بالطاقة
Lieferant, Versorger	[muzawwid, ~ûn]	مزوِّد ج ون
versorgt *mit Elektrizität*	[muzawwad bi-l-kahrabâ’]	مزوّد بالكهْرباء
versorgt *mit Getreide*	[mutazawwid bi-l-ḥubûb]	متزوّد بالحُبوب
Proviant	[zâd, azwâd]	زاد ج أزْواد
fälschen Dokument	[zawwara waṯîqa]	زوّر وثِيقة ← زيّف

*Arbeits*besuch, *Geschäfts*besuch	[ziyârat al-ʿamal]	زِيارة العمل
*Inspektions*besuch	[ziyâra maydâniyya]	زِيارة مَيْدانيّة
*Scheck*fälschung	[tazwîr aš-šîk]	تزوير الشِيك
gefälscht	[muzawwar]	مزوّر
Boot	[zawraq, zawâriq]	زَوْرق ج زوارِق
Ent*industrialisierung*	[izâlat at-taṣnîʿ]	إزالة التصنيع
Öl, Mineralöl	[zayt, zuyût]	زَيْت ج زُيُوت
*Roh*öl	[zayt ḫâm]	زَيْتٌ خامٌ
Oliven	[zaytûn]	زَيْتُون
zunehmen, steigen, wachsen *Zahl*	[zâda (yazîdu, ziyâda) (al-ʿadad)]	زاد (ـِ زِيادة) (العددُ)
erhöhen *Anteile auf acht*	[zâda ḥiṣaṣan / min ḥiṣaṣ ilâ ṯamânya]	زاد حِصصا / من حِصص إلى ثمانية
übersteigen, hinausgehen *über einen Betrag*	[zâda ʿan / ʿalâ mablaġ]	زاد عن / على مبْلغ
überbieten *Angebot*	[zâyada ʿaṭâʿan]	زايد عطاءً
ständig zunehmen *(Nachfrage)*	[tazâyada (aṭ-ṭalab)]	تزايد (الطلبُ)
wachsen, anwachsen, zunehmen, steigen, ansteigen *(Prozentsatz)*	[izdâda (an-nisba)]	ازداد (النِسْبةُ)
Zunahme, Steigerung, Wachstum, Zuwachs, Aufschlag	[ziyāda]	زِيادة
*Lohn*erhöhung	[ziyâdat al-uğûr]	زِيادة الأُجُور
erheblicher Zuwachs	[ziyâda lâ ba'sa bihi]	زِيادة لا بأْسَ به
*Umsatz*zuwachs	[ziyâdat al-mabiʿât]	زِيادة المبيعات
*Investitions*zuwachs	[ziyâda istiṯmâriyya]	زِيادة استثماريّة
allmählicher Zuwachs	[ziyâda tadrîğiyya]	زِيادة تدريجيّة
*Gehalts*zuschlag	[ziyâda ʿalâ ar-râtib]	زِيادة على الراتب
*Bevölkerungs*zuwachs	[ziyādat as-sukkān]	زِيادة السُكّان
*Produktions*steigerung	[ziyâdat al-intâğ]	زِيادة الإنتاج
Zuwachs *in Höhe von 4%*	[ziyâda qadruhā arbaʿa bi-l-mi'a]	زِيادة قدْرُها ٤٪
*Rekord*zuwachs	[ziyâda qiyâsiyya]	زِيادة قِياسيّة
*Wert*zuwachs, *Wert*steigerung	[ziyâdat al-qīma]	زِيادة القِيمة
beachtlicher Zuwachs	[ziyâda malḥûẓa]	زِيادة ملحوظة

Zuwachs *erzielen*	[saǧǧala ziyâda]	سجّل زِيادة
Versteigerung	[muzâyada]	مزايدة
Zunahme, Wachstum, Anstieg	[izdiyâd]	ازدياد
überzählig, überschüssig, Mehr-, plus	[zâ'id]	زائد
hohes Maß	[mazîd]	مزيد
Bieter *bei Versteigerung*	[muzâyid]	مزايِد
Versteigerung	[mazâd, ~ât]	مزاد ج ات
öffentliche Versteigerung	[mazâd ʿalanî]	مزاد علنيّ
Versteigerung *durchführen*	[aǧrâ mazâdan]	أجرى مزادا

fälschen *Produkte*	[zayyafa mantûǧât]	زيّف منتجات ← زوّر
*Geld*fälschung	[tazyîf al-ʿumla]	تزييف العُملة
Fälscher	[muzayyif, ~ûn]	مزيِّف ج ون
gefälscht	[muzayyaf]	مزيّف
falsch, gefälscht	[zâ'if]	زائف

س

verantwortlich, zuständig *für Marketing*	[mas'ûl ʿan at-taswîq]	مسؤول عن التسويق
Verantwortlicher	[mas'ûl, ~ûn]	مسؤول ج ون
*Verwaltungs*beamter	[mas'ûl idârî]	مسؤول إداريّ
hohe Verantwortliche	[kibâr al-mas'ûlîn]	كِبار المسؤولين
Verantwortung, Verantwortlichkeit	[mas'ûliyya, ~ât]	مسؤوليّة ج ات
Haftung, Haftpflicht	[mas'ûliyya]	مسؤوليّة
beschränkte Haftung	[mas'ûliyya maḥdûda]	مسؤوليّة محدودة
unbeschränkte Haftung	[mas'ûliyya ġayr maḥdûda]	مسؤوليّة غيْر محدودة
*Privat*haftpflicht	[mas'ûliyya šaḫṣiyya]	مسؤوليّة شخصيّة
Haftpflicht *gegen Dritte*	[mas'ûliyya ḍidda al-ġair]	مسؤوليّة ضِدّ الغيْر
Verantwortung *tragen*	[taḥammala mas'ûliyya]	تحمّل مسؤوليّة

düngen *Boden*	[sabbaḫa al-arḍ]	سبّخ الأرْض
Düngung *von Feldern*	[tasbîḫ al-ḥuqûl]	تسبيخ الحقُول
Dünger	[sibâḫ, asbiḫa]	سِباخ ج أسْبِخة
miteinander konkurrieren *um Markt*	[tasâbaqa ʿalâ as-sûq]	تسابق على السُوق
Vorsprung, Überlegenheit	[sabq]	سبْق
Wettbewerb	[musâbaqa, ~ât]	مسابقة
außer Konkurrenz	[ḫâriǧa al-musâbaqa]	خارج المسابقة
Wettbewerb, Rennen	[sibâq, ~ât]	سِباق ج ات
*Pferde*rennen	[sibâq al-ḫuyûl]	سِباق الخُيُول
*Kamel*rennen	[sibâq al-huǧun]	سِباق الهُجُن
federführend, Wegbereiter	[sabbâq]	سبّاق
Priorität, Vorrang	[asbaqiyya]	أسْبقيّة
Barren	[sabîka, sabâ'ik]	سبِيكة ج سبائِك
*Gold*barren	[sabîka min aḏ-ḏahab]	سبِيكة من الذهب
Weg, Mittel, Verfahren	[sabîl, subul]	سبِيل ج سُبُل
*versuchs*weise	[ʿalâ sabîl at-taǧriba]	على سبِيل التجربة
spenden *für wohltätige Zwecke Gelder*	[sabbala amwâlan]	سبّل أمْوالا
registrieren, eintragen *Firma*	[saǧǧala šarika]	سجّل شرِكة
listen *Ware in Liste*	[saǧǧala biḍâʿa fî qâ'ima]	سجّل بِضاعة في قائمة
erzielen *Zuwachs*	[saǧǧala ziyâda]	سجّل زِيادة
Registrierung *des Firmennamens*	[tasǧîl al-ism at-tiǧârî]	تسجيل الاِسْم التِجاريّ
*Daten*aufzeichnung	[tasǧîl al-maʿlûmât]	تسجيل المعلومات
registriert, eingetragen, gelistet, notiert	[musaǧǧal]	مسجّل
Register	[siǧill, ~ât]	سِجِلّ ج ات
*Handels*register	[siǧill tiǧārī]	سِجِلّ تِجاريّ
*Aktien*register	[siǧill al-ashum]	سِجِلّ الأسْهُم
Kataster	[siǧill ʿaqârî]	سِجِلّ عقاريّ
abheben *Geld*	[saḥaba (yasḥabu, saḥb) nuqûdan]	سحب (ـَ سحْب) نُقُودا

ausstellen *Scheck*	[saḥaba šîkan]	سحب شيكا
ziehen *Geldscheine aus dem Umlauf*	[saḥaba awrâqan mâliyya min at-tadâwul]	سحب أوْراقا ماليّة من التداوُل
entziehen *Genehmigung einem Händler*	[saḥaba ruḫṣa min tâğir]	سحب رُخْصة من تاجر
sich zurückziehen *aus Markt*	[insaḥaba min as-sûq]	انسحب من السُوق
Abhebung *eines Geldbetrages*	[saḥb al-mablaġ, suḥûbât]	سحْب المبْلغ ج سُحُوبات
Ziehung *von Zahlen*	[saḥb al-arqâm]	سحْب الأرْقام
*Über*ziehung	[saḥb ʿalâ al-makšûf]	سحْب على المكشوف
Aussteller eines Wechsels	[sâḥib, suḥḥâb]	ساحب ج سُحّاب
abgehoben, ausgestellt, entzogen	[maḥsûb]	محسوب
Abhebungen, abgehobene Beträge	[maḥsûbbât]	محسوبات
Wechselbezogener	[maḥsûb lahu, maḥsûb lahum]	محسوب له ج محسوب لهم
in Dienst stellen, ausbeuten *Ressourcen*	[saḫḫara ṯarawât]	سخّر ثروات
Ausbeutung, Nutzung *von Arbeitskräften*	[tasḫîr al-quwâ al-ʿâmila]	تسخير القُوى العاملة
decken *Bedarf*	[sadda (yasuddu, sadd / sadâd) ḥâğa]	سدّ (ـُ سدّ / سداد) حاجة
tilgen *Rate*	[sadda qisṭan]	سدّ قِسْطا
begleichen *Rechnung*	[saddada ḥisâban]	سدّد حِسابا
tilgen *Kredit*	[saddada qarḍan]	سدّد قرْضا
ausgleichen *Defizit*	[saddada ʿağzan]	سدّد عجْزا
*Schulden*tilgung	[sadd ad-dayn]	سدّ الديْن
*Sofort*tilgung	[sadâd fawrî]	سداد فوْريّ
*Zins*tilgung	[sadâd al-fawâ'id]	سداد الفوائِد
Begleichung *von Rechnungen*	[sadâd al-ḥisâbât]	سداد الحِسابات
zur Begleichung, Tilgung *ausstehend*	[taḥta as-sadâd]	تحت السداد
Tilgung *einstellen*	[tawaqqafa ʿan as-sadâd]	توقّف عن السداد
*Schulden*tilgung	[tasdîd ad-duyûn]	تسديد الدُيُون
getilgt, beglichen	[musaddad]	مسدّد
*Berufs*geheimnis	[sirr al-mihna]	سِرّ المِهْنة ج أسْرار
streng vertraulich	[sirrî li-l-ġâya]	سِرّيّ للغاية
*Bank*geheimnis	[sirriyat al-maṣârif]	سِرّيّة المصارِف

schleusen, schmuggeln *Rauschgift*	[sarraba muḫaddirât]	سرّب مخدّرات
geschleust sein o. werden *(Arbeitskräfte)*	[tasarraba (al-quwâ al-ʿâmila]	تسرّب (القُوى العاملة)
unerlaubte Weitergabe *von Informationen*	[tasrîb al-maʿlûmât]	تسريب المعلومات
Schleusen von *Emigranten*	[tasrîb al-muhâǧirîn]	تسريب المهاجِرين
*Kapital*abfluß	[tasarrub al-amwâl]	تسرُّب الأمْوال
entlassen, kündigen, abbauen *Personal*	[sarraḥa ʿâmilîn]	سرّح عاملين
Entlassung, Kündigung *von Arbeitern*	[tasrîḥ al-ʿummâl]	تسريح العُمّال
entlassen, gekündigt	[musarraḥ]	مسرّح
beschleunigen *Prozeß*	[sarraʿa ʿamaliyya]	سرّع عمليّة
beschleunigt sein o. werden *(Entwicklung)*	[tasâraʿa (at-tanmiya)]	تسارع (التنمية)
beschleunigt	[mutasâriʿ]	متسارِع
vergeuden, verschwenden *Energie*	[asrafa aṭ-ṭâqa]	أسرف الطاقة
verschwenderisch umgehen *mit Wasserverbrauch*	[asrafa fî istihlâk al-mâ']	أسرف في استهلاك الماء
Verschwendung *von Wasser*	[isrâf al-miyâh]	إسراف المِياه
verschwenderisch	[musrif]	مسرِف
stehlen *Geld*	[sariqa (yasraqu, sariqa) nuqûdan]	سرِق (ـَ سرِقة) نُقُودا
Diebstahl *von Waren*	[sariqat as-silaʿ]	سرِقة السِلع
Dieb	[sâriq, surrâq]	سارق ج سُرّاق
Diebesgut	[masrûqât]	ج مسروقات
gültig sein o. werden, in Kraft treten *(Bestimmungen)*	[sarâ (yasrî, sarayân) (al-aḥkâm)]	سرى (-ِ سريان) (الأحكامُ)
gültig, in Kraft befindlich	[sârî al-mafʿûl]	ساري المفعول
Gültigkeit *eines Vertrages*	[sarayân al-ʿaqd]	سريان العقْد
helfen, unterstützen *Kunden*	[sâʿada zabûnan]	ساعد زبُونا
unterstützen *Partner bei Finanzierung*	[sâʿada šarîkan fî at-tamwîl]	ساعد شرِيكا في التمويل
beitragen *zu einer Reform*	[sâʿada ʿalâ iṣlâḥ]	ساعد على إصلاح
Hilfe, Hilfeleistung, Unterstützung	[musâʿada]	مساعدة ج ات
*Kapital*hilfe	[musâʿada ra'smâliyya]	مساعدة رأسْماليّة
*Export*hilfe	[musâʿadat at-taṣdîr]	مساعدة التصدير

dringende Hilfe	[musâʿada ʿâğila]	مساعدة عاجلة
technische Hilfeleistungen	[musâʿadât fanniya]	مساعدات فنّيّة
*Finanz*hilfe	[musâʿada mâliyya]	مساعدة ماليّة
*Entwicklungs*hilfe	[musâʿadat at-tanmiya]	مساعدة التنمية
*Entwicklungs*hilfe	[musâʿada inmâ'iyya]	مساعدة إنمائيّة
Preis festsetzen, Preis bilden *für Ware*	[saʿʿara biḍâ'a]	سعّر بِضاعة
preislich festgesetzt sein o. werden *(Produkte)*	[tasaʿʿara (al-muntaġât)]	تسعّر (المنتجات)
Preisbildung *von Erdöl*	[tasʿîr an-nafṭ]	تسعير النفْط
Preisbildung, Notierung, Dotierung	[tasʿîra, ~ât]	تسعيرة ج ات
Preis, Kurs	[siʿr, asʿâr]	سِعْر ج أسْعار
*Leasing*rate	[siʿr at-ta'ḫîr]	سِعْر التأجير
ursprünglicher Preis	[siʿr aṣlî]	سِعْر أصْليّ
*Schleuder*preis, *Spott*preis	[siʿr baḫs]	سِعْر بخْس
*Anfangs*preis	[siʿr mabda'î]	سِعْر مبْدئيّ
überhöhter Preis	[siʿr mubâlaġ fîhi]	سِعْر مبالغ فيه
*Verkaufs*preis	[siʿr al-bayʿ]	سِعْر البيْع
Fixing	[siʿr at-taṯbît]	سِعْر التثبيت
*Fest*preis, *Fix*preis	[siʿr ṯâbit]	سِعْر ثابت
*Zwangs*preise	[asʿâr ğabariyya]	أسْعار جبريّة
lukrative Preise	[asʿâr muğdiya]	أسْعار مُجدِية
günstige Preise	[asʿâr muğziya]	أسْعار مُجزِية
*Brutto*preis	[siʿr iğmâlî]	سِعْر إجماليّ
*Sonder*preis	[siʿr ḫâṣṣ]	سِعْر خاصّ
*Diskont*satz	[siʿr al-ḫaṣm]	سِعْر الخصْم
freibleibender Preis	[siʿr ḫâḍiʿ li-t-taġyîr]	سِعْر خاضع للتغيير
ermäßigter Preis	[siʿr muḫaffaḍ]	سِعْر مخفّض
niedriger Preis	[siʿr munḫafiḍ]	سِعْر منخفِض
utopische Preise	[asʿâr ḫayâliyya]	أسْعار خياليّة
subventionierte Preise	[asʿâr madʿûma]	أسْعار مدعومة

*Richt*preis	[siʿr istidlâlî]	سِعْر استدلاليّ
fallende Preise	[asʿâr mutadanniya]	أسْعار متدنّية
*Tiefst*preis	[siʿr adnâ]	سِعْر أدْنى
*Agrar*preise	[asʿâr zirâʿîyya]	أسْعار زِراعيّة
*Niedrig*preis	[siʿr zahîd]	سِعْر زهِيد
*Liefer*preis	[siʿr at-taslîm]	سِعْر التسليم
*Loko*preis	[siʿr at-taslîm al-fawrî]	سِعْر التسليم الفوْريّ
*Aktien*kurs	[siʿr al-ashum]	سِعْر الأسْهُم
*Aktien*notierungen	[asʿâr al-ashum]	أسْعار الأسْهُم
*Touristen*kurs	[siʿr siyâḥî]	سِعْر سياحيّ
*Fracht*preis	[siʿr aš-šaḥn]	سِعْر الشحْن
*Vorzugs*preis	[siʿr tašǧîʿi]	سِعْر تشجيعيّ
*Ausgabe*preis	[siʿr al-iṣdâr]	سِعْر الإصدار
*Wechsel*kurs	[siʿr aṣ-ṣarf]	سِعْر الصرْف
*Devisen*kurs	[siʿr ṣarf al-ʿumla]	سِعْر صرْف العُمْلة
*schwankende Devisen*kurse	[asʿâr aṣ-ṣarf al-mutaqalliba]	أسْعار الصرْف المتقلّبة
*Netto*preis	[siʿr ṣâfin]	سِعْر صافٍ
*Steuer*satz	[siʿr aḍ-ḍarîba]	سِعْر الضريبة
geforderter Preis	[siʿr maṭlûb]	سِعْر مطلوب
bereinigte Preise	[asʿâr muʿaddala]	أسْعار معدّلة
saisonbereinigte Preise	[asʿâr muʿaddala mawsimiyyan]	أسْعار معدّلة موْسِميّا
moderater Preis	[siʿr muʿtadil]	سِعْر معتدِل
*Weltmarkt*preise	[asʿâr ʿalamiyya]	أسْعار عالميّة
*Listen*preis	[siʿr muʿlan]	سِعْر معلن
*Dumping*preise	[asʿâr al-iġrâq]	أسْعار الإغراق
attraktive Preise	[asʿâr muġriya]	أسْعار مُغرِية
überteuerter Preis	[siʿr muġâlan fihi]	سِعْر مغالىً فيه
admistrierter Preis	[siʿr mafrûḍ]	سِعْر مفروض
*Vorzugs*preis	[siʿr tafḍîlî]	سِعْر تفضيليّ

*Zins*satz, *Zins*fuß	[siʿr al-fâʾida]	سِعْر الفائدة
*kommerzieller Zins*satz	[siʿr al-fâʾida at-tiǧârî]	سِعْر الفائدة التِجاريّ
*variabler Zins*satz	[siʿr al-fâʾida al-mutaġayyir]	سِعْر الفائدة المتغّير
akzeptabler Preis	[siʿr maqbûl]	سِعْر مقبول
*Lombard*satz	[siʿr al-iqrâḍ]	سِعْر الإقراض
*Monats*rate	[siʿr at-taqsîṭ aš-šahrî]	سِعْر التقسيط الشهْريّ
*Höchst*preis	[siʿr aqṣâ]	سِعْر أقْصى
*Schluß*kurs	[siʿr al-iqfâl]	سِعْر الإقفال
Preis*index*	[siʿr qiyâsî]	سِعْر قِياسيّ
*Kosten*preis	[siʿr al-kulfa]	سِعْر الكُلْفة
*Rohstoff*preise	[asʿâr al-mawâdd al-ḫâm}	أسْعار الموادّ الخام
*Lebensmittel*preise	[asʿâr al-mawâdd al-ġiḏâʾiyya]	أسْعار الموادّ الغِذائيّة
*Konkurrenz*preise	[asʿâr tanâfusiyya]	أسْعار تنافُسيّة
*Bar*preis	[siʿr naqdî]	سِعْر نقْديّ
*Verbraucher*preis	[siʿr al-mustahlik]	سِعْر المستهلِك
mäßiger Preis	[siʿr mutahâwid]	سِعْر متهاوِد
*Liefer*preis	[siʿr at-tawrîd]	سِعْر التوريد
vereinbarter Preis	[siʿr muttafaq ʿalayhi]	سِعْر متّفق عليه
realistischer Preis	[siʿr muttafaq ʿalayhi]	سِعْر واقعيّ
fiktiver Preis	[siʿr wahmî]	سِعْر وهْميّ
Preis *drücken*	[baḫḫasa siʿran]	بخّس سِعْرا
Preise *stabilisieren*	[ṯabbata asʿâran]	ثبّت أسْعارا
Preis *festsetzen*	[ḥaddada siʿran]	حدّد سِعْرا
Preis *freigeben*	[ḥarrara siʿran]	حرّر سِعْرا
Preise *beibehalten*	[ḥâfaẓa ʿalâ asʿâr]	حافظ على أسْعار
Preis *senken*	[ḫaffaḍa siʿran]	خفّض سِعْرا
Preise *hoch treiben*	[dafaʾa al-asʾâr ṣuʿûdan]	دفع الأسْعار صُعُودا
Preis *erhöhen*	[rafaʿa siʿran]	رفع سِعْرا
Preise *kontrollieren*	[râqaba asʿâran]	راقب أسْعارا

Preise *nivellieren*	[sawwa as'âran]	سوّى أسْعارا
Preise *kontrollieren*	[ḍabaṭa as'âran]	ضبط أسْعارا
Preis *verlangen*	[ṭalaba si'ran]	طلب سِعْرا
Preise *vergleichen*	[qârana baina as'âr]	قارن بين أسْعار
Preise *vereinheitlichen*	[waḥḥada al-as'âr]	وحّد الأسْعار
Preis-	[si'rî]	سِعْريّ
preislich festgesetzt, dotiert	[musa''ar]	مسعّر
Bote, Kurier	[sâ'in, su'ât]	ساعٍ ج سُعاة
*Brief*träger	[sâ'î al-barîd]	ساعي البرِيد
Wechsel	[suftağa, safâtiğ]	سُفْتجة ج سفاتِج
Botschaft	[sifâra, ~ât]	سِفارة ج ات
Botschafter	[safîr, sufarâ']	سفِير ج سُفراء
Reisender, Passagier	[musâfir, ~ûn]	مسافِر ج ون
Schiff	[safîna, sufun]	سفِينة ج سُفُن
*Handels*schiff	[safîna tiğâriyya]	سفِينة تِجاريّة
*Container*schiff	[safînat al-ḥâwiyât]	سفِينة الحاويات
*Super*tanker	[safîna 'imlâqa]	سفينة عِمْلاقة
Schiff *(in See stechen)*	[(abḥara) as-safîna]	(أبحر) السفِينةُ
Obergrenze, Limit	[saqf, suqûf]	سقْف ج سُقُوف
Obergrenze *der Produktion*	[saqf al-intâğ]	سقْف الإنتاج
*Kredit*limit	[suqûf i'timâniyya]	سُقُوف ائتمانيّة
*Zins*obergrenze	[saqf al-fâ'ida]	سقْف الفائدة
Obergrenzen *festlegen*	[ḥaddada suqûfan]	حدّد سُقُوفا
bewässern *Boden*	[saqâ (yasqî, saqy) al-arḍ]	سقى (ـِ سقْي) الأرْض
tränken *Vieh*	[saqâ al-mawâšî]	سقى المواشِي
bewässern *Feld*	[asqâ ḥaqlan]	أسقى حقْلا
Tränken *der Kamele*	[isqâ' al-ğimâl]	إسقاء الجِمال
prägen *Münzen*	[sakka (yasukku, sakk) maskûkât]	سكّ (ـُ سكّ) مسكوكات

Münze	[maskûka, ~ât]	مسكوكة ج ات
*Geld*münze	[sikkat an-naqd, sikak]	سِكّة النقْد ج سِكك
*Eisen*bahn	[sikkat al-ḥadîd / as-sikka al-ḥadîd]	سِكّة الحدِيد / السِكّة الحدِيد
Wohnungswesen, Wohnungsbau	[iskân]	إسكان
Einwohner, Bewohner	[sâkin, sukkân]	ساكن ج سُكّان
Bevölkerung	[sukkân]	ج سُكّان
Korb	[salla, silâl]	سلّة ج سِلال
*Investitions*korb	[sallat al-istiṯmârât]	سلّة الاستثمارات
*Rohstoff*korb	[sallat al-ḫâmât]	سلّة الخامات
*Waren*korb	[sallat as-silaʿ]	سلّة السِلع
*Währungs*korb	[sallat al-ʿumlât]	سلّة العُمْلات
*Papier*korb	[sallat al-muhmalât]	سلّة المهملات
plündern, ausrauben *Stadt*	[salaba madîna]	سلب (ـُ سلْب) مدِينة
ausrauben *Karawane*	[istalaba qâfila]	استلب قافلة
Ausrauben *von Touristen*	[salb as-suyyâḥ]	سلْب السُيّاح
negativ	[salbî]	سلْبيّ
negative Erscheinungen	[salbiyyât]	ج سلْبيّات
ausgeplündert	[salîb]	سلِيب
Plünderer	[sallâb, -ûn]	سلّاب ج ون
Methode, Verfahren, Art und Weise, Stil	[uslûb, asâlîb]	أسْلُوب ج أسالِيب
kreativer Stil	[uslûb mubdiʿ]	أسْلُوب مبدِع
*Management*methoden	[asâlîb al-idâra]	أسالِيب الإدارة
*Führungs*stil	[uslûb al-qiyâda]	أُسْلُوب القِيادة
Methode *praktizieren*	[iʿtamada uslûban]	اعتمد أُسْلُوبا
bewaffnen *Armee*	[sallaḥa ǧayšan]	سلّح جيْشا
bewaffnet sein o. werden *(Stamm)*	[tasallaḥa (al-qâbîla)]	تسلّح (القبِيلة)
Bewaffnung *von Soldaten*	[taslîḥ al-ǧunûd]	تسليح الجُنُود
bewaffnet	[musallaḥ]	مسلّح
Waffe	[silâḥ, asliḥa]	سِلاح ج أسْلِحة

Waffen *schmuggeln*	[harraba al-asliḥa]	هرّب أسْلِحة
alphabetische Reihenfolge	[tasalsul hiǧâ'î]	تسلْسُل هِجائيّ
Kette	[silsila, salâsil]	سِلْسْلة ج سلاسِل
*Investitions*kette	[silsila istiṯmâriyya]	سِلْسِلة استثماريّة
*Hotel*kette	[silsila min al-fanâdiq]	سِلْسِلة من الفنادِق
*Restaurant*ketten	[salâsil min al-maṭâʿim]	سلاسِل من المطاعِم
Serien-	[mutasalsil]	متسلْسِل
Macht, Gewalt, Befugnis, Vollmacht	[sulṭa, ~ât]	سُلْطة ج ات
Behörde	[sulṭa, ~ât]	سُلْطة ج ات
*Zoll*behörden	[sulṭât ǧumrukiyya]	سُلْطات جُمْرُكيّة
*Verwaltungs*behörde	[sulṭa idâriyya]	سُلْطة إداريّة
Macht *des Staates*	[sulṭat ad-dawla]	سُلْطة الدوْلة
staatliche Behörden	[sulṭât ad-dawla]	سلْطات الدوْلة
Legislative	[sulṭa tašrîʿiyya]	سُلْطة تشريعيّة
*Steuer*behörde	[Steuerhoheit]	سُلْطة ضريبيّة
Judikative	[sulṭa qaḍâ'îyya]	سُلْطة قضائيّة
Exekutive	[sulṭa tanfiḏiyya]	سُلْطة تنفيذيّة
*Währungs*behörden	[sulṭât naqdiyya]	سُلْطات نقْديّة
Ware, Gut, Artikel	[silʿa, silaʿ]	سِلْعة ج سِلع ← بِضاعة
Waren *des Grundbedarfs*	[silaʿ asâsiyya]	سِلع أساسيّة
strategische Güter	[silaʿ istarâtîgiyya]	سِلع إسْتراتيجيّة
ausgetauschte Waren	[silaʿ mutabâdala]	سِلع متبادلة
unverkäufliche Ware	[silʿa bâ'ira]	سِلْعة بائرة
lebenswichtige Güter	[silʿa ḥayâtiyya]	سِلع حياتيّة
subventionierte Waren	[silaʿ madʿûma]	سِلع مدعومة
*Marken*artikel	[silʿa ḏât ʿalâma tiǧâriyya]	سِلْعة ذات علامة تِجاريّة
*Investitions*güter	[silaʿ ra'smâliyya]	سِلع رأْسماليّة
Retouren	[silaʿ murtaǧaʿa]	سِلع مرتجعة
billige Waren	[silaʿ raḫîṣa]	سِلع رخيصة

*Billigpreis*waren	[silaʿ raḫîṣât aṯ-ṯaman]	سِلع رخِيصة الثمن
*Luxus*waren	[silaʿ tarfîhiyya]	سِلع ترفيهيّة
bestverkaufter Artikel	[as-silʿa al-akṯar rawâǧan]	السِلْعة الأكْثر رواجا
*Massen*güter	[silaʿ sâ'iba]	سِلع سائبة
produzierte Waren, *Fertig*waren	[silaʿ maṣnûʿa]	سِلع مصنوعة
*Industrie*waren, *Fertig*waren	[ṣilaʿ muṣannaʿa]	سِلع مصنّعة
bestellte, gefragte Waren	[silaʿ maṭlûba]	سِلع مطلوبة
langlebige Güter	[silaʿ muʿammara]	سِلع معمَّرة
*Gebrauchs*waren	[silaʿ istiʿmâliyya]	سِلع استعماليّة
*Gebraucht*waren	[silaʿ mustaʿmala]	سِلع مستعملة
fehlerhafte Ware	[silʿa maʿîba]	سِلْعة مَعيبة
Lebensmittel	[silaʿ ġiḏâ'iyya]	سِلع غِذائيّة
gefälschte Waren	[silaʿ maġšûša]	سِلع مغشوشة
teure Waren	[silaʿ ġâliya]	سِلع غالية
diverse Waren	[silaʿ mutafarriqa]	سِلع متفرّقة
imitierte Waren, Imitate	[silaʿ muqallada]	سِلع مقلّدة
*Luxus*güter	[silaʿ kamâliyya]	سِلع كماليّة
gleichwertige Waren	[silaʿ maṯîla]	سِلع مثِيلة
*Versorgungs*güter	[silaʿ tamwîniyya]	سِلع تموينيّة
*Konsumtions*güter	[silaʿ istihlâkiyya]	سِلع استهلاكيّة
kurzlebige Waren	[silaʿ hâlika]	سِلع هالكة
*Einfuhr*güter	[silaʿ mustawrada]	سِلع مستوردة
Waren-	[silaʿî]	سِلعيّ
Waren *verkaufen*	[bâʿa silaʿan]	باع سِلعا
Waren *kaufen*	[ištarâ silaʿan]	اشترى سِلعا
Waren *produzieren*	[antağa silaʿan]	أنتج سِلعا
Waren *transportieren*	[naqala silaʿan]	نقل سِلعا
vorschießen, kreditieren *Gelder*	[sallafa amwâlan]	سلّف أمْوالا
Kreditierung *eines Betrages*	[taslîf al-mablaġ]	تسليف المبْلغ

Vorschuß, Darlehen, Kredit	[taslîf, ~ât]	تسليف ج ات ← قرْض ← اعتماد ← ائتمان
Vorauszahlung, Vorschuß, Darlehen, Kredit	[sulfa, sulaf / ~ât]	سُلْفة ج سُلف / ات
Vorschuß *in bar*	[sulfa naqdiyya]	سُلْفة نقْديّة
Darlehen *auszahlen*	[ṣarafa sulfa]	صرف سُلْفة
Darlehen *gewähren*	[manaḥa sulfa]	منح سُلْفة
Vorauszahlung, Vorschuß, Darlehen, Kredit	[salafiyya, ~ât]	سلفيّة ج ات
kreditiert, vorgeschossen	[musallaf]	مسلّف
Verhalten	[sulûk]	سُلُوك
rufschädigendes Verhalten	[sulûk muḍirr bi-s-sumʿa]	سُلوك مضِرّ بالسُمْعة
*Verbraucher*verhalten	[sulûk al-mustahlik]	سلوك المستهلِك
ausliefern, übergeben, zustellen, aushändigen *Waren*	[sallama baḍâ'iʿ]	سلّم بضائِع
abnehmen, in Empfang nehmen *Lieferung*	[tasallama šaḥna]	تسلّم شحْنة
abnehmen, in Empfang nehmen *Lieferung*	[istalama šaḥna]	استلم شحْنة
Auslieferung, Übergabe, Zustellung *einer Ware*	[taslîm al-biḍâʿa]	تسليم البِضاعة
kostenfreie Lieferung	[taslîm ḫâliṣ al-uğra]	تسليم خالص الأُجْرة
fob *(free on board)*	[taslîm ẓahr as-safîna]	تسليم ظهْر السفِينة
*Schlüssel*übergabe	[taslîm al-miftâḥ]	تسليم المِفْتاح
free alongside ship	[taslîm ʿalâ ar-raṣîf]	تسليم على الرصِيف
*Waren*annahme	[tasallum al-baḍâ'iʿ]	تسلُّم البضائِع
Inempfangnahme *des Gehalts*	[istilâm ar-râtib]	استلام الراتب
ausgeliefert, übergeben, zugestellt	[musallam]	مسلّم
Funktionstüchtigkeit, einwandfreie Beschaffenheit, Sicherheit	[salâma]	سلامة
gesunder Zustand *der Umwelt*	[salâmat al-bî'a]	سلامة البِيئة
*Arbeits*schutz	[salâmat mihaniyya]	سلامة مِهنيّة
Funktionstüchtigkeit *der Wirtschaft*	[salâmat al-iqtiṣâd]	سلامة الاقتصاد
*Lohn*skala	[sullam al-uğûr, salâlim]	سُلّم الأُجُور ج سلالِم
*Preis*stabelle	[sullam al-asʿâr]	سُلّم الأسْعار

gutfunktionierend, intakt, gesund	[salîm]	سلِيم
düngen *Feld*	[sammada ḥaqlan]	سمّد حقْلا
Düngung *des Bodens*	[tasmîd al-arḍ]	تسميد الأرْض
Dünger	[samâd, asmida]	سماد ج أُسْمِدة
Maklergewerbe betreiben	[samsara]	سمْسر
Maklergewerbe, Maklergebühr, Courtage	[samsara]	سمْسرة
Makler	[simsâr, samâsira]	سِمْسار ج سماسِرة
*Versicherungs*makler	[simsâr at-ta'mîn]	سِمْسار التأمين
*Handels*makler	[simsâr tiğârî]	سِمْسار تِجاريّ
*Börsen*makler	[simsâr al-bûrṣa]	سِمْسار البوُرْصة
*Immobilien*makler	[simsâr ʿaqârî]	سِمْسار عقاريّ
*Devisen*händler	[simsâr al-ʿumla al-ağnabiyya]	سِمْسار العُمْلة الأجْنبيّة
*Wertpapier*makler	[simsâr al-awrâq al-mâliyya]	سِمْسار الأوْراق الماليّة
Ruf *einer Firma, Firmen*wert	[sumʿa aš-šarika]	سُمعة الشرِكة
kommerzieller Ruf	[sumʿa tiğâriyya]	سُمْعة تِجاريّة
finanzieller Ruf	[sumʿa mâliyya]	سُمْعة ماليّة
weltweiten Ruf *genießen*	[ḥaẓiya bi-sumʿa ʿâlamiyya]	حظِي بسُمْعة عالميّة
Ruf *schädigen*	[aḍarra bi-as-sumʿa]	أضرّ بالسُمْعة
Fisch	[samak, asmâk]	سمك ج أسْماك
Fischhändler	[sammâk, ~ûn]	سمّاك ج ون
*Handels*name	[ism tiğârî]	اِسْم تجاريّ ج أسْماء
*Voll*jährigkeit	[sinn ar-rušd]	سِنّ الرُشْد
arbeitsfähiges Alter	[sinn al-ʿamal]	سِنّ العمل
*Pensions*alter	[sinn at-taqâʿud]	سِنّ التقاعُد
helfen, unterstützen *Partner*	[sânada šarîkan]	ساند شرِيكا
beauftragen *Firma mit Projekt*	[asnada mašrûʿan ilâ šarika]	أسند مشروعا إلى شرِكة
sich stützen *auf Einnahmequellen*	[istanada ilâ mawârid]	استند إلى موارِد
Beleg, Schein, Dokument	[sanad, ~ât]	سند ج ات

*Kauf*vertrag	[sanad al-bayʿ]	سند البيْع
*Garantie*schein	[sanad aḍ-ḍamân]	سند الضمان
Schuldverschreibung, Obligation, Wechsel	[sanad, ~ât]	سند ج ات
Wertpapiere, Rentenpapiere	[sanadât]	ج سندات
zweitklassige Wertpapiere	[sanadât ṯânawiyya]	سندات ثانويّة
*Gefälligkeits*wechsel	[sanadât al-muǧâmala]	سندات المجاملة
*Auslands*anleihen	[sanadât aǧnabiyya]	سندات أجْنبيّة
Wechsel*verbindlichkeiten*	[sanadât mustaḥiqqat ad-dafʿ]	سندات مستحِقّة الدفْع
Wechsel*forderungen*	[sanadât mustaḥiqqat ad-dafʿ]	سندات مستحِقّة القبْض
*Staats*obligationen	[sanadât ḥukûmiyya]	سندات حُكُوميّة
*Inhaber*schuldverschreibungen	[sanadât li-ḥâmilihâ]	سندات لحاملها
*Staats*anleihen	[sanadât al-ḫizâna]	سندات الخِزانة
*Staats*anleihen	[sanadât al-ḫazîna]	سندات الخزِينة
*Diskont*wechsel	[sanadât maḫṣûma]	سندات مخصومة
internationale Anleihen	[sanadât duwaliyya]	سندات دُوليّة
*Schuld*schein	[sanad ad-dayn]	سند الديْن
*Schuld*verschreibungen, Obligationen	[sanadât ad-dayn]	سندات الديْن
festverzinsliche Wertpapiere	[sanadât ḏât fawâ'id ṯâbita]	سندات ذات فوائِد ثابتة
hochverzinsliche Wertpapiere	[sanadât ḏât fawâʿid ʿâliya]	سندات ذات فوائِد عالية
*Hypothekenpfand*brief	[sanad ar-rahn]	سند الرهْن
notierte Wertpapierte	[sanadât musaʿʿara]	سندات مسعّرة
Wertpapierte *ohne Notierung*	[sanadât ġayr musaʿʿara]	سندات غيْر مسعّرة
blue chips	[sanadât zarqâ']	سندات زرْقاء
*Bank*wechsel	[sanad maṣrifî]	سند مصْرِفيّ
*Sicht*wechsel	[sanad aṭ-ṭalab]	سند الطلب
*Schuld*verschreibung	[sanad al-iʿtimâd]	سند الاعتماد
kündbare Schuldverschreibung	[sanad qâbil li-t-tasdîd]	سند قابل للتسديد
begebbares Wertpapier	[sanad qâbil li-t-tadâwul]	سند قابل للتداوُل
akzeptierte Wechsel	[sanadât maqbûla]	سندات مقبولة

*Genuß*scheine	[sanadât at-tamattuʿ]	سندات التمتُّع
Wechsel *diskontieren*	[ḫaṣama sanadât]	خصم سندات
Wertpapiere *emittieren*	[aṣdara sanadât]	أصدر سندات
Wechsel *akzeptieren*	[qabila sanadât]	قبِل سندات
Unterlagen, Dokumente, Papiere	[mustanadât]	ج مستندات
*Fracht*papiere	[mustanadât aš-šaḥn]	مستندات الشحْن
Jahr	[sana, sanawât / sinûn]	سنة ج سنوات / سِنون ← عام
*Vergleichs*jahr	[sanat al-asâs]	سنة الأساس
laufendes Jahr	[sana ǧâriya]	سنة جارية
*Kalender*jahr	[sana taqwîmiyya]	سنة تقويميّة
*Schalt*jahr	[sana kabîsa]	سنة كبِيسة
*Finanz*jahr	[sana mâliyya]	سنة ماليّة
Jahres-, jährlich	[sanawî]	سنويّ
erleichtern *Produktionsprozeß*	[sahhala ʿamaliyyat al-intâǧ]	سهّل عمليّة الإنتاج
Erleichterung *des Handels*	[tashîl at-tiǧâra]	تسهيل التِجارة
Erleichterungen	[tasḥîlât]	تسهيلات
*Kredit*erleichterungen	[tashîlât i'timâniyya]	تسهيلات ائتمانيّة
*Zahlungs*erleichterungen	[tasḥîlât ad-dafʿ]	تسهيلات الدفْع
*Zinstilgungs*erleichterungen	[tashîlât fî sadâd al-fawâ'id]	تسهيلات في سداد الفوائِد
*Bank*vergünstigungen	[tashîlât maṣrıfıyya]	تسهيلات مصْرِفيّة
finanzielle Erleichterungen *gewähren*	[qaddama tashîlât mâliyya]	قدّم تسهيلات ماليّة
Kulanz	[tasâhul]	تساهُل
kulant	[mutasâhil]	متساهِل
sich beteiligen, teilhaben *an Geschäft*	[sâhama fî ṣafaqa]	ساهم في صفقة
beteiligen *Partner an Projekt*	[ashama šarîkan fî mašrûʿ]	أسهم شريكا في مشروع
Beteiligung, Beitrag, Anteil *an / zu einem Projekt*	[musâhama fî mašrûʿ]	مساهمة في مشروع ج ات
*Kapital*anteile	[musâhamât ra'smâliyya]	مساهمات رأسْماليّة
wirksame Beteiligung	[musâhama faʿʿâla]	مساهمة فعّالة
fiktive Beteiligung	[musâhama wahmiyya]	مساهمة وهْميّة

Beteiligung *von Partnern*	[ishâm aš-surakâ']	إسهام الشُركاء
beteiligt *an Projekt*	[musâhim fî mašrûʿ]	مساهِم في مشروع
Aktionär, Anteilseigner, Gesellschafter	[musâhim, ~ûn]	مساهِم ج ون
*Minderheits*aktionär	[musâhim bi-ḥiṣṣa al-aqalliyya]	مساهِم بحِصّة الأقلّيّة
*Klein*aktionäre	[šiġâr al-musâhimîn]	صِغار المساهِمين
*Groß*aktionäre	[kibâr al-musâhimîn]	كِبار المساهِمين
Aktie, Anteil, Anteilschein	[sahm, ashum]	سهْم ج أسْهُم
gehandelte Aktien	[ashum mutadâwala]	أسْهُم متداولة
*Inhaber*aktie	[sahm li-ḥâmilihi]	سهْم لحامله
*Kapital*aktien	[ashum ra'smâliyya]	أسْهُم رأسْماليّة
an der Börse notierte Aktien	[ashum musağğala]	أسْهُم مسجّلة
nicht notierte Aktien	[ashum ġayr musağğala]	أسْهُم غيْر مسجّلة
*Namens*aktie	[sahm bi-l-ism]	سهْم بالاِسْم
gefragte Aktien	[ashum maṭlûba]	أسْهُم مطلوبة
*Stamm*aktie	[sahm ʿâdî]	سهْم عاديّ
angebotene Aktien	[ashum maʿrûḍa]	أسهُم معروضة
*Immobilien*aktien	[ashum ʿaqâriyya]	أسْهُم عقاريّة
*Belegschafts*aktien	[ashum al-ʿâmilîn]	أسْهُم العاملين
*Gratis*aktie	[sahm al-mukâfa'a]	سهْم المكافأة
*Genuß*scheine	[ashum at-tamattuʿ]	أسْهُم التمتُّع
*Gratis*aktien	[ashum al-minḥa]	أسْهُم المِنْحة
*Vorzugs*aktien	[ashum mumtâza]	أسْهُم ممتازة
mit Aktien *an die Börse gehen*	[adrağa ashuman fî al-bûrṣa]	أدرج أسْهُما في البُوْرصة
Aktien *handeln*	[tadâwala ashuman]	تداول أسْهُما
Aktien *notieren*	[sağğala ashuman]	سجّل أسْهُما
Aktien *emittieren*	[aṣdara ashuman]	أصدر أسْهُما
schlecht sein, sich verschlechtern (*Konjunktur*)	[sâ'a (yasû'u, sû') (al-waḍʿ al-iqtiṣâdî]	ساء (ـُ سُوء) (الوضْعُ الاقتصاديُّ)
schädigen *Wirtschaft*	[asâ'a ilâ al-iqtiṣâd]	اساء الى الاقتصاد
mißbrauchen *Steuererleichterungen*	[asâ'a tashîlât ḍarîbiyya]	أساء تسهيلات ضريبيّة

Miß*management*	[sû' al-idâra]	سُوء الإدارة
Miß*brauch*	[sû' al-istiʿmâl]	سُوء الاستعمال
Unter*ernährung*	[sû' at-taʿḏiya]	سُوء التغذية
schlechte *Ausbeute*	[sû' al-istiġlâl]	سُوء الاستغلال
Miß*wirtschaft*	[sû' al-iqtiṣâd]	سُوء الاقتصاد
schlechtes *Investitionsklima*	[sû' al-manâḫ al-istiṯmârî]	سُوء المناخ الاستثماريّ
Miß*ernte*	[sû' al-mawsim az-zirâʿî]	سُوء المَوْسِم الزِراعيّ
schlechter werden, sich verschlechtern	[zâda sû'an]	زاد سُوءاً
Mißbrauch *von Finanzmitteln*	[isâ'at istiʿmâl al-amwâl]	إساءة استعمال الأمْوال
schlecht, minderwertig	[sayyi']	سيِّئ
das schlechteste *Ergebnis*	[aswa' natîğa]	أسْوأ نتيجة
*Wettbewerbs*nachteile	[masâwi' tanâfusiyya]	ج مساوِئ تنافُسيّة
*Währungs*hoheit	[siyâda naqdiyya]	سِيادة نقْديّة
Entwurf	[musawwada, ~ât]	مسوّدة ج ات
*Projekt*entwurf	[musawwadat al-mašrûʿ]	مُسوّدة المشروع
Stunde	[sâʿa, ~ât]	ساعة ج ات
*Geschäfts*zeit, *Dienst*zeit	[sâʿât ad-dawâm]	ساعات الدوام
*Spitzen*zeit	[sâʿat aḏ-ḏarwa]	ساعة الذرْوة
*Hauptverkehrs*zeit	[sâʿât al-izdiḥâm]	ساعات الازدحام
*Arbeits*stunde	[sâʿat al-ʿamal, ~ât]	ساعة العمل
*Über*stunden	[sâʿât al-ʿamal al-iḍâfiyya]	ساعات العمل الإضافيّة
Bewerbungsunterlagen	[musawwiġât at-taʿyîn]	مسوِّغات التعيين
vermarkten, absetzen *Waren*	[sawwaqa baḍâ'iʿ]	سوّق بضائِع
einkaufen *Lebensmittel*	[tasawwaqa mawâdd ġiḏâ'iyya]	تسوّق موادّ غِذائيّة
Absatz, Vertrieb, Vermarktung, Marketing *von Produkten*	[taswîq al-muntağât]	تسويق المنتجات
direkter Absatz	[taswîq mubâšir]	تسويق مباشِر
*Auslands*vermarktung	[taswîq ḫâriğî]	تسويق خارجيّ
*Inlands*vermarktung	[taswîq dâḫilî]	تسويق داخليّ
agressive Vermarktung	[taswîq huğûmî]	تسويق هُجُوميّ

Einkaufen, Einkauf	[tasawwuq]	تسوّق
Markt, Marktplatz	[sûq, aswâq]	سُوق ج أسْواق
*Termin*markt	[sûq âğila]	سُوق آجلة
*Waren*markt	[sûq al-baḍâ'iʿ]	سُوق البضائِع
sekundärer Markt	[sûq ṯânawiyya]	سُوق ثانويّة
*Einzelhandels*markt	[sûq at-tağzi'a]	سُوق التجزئة
*Großhandels*markt	[sûq al-ğumla]	سُوق الجُمْلة
freier Markt	[sûq ḥurra]	سُوق حُرّة
sensibler Markt	[sûq ḥassâsa]	سُوق حسّاسة
*Binnen*markt	[sûq maḥalliyya]	سُوق محليّة
potentieller Markt	[sûq muḥtamala]	سُوق محتملة
geschützte Märkte	[aswâq maḥmiyya]	أسْواق محميّة
*Außen*markt	[sûq ḫâriğiyya]	سُوق خارجيّة
*Floh*markt	[sûq al-ḫurdawât]	سُوق الخُرْدوات
*Diskont*markt	[sûq al-ḫaṣm]	سُوق الخصْم
flauer Markt	[sûq ḫamida]	سُوق خامدة
flauer Markt	[sûq ḫamila]	سُوق خاملة
*Wohltätigkeits*basar	[sûq ḫairiyya]	سُوق خيْريّة
*Kapital*markt	[sûq ra's al-mâl]	سُوق رأس المال
stagnierender Markt	[sûq râkida]	سُوق راكدة
florierender Markt	[sûq râ'iğa]	سُوق رائجة
*Agrar*markt	[sûq zirâʿiyya]	سُوق زِراعيّة
*Waren*börse	[sûq as-silaʿ]	سُوق السِلع
*Wertpapier*markt	[sûq as-sanadât]	سُوق السندات
*Aktien*markt	[sûq al-ashum]	سُوق الأسْهم
*Schwarz*markt	[sûq sawdâ']	سُوق سوْداء
*Tourismus*markt	[sûq as-siyâḥa]	سُوق السِياحة
*Nahost*markt	[sûq šarq awsaṭiyya]	سُوق شرْق أوْسطيّة
gemeinsamer Markt	[sûq muštaraka]	سُوق مشتركة

*Käufer*markt	[sûq al-muštarîn]	سُوق المشتِرين
*Export*markt	[sûq aṣ-ṣâdirât]	سُوق الصادرات
*Devisen*markt	[sûq aṣ-ṣarf al-ağnabî]	سُوق الصرْف الأجْنبيّ
aufsteigender Markt	[sûq ṣâʿida]	سُوق صاعدة
*Kassa*markt	[sûq aṣ-ṣafaqât al-fawriyya]	سوّق الصفقات الفوريّة
unruhiger Markt	[sûq muḍṭariba]	سُوق مضطرِبة
*Immobilien*markt	[sûq al-ʿaqâr]	سُوق العقار
*Welt*markt	[sûq ʿâlamiyya]	سُوق عالميّة
*Arbeits*markt	[sûq al-ʿamal]	سُوق العمل
*Devisen*markt	[sûq al-ʿumlât al-ağnabiyya]	سُوق العُمْلات الأجْنبيّة
*Spot*markt	[sûq fawriyya]	سُوق فوْريّة
*Zukunfts*markt	[sûq mustaqbaliyya]	سُوق مستقبليّة
stabiler Markt	[sûq mustaqirra]	سُوق مستقِرّة
*Kredit*markt	[sûq al-qurûḍ]	سُوق القُرُوض
*Devisen*markt	[sûq al-qaṭʿ]	سُوق القطْع
*Bau*branche	[sûq al-muqâwalât]	سُوق المقاولات
*Floh*markt	[sûq al-kantû]	سُوق الكانْتُو
flauer Markt	[sûq kâsida]	سُوق كاسدة
*Rohstoff*märkte	[aswâq al-mawâdd al-ḫâm]	أسْواق الموادّ الخام
*Finanz*markt	[sûq al-mâl]	سُوق المال
*sekundärer Finanz*markt	[sûq mâliyya ṯânawiyya]	سُوق ماليّة ثانويّة
entstehender Markt	[sûq nâši'a]	سُوق ناشئة
lebhafter Markt	[sûq našiṭa]	سُوق نشِطة
regulärer Markt	[sûq niẓâmiyya]	سُوق نظاميّة
*Erdöl*markt	[sûq an-nafṭ]	سُوق النفْط
*Devisen*markt	[sûq an-naqd]	سُوق النقْد
*kurzfristiger Geld*markt	[sûq an-naqd al-qaṣîr al-ağl]	سُوق النقْد القصِير الأجْل
wachsender Markt	[sûq nâmiya]	سُوق نامية
*Wachstums*markt	[sûq mutanâmiya]	سُوق متنامية

*Verbraucher*markt	[sûq istihlâkiyya]	سُوق استهلاكيّة
*Parallel*markt	[sûq muwâziya]	سُوق موازِية
Markt *im Mittelmeerraum*	[sûq mutawassiṭiyya]	سُوق متوسّطيّة
vielversprechender Markt	[sûq wâʿida]	سُوق واعدة
Markt *mit dem schnellsten Wachstum*	[asraʿ sûq numûwan]	أسْرع سُوق نُمُوًا
Markt *analysieren*	[ḥallala as-sûq]	حلّل السُوق
Markt *beherrschen*	[saiṭara ʿalâ as-sûq]	سيْطر على السُوق
Markt *segmentieren*	[ǧazza'a as-sûq]	جزّأ السُوق
Markt *schützen*	[ḥamâ as-sûq]	حمى السُوق
Markt *verlieren*	[ḫasira as-sûq]	خسِر السُوق
Markt *abdecken*	[ġaṭṭâ as-sûq]	غطّى السُوق
Markt *schließen*	[aġlaqa as-sûq]	أغلق السُوق
Markt *erobern*	[fataḥa as-sûq]	فتح السُوق
Markt *erschüttern*	[hazza as-sûq]	هزّ السُوق
Markt *abdecken*	[istawʿaba as-sûq]	استوعب السُوق
Markt-	[sûqî]	سُوقيّ
Vermarkter	[musawwiq, ~ûn]	مسوِّق ج ون
Käufer	[mutasawwiq, ~ûn]	متسوِّق ج ون
feilschen, aushandeln *Preis mit Händler*	[sâwama tâǧiran ʿalâ siʿr]	ساوم تاجرا على سِعْر
Aushandeln *von Zahlungsbedingungen*	[musâwama ʿalâ šurûṭ ad-dafʿ]	مساومة على شُرُوط الدفْع
begleichen *Rechnung*	[sawwâ ḥisâban]	سوّى حِسابا
regulieren *Finanzprobleme*	[sawwâ mašâkil mâliyya]	سوّى مشاكِل ماليّة
gleich sein *einer Summe*	[sâwâ mablaġan]	ساوى مبْلغا
Begleichung *einer Rechnung*	[taswiyat al-ḥisâb]	تسوية الحِساب
*Schadens*regulierung	[taswiyat as-ḫasâ'ir]	تسوية الخسائِر
*Finanz*ausgleich	[taswiya mâliyya]	تسوية ماليّة
*Kulanz*regelung	[taswiya widdiyya]	تسوية وِدّيّة
ausstehend	[taḥta at-taswiya]	تحت التسوية
Gleichheit, Gleichberechtigung	[musâwâ]	مساواة

zu gleichen Teilen	[bi-t-tasâwî]	بالتساوي
Niveau, Ebene, Stand	[mustawan, ~ât]	مستوىً ج ات
*Leistungs*niveau	[mustawâ al-adâ']	مستوى الأداء
*Meeres*spiegel	[mustawâ al-baḥr]	مستوى البحْر
*Lebens*standard	[mustawâ al-ḥayât]	مستوى الحياة
niedriges Niveau	[mustawâ munḫafiḍ]	مستوى منخفِض
fallendes Niveau	[mustawan mutadannin]	مستوىً متدنٍّ
steigendes Niveau	[mustawan murtafiʿ]	مستوى مرتفِع
hohes Niveau	[mustawan râqin]	مستوىً راقٍ
*Welt*niveau	[mustawan ʿâlamî]	مستوىً عالميّ
*Preis*niveau	[mustawâ al-asʿâr]	مستوى الأسْعار
*Armuts*grenze	[mustawâ al-faqr]	مستوى الفقْر
*unterhalb der Armuts*grenze	[duna mustawâ al-faqr]	دُون مستوى الفقْر
*Rekord*niveau	[mustawan qiyâsî]	مستوىً قِياسيّ
*Wasser*spiegel	[mustawâ al-mâ']	مستوى الماء
niedrigster Stand	[adnâ mustawan]	أدْنى مستوىً
*Höchst*stand	[aʿlâ mustawan]	أعلى مستوىً
*historischer Höchst*stand	[aʿlâ mustawan târiḫî]	أعْلى مستوىً تاريخيّ
gleich, miteinander gleich	[mutasâwin]	متساوٍ
lose, unverpackt	[sâ'ib]	سائِب
Schlamperei	[tasayyub]	تسيُّب
*Kapital*fluß	[insiyâb ar-ra'smâl]	انسياب الرأْسْمال
*Waren*fluß	[insiyâb as-silaʿ]	انسياب السِلع
stromlinienförmig	[insiyâbî]	انسيابيّ
Tourismus, Fremdenverkehr	[siyâḥa]	سِياحة
touristisch, Tourismus-	[siyâḥî]	سِياحيّ
Tourist	[sa'iḥ, suyyâḥ / suwwâḥ]	سائح ج سُيّاح / سُوّاح
gehen, laufen, funktionieren *Maschine*	[sâra (yasîru, sayr) (al-âla)]	سار (ـِ سيْر) (الآلةُ)
in Gang setzen, in Gang halten *Produktionsprozeß*	[sayyara ʿamaliyyat al-intâǧ]	سيّر عمليّة الإنتاج

Gang, Verlauf *der Arbeiten*	[sayr al-aʿmâl]	سَيْر الأعْمال
*Lebens*lauf	[sîra ḏâtiyya]	سِيرة ذاتيّة
Karriere	[sîra mihaniyya]	سِيرة مِهنيّة
Betreiben, Inbetriebnahme *eines Unternehmens*	[tasyîr aš-šarika]	تسيير الشرِكة
Fahrspur, Bahn, Lauf	[masâr, ~ât]	مسار ج ات
*Reform*verlauf	[masâr al-iṣlâḥ]	مسار الإصلاح
Auto	[sayyâra, ~ât]	سيّارة ج ات
Taxi	[sayyârat al-uǧra]	سيّارة الأُجْرة
Taxi	[sayyârat at-tâksî]	سيّارة التاكْسِي
*Personen*kraftwagen	[sayyârat ar-rukkâb]	سيّارة الرُكّاب
*Lastkraft*wagen	[sayyârat aš-šaḥn]	سيّارة الشحْن
*Gebraucht*wagen	[sayyâra mustaʿmala]	سيّارة مستعملة
politisieren *wirtschaftliche Prozesse*	[sayyasa ʿamaliyyât iqtiṣâdiyya]	سيّس عمليّات اقتصاديّة
Politisierung *der Wirtschaft*	[tasyîs al-iqtiṣâd]	تسييس الاقتصاد
Politik	[siyâsa, ~ât]	سِياسة ج ات
*Geschäfts*politik	[siyâsa tiǧâriyya]	سِياسة تِجاريّة
*Investitions*politik	[siyâsa istiṯmâriyya]	سِياسة استثماريّة
*Struktur*politik	[siyâsa binyawiyya]	سِياسة بِنْيويّة
*Sozial*politik	[siyâsa iǧtimâʿiyya]	سِياسة اجتماعيّة
konservative Politik	[siyâsa muḥafiẓa]	سِياسة محافِظة
*Interventions*politik	[siyâsa tadaḫḫuliyya]	سِياسة تدخُليّة
*Subventions*politik	[siyâsat ad-daʿm]	سِياسة الدعْم
*Agrar*politik	[siyâsa zirâʿiyya]	سِياسة زِراعيّة
*Preis*politik	[siyâsat at-tasʿîr]	سِياسة التسعير
*Vermarktungs*politik	[siyâsa taswiqiyya]	سِياسة تسويقيّة
Politik *des Gürtel-enger-Schnallens*	[siyâsat šadd al-ḥizâm]	سِياسة شدّ الحِزام
*Steuer*politik	[siyâsa ḍarîbiyya]	سِياسة ضريبيّة
*Hochzins*politik	[siyâsat al-fawâ'id al-murtafiʿa]	سِياسة الفوائِد المرتفِعة
*Zins*politik	[siyâsa fawâ'idiyya]	سِياسة فوائِديّة

*Austeritäts*politik	[siyâsat at-taqaššuf]	سِياسة التقشُّف
*Wirtschafts*politik	[siyâsa iqtiṣâdiyya]	سِياسة اقتصاديّة
*liberalisierte Wirtschafts*politik	[siyâsa iqtiṣâdiyya mutaḥarrira]	سِياسة اقتصاديّة متحرِّرة
*Finanz*politik, *Fiskal*politik	[siyâsa mâliyya]	سِياسة ماليّة
*Geld*politik, *Währungs*politik	[siyâsa naqdiyya]	سِياسة نقْديّة
*Entwicklungs*politik	[siyâsat at-tanmiya]	سِياسة التنمية
*Beschäftigungs*politik	[siyâsat at-tawẓîf]	سِياسة التوظيف
Politik *betreiben*	[mârasa siyâsa]	مارس سِياسة
politisch, Politiker	[siyâsî, ~ûn]	سِياسيّ ج ون
beherrschen, kontrollieren *Markt*	[sayṭara ʿalâ as-sûq]	سيْطر على السُّوق
Beherrschung, Kontrolle *der Produktion*	[sayṭara ʿalâ al-intâǧ]	سيْطرة على الإنتاج
fließen *(Geld)*	[sâla (yasîlu, sayl) (an-nuqûd)]	سال (-ِ سيْل) (النُّقُودُ)
liquidieren *Grundmittel*	[sayyala uṣûlan ṯâbita]	سيّل أُصُولا ثابتة
verflüssigen *Erdgas*	[sayyala al-ġâz aṭ-ṭabîʿî]	سيّل الغاز الطبِيعيّ
*Kapital*fluß	[sayl ra'smâlî, suyûl]	سيْل رأسماليّ ج سُيُول
*Informations*fluß	[sayl al-maʿlûmât]	سيْل المعلومات
Liquidation *eines Unternehmens*	[tasyîl aš-šarika]	تسييل الشرِكة
liquidiert	[musayyal]	مسيّل
Liquidität	[suyûla]	سُيُولة
*Bar*liquidität	[suyûla naqdiyya]	سُيُولة نقْديّة
Liquidität *kontrollieren*	[ḍabaṭa as-suyûla]	ضبط السُّيُولة
Szenario	[sînâriyû, sînâriyûhât]	سِينارِيُو ج سِينارِيُوهات

ش

Angelegenheit	[ša'n, šu'ûn]	شأْن ج شُؤُون
*Verwaltungs*angelegenheiten	[šu'ûn idâriyya]	شُؤُون إداريّة
wirtschaftliche Angelegenheiten	[šu'ûn iqtiṣâdiyya]	شُؤُون اقتصاديّة

finanzielle Angelegenheiten	[šu'ûn mâliyya]	شُؤُون ماليّة
*Geld*angelegenheiten	[šu'ûn naqdiyya]	شُؤُون نقْديّة
Angelegenheiten *regeln*	[sawwâ šu'ûnan]	سوّى شُؤُونا
sättigen, befriedigen *Bedarf*	[ašbaʿa al-ḥâğa]	أشبع الحاجة
gesättigt sein o. werden (*Markt)*	[tašabbaʿa (as-sûq)]	تشبّع (السُوقُ)
Befriedigung *von Bedürfnissen*	[išbâʿ al-hâğiyyât]	إشباع الحاجيّات
Sättigung *des Marktes*	[tašabbuʿ as-sûq]	تشبُّع السُوق
gesättigt	[mušbaʿ]	مشبع
verflechten, vernetzen *Sektoren*	[šabbaka qiṭâʿât]	شبّك قِطاعات
verflochten, vernetzt sein o. werden *(Firmen)*	[tašâbaka (aš-šarikât)]	تشابك (الشرِكاتُ)
Vernetzung *von Computern*	[tašbîk al-ḥâsibât]	تشبيك الحاسبات
wirtschaftliche Verflechtung	[tašâbuk iqtiṣâdî]	تشابُك اقتصاديّ
verflochten, vernetzt	[mutašâbik]	متشابك
Netz, Netzwerk	[šabaka, ~ât]	شبكة ج ات
regionales Netz	[šabaka iqlîmiyya]	شبكة إقْلِيميّة
*Kanalisations*netz	[šabakat al-mağârî]	شبكة المجارِي
*Zahlungs*netz	[šabakat ad-dafʿ]	شبكة الدفْع
*Bewässerungs*netz	[šabakat ar-rayy]	شبكة الريّ
*Vermarkungs*netz	[šabakat at-taswîq]	شبكة التسويق
*Abwasser*netz	[šabakat aṣ-ṣarf aṣ-ṣiḥḥî]	شبكة الصرْف الصِحّيّ
*Banken*netz	[šabaka maṣrifiyya]	شبكة مصْرِفيّة
*Straßen*netz	[šabakat aṭ-ṭuruq]	شبكة الطُرُق
*Informations*netz	[šabakat al-maʿlûmât]	شبكة المعلومات
*Filial*netz	[šabakat al-furûʿ]	شبكة الفُرُوع
integriertes Netz	[šabaka mutakâmila]	شبكة متكامِلة
*Computer*netz	[šabakat al-kumbyûtir]	شبكة الكُومْبْيُوتِر
*Wasser*netz	[šabakat al-miyâh]	شبكة المِياه
*Telefon*netz	[šabakat al-hâtif]	شبكة الهاتف
*Verteiler*netz	[šabakat at-tawzîʿ]	شبكة التوزيع

*Kommunikations*netz	[šabakat al-ittiṣâlât]	شبكة الاتّصالات
Schalter	[šubbâk, šabâbîk]	شُبّاك ج شبابِيك
zersplittert sein o. werden *(Markt)*	[tašattata (as-sûq)]	تشتّت (السُوقُ)
wirtschaftliche Zersplitterung	[tašattut iqtiṣâdî]	تشتُّت اقتصاديّ
zersplittert	[muṣattat / mutašattit]	مشتّت / متشتِّت
aufforsten *Boden*	[šaǧǧara al-arḍ]	شجّر الأرْض
Aufforstung *eines Gebietes*	[tašǧîr al-minṭaqa]	تشجير المِنْطقة
fördern *Investitionen*	[šaǧǧaʿa istiṯmârât]	شجّع استثمارات
ermuntern *Unternehmen zur Investitionstätigkeit*	[šaǧǧaʿa šarika ʿalâ al-istiṯmâr]	شجّع شركة على الاستثمار
Förderung *der Landwirtschaft*	[tašǧîʿ az-zirâʿa]	تشجيع الزِراعة
Förder-	[tašǧîʿî]	تشجيعيّ
knapp sein o. werden *(Wasser)*	[šaḥḥa (yašiḥḥu, šaḥḥ) (al-mâʾ)]	شحّ (ـِ شحّ) (الماءُ)
künstliche Verknappung	[šiḥḥa iṣṭinâʿîyya]	شِحّة اصطناعيّة
*Devisen*knappheit	[šiḥḥat al-ʿumla aṣ-ṣaʿba]	شِحّة العُمْلة الصعْبة
Verknappung *von Wasser*	[šiḥḥat al-miyâh]	شِحّة المياه
*Ressourcen*knappheit	[šiḥḥat al-mawârid]	شِحّة الموارِد
knapp	[šaḥîḥ]	شحيح
verfrachten, verladen, verschiffen *Waren*	[šaḥana (yaṣḥanu, šaḥn) silaʿan]	شحن (ـَ شحْن) سِلعا
laden, beladen *Schiff*	[šaḥana safîna]	شحن سفِينة
Beladung *eines Frachters*	[šaḥn al-bâḫira]	شحْن الباخرة
Verladung *von Getreide*	[šaḥn al-ḥubûb]	شحْن الحُبُوب
Verladung, Verfrachtung, Verschiffung, Beladung, Versand, Fracht, Ladung, Cargo, Lieferung	[šaḥn]	شحْن
verspätete Lieferung	[ṣaḥn muta'aḫḫir]	شحْن متأخِّر
*See*fracht	[šaḥn baḥrî]	شحْن بحْريّ
*Überland*fracht	[šaḥn barrî]	شحْن برّيّ
*Luft*fracht	[šaḥn ǧawwî]	شحْن جوّيّ
Fracht, Ladung, Lieferung	[šaḥna, ~ât]	شحْنة ج ات
*Erdöl*lieferung	[šaḥnat al-batrûl]	شحْنة البتْرُول

verdorbene Ladung	[šaḥna tâlifa]	شحْنة تالفة
*Expreß*fracht	[šaḥna sarîʿa]	شحْنة سريعة
*Massengut*ladung	[šaḥna sâʾiba]	شحْنة سائبة
Spediteur, Frachtgesellschaft	[šâḥin, ~ûn]	شاحن ج ون
Transportfahrzeug, Transporter, Laster, Lastkraftwagen	[šâḥina, ~ât]	شاحنة ج ات
beladen, verladen, verfrachtet, verschifft	[mašḥûn]	مشحون
Ladung, Ladegut	[mašḥûnât]	ج مشحونات
diagnostizieren *Markt*	[šaḫḫaṣa as-sûq]	شخّص السُوق
Diagnose *der wirtschaftlichen Lage*	[tašḫîṣ al-waḍʿ al-iqtiṣâdî]	تشخيص الوضْع الاقتصاديّ
Person	[šaḫṣ, ašḫâṣ]	شخْص ج أشْخاص
natürliche Person	[šaḫṣiyya ṭabiʿiyya]	شخْصيّة طبيعيّة
juristische Person	[šaḫṣiyya iʿtibâriyya]	شخْصيّة اعتباريّة
*Rechts*persönlichkeit	[šaḫṣiyya qânûniyya]	شخْصيّة قانُونيّة
persönlich, privat	[šaḫṣî]	شخْصيّ
Tranche *von Aktien*	[šarîḥa min al-ashum, šarâʾiḥ]	شرِيحة من الأسْهُم ج شرائِح
*Steuer*klasse	[šariḥa ḍarîbiyya]	شرِيحة ضرِيبيّة
Diskette	[ṣarîḥa]	شرِيحة
bedingen, zur Bedingung machen *eine Bedingung einem Kunden*	[ištaraṭa šarṭan ʿalâ ʿamîl]	اشترط شرْطا على عمِيل
Auflagen, Bedingungen	[ištirâṭât]	ج اشتراطات
an Bedingungen geknüpft, mit Vorbehalt	[mašrûṭ bi-šarṭ]	مشروط بشرْط
bedingungslos, nicht an Bedingungen geknüpft	[ġayr mašrûṭ bi-šarṭ]	غيْر مشروط بشرْط
Bedingung, Vorbehalt, Klausel	[šarṭ, šurûṭ]	شرْط ج شُرُوط
*Grund*bedingung	[šarṭ asâsî]	شرْط أساسيّ
günstige Bedingungen	[šurûṭ muwâtiya]	شُرُوط مواتِية
*Verkaufs*bedingungen	[šurûṭ al-bayʿ]	شُرُوط البيْع
*Ausschluß*klausel	[šarṭ istiṯnâʾî]	شرْط استثنائيّ
ungerechte Bedingungen	[šurûṭ muǧḥifa]	شُرُوط مجحِفة
attraktive Bedingungen	[šurûṭ ǧaḏḏâba]	شُرُوط جذّابة
*Verzichts*klausel	[šarṭ at-taḫallî]	شرْط التخلّي

*Zahlungs*bedingungen	[šurûṭ ad-dafʿ]	شُرُوط الدفْع
*Meistbegünstigungs*klausel	[šarṭ ad-dawla al-akṯar riʿâya]	شرْط الدوْلة الأكْثر رِعايةً
*Vor*bedingungen	[šurûṭ musbaqa]	شُرُوط مسبقة
*Liefer*bedingungen	[surûṭ at-taslîm]	شُرُوط التسليم
gleiche Bedingungen	[šurûṭ mutasâwiya]	شُرُوط متساوِية
*Vertrags*bedingungen	[šurûṭ al-ʿaqd]	شُرُوط العقْد
allgemeine Bedingungen, *Rahmen*-bedingungen	[šurûṭ ʿâmma]	شُرُوط عامّة
*Vorzugs*bedingungen	[šurûṭ tafḍîliyya]	شُرُوط تفضيليّة
*Kredit*bedingungen	[šurûṭ al-qarḍ]	شُرُوط القرْض
*Norm*bedingungen	[šurûṭ qiyâsiyya]	شُرُوط قِياسيّة
gleiche Bedingungen	[šurûṭ mutakâfi'a]	شُرُوط متكافِئة
ungültige Klausel	[šarṭ lâġin]	شرْط لاغٍ
*Verzichts*klausel	[šarṭ at-tanâzul]	شرْط التنازُل
*Klima*bedingungen	[šurûṭ manâḫiyya]	شُرُوط مناخيّة
erleichterte Bedingungen	[šurûṭ muyassara]	شُرُوط ميسَّرة
bedingungs*los*	[bi-lâ šarṭ aw qayd]	بلا شرْط أوْ قيْد
Bedingungen *gewähren*	[manaḥa šurûṭan]	منح شُرُوطا
Bedingungen *diktieren*	[faraḍa šurûṭan]	فرض شُرُوطا
Bedingungen *setzen*	[waḍaʿa šurûṭan]	وضع شُرُوطا
Bedingungen *vollständig erfüllen*	[istawfâ šurûṭan]	استوفى شُرُوطا
Bedingung	[šarîṭa, šarâ'iṭ]	شرِيطة ج شرائِط

erlassen *Wirtschafts*gesetze	[šarraʿa qawânîn iqtiṣâdiyya]	شرّع قوانِين اقتصاديّة
Gesetzgebung	[tašrîʿ]	تشريع
*Steuer*gesetzgebung	[tašrîʿ ḍarîbî]	تشريع ضرِيبيّ
gesetzliche Regelungen	[tašrîʿât]	ج تشريعات
*Handels*gesetze	[tašrîʿât tiǧâriyya]	تشريعات تِجاريّة
gesetzliche Regelungen *erlassen*	[sanna tašrîʿât]	سنّ تشريعات
gesetzgebend, legislativ	[tašrîʿî]	تشريعيّ
gesetzlich, legitim, legal	[šarʿî]	شرْعيّ

ungesetzlich, illegal	[ġair šarʿî]	غيْر شرْعيّ
Projekt, Vorhaben, Unternehmen	[mašrûʿ, ~ât / mašârîʿ]	مشروع ج ات / مشارِيع
*Sanierungs*projekt	[mašrûʿ ta'hîlî]	مشروع تأهيليّ
*Modernisierungs*projekt	[mašrûʿ at-taḥdîṯ]	مشروع التحديث
gewinnabwerfendes Projekt	[maṣrûʿ mudirr]	مشروع مدِرّ
Projekt *mit Priorität*	[mašrûʿ ḏû awwaliyya]	مشروع ذُو أوّليّة
*Pilot*projekt	[mašrûʿ râ'id]	مشروع رائد
schlüsselfertiges Projekt	mašrûʿ taslîm al-miftâḥ]	مشروع تسليم المِفْتاح
Joint venture, *Gemeinschafts*projekt	[mašrûʿ muštarak]	مشروع مشترك
*Groß*projekt	[mašrûʿ ḍaḫm]	مشروع ضخْم
gesichertes Projekt	[mašrûʿ maḍmûn]	مشروع مضمون
ungesichertes Projekt	[mašrûʿ ġair maḍmûn]	مشروع غيْر مضمون
*Groß*projekt	[mašrûʿ ʿimlâq]	مشروع عِمْلاق
*Weltraum*projekt	[mašrûʿ faḍâ'î]	مشروع فضائيّ
im Bau befindliches Projekt	[mašrûʿ qayda al-inšâ']	مشروع قيْدَ الإنشاء
*Fertig*projekt	[mašrûʿ mutakâmil]	مشروع متكامِل
*Entwicklungs*projekt	[mašrûʿ tanmawî / inmâ'î]	مشروع تنْمويّ / إنمائيّ
*Erweiterungs*projekt	[mašrûʿ at-tawsiʿa]	مشروع التوْسعة
*Schein*projekt	[mašrûʿ wahmî]	مشروع وهْميّ
Projekt *aufnehmen in Plan*	[adraǧa mašrûʿan fî ḫuṭṭa]	أدرج مشروعا في خُطّة
Projekt *übergeben*	[sallama mašrûʿan]	سلّم مشروعا
Projekt *starten*	[aṭlaqa mašrûʿan]	أطلق مشروعا
Projekt *errichten*	[aqâma mašrûʿan]	أقام مشروعا
Projekt *durchführen*	[naffaḏa mašrûʿan]	نفّذ مشروعا
Entwurf, Vorlage	[mašrûʿ, mašârîʿ]	مشروع ج مشارِيع
*Gesetzes*vorlage	[mašrûʿ al-qânûn]	مشروع القانُون
aufwendiges, kostspieliges *Projekt*	[mašrûʿ mukallif]	مشروع مكلِّف
*Haushalts*entwurf	[mašrûʿ al-muwâzana]	مشروع الموازنة
*Vertrags*entwurf	[mašrûʿ al-ittifâqiyya]	مشروع الاتّفاقيّة

legal	[mašrû']	مشروع
*il*legal	[ġayr mašrû']	غير مشروع
islamisches Recht	[aš-šarî'a]	الشريعة
kontrollieren, überwachen, Aufsicht führen *über Produktion*	[ašrafa 'alâ al-intâğ]	أشرف على الإنتاج
Aufsicht *über Banken*	[išrâf 'alâ al-maṣârif]	إشراف على المصارف
unter Aufsicht	[taḥta al-išrâf]	تحت الإشراف
Aufsichtsführender, Inspektor, Kontrolleur	[mušrif, ~ûn]	مشرف ج ون
Naher Osten	[aš-šarq al-awsaṭ]	الشرق الأوسط
*Nah*ost-, *nah*östlich	[šarq awsaṭî]	شرق أوسطي
Maschriq, die ostarabischen Länder	[al-mašriq]	المشرق
sich beteiligen *an einem Unternehmen*	[šâraka fî šarika]	شارك في شركة
beteiligen *Partner an einem Geschäft*	[ašraka šarîkan fî ṣafaqa]	أشرك شريكا في صفقة
sich miteinander beteiligen *an Besitz*	[tašâraka fî milkiyya]	تشارك في ملكيّة
teilnehmen, sich beteiligen *an einem Projekt*	[ištaraka fî mašrû']	اشترك في مشروع
abonnieren *Wirtschaftszeitschrift*	[iṣtaraka fî mağalla iqtiṣâdiyya]	اشترك في مجلّة اقتصاديّة
Beteiligung, Mitwirkung *an Arbeit*	[mušâraka fî al-'amal]	مشاركة في العمل
*Gewinn*beteiligung	[mušâraka fî ar-ribḥ]	مشاركة في الربح
Mitbestimmung	[mušâraka fî al-qarâr]	مشاركة في القرار
Teilhaberschaft, Partizipation	[mušâraka]	مشاركة
Teilnahme, Beteiligung, Mitarbeit *an Projekt*	[ištirâk fî mašrû']	اشتراك في مشروع
Beitrag, Beitragszahlung, Abonnement	[ištirâk, ~ât]	اشتراك ج ات
sozialistisch	[ištirâkî]	اشتراكيّ
Teilnehmer, Teilhaber	[mušârik, ~ûn]	مشارك ج ون
Teilnehmer, Abonnent, Subskribent	[muṣtarik, ~ûn]	مشترك ج ون
gemeinsam	[muštarak]	مشترك
Partnerschaft, Teilhaberschaft	[širâka]	شراكة
*Handels*partnerschaft	[širâka tiğâriyya]	شراكة تجاريّة
bilaterale Partnerschaft	[širâka ṯunâ'iyya]	شراكة ثنائيّة

Geschäftspartner, Partner	[šarîk, šurakâ']	شريك ج شُركاء
aktiver Geschäftspartner	[šarîk ʿâmil]	شريك عامل
*Finanz*partner	[šarîk mâlî]	شريك ماليّ
stiller Teilhaber	[šarik muwaṣṣin]	شريك موصٍ
& Co.	[wa- šurakâhu]	وشُركاهُ
Unternehmen, Firma, Gesellschaft, Betrieb	[šarika, ~ât]	شرِكة ج ات
*Leasing*gesellschaft	[šarikat at-ta'ǧîr]	شرِكة التأجير
*Mutter*gesellschaft	[šarika umm]	شرِكةٌ أمّ
*Versicherungs*gesellschaft	[šarikat at-ta'mîn]	شرِكة التأمين
*Tochter*gesellschaft	[šarika tâbiʿa]	شرِكة تابعة
staatliche Gesellschaft	[ṣarika tâbiʿa li-d-dawla]	شرِكة تابعة للدوْلة
*Handels*gesellschaft	[šarika tiǧâriyya]	شرِكة تِجاريّة
Gesellschaft *mit beschränkter Haftung*	[šarika maḥdûda]	شرِكة محدودة
*Monopol*gesellschaft	[šarika iḥtikâriyya]	شرِكة احتكاريّة
halbstaatliches Unternehmen	[šarika šibh ḥukûmiyya]	شرِكة شِبْه حُكوميّة
*Dienstleistungs*unternehmen	[šarikat al-ḫadamât]	شرِكة الخدمات
privates Unternehmen	[šarika ḫâṣṣa]	شرِكة خاصّة
Gesellschaft *mit beschränkter Haftung*	[šarika ḏât mas'ûliyya maḥdûda]	شرِكة ذات مسؤوليّة محدودة
gemeinnütziges Unternehmen	[šarika ḏât manfaʿa ʿâmma]	شرِكة ذات منْفعة عامّة
*Kapital*gesellschaft	[šarika ra'smâliyya]	شرِكة رأسْماليّة
*Nichtkapital*gesellchaft	[šarika ġayr ra'smâliyya]	شرِكة غيْر رأسْماليّة
*Markt*führer	[šarika râ'ida fî as-sûq]	شرِكة رائدة في السُوق
eingetragenes Unternehmen	[šarika musaǧǧala]	شرِكة مسجّلة
*Aktien*gesellschaft	[šarika musahima]	شرِكة مساهِمة
nicht an der Börse notiertes Unternehmen	[šarika ġayr musâhima]	شرِكة غيْر مساهِمة
private Aktien*gesellschaft*	[šarika musâhima ḫâṣṣa]	شرِكة مساهِمة خاصّة
*Tourismus*unternehmen	[šarika siyâḥiyya]	شرِكة سِياحيّة
*Transport*gesellschaft, *Fuhr*unternehmen	[šarikat aš-šaḥn]	شرِكة الشحْن
*Betreiber*gesellschaft	[šarikat at-tašġîl]	شرِكة التشغيل

konzessioniertes Unternehmen	[šarika muṣarraḥ lahâ]	شركة مصرّح لها
*Wechsel*stube	[šarikat aṣ-ṣirâfa]	شرِكة الصِرافة
*Bank*gesellschaft	[šarika maṣrifiyya]	شرِكة مصْرِفيّة
*Bankholding*gesellschaft	[šarika maṣrifiyya qâbiḍa]	شرِكة مصْرِفيّة قابضة
*Klein*betrieb	[šarika ṣaġîrat al-ḥağm]	شرِكة صغِيرة الحجْم
*offene Handels*gesellschaft	[šarikat at-taḍâmun]	شرِكة التضامُن
*offene Handels*gesellschaft	[šarika mutaḍâmina]	شرِكة متضامِنة
*Luftfahrt*gesellschaft	[šarikat aṭ-ṭayarân]	شرِكة الطيران
multinationales Unternehmen	[šarika muta'addidat al-ğinsiyyât]	شرِكة متعدّدة الجِنْسيّات
*Mehrsektoren*unternehmen	[šarikat muta'addidat an-našâṭât]	شرِكة متعدّدة النشاطات
internationales Unternehmen	[šarika 'âlamiyya]	شرِكة عالميّة
staatliche Unternehmen	[šarika 'âmma]	شرِكة عامّة
konzessionierte Gesellschaft	[šarika mu'tamada]	شرِكة معتمدة
*Familien*betrieb	[šarika 'â'iliyya]	شرِكة عائِليّة
offene Gesellschaft	[šarika maftûḥa]	شرِكة مفتوحة
*Einmann*unternehmen	[šarika fardiyya]	شرِكة فرْديّة
*Zweig*unternehmen	[šarika far'iyya]	شرِكة فرْعيّة
*Holding*gesellschaft	[šarika qâbiḍa]	شرِكة قابضة
*Clearing*gesellschaft	[šarikat al-muqâṣṣa]	شرِكة المُقاصّة
selbständiges Unternehmen	[šarika mustaqilla]	شرِكة مستقِلّة
*Bau*unternehmung	[šarikat al-muqâwalât]	شرِكة المقاولات
*Groß*unternehmen	[šarika kubrâ]	شرِكة كُبْرى
*Schiffahrts*gesellschaft, Reederei	[šarikat al-milâḥa]	شرِكة المِلاحة
staatseigene Gesellschaft	[šarika mamlûka li-d-dawla]	شرِكة مملوكة للدوْلة
miteinander konkurrierende Gesellschaften	[šarikât mutanâfisa]	شرِكات متنافِسة
*Erdöl*gesellschaft	[šarikat an-nafṭ]	شرِكة النفْط
*Transport*gesellschaft, Spedition	[šarikat an-naql]	شرِكة النقْل
*Abschreibungs*gesellschaft	[šarikat al-istihlâk]	شرِكة الاستهلاك
*Vertriebs*gesellschaft	[šarikat at-tawzî']	شرِكة التوزيع

*Makler*gesellschaft	[šarikat al-wisâṭa]	شرِكة الوِساطة
mittelständiger Betrieb	[šarika mutawassiṭat al-ḥağm]	شرِكة متوسِّطة الحجْم
*Kapitalanlage*gesellschaft	[šarikat tawẓîf al-amwâl]	شرِكة توظيف الأمْوال
*Treuhand*gesellschaft	[šarikat al-wiṣâya]	شرِكة الوِصاية
*Kommandit*gesellschaft	[šarikat at-tawṣiya]	شرِكة التوصيّة
treuhänderisch verwaltetes Unternehmen	[šarika muwaṣṣan bihâ]	شرِكة موصّىً بها
*Strom*erzeuger	[šarikat tawlîd aṭ-ṭâqa]	شرِكة توليد الطاقة
*Schein*firma	[šarika wahmiyya]	شرِكة وهْميّة
*Groß*unternehmen	[kubrayât aš-šarikât]	كُبْريات الشرِكات
Unternehmen *leiten*	[adâra šarika]	أدار شرِكة
Unternehmen *gründen*	[assasa šarika]	أسّس شرِكة
Unternehmen *registrieren*	[saǧǧala šarika]	سجّل شرِكة
Unternehmen *schließen*	[aġlaqa šarika]	أغلق شرِكة
kaufen *Artikel*	[šarâ (yašrî, širâ') silaʿan]	شرى (-ِ شِراء) سِلعا
kaufen, einkaufen *Waren*	[ištarâ baḍâ'iʿ]	اشترى بضائِع
Kauf, Ankauf, Einkauf *von Getreide*	[širâ' al-ḥubûb]	شِراء الحُبُوب
Termin*kauf*	[širâ' âǧil]	شِراء آجِل
*Mengen*kauf	[širâ' bi-l-ǧumla]	شِراء بالجُمْلة
Kauf *auf Probe*	[širâ' bi-istiḥsân]	شِراء باستحسان
*Interventions*kauf	[širâ' tadaḫḫulî]	شِراء تدخُّليّ
*Options*kauf	[širâ' al-ḫiyâr]	شِراء الخِيار
*Stützungs*kauf	[širâ' ad-daʿm]	شِراء الدعْم
*Ersatz*kauf	[širâ' taʿwîḍî]	شِراء تعويضيّ
*Raten*kauf	[širâ' bi-t-taqsîṭ]	شِراء بالتقسيط
*Bar*kauf	[širâ' naqdan]	شِراء نقْدا
Kauf-, Einkaufs-	[širâ'î]	شِرائيّ
Käufer	[šârin, šurât]	شارٍ ج شُراة
Käufer, Einkäufer, Abnehmer	[muštarin, ~ûn]	مشترٍ ج ون
*Großhandels*abnehmer	[muštarin bi-l-ǧumla]	مشترٍ بالجُمْلة

gekauft	[muštaran]	مشترىً
Einkäufe	[muštarayât]	ج مشتريات
*Stützungs*käufe	[muštarayât ad-daʿm]	مشتريات الدعْم
*Verkehrs*ader	[širyân al-murûr, šarâyîn]	شِرْيان المُرُور ج شرايين
*Wasserverkehrs*ader	[širyân mâ'î]	شِرْيان مائيّ
streichen *Schulden*	[šaṭaba (yaštubu, šaṭb) duyûnan]	شطب (ـُ شطْب) دُيُونا
Streichung *eines nicht einziehbaren Kredits*	[šaṭb al-qarḍ al-maʿdûm]	شطْب القرْض المعدوم
gestrichen	[mašṭûb]	مشطوب
Abteilung, Filiale, Niederlassung	[šuʿba, šiʿâb]	شُعْبة ج شِعاب
*Handels*niederlassung	[šuʿba tiğâriyya]	شُعْبة تِجاريّة
in Kenntnis setzen, informieren *Kunden über Liefertermin*	[ašʿara ʿamîlan bi-mawʿid at-tawrîd]	أشعر عميلا بموْعِد التوريد
Benachrichtigung, Mitteilung, Bescheid	[išʿâr, ~ât]	إشعار ج ات
Mahnung, *Erinnerungs*schreiben	[išʿâr at-taḏkîr]	إشعار التذكير
Avis, *Versand*anzeige	[išʿâr bi-š-šaḥn]	إشعار بالشحْن
mit vorheriger Ankündigung	[bi-išʿâr musbaq]	بإشعار مسبق
bis auf weiteres	[ḥattâ išʿâr âḫar]	حتّى إشعار آخر
Logo, Firmenzeichen	[šiʿâr aš-šarika, ~ât]	شِعار الشرِكة ج ات
Vakanz	[šuġûr]	شُغور
vakant, frei, unbesetzt	[šâġir]	شاغر
freie Stellen	[šawâġir]	ج شواغِر
einnehmen *Fläche*	[šaġal (yašġalu, šaġl / šuġl) misâḥa]	شغل (ـَ شغْل / شُغْل) مِساحة
einnehmen *Posten*	[šaġala waẓîfa]	شغل وظِيفة
bedienen *Maschine*	[šaġġala âla]	شغّل آلة
in Betrieb nehmen, betreiben *Betrieb*	[šaġġala maṣnaʿan]	شغّل مصْنعا
bearbeiten *Holz*	[šaġġala ḫašaban]	شغّل خشبا
beschäftigen *Arbeiter*	[šaġġala ʿummâlan]	شغّل عُمّالا
beschäftigt sein, sich befassen *mit Landwirtschaft*	[ištaġala fî / bi-z-zirâʿa]	اشتغل في/ بالزِراعة
Besetzung *einer Stelle*	[šaġl al-manṣib]	شغْل المنْصب

Arbeit, Beschäftigung	[šuġl, ašġâl]	شُغْل ج أشْغال
*Hand*arbeit	[šuġl yadawî]	شُغْل يدويّ
öffentliche Arbeiten	[ašġâl ʿâmma]	أشْغال عامّة
Beschäftigung *von Arbeitern*	[tašġîl al-ʿummâl]	تشغيل العُمّال
Inbetriebnahme, Betreiben *einer Werkstatt*	[tašġîl al-warša]	تشغيل الورْشة
Auslastung *eines Hotels*	[išġâl al-funduq]	إشْغال الفُنْدُق
beschäftigt, besetzt, belegt, bearbeitet, verarbeitet	[mašġûl]	مشغول
beschäftigt *mit Verkauf*	[mašġûl bi-l-bayʿ]	مشغول بالبيْع
*Hand*arbeiten	[mašġûlât yadawiyya]	ج مشغولات يدويّة
Auslastung *eines Betriebs*	[mašġûliyyat al-maṣnaʿ]	مشغوليّة المصْنع
Betreiber *einer Gesellschaft*	[mušaġġil aš-šarika]	مشغِّل الشرِكة ج ون
beschäftigt *mit Buchführung*	[munšaġil bi-l-muḥâsaba]	منشغِل بالمحاسبة
beschäftigt *mit Audit*	[muštaġil bi-t-tadqîq]	مشتغِل بالتدقيق
beschäftigt, funktionierend, in Gang	[šaġġâl]	شغّال
Werkstatt, Arbeitsstelle	[mašġal, mašâġil]	مشْغل ج مشاغِل
transparent, durchsichtig	[šaffâf]	شفّاف
Transparenz *des Rechnungswesens*	[šaffâfiyyat al-muḥâsaba]	شفّافيّة المحاسبة
Chriffre, Code	[šafra, ~ât]	شفْرة ج ات
Vorkaufsrecht	[ġufʿa]	شُفْعة
Anlagen *(zu einem Schreiben)*	[mašfûʿât]	ج مشفوعات
Nebenprodukte, Derivate	[muštaqqât]	ج مشتقّات
*Erdöl*derivate	[muštaqqât an-nafṭ]	مشتقّات النفْط
*Milch*produkte	[muštaqqât al-laban]	مشتقّات اللبن
Wohnung, Appartment	[šuqqa, šuqaq]	شُقّة ج شُقق
*Eigentums*wohnung	[šuqqat at-tamlîk]	شُقْة التمليك
bilden, formen gestalten *Organisation*	[šakkala munaẓẓama]	شكّل منظّمة
gebildet, geformt, gestaltet sein o. werden *(Verband)*	[tašakkala (al-ittiḥâd)]	تشكّل (الاتّحاد)
*Preis*bildung	[taškîl al-asʿâr]	تشكيل الأسْعار

*Produkt*gestaltung	[taškîl al-muntağât]	تشكيل المنتجات
Sortiment	[taškîla, ~ât]	تشكيلة ج ات
Sortiment *von Produkten*	[taškîla min al-muntağât]	تشكيلة من المنتجات
Problem	[muškila, mašâkil]	مُشْكِلة ج مشاكِل
Struktur*problem*	[muškila binyawiyya]	مشكِلة بِنْيويّة
*Finanz*probleme *lösen*	[ḥalla mašâkil mâliyya]	حلّ مشاكِل ماليّة
*Krisen*probleme *lindern*	[ḫaffafa mašâkil al-azma]	خفّف مشاكِل الأزْمة
Form	[šakl, aškâl]	شكْل ج أشْكال
*Absatz*form	[šakl at-taswîq]	شكْل التسويق
*Markt*formen	[aškâl as-sûq]	أشْكال السُوق
*Unternehmens*formen	[aškâl aš-šarika]	أشْكال الشرِكة
*Rechts*form	[šakl qânûnî]	شكْل قانُونيّ
formal, pro forma	[šaklî]	شكْليّ
Formalitäten	[šakliyyât]	شكْليّات
sich beschweren *über,* reklamieren *schlechte Qualität*	[šakâ (yaškû, šakwan) min sû' an-naw'iyya]	شكا (ـُ شكْوى) من سُوء النوْعيّة
Beschwerde, Klage, Reklamation	[šakwâ, šakâwâ]	شكْوى ج شكاوى
*Anfechtungs*klage	[šakwâ an-naqḍ]	شكْوى النقْض
*Schadensersatz*klage	[šakwâ at-ta'wîḍ]	شكْوى التعويض
Klage *abweisen*	[radda šakwâ]	ردّ شكْوى
Klage *erheben gegen ein Unternehmen*	[rafa'a šakwâ 'alâ šarika]	رفع شكْوى على شرِكة
lähmen *Wirtschaft*	[šalla (yašullu, šall) al-iqtiṣâd]	شلّ (ـُ شلّ) الاقتصاد
Lähmung *einer Reform*	[šall al-iṣlâḥ]	شلّ الإصلاح
gelähmt	[mašlûl]	مشلول
GmbH		ش . م . ← شرِكة محدودة
*Siegel*wachs	[šam' al-ḫatm]	شمْع الختْم
Zertifikat, Zeugnis	[šahâda, ~ât]	شهادة ج ات
Bescheinigung, Schein	[šahâda, ~ât]	شهادة ج ات
*Umwelt*zertifikat	[šahâda bî'iyya]	شهادة بِيئيّة

*Investment*zertifikat	[šahâda istiṯmâriyya]	شهادة استثماريّة
*Zoll*bescheinigung	[šahâda ğumrukiyya]	شهادة جُمْرُكيّة
*Spar*brief	[šahâdat al-iddiḫâr]	شهادة الادّخار
*Schuld*schein	[šahâdat ad-dayn]	شهادة الديْن
*Registrier*schein, *Melde*schein	[šahâdat at-tasğîl]	شهادة التسجيل
*Wertpapier*zertifikat	[šahâdat as-sanadât]	شهادة السندات
*Aktien*zertifikat	[šahâdat as-sahm]	شهادة السهْم
*Transit*bescheinigung	[šahâdat al-murûr]	شهادة المُرُور
*Eigentums*zertifikat	[šahâdat al-milkiyya]	شهادة المِلْكيّة
*Übereignungs*urkunde	[šahâdat at-tamlîk]	شهادة التمليك
*Ursprungs*zeugnis	[šahâdat al-manša']	شهادة المنْشأ
*Einzahlungs*bescheinigung	[šahâdat al-îdâʿ]	شهادة الإيداع
*Wiege*schein	[šahâda al-mîzân]	شهادة المِيزان
Vollmacht	[šahâdat at-tawkîl]	شهادة التوكيل
Bescheinigung *ausstellen*	[ḥarrara ṣahâda]	حرّر شهادة
Bescheinigung *vorlegen*	[qaddama šahâda]	قدّم شهادة
verleumden, bloßstellen *Konkurrenten*	[šahhara bi-munâfis]	شهّر بمنافِس
anmelden *Konkurs*	[šahhara al-iflâs]	أشهر الإفلاس
öffentlich versteigern	[ašhara al-mazâd]	أشهر المزاد
Verleumdung *eines Unternehmens*	[tašhîr bi-šarika]	تشهير بشرِكة
monatliche Zahlung	[mušâhara, ~ât]	مشاهرة ج ات
monatlich	[mušâharatan]	مشاهرةً
*Bankrott*erklärung	[išhâr al-iflâs]	إشهار الإفلاس
Notariat	[šahr ʿaqârî]	شهْر عقاريّ
*Kalender*monat	[šahr taqwîmî, ašhur / ṣuhûr]	شهْر تقويميّ ج أشْهُر / شُهُور
*Vergleichs*monat	[šahr mumâṯil]	شهْر مماثِل
monatlich	[šahrî]	شهْريّ
Monatsgehalt	[šahriyya, ~ât]	شهْريّة ج ات
sich beraten *in Finanzangelegenheiten*	[tašâwara fî šu'ûn mâliyya]	تشاور في شُؤُون ماليّة

sich beraten lassen von *Experten*	[istišâra al-ḫubarâ']	استشار الخُبراء
gemeinsame *wirtschaftliche* Beratungen	[tašâwurât iqtiṣâdiyya]	تشاوُرات اقتصاديّة
Beratung, Konsultation, Consulting	[istišâra, ~ât]	استشارة ج ات
*Management*beratung	[istišâra idâriyya]	استشارة إداريّة
*Informations*beratung	[istišâra i'lâmiyya]	استشارة إعلاميّة
*Finanz*beratung	[istišâra mâliyya]	استشارة ماليّة
Beratungs-, konsultativ, Konsultant	[istišârî]	استشاريّ ج ون
Beratung	[mašûra, ~ât]	مشُورة ج ات
technische Beratung	[mašûra fanniyya]	مشُورة فنّيّة
Beratung *bereitstellen*	[waffara mašûra]	وفّر مشُورة
*Wirtschafts*berater, Konsultant	[mustašâr iqtiṣâdî, ~ûn]	مستشَار اقتصاديّ ج ون
*Finanz*berater	[mustašâr mâlî]	مستشار ماليّ
verzerren *Wetbewerb*	[šawwaha al-munâfasa]	شوّه المنافسة
*Wettbewerbs*verzerrung	[tašwîh al-munâfasa]	تشويه المنافسة
Disproportionen	[tašawwuhât]	تشوُّهات
bauen *Hotel*	[šayyada funduqan]	شيّد فُنْدُقا
*Straßen*bau	[tašyîd aṭ-ṭuruq]	تشييد الطُرُق
Scheck	[šîk, šukûk]	شِيك ج شُكُوك
*Lohn*scheck	[šîk al-ağr]	شِيك الأجْر
*Euro*scheck	[šîk ûrubbî]	شِيك أُورُوبّيّ
ungültiger Scheck	[šîk bâṭil]	شِيك باطل
*Blanko*scheck	[šîk 'alâ bayâḍ]	شِيك على بياض
*Inhaber*scheck	[šîk li-ḥâmilihi]	شِيك لحامِلِه
Rückläufer *(Scheck)*	[šîk murtağa']	شِيك مرتجع
ungedeckter Scheck	[šîk bi-dûn raṣîd]	شِيك بدون رصيد
eingelöster Scheck	[šîk masḥûb]	شِيك مسحوب
*Voucher*scheck	[šîk mustanadî]	شِيك مستنديّ
*Reise*scheck	[šîk siyâḥî]	شِيك سياحيّ
beglaubigter Scheck	[šîk muṣaddaq]	شِيك مصدّق

*Bank*scheck	[šîk maṣrifî]	شِيك مصْرِفيّ
gedeckter Scheck	[šîk maḍmûn]	شِيك مضمون
ungedeckter Scheck	[šîk ġayr maḍmûn]	شِيك غيْر مضمون
*Verrechnungs*scheck	[šîk mutaqâṣṣ]	شِيك متقاصّ
*Bar*scheck	[šîk naqdî]	شِيك نقْديّ
mit Scheck *zahlen*	[dafaʿa bi-šîk]	دفع بشِيك
Scheck*annahme verweigern*	[rafaḍa qubûl aš-šîk]	رفض قُبُول الشِيك
Scheck *fälschen*	[zawwara šîkan]	زوّر شِيكا
Scheck *ausstellen*	[aṣdara šîkan]	أصدر شِيكا
Scheck *einlösen*	[ṣarafa šîkan]	صرف شِيكا
Scheck *annehmen*	[qabila šîkan]	قبِل شِيكا
Scheck *unterschreiben*	[waqqaʿa ʿalâ šîk]	وقّع على شِيك
Scheck *sperren lassen*	[awqafa šîkan]	أوقف شِيكا

ص

PF		ص ب ← صُنْدُوق البرِيد
korrigieren *Wirtschaftskurs*	[ṣaḥḥaḥa ḫaṭṭan iqtiṣâdiyyan]	صحّح خطّا اقتصاديّا
korrigieren *Schätzungen nach oben*	[ṣaḥḥaḥa at-taqdîrât ṣuʿûdan]	صحّح التقديرات صُعُودا
korrigieren *Schätzungen nach unten*	[ṣaḥḥaḥa at-taqdîrât nuzûlan]	صحّح التقديرات نُزُولا
*Preis*korrektur	[taṣḥîḥ al-asʿâr]	تصحيح الأسْعار
*Wert*korrektur	[taṣḥîḥ al-qîma]	تصحيح القِيمة
Gesundheit *am Arbeitsplatz*	[ṣiḥḥa mihaniyya]	صِحّة مِهنيّة
Besitzer, Eigentümer, Inhaber	[ṣâḥib, aṣḥâb]	صاحب ج أصْحاب
Eigentümer *des Bodens*	[ṣâḥib al-arḍ]	صاحب الأرْض
Bankier	[ṣâḥib al-bank]	صاحب البنْك
*Kredit*geber	[ṣâḥib ad-dayn]	صاحب الديْن
*Zahlungs*pflichtiger	[ṣâḥib aḏ-ḏimma]	صاحب الذِمّة

*Erlaubnis*inhaber	[ṣâḥib ar-ruḫṣa]	صاحب الرُخْصة
Aktionär	[ṣâḥib al-ashum]	صاحب الأسْهُم
*Firmen*inhaber	[ṣâḥib aš-šarika]	صاحب الشرِكة
*Beschwerde*führer	[ṣâḥib aš-šakwâ]	صاحب الشكْوى
*Interessen*vertreter	[ṣâḥib al-maṣlaḥa]	صاحب المصْلحة
Handwerker	[ṣâḥib aṣ-ṣanʿa]	صاحب الصنْعة
*Antrag*steller	[ṣâḥib aṭ-ṭalab]	صاحب الطلب
*Arbeit*geber, Unternehmer	[ṣâḥib al-ʿamal]	صاحب العمل
Rentier	[ṣaḥib al-maʿâš]	صاحب المعاش
*Entscheidungs*träger	[ṣâḥib al-qarâr]	صاحب القرار
Unterzeichner	[ṣâḥib al-imḍâ']	صاحب الإمضاء
*Grund*besitzer	[ṣâḥib al-amlâk]	صاحب الأمْلاك
Milliardär	[ṣâḥib al-milyârât]	صاحب المِلْيارات
Millionär	[ṣâḥib al-malâyîn]	صاحب الملايِين
*Geld*leute	[aṣḥâb al-amwâl]	أصْحاب الأمْوال
Konzessionär, *Franchise*nehmer	[ṣâḥib al-imtiyâz]	صاحب الامتياز
einflußreiche Leute	[aṣḥâb an-nufûḏ]	أصْحاب النُفُوذ
Anleger	[ṣâḥib al-wadâ'iʿ]	صاحب الودائِع
Desertifikation	[taṣaḥḥur]	تصحُّر
Wüste	[ṣaḥrâ', ṣaḥârin / ṣaḥârâ]	صحْراء ج صحارٍ / صحارى
Sahara	[aṣ-ṣaḥrâ' al-kubrâ]	الصحْراء الكُبْرى
wüstenartig, Sahara-	[ṣaḥrâwî]	صحْراويّ
Wirtschafts*presse*	[ṣiḥâfa iqtiṣâdiyya]	صِحافة اقتصاديّة
*Wirtschafts*journalist	[ṣuḥufî fî aš-šu'ûn al-iqtiṣâdiyya]	صُحُفيّ في الشُؤُون الاقتصاديّة ج ون
exportieren, ausführen *Getreide*	[ṣaddara [al-ḥubûb]	صدّر الحُبُوب
beschlagnahmen, konfiszieren *Besitztümer*	[ṣâdara mumtalakât]	صادر ممتلَكات
emittieren *Währung*	[aṣdara ʿumla]	أصدر عُمْلة
erlassen *Gesetz*	[aṣdara qânûnan]	أصدر قانُونا
anführen *Exportliste*	[taṣaddara qâ'imat aṣ-ṣadirât]	تصدّر قائِمة الصادرات

einholen *Visum*	[istaṣdara ta'šîra]	استصدر تأشيرة
*Kapital*export	[taṣdîr ar-ra'smâl]	تصدير الرأسْمال
*Waren*ausfuhr	[taṣdîr as-silaʿ]	تصدير السِلع
Beschlagnahme *von Diebesgut*	[muṣâdara al-masrûqât]	مصادرة المسروقات
Ausgabe *von Wertpapieren*	[iṣdâr as-sanadât]	إصدار السندات
Einholen *einer Genehmigung*	[istiṣdâr at-taṣrîḥ]	استصدار التصريح
Exporte, Ausfuhren	[ṣâdirât]	ج صادرات
verbotene Exportgüter	[ṣâdirât maḥẓûra]	صادرات محظورة
exportierend, Exporteur	[muṣaddir, ~ûn]	مصدِّر ج ون
*rohstoff*exportierend	[muṣaddir li-l-mawâdd al-ḫâm]	مصدِّر للموادّ الخام
*erdöl*exportierend	[muṣaddir li-n-nafṭ]	مصدِّر للنفْط
Bezugsquelle, Quelle	[maṣdar, maṣâdir]	مصْدر ج مصادِر
alternative Bezugsquellen	[maṣâdir badîla]	مصادِر بدِيلة
*Einnahme*quellen	[maṣâdir ad-daḫl]	مصادِر الدخْل
Quelle *des Lebensunterhalts*	[maṣdar ar-rizq]	مصْدر الرِزْق
*Steuer*quelle	[maṣdar ḍarîbî]	مصْدر ضرِيبيّ
*Energie*quellen, *Energie*träger	[maṣâdir aṭ-ṭâqa]	مصادِر الطاقة
*Finanzierungs*quellen	[maṣâdir at-tamwîl]	مصادِر التمويل
*Finanz*quelle	[maṣdar mâlî]	مصْدر ماليّ
*Wasser*quellen	[maṣâdir al-miyâh]	مصادِر المِياه
Spitzen*position einnehmen*	[iḥtalla makân aṣ-ṣadâra]	احتلّ مكان الصدارة

ratifizieren, beglaubigen *Vertrag*	[ṣaddaqa 'alâ ittifâqiyya]	صدّق على اتّفاقيّة
ratifizieren, beglaubigen *Vertrag*	[ṣâdaqa ʿalâ ittifâqiyya]	صادق على اتّفاقيّة
Almosen geben *einem Armen*	[taṣaddaqa ʿalâ faqîr bi-ṣadaqa]	تصدّق على فقِير بصدقة
*Bank*beglaubigung	[taṣdîq maṣrifî]	تصديق مصْرِفيّ
konsularische Beglaubigung	[taṣdîq qunṣulî]	تصديق قُنْصليّ
beglaubigt	[muṣaddaq ʿalayhi]	مصدّق عليه
Glaubwürdigkeit *des Managements*	[ṣidqiyyat al-idâra]	صِدْقيّة الإدارة
Glaubwürdigkeit *der Zentralbank*	[miṣdâqiyyat al-maṣrif al-markazî]	مِصْداقيّة المصْرِف المرْكزيّ

Glaubwürdigkeit *gewinnen*	[kasaba al-miṣdâqiyya]	كسب المِصْداقيّة
Almosen	[ṣadaqa, ~ât]	صدقة ج ات
Brautgeld	[ṣadâq, ṣuduq]	صداق ج صُدُق
erlauben, genehmigen *Arbeit einem Unternehmen*	[ṣarraḥa bi-l-ʿamal li-šarika]	صرّح بالعمل لشرِكة ← رخّص
Erlaubnis, Genehmigung	[taṣrîḥ, ~ât / taṣârîh]	تصريح ج ات / تصارِيح
*Arbeits*erlaubnis	[taṣrîh bi-l-ʿamal]	تصريح بالعمل
erlaubt, genehmigt, gestattet, zugelassen	[muṣarraḥ bihi]	مصرّح به
befugt, lizenziert	[muṣarraḥ lahu]	مصرّح له
absetzen *Ware*	[ṣarafa (yaṣrifu, ṣarf) biḍâʿa]	صرف (-ِ صرْف) بِضاعة
wechseln, tauschen *Währung*	[ṣarafa ʿumla]	صرف عُمْلة
ausgeben, aufwenden *Geld für Lebensmittel*	[ṣarafa nuqûdan ʿalâ mawâdd ġiḏâ'iyya]	صرف نُقُودا على موادّ غِذائيّة
einlösen *Scheck*	[ṣarafa šikan]	صرف شِيكا
auszahlen *Kredit*	[ṣarafa qarḍan]	صرف قرْضا
ableiten *Wasser*	[ṣarafa al-miyâh]	صرف المِياه
entlassen *einen Angestellten*	[ṣarafa muwaẓẓafa]	صرف موظّفا
absetzen, vertreiben *Waren*	[ṣarrafa silaʿan]	صرّف سِلعا
erledigen, abwickeln *Angelegenheiten*	[ṣarrafa šu'ûnan]	صرّف شؤونا
ableiten *Wasser*, entwässern	[ṣarrafa al-miyâh]	صرّف المِياه
verfügen *über Ressourcen*	[taṣarrafa fî ṯarawât]	تصرّف في ثروات
abgesetzt sein o. werden *(Ware)*	[inṣaraf (al-biḍâʿa)]	انصرف (البِضاعةُ)
gewechselt sein o. werden *(Währung)*	[inṣarafa (al-ʿumla)]	انصرف (العُمْلةُ)
ausgegeben sein o. werden *(Geld)*	[inṣarafa (an-nuqûd)]	انصرف (النُقُودُ)
abgeleitet sein o. werden *(Wasser)*	[inṣarafa (al-miyâh)]	انصرف (المِياهُ)
ausgezahlt ein o. werden *(Finanzmittel)*	[inṣarafa (al-amwâl)]	انصرف (الأمْوالُ)
abwandern *auf andere Märkte*	[inṣarafa ilâ aswâq uḫrâ]	انصرف الى أسْواق أُخْرى
Devisen	[ṣarf ağnabî]	صرْف أجْنبيّ
Entlassung *von Arbeitern*	[ṣarf al-ʿummâl]	صرْف العمّال
*Geld*wechsel, *Geld*tausch	[ṣarf al-ʿumla]	صرْف العُمْلة
Auszahlung *von Geldern*	[ṣarf al-amwâl]	صرْف الأمْوال

Geldauszahlung *durch Geldautomaten*	[ṣarf âlî]	صرْف آليّ
*Bar*auszahlung	[ṣarf naqdî]	صرْف نقْديّ
Kleingeld, Wechselgeld	[ṣarf]	صرْف
Entwässerung, Kanalisation	[ṣarf al-miyâh]	صرْف المِياه
*Abwasser*beseitigung, *Abwasser*entsorgung	[ṣarf ṣiḥḥî]	صرْف صِحّيّ
Bankgewerbe	[ṣirâfa]	صِرافة
Bankgewerbe, Geldwechselgewerbe	[ṣayrafa]	صيْرفة
*Investment*banking	[ṣayrafa istiṯmâriyya]	صيْرفة استثماريّة
Geldwechsler	[ṣayrafî, ṣayârifa]	صيْرفيّ ج صيارِفة
Absatz, Vertrieb *von Waren*	[taṣrîf al-baḍâ'iʿ]	تصريف البضائِع
Regelung *von Finanzangelegenheiten*	[taṣrîf aš-šu'ûn al-mâliyya]	تصريف الشُؤون الماليّة
Entwässerung	[taṣrîf al-miyâh]	تصريف المِياه
*Abfall*entsorgung	[taṣrîf an-nifâyât]	تصريف النِفايات
Verfügungsgewalt *über Einnahmequellen*	[taṣarruf fî mawârid]	تصرُّف في موارِد
zur Verfügung *des Kunden*	[taḥta taṣarruf az-zabûn]	تحْت تصرُّف الزبُون
*Finanz*verhalten	[taṣarruf mâlî]	تصرُّف ماليّ
*Verbraucher*verhalten	[taṣarruf al-mustahlik]	تصرُّف المستهلِك
Abwanderung *von Verbrauchern*	[inṣirâf al-mustahlikîn]	انصراف المستهلكين
ausgegeben, aufgewendet, gewechselt, ausgezahlt	[maṣrûf]	مصروف
Ausgaben, Aufwendungen, Unkosten, Spesen	[maṣrûf, ~ât, maṣârîf]	مصروف ج ات / مصارِيف
*Verwaltungs*ausgaben	[maṣârîf idâriyya]	مصارِيف إداريّة
*Betriebs*ausgaben	[maṣârîf tašġîliyya]	مصارِيف تشغيليّة
*Bank*spesen	[maṣârîf maṣrifiyya]	مصارِيف مصْرِفيّة
*Neben*kosten	[maṣrûfât ʿâriḍa / ʿaraḍiyya]	مصروفات عارضة / عرضيّة
*Fix*kosten	[maṣrûfât ṯâbita]	مصروفات ثابتة
*Gesamt*ausgaben	[maṣrûfât iǧmâliyya]	مصروفات إجماليّة
*Werbe*ausgaben	[maṣrûfât iʿlâniyya]	مصروفات إعلانيّة
*Allgemein*kosten	[maṣârîf ʿumûmiyya]	مصاريف عُموميّة
abschreibbare Ausgaben	[maṣârif qâbila li-l-istihlâk]	مصاريف قابلة للاستهلاك

*Prozeß*kosten	[maṣrûfât qaḍâ'iyya]	مصروفات قضائيّة
*Neben*kosten, *geringfügige* Ausgaben	[maṣrûfât naṯariyya]	مصروفات نثريّة
*Bar*ausgaben	[maṣrûfât naqdiyya]	مصروفات نقْديّة
Unkosten *abziehen*	[ḫasama al-maṣârîf]	حسم المصارِيف
Ausgaben *kontrollieren*	[ḍabaṭa al-maṣârîf]	ضبط المصارِيف
Unkosten *reduzieren*	[qallaṣa al-maṣârîf]	قلّص المصارِيف
Bank, Kreditinstitut	[maṣrif, maṣârif]	مصْرِف ج مصارِف ← بنْك
*Direkt*bank	[maṣrif mubâšir]	مصْرِف مباشِر
*Handels*bank	[maṣrif tiǧârî]	مصْرِف تِجاريّ
*Investitions*bank	[maṣrif istiṯmârî]	مصْرِف استثماريّ
*Gläubiger*bank	[maṣrif dâ'in]	مصْرِف دائن
internationale Bank	[maṣrif duwalî]	مصْرِف دُوليّ
Off-shore Bank	[maṣrif ʿabra aš-šawâṭi']	مصْرِف عبر الشواطِئ
*Privat*bank	[maṣrif ḫâṣṣ]	مصْرِف خاصّ
*Spezial*bank	[maṣrif mutaḫaṣṣiṣ]	مصْرِف متخصّص
*Zentral*bank, *Noten*bank	[maṣrif markazî]	مصْرِف مرْكزيّ
*Hypotheken*bank	[maṣrif ar-ruhûnât]	مصْرِف الرُهُونات
*Landwirtschafts*bank	[maṣrif zirâʿî]	مصْرِف زِراعيّ
*Darlehens*bank, *Kredit*bank	[maṣrif at-taslîf]	مصْرِف التسليف
islamische Bank	[maṣrif islâmî]	مصْرِف إسلاميّ
*Ausgleichs*bank	[maṣrif at-taswiya]	مصْرِف التسوية
Export-Import-Bank	[maṣrif at-taṣdîr wa-l-istîrâd]	مصْرِف التصدير والاستيراد
*Emmissions*bank	[maṣrif al-iṣdâr]	مصْرِف الإصدار
*Industrie*bank	[maṣrif ṣinâʿî]	مصْرِف صناعيّ
führende Banken, *Spitzen*banken	[maṣârif ṭalîʿiyya]	مصارِف طليعيّة
*Geschäfts*bank	[maṣrif al-aʿmâl]	مصْرِف الأعْمال
*Genossenschafts*bank	[maṣrif taʿâwunî]	مصْرِف تعاوُنيّ
*Groß*banken	[maṣârif kubrâ]	مصارِف كُبْرى
staatseigene Bank	[maṣrif mamlûk li-d-dawla]	مصْرِف مملوكة للدوْلة

*Entwicklungs*bank	[maṣrif tanmawî]	مصْرِف تنْمويّ
*Depositar*bank	[maṣrif mûdaʿ ladaihi]	مصْرِف مُودع لديه
Banken *einstufen*	[ṣannafa al-maṣârif]	صنّف المصارِف
Bank-, Bankier, Banker	[maṣrifî, ~ûn]	مصْرِفيّ ج ون
Bankwesen	[maṣrifiyya]	مصْرِفيّة
Kassierer, Geldwechsler	[ṣarrâf, ~ûn]	صرّاف ج ون
ambulanter Geldwechsler	[ṣarrâf mutağawwil]	صرّاف متجوّل
Schwierigkeit	[ṣuʿûba,~ât]	صُعُوبة ج ات
wirtschaftliche Schwierigkeiten *überwinden*	[tağâwaza ṣuʿûbât iqtiṣâdiyya]	تجاوز صُعُوبات اقتصاديّة
Schwierigkeiten	[maṣâʿib]	ج مصاعِب
*Liquiditäts*schwierigkeiten	[maṣâʿib as-suyûla]	مصاعِب السُيُولة
mit finanziellen Schwierigkeiten *konfrontiert sein*	[wâğaha maṣâʿib mâliyya]	واجه مصاعِب ماليّة
ausweiten, eskalieren *Krise*	[ṣaʿʿada azma]	صعّد أزْمة
ansteigen *(Steuern)*	[taṣâʿada (aḍ-ḍarâ'ib)]	تصاعد (الضرائِبُ)
*Wert*anstieg	[ṣuʿûd al-qîma]	صُعُود القِيمة
*Zins*steigerung	[taṣʿîd al-fawâ'id]	تصعيد الفوائِد
aufsteigende Entwicklung, Progression	[taṣâʿud]	تصاعُد
gestaffelt, progressiv ansteigend	[mutaṣâʿid]	متصاعِد
Matrix	[maṣfûfa, ~ât]	مصفوفة ج ات
Geschäft, Geschäftsabschluß, Deal	[ṣafaqa, ~ât}	صفقة ج ات
*Handels*geschäft	[ṣafaqa tiğâriyya]	صفقة تِجاريّة
*Drogen*geschäft	[ṣafaqat al-muḫaddirât]	صفقة المخدّرات
*Verlust*geschäft	[ṣafaqa ḫâsira]	صفقة خاسرة
gewinnbringendes Geschäft	[ṣafaqa râbiḥa / murbiḥa]	صفقة رابحة / مربِحة
*Waffen*geschäft	[ṣafaqât al-asliḥa]	صفقة الأسْلِحة
*Kulanz*geschäft	[ṣafaqat at-tasâhul]	صفقة التساهُل
dubioses Geschäft	[ṣafaqa mašbûha]	صفقة مشبوهة
*Export*geschäft	[ṣafaqat at-taṣdîr]	صفقة التصدير

*Spekulations*geschäft	[ṣafaqat al-muḍâraba]	صفقة المضاربة
*Immobilien*geschäft	[ṣafaqa ʿaqâriyya]	صفقة عقاريّة
*Kommissions*geschäft	[ṣafaqa bi-l-ʿumûla]	صفقة بالعُمُولة
*Kompensations*geschäft	[ṣafaqat at-taʿwîḍ]	صفقة التعويض
*Kredit*geschäft	[ṣafaqat al-qarḍ]	صفقة القرْض
*Abzahlungs*geschäft, *Teilzahlungs*-geschäft	[ṣafaqat at-taqsîṭ]	صفقة التقسيط
*Bar*geschäft	[ṣafaqa naqdiyya]	صفقة نقْديّة
*Import*geschäft	[ṣafaqat al-istîrâd]	صفقة الاستيراد
fiktives Geschäft	[ṣafaqa wahmiyya]	صفقة وهْميّة
Geschäft *abwickeln*	[atamma ṣafaqa]	أتمّ صفقة
Geschäft *abschließen*	[ʿaqada ṣafaqa]	عقد صفقة
Geschäft *stornieren*	[alġâ ṣafaqa]	الغى صفقة
räumen *Lager*	[ṣaffâ maḫzanan]	صفّى مخْزنا
liquidieren *Bestände*	[ṣaffâ al-mawǧûdât]	صفّى الموجودات
Liquidation *von Grundmitteln*	[taṣfiyat al-uṣûl]	تصفية الأُصُول
Räumungsverkauf	[taṣfiya]	تصفية
Konkursverfahren	[taṣfiyat al-mumtalakât]	تصفية الممتلكات
Netto-, netto	[ṣâfin]	صافٍ
Netto*verlust*	[ṣâfî al-ḫasâra]	صافي الخسارة
Netto*ertrag*	[ṣâfî al-ʿâʾid]	صافي العائد
Netto*wert*	[ṣâfî al-qîma]	صافي القِيمة
Liquidator	[muṣaffin, ~ûn]	مُصَفٍّ ج ون
Raffinerie	[miṣfât, maṣâfin]	مِصْفاة ج مصافٍ
Urkunde, Dokument; Scheck	[ṣakk, ṣukûk]	صكّ ج صُكُوك
*Grundeigentums*urkunde	[ṣakk at-tamlîk]	صكّ التمليك
*Konzessions*urkunde	[ṣakk al-imtiyâz]	صكّ الامتياز
*Schenkungs*urkunde	[ṣakk al-hiba]	صكّ الهبة
reparieren *Maschine*	[ṣallaḥa mâkîna]	صلّح ماكِينة
schlichten *zwischen Parteien*	[ṣâlaḥa baina al-aṭrâf]	صالح بين الأطْراف

in Ordnung bringen, instandsetzen, reparieren *Schaden*	[aṣlaḥa ʿaṭaban]	أصلح عطبا
reformieren *Wirtschaft*	[aṣlaḥa al-iqtiṣâd]	أصلح الإقتصاد
korrigieren *Fehler*	[aṣlaḥa ḫaṭa'an]	أصلح خطأً
Vergleich schließen *(Parteien)*	[taṣâlaḥa (al-aṭrâf)]	تصالح (الأطْرافُ)
urbar machen *Boden*	[istaṣlaḥa al-arḍ]	استصلح الأرْض
Reparatur *des Autos*	[taṣliḥ as-sayyâra]	تصليح السيّارة
Schlichtung	[muṣâlaḥa]	مصالحة
Reform	[iṣlâḥ, ~ât]	إصلاح ج ات
institutionelle Reform	[iṣlâḥ mu'assâtî]	أصلاح مؤسّساتيّ
*Struktur*reform	[iṣlâḥ binyawî]	إصلاح بِنْيويّ
*Verwaltungs*reform	[iṣlâḥ idârî]	إصلاح إداريّ
*Struktur*reform	[iṣlâḥ tarkîbî]	إصلاح تركيبيّ
*Agrar*reform	[iṣlâḥ zirâ'î]	إصلاح زِراعيّ
*Gesetzes*reform	[iṣlâḥ qânûnî]	إصلاح قانُونيّ
*Wirtschafts*reform	[iṣlâḥ iqtiṣâdî]	إصلاح اقتصاديّ
*Währungs*reform	[iṣlâḥ naqdî]	إصلاح نقْديّ
*Struktur*reform	[iṣlâḥ haykalî]	إصلاح هيْكليّ
Reformen *durchführen*	[aǧrâ iṣlâḥât]	أجرى إصلاحات
Reform-, reformerisch, Reformer	[iṣlâḥî]	إصلاحيّ
Schließen eines Vergleichs	[taṣâluḥ]	تصالُح
Urbarmachung *der Wüste*	[istiṣlâḥ aṣ-ṣaḥrâ']	استصلاح الصحْراء
*Gemein*wohl	aṣ-ṣaliḥ al-ʿâmm	الصالح العامّ
brauchbar, geeignet, passend, tauglich *für Industrie*	[ṣâliḥ li-ṣ-ṣinâʿa]	صالح للصِناعة
*genieß*bar	[ṣâliḥ li-l-akl]	صالح للأكْل
*anbau*fähig	[ṣâliḥ li-zirâʿa]	صالح للزِراعة
Tauglichkeit *von Methoden*	[ṣâliḥiyyat al-asâlîb]	صالحيّة الأساليب
Untauglichkeit *von Mitteln*	[ʿadam ṣâliḥiyyat al-wasâ'il]	عدم صالحيّة الوسائِل
Reformer	[muṣliḥ, ~ûn]	مصلِح ج ون
*Wirtschafts*fachtermini	[muṣṭalaḥât iqtiṣâdiyya]	مصطلحات اقتصاديّة

Eignung, Tauglichkeit, Haltbarkeit	[ṣalâḥiyya, ât]	صلاحيّة ج ات
langfristig haltbar	[ṭawîl aṣ-ṣalâḥiyya]	طويل الصلاحيّة
Kompetenzen	[ṣalâḥiyyât]	ج صلاحيّات
wirtschaftliche Kompetenzen	[ṣalâḥiyyât iqtiṣâdiyya]	صلاحيّات اقتصادية
Kompetenzen *überschreiten*	[taǧâwaza aṣ-ṣalâḥiyyât]	تجاوز الصلاحيّات
Behörde, Dienststelle, Verwaltung, Amt	[maṣlaḥa, maṣâliḥ]	مصْلحة ج مصالِح
*Zoll*amt	[maṣlaḥat al-ǧamârik]	مصْلحة الجمارِك
staatliches Notariat	[maṣlaḥat aš-šahr al-ʿaqârî wa-t-tawṯîq]	مصْلحة الشهْر العقاريّ والتوثيق
*Gesundheits*amt	[maṣlaḥat aṣ-ṣiḥḥa]	مصْلحة الصِحّة
*Finanz*amt, *Steuer*behörde	[maṣlaḥat aḍ-ḍarâ'ib]	مصْلحة الضرائِب
*Wasser*behörde	[malaḥat al-miyâh]	مصْلحة المِياه
Interesse	[maṣlaḥa, maṣâliḥ]	مصْلحة ج مصالِح
kommerzielle Interessen	[maṣâliḥ tiǧâriyya]	مصالِح تِجاريّة
*Eigen*interesse	[maṣlaḥa ḏâtiyya]	مصْلحة ذاتيّة
gemeinsame Interessen	[maṣâliḥ muštaraka]	مصالِح مشتركة
öffentliches Interesse	[maṣlaḥa ʿâmma]	مصْلحة عامّة
wirtschaftliche Interessen	[maṣâliḥ iqtiṣâdiyya]	مصالِح اقتصاديّة
widersprüchliche Interessen	[maṣâliḥ mutanâqiḍa]	مصالِح متناقِضة
finanzielle Interessen	[maṣâliḥ mâliyya]	مصالِح ماليّة
Interessen *durchsetzen*	[ḥaqqaqa maṣâliḥ]	حقّق مصالِح
Interessen *verteidigen*	[dâfaʿa ʿan maṣâliḥ iqtiṣâdiyya]	دافع عن مصالِح
Interessen *wahrnehmen*	[râʿâ maṣâliḥ]	راعى مصالِح
Interessen *wahrnehmen*	[ṣâna maṣâliḥ]	صان مصالِح
im Interesse *des Kunden*	[li-maṣlaḥat al-ʿamîl]	لِمصْلحة العمِيل
konstruieren, projektieren *Projekt*	[ṣammama mašrûʿan]	صمّم مشروعا
Projektierung, Design	[taṣmîm, taṣâmîm]	تصميم ج تصامِيم
Konstrukteur, Projektant, Designer	[muṣammim, ~ûn]	مصمِّم ج ون
Lastkahn	[ṣandal, sanâdil]	صنْدل ج صنادِل
Kasten, Kiste, Kasse	[ṣundûq, ṣanâdîq]	صُنْدُوق ج صنادِيق

*Post*fach	[ṣundûq al-barîd]	صُنْدُوق البرِيد
Fonds	[ṣundûq, ṣanâdîq]	صُنْدُوق ج صنادِيق
*Investment*fonds	[ṣundûq istiṯmârî]	صُنْدُوق استثماريّ
*Sozial*fonds	[ṣundûq iğtimâʿî]	صُنْدُوق اجتماعيّ
*Reserve*fonds	[ṣundûq iḥtiyâṭî\	صُنْدُوق احتياطيّ
*Sonder*fonds	[ṣundûq ḫâṣṣ]	صُنْدُوق خاصّ
*Dauer*fonds	[ṣundûq dâ'im]	صُنْدُوق دائم
*Not*fonds	[ṣundûq aṭ-ṭawâri']	صُنْدُوق الطوارِئ
Arabischer Fonds *für wirtschaftliche und soziale Entwicklung*	[aṣ-ṣundûq al-ʿarabî li-l-inmâ' al-iqtiṣâdî wa-l-iğtimâʿî]	الصُنْدُوق العربيّ للإنماء الاقتصاديّ والاجتماعيّ
Fonds *für Wiederaufbau*	[ṣundûq at-taʿmîr]	صُنْدُوق التعمير
*Immobilien*fonds	[ṣundûq ʿaqârî]	صُنْدُوق عقاريّ
*Pensions*fonds	[ṣundûq al-maʿâšât]	صُنْدُوق المعاشات
geschlossener Fonds	[ṣundûq muġlaq]	صُنْدُوق مغلق
*Not*fonds	[ṣundûq aṭ-ṭawârî']	صُنْدُوق الطوارِئ
offener Fonds	[ṣundûq maftûḥ]	صُنْدُوق مفتوح
*Renten*fonds	[ṣundûq at-taqâʿud]	صُنْدُوق التقاعُد
*Bonus*fonds	[ṣundûq al-mukâfa'ât]	صُنْدُوق المكافآت
*Internationaler Währungs*fonds *(IWF)*	[ṣundûq an-naqd ad-duwalî]	صُنْدُوق النقْد الدوليّ
*Arabischer Währungs*fonds	[ṣundûq an-naqd al-ʿarabî]	صُنْدُوق النقْد العربيّ
*Tilgungs*fonds	[ṣundûq al-istihlâk]	صُنْدُوق الاستهلاك
*Struktur*fonds	[ṣundûq haykalî]	صُنْدُوق هيْكليّ
*Spar*kasse	[ṣundûq at-tawfîr]	صُنْدُوق التوفير
Fonds *verwalten*	[adâra ṣundûqan]	أدار صُنْدُوقا
Fonds *starten*	[aṭlaqa ṣundûqan]	أطلق صُنْدُوقا
Fonds *einrichten*	[anša'a šûndûqan]	أنشأ صُنْدُوقا
anfertigen, herstellen, erzeugen, machen *Produkt*	[ṣanaʿa (yaṣnaʿu, ṣunʿ / ṣinâʿa) mantûğan	صنع (ـَ صُنْع / صِناعة) منتوجا
herstellen *Maschinen*	[ṣannaʿa mâkînât]	صنّع ماكِينات

verarbeiten *Rohstoffe*	[ṣannaʿa mawâdd awwaliyya]	صنّع موادّ أوّليّة
industrialisieren *Land*	[ṣannaʿa baladan]	صنّع بلدا
Erzeugung *von Milchprodukten*	[ṣinâʿat al-albân]	صِناعة الألْبان
Anfertigung, Herstellung *von Maschinen*	[ṣinâʿat al-mâkînât]	صِناعة الماكِينات
Industrie, Industriezweig, Handwerk, Gewerbe, Branche	[ṣinâʿa, ~ât]	صِناعة ج ات
*Grundstoff*industrie	[ṣinâʿa asâsiyya]	صِناعة أساسيّة
*Bau*industrie	[ṣinâʿat al-binâ']	صِناعة البِناء
petrochemische Industrie	[ṣinâʿa bitrûkîmâwiyya]	صِناعة بِتْرُوكِيماويّة
*Schwer*industrie	[ṣinâʿa ṯâqîla]	صِناعة ثقِيلة
*Investment*branche	[ṣinâʿa istiṯmâriyya]	صِناعة استثماريّة
verarbeitende Industriezweige	[ṣinâʿât taḥwîliyya]	صِناعات تحوِيليّة
*Dienstleistungs*branche	[ṣinâʿa ḫadamiyya]	صِناعة خدميّة
extraktive Industrie	[ṣinâʿa istiḫrâǧiyya]	صِناعة استخراجيّة
*Leicht*industrie	[ṣinâʿa ḫafîfa]	صِناعة خفِيفة
*Arzneimittel*industrie, *Pharma*industrie	[ṣinâʿa dawâ'iyya]	صِناعة دوائيّة
*Tourismus*branche	[ṣinâʿa siyâḥiyya]	صِناعة سِياحيّة
*Banken*branche	[ṣinâʿa maṣrifiyya]	صِناعة مصْرِفية
*Schiffs*bau	[ṣinâ'at as-sufun]	صِناعة السُفُن
*Klein*gewerbe	[ṣinâʿa ṣaġîra]	صِناعة صغِيرة
*Pharma*industrie	[ṣinâʿa ṣaidaliyya]	صِناعة صيدليّة
metallurgische Industrie	[ṣinâʿât maʿdiniyya]	صِناعات معْدِنيّة
*Militär*industrie	[ṣinâʿa ʿaskariyya]	صِناعة عسْكريّة
*Bergbau*industrie, *Montan*industrie	[ṣinâʿat at-taʿdîn]	صِناعة التعدين
*Lebensmittel*industrie	[ṣinâʿa ġiḏâ'iyya]	صِناعة غِذائيّة
*Textil*industrie	[ṣinâʿat al-ġazl wa-n-nasîǧ]	صِناعة الغزْل والنسِيج
*Verpackungs*industrie	[ṣinâʿat at-taġlîf]	صِناعة التغليف
*Groß*industrie	[ṣinâʿa kabîra]	صِناعة كبِيرة
klassische Branche	[ṣinâʿa taqlîdiyya]	صِناعة تقليديّة
chemische Industrie	[ṣinâʿa kîmiyâwiyya]	صِناعة كِيمياويّة

zivile Industrie	[ṣinâʿa madaniyya]	صِناعة مدنيّة
*Bekleidungs*industrie	[ṣinâʿat al-malâbis]	صِناعة الملابِس
*Maschinen*bau	[ṣinâʿa mikânîkiyya]	صِناعة مِيكانِيكيّة
*Transport*branche	[ṣinâʿat an-naql]	صِناعة النقْل
*Atom*industrie	[ṣinâʿa nawawiyya]	صِناعة نوويّة
*Konsumtions*branche	[ṣinâʿa istihlâkiyya]	صِناعة استهلاكيّة
*Metall*industrie, *Maschinen*bau	[ṣinâʿât handasiyya]	صِناعات هنْدسيّة
mittelständisches Gewerbe	[ṣinâʿa mutawassiṭa]	صِناعة متوسِّطة
*Zuliefer*industrie	[ṣinâʿa wasîṭa]	صِناعة وسِيطة
*Kommunikations*branche	[ṣinâʿat al-ittiṣâlât]	صِناعة الاتصالات
Handwerk	[ṣinâʿa yadawiyya]	صِناعة يدويّة
made *in Germany*	[ṣinâʿa almâniyya]	صِناعة ألْمانيّة
industriell, Industrie-, Industrieller, Gewerbetreibender; künstlich	[ṣinâʿî]	صِناعيّ ج ون
*Groß*industrielle	[kibâr aṣ-ṣinâʿîyîn]	كِبار الصِناعيِّين
Industrieller, Handwerker	[ṣanâ'iʿî, ṣanâ'iʿiyya]	صنائِعيّ ج صنائعيّة
Anfertigung, Herstellung *von Maschinen*	[ṣunʿ al-âlât]	صُنْع الآلات
made *in Egypt*	[ṣunʿ fî miṣr]	صُنْع في مِصْر
Herstellung, Fabrikation *von Geräten*	[taṣniʿ al-aǧhiza]	تصنيع الأجْهِزة
*Holz*verarbeitung	[taṣnîʿ al-ḫašab]	تصنيع الخشب
*Agrar*industrie	[taṣniʿ zirâʿî]	تصنيع زِراعيّ
Industrialisierung *einer Region*	[taṣnîʿ al-minṭaqa]	تصنيع المِنْطقة
künstlich, synthetisch	[iṣṭinâʿî]	اصطناعيّ
Handwerker, Hersteller, Produzent	[ṣâniʿ, ṣunnâʿ]	صانع ج صُنّاع
*Automobil*hersteller	[ṣâniʿ as-sayyârât]	صانع السيّارات
hergestellt, gefertigt, angefertigt	[maṣnûʿ]	مصنوع
made *in Germany*	[maṣnûʿ fî almâniyâ]	مصنوع في المانيا
hergestellt *nach Auftrag*	[maṣnûʿ binâ'an ʿalâ ṭalab]	مصنوع بناءً على طلب
Erzeugnisse, Produkte	[maṣnûʿât]	ج مصنوعات
Hersteller, Produzent	[muṣanniʿ, ~ûn]	مصنِّع ج ون

*Geräte*hersteller	[muṣanniʿ al-ağhiza]	مصنّع الأجْهِزة
verarbeitet, bearbeitet-, Fertig-	[muṣannaʿ]	مصنّع
Ausführung, Machart	[ṣanʿa]	صَنْعة
Gewerbe, Beruf	[ṣanʿa, ṣanâʾiʿ]	صَنْعة ج صَنائِع
Fabrik, Industriebetrieb, Betrieb, Werk	[maṣnaʿ, maṣâniʿ]	مصْنع ج مصانِع
*Zement*werk	[maṣnaʿ al-asmant]	مصْنع الأسْمنْت
Brauerei	[maṣnaʿ al-bîra]	مصْنع البِيرة
*Stahl*werk	[maṣnaʿ al-ḥadîd wa-ṣ-ṣulb]	مصْنع الحدِيد والصُلْب
*Automobil*werk	[maṣnaʿ as-sayyârât]	مصْنع السيّارات
*Konserven*fabrik	[maṣnaʿ al-muʿallabât]	مصْنع المعلّبات
Spinnerei und Weberei	[maṣnaʿ al-ġazl wa-n-nasîğ]	مصْنع الغزْل والنسِيج
chemischer Betrieb	[maṣnaʿ kîmiyâwî]	مصْنع كِيمِياوِيّ
Molkerei	[maṣnaʿ al-albân]	مصْنع الألْبان
Betrieb *gründen*	[assasa maṣnaʿan]	أسّس مصْنعا
Betrieb *schließen*	[ağlaqa maṣnaʿan]	اغلق مصْنعا
Betrieb *eröffnen*	[iftataḥa maṣnaʿan]	افتتح مصْنعا
sortieren, klassifizieren, eingruppieren, einstufen *Produkte*	[ṣannafa muntağât]	صنّف منتَجات
Eingruppierung *von Waren*	[taṣnîf as-silaʿ]	تصنِيف السِلع
klassifiziert, eingruppiert, eingestuft	[muṣannaf]	مصنّف
Art, Sorte, Klasse, Kategorie	[ṣinf, aṣnâf]	صِنْف ج أصْناف
mannigfaltige Sorten	[aṣnâf mutanawwiʿa]	أصْناف متنوّعة
*Obst*sorten	[aṣnâf min al-fawâkih]	أصْناف الفواكِه
Tank, Tankwagen	[ṣahrîğ, ṣahârîğ]	صِهْرِيج ج صهارِيج
wirtschaftliches Konzept	[taṣawwur iqtiṣâdî]	تصوُّر اقتصادىّ ج ات
Kopie	[ṣûra, ṣuwar]	صُورة ج صُور
*Licht*bild	[ṣûra šaḫṣiyya]	صُورة شخْصِيّة ج صُور
*Zeugnis*kopien	[ṣuwar aš-šahâdât]	صُور الشهادات
Kopie, Abschrift	[ṣûra ṭibqa al-aṣl]	صُورة طِبْقَ الأصْل
fiktiv, Schein-	[ṣuwarî]	صُورِيّ

formulieren, abfassen *Vertragstext*	[ṣaġa (yaṣîġu, ṣiyâġa) naṣṣ al-ittifâqiyya]	صاغ (ـُ صِياغة) نصّ الاتفاقيّة
Gold- und Silberarbeiten anfertigen	[ṣâġa aḏ-ḏahab wa-l-fiḍḍa]	صاغ الذهب والفِضّة
Formulierung, Diktion *eines Vertrages*	[ṣiyâġat al-ittifâqiyya]	صِياغة الاتفاقيّة
Goldschmiedehandwerk	[ṣiyâġa]	صِياغة
Goldschmied	[ṣâ'iġ, ṣâġa]	صائغ ج صاغة
Goldschmiedearbeiten	[maṣûġât]	مصُوغات
Fassung, Form, Formel	[ṣiġa, šiyaġ]	صِيغة ج صِيَغ
*End*fassung	[ṣiġa nihâ'iyya]	صِيغة نِهائيّة
Silo	[ṣawmaʿa, ṣawâmiʿ]	صوْمعة ج صوامِع
*Getreide*silo	[ṣawmaʿat al-ḥubûb]	صوْمعة الحُبُوب
instandhalten, warten, pflegen *Maschine*	[ṣâna (yaṣûnu, ṣiyâna / ṣawn) âla]	صان (ـُ صِيانة / صوْن) آلة
Instandhaltung *eines Autos*	[ṣiyânat as-sayyâra]	صِيانة السيّارة
regelmäßige Wartung	[ṣiyâna dawriyya]	صِيانة دوْريّة
jagen *Tiere*	[ṣâda (yaṣîdu, ṣayd) ḥayawânât]	صاد (ـِ صيْد) حيوانات
fischen *Fische*	[ṣâda as-samak]	صاد السمك
jagen *Tiere*	[iṣṭâda ḥayawânât]	اصطاد حيوانات
Jagd	[ṣayd]	صيْد
*Fisch*fang	[ṣayd as-samak]	صيْد السمك
Jäger, Fischer	[ṣayyâd, ~ûn]	صيّاد ج ون
*Fisch*fanggründe	[maṣâ'id as-samak]	مصائِد السمك
Pharmazie	[ṣaydala]	صيْدلة
pharmazeutisch, Apotheker, Pharmazeut	[ṣaydalî, ṣayâdila]	صيْدليّ ج صيادِلة
pharmazeutisch, Apotheker, Pharmazeut	[ṣaydalânî, ṣayâdila]	صيْدلانيّ ج صيادِلة
Apotheke	[ṣaydaliyya, ~ât]	صيْدليّة ج ات

ض

sich verringern, abnehmen *(Anzahl)*	[taḍâ'ala (al-ʿadad)	تضاءل (العدد)

Geringheit *einer Menge*	[ḍa'âlat al-kammiyya]	ضآلة الكمّيّة
gering	[ḍa'îl]	ضئيل
Akte, Dossier	[iḍbâra, aḍâbîr]	إضْبارة ج أضابير
kontrollieren, regulieren, steuern *Investitionen*	[ḍabaṭa (yaḍbuṭu, ḍabṭ) istiṯmârât]	ضبط (ـُ ضبْط) استثمارت
beschlagnahmen, sicherstellen *Diebesgut*	[ḍabaṭa masrûqât]	ضبط مسروقات
kontrolliert sein oder werden *(Finanzen)*	[inḍabaṭa (al-amwâl)	انضبط (الأموالُ)
diszipliniert sein (*Beschäftigte*)	[inḍabaṭa (al-ʿâmilûn)]	انضبط (العاملون)
Kontrolle, Regelung, Steuerung	[ḍabṭ]	ضبْط
katastermäßige Erfassung *des Bodens*	[ḍabṭ al-arâḍî]	ضبْط الأراضِي
*Qualitäts*kontrolle	[ḍabṭ al-ǧûda]	ضبْط الجُودة
*Struktur*anpassung	[ḍabṭ haykalî]	ضبْط هيْكليّ
Steuerung *der Zahlungsbilanz*	[ḍabṭ mîzân al-madfûʿât]	ضبْط مِيزان المدفوعات
Disziplin	[inḍibâṭ]	انضباط
*Arbeits*disziplin	[inḍibâṭ al-ʿamal]	انضباط العمل
*Finanz*disziplin	[inḍibâṭ mâlî]	انضباط ماليّ
geregelter *Haushalt*	[inḍibâṭ al-muwâzana]	انضباط الموازنة
Norm, Regel	[ḍâbiṭ, ḍawâbiṭ]	ضابط ج ضوابِط
wirtschaftliche Normen *erstellen*	[waḍaʿa ḍawâbiṭ iqtiṣâdiyya]	وضع ضوابِط اقتصاديّة
pumpen *Wasser*	[ḍaḫḫa (yaḍuḫḫû, ḍaḫḫ) al-miyâh]	ضخّ (ـُ ضخّ) المِياه
Pumpen *von Erdöl*	[ḍaḫḫ an-nafṭ]	ضخّ النفْط
aufblähen *Sektor*	[ḍaḫḫama qiṭâʿan]	ضخّم قِطاعا
aufbläht sein o. werden *(Sektor)*	[taḍaḫḫama (al-qiṭâʿ)]	تضخّم (القِطاعُ)
großer Umfang *von Investitionen*	[ḍaḫâmat al-istiṯmârât]	ضخامة الاستثمارت
Inflation	[taḍaḫḫum mâlî]	تضخُّم ماليّ
galoppierende Inflation	[taḍaḫḫum ǧâmiḥ]	تضخُّم جامح
schleichende Inflation	[taḍaḫḫum zâḥif]	تضخُّم زاحف
chronische Inflation	[taḍaḫḫum muzmin]	تضخُّم مزمِن
*Hyper*inflation	[taḍaḫḫûm mufriṭ]	تضخُّم مفرِط
*Kosten*inflation	[taḍaḫḫum at-takâlîf]	تضخُّم التكاليف

latente Inflation	[taḍaḫḫum kâmin]	تضخّم كامن
Inflation *unter Kontrolle halten*	[sayṭara ʿalâ at-taḍaḫḫum]	سيطر على التضخُّم
Inflation *eindämmen*	[kabaḥa ğamâḥ at-taḍaḫḫum]	كبح جماح التضخُّم
Inflation *eindämmen*	[lağama at-taḍaḫḫum]	لجم التضخُّم
aufgebläht, inflationär	[mutaḍaḫḫim]	متضخِّم
umfangreich, groß, gewaltig	[ḍaḫm]	ضخْم
schaden, schädigen *Firma*	[ḍarra (yaḍurru, ḍarar) šarika]	ضرّ (ـُ ضرر) شركة
schaden, schädigen *Kunden*	[aḍarra bi-ʿamîl]	أضرّ بعمِيل
Schaden erleiden, geschädigt sein o. werden *durch Erdbeben*	[taḍarrara bi-z-zilzâl]	تضرّر بالزِلْزال
Schaden	[ḍarar, aḍrâr]	ضرر ج أضْرار
*Umwelt*schäden	[aḍrâr bi'îyya]	اضْرار بِيئيّة
schwere Schäden	[aḍrâr ğasîma]	أضْرار جسِيمة
gesundheitliche Schäden	[aḍrâr ṣiḥḥiyya]	أضْرار صِحّيّة
ausgesetzt sein o. werden *einem Schaden*	[taʿarraḍa li-ḍarar]	تعرّض لِضرر
Schaden *erleiden Kunde*	[(laḥiqa) aḍ-ḍarar bi-zabûn]	(لحِق) الضررُ بزبُون
Schaden *zufügen einem Unternehmen*	[alḥaqa ḍararan bi-šarika]	ألحق ضررا بشرِكة
Geschädigter	[maḍrûr]	مضرور
*umwelt*schädlich	[muḍirr bi-l-bî'a]	مضِرّ بالبيئة
geschädigt, Schaden genommen	[mutaḍarrir]	متضرِّر
Schaden, Nachteil	[maḍarra, maḍâr]	مضرّة ج مضارّ
*Umwelt*schäden	[maḍâr bî'iyya]	مضارّ بِيئيّة
prägen *Münzen*	[ḍaraba (yaḍribu, ḍarb) maskûkât]	ضرب (ـِ ضرْب) مسكوكات
erheben *Steuer auf,* besteuern *Einkommen*	[ḍaraba ḍarîba ʿalâ ad-daḫl]	ضرب ضرِيبة على الدخْل
festlegen *Termin*	[ḍaraba mawʿidan]	ضرب موْعِدا
verhängen *Wirtschaftsblockade über ein Land*	[ḍaraba ḥiṣâran ʿalâ balad]	ضرب حِصارا اقتصاديّا على بلد
multiplizieren *Zahl mit einer Zahl*	[ḍaraba ʿadadan fî ʿadad]	ضرب عددا في عدد
spekulieren *an der Börse*	[ḍâraba fî al-bûrṣa]	ضارب في البُورْصة
spekulieren *mit Gold*	[ḍâraba bi-ḏ-ḏahab]	ضارب بالذهب
streiken, Arbeit niederlegen	[aḍraba ʿan al-ʿamal]	أضرب عن العمل

gestört, ungeordnet sein *(Produktionsprozeß)*	[iḍṭaraba (ʿamaliyyat al-intâǧ)]	اضطرب (عمليةُ الإنتاج)
*Steuer*erhebung, Besteuerung	[ḍarb aḍ-ḍarâ'ib]	ضرْب الضرائِب
Multiplikation	[ḍarb]	ضرْب
wirtschaftlicher Schlag	[ḍarba iqtiṣâdiyya, ~ât]	ضرْبة اقتصاديّة ج ات
Spekulation	[muḍâraba, ~ât]	مضاربة ج ات
*Immobilien*spekulationen	[muḍârabât ʿaqâriyya]	مضاربات عقاريّة
*Währungs*spekulationen	[muḍarabât naqdiyya]	مضاربات نقْديّة
Spekulationen *eindämmen*	[ḥadda min al-muḍârabât]	حدّ من المضاربات
Streik	[iḍrâb ʿan al-ʿamal]	إضراب (عن العمل) ج ات
*Hunger*streik	[iḍrâb ʿan aṭ-ṭaʿâm]	إضراب عن الطعام
*General*streik	[iḍrâb ʿâmm]	إضراب عامّ
*Warn*streik	[iḍrâb inḏârî]	إضراب إنذاريّ
Störung, Unruhe	[iḍṭirâb]	اضطراب
*Währungs*turbulenzen	[iḍṭirâbât naqdiyya]	اضطرابات نقْديّة
Spekulant	[muḍârib, ~ûn]	مضارِب ج ون
*Börsen*spekulant	[muḍârib fî al-burṣa]	مضارِب في البُورْصة
gestört, unruhig, durcheinander	[muḍṭarib]	مضطرِب
Steuer(n)	[ḍarîba, ḍara'ib]	ضريبة ج ضرائِب
*Wert*steuer	[ḍarîba ʿalâ asâs al-qîma]	ضريبة على أساس القِيمة
*Erbschaft*steuer	[ḍarîbat al-aylûla]	ضريبة الأيْلُولة
*Umwelt*steuer	[ḍarîba bî'iyya]	ضريبة بِيئيّة
direkte Steuer	[ḍarîba mubâšira]	ضريبة مباشِرة
indirekte Steuer	[ḍarîba ġayr mubâšira]	ضريبة غيْر مباشِرة
*Umsatz*steuer	[ḍarîba al-mabîʿât]	ضريبة المبيعات
*Einkommen*steuer	[ḍarîbat ad-daḫl]	ضريبة الدخْل
*Kapital*steuer	[ḍarîba ra'smâliyya]	ضريبة رأسْماليّة
*Kapitalertrag*steuer	[ḍarîbat ar-ribḥ ar-ra'smâlî]	ضريبة الرِبْح الرأسْماليّ
*Mehrwert*steuer	[ḍarîbat ar-ribḥ az-zâ'id]	ضريبة الرِبْح الزائد
progressive Steuer	[ḍarîba mutaṣâʿida]	ضريبة متصاعِدة

*Energie*steuer	[ḍarîbat aṭ-ṭâqa]	ضريبة الطاقة
*Grund*steuer	[ḍarîba ʿaqâriyya]	ضريبة عقاريّة
*Mehrwert*steuer	[ḍarîbat al-qîma al-muḍâfa]	ضريبة القيمة المضافة
*Kohlendioxid*steuer	[ḍarîbat al-kârbûn]	ضريبة الكرْبُون
*Vermögen*steuer	[ḍarîbat al-amlâk]	ضريبة الأمْلاك
degressive Steuer	[ḍarîba tanâzuliyya]	ضريبة تنازُليّة
*Quellen*steuer	[ḍarîbat al-manša']	ضريبة المنْشأ
*Gewerbe*steuer	[ḍarîba mihaniyya]	ضريبة مِهنيّة
*Verbrauchs*steuer	[ḍarîbat al-istihlâk]	ضريبة الاستهلاك
Steuern *erleichtern*	[ḫaffafa aḍ-ḍarâ'ib]	خفّف الضرائِب
Steuern *senken*	[ḫaffaḍa aḍ-ḍarâ'ib]	خفّض الضرائِب
Steuern *erhöhen*	[rafʿa aḍ-ḍarâ'ib]	رفع الضرائِب
Steuern *zahlen*	[saddada aḍ-ḍarîba]	سدّد الضرائِب
Steuer *einführen*	[ʿammama ḍarîba]	عمّم ضريبة
besteuern *Unternehmen*	[faraḍa ḍarîba ʿalâ šarika]	فرض ضريبة على شرِكة
Steuer *schätzen, veranlagen*	[qaddara aḍ-ḍarîba]	قدّر الضريبة
Steuer-, steuerlich	[ḍarîbî]	ضريبيّ
Steuer-, steuerlich	[ḍarâ'ibî]	ضرائِبيّ
verdoppeln *Betrag*	[ḍâʿafa mablaġan]	ضاعف مبْلغا
verdreifachen *Betrag*	[ḍâʿafa al-mablaġ ṯalâṯat aḍʿâf]	ضاعف المبْلغ ثلاثة أضْعاف
sich verdoppeln, sich vergrößern *(Umsätze)*	[taḍâʿafa (al-mabîʿât)]	تضاعف (المبيعاتُ)
Verdoppelung *des Gewinns*	[muḍâʿafat ar-ribḥ]	مضاعفة الربْح
wirtschaftliche Komplikationen	[muḍâʿafât iqtiṣâdiyya]	ج مضاعفات اقتصاديّة
Verdoppelung *der Exporte*	[taḍâʿuf aṣ-ṣâdirât]	تضاعُف الصادرات
Doppeltes, Mehrfaches, Vielfaches	[ḍiʿf, aḍʿâf]	ضِعْف ج أضْعاف
das Doppelte *des Betrages*	[ḍiʿf al-mablaġ]	ضِعْف المبْلغ
das Dreifache *des Betrages*	[ṯalâṯat aḍʿâf al-mablaġ]	ثلاثة أضْعاف المبْلغ
sich erhöhen (Preis) um ein Vielfaches	[irtafaʿa (as-siʿr) aḍʿâfan]	ارتفع (السعْرُ) أضْعافا
Verfünffachung *der Investitionen*	[muḍâʿafat al-istiṯmârât ḫamsat aḍʿâf]	مضاعفة الإستثمارات خمْسة أضْعاف

schwach sein o. werden, sich abschwächen *(Konjunktur)*	[ḍaʿufa (yaḍʿufu, ḍuʿf) (al-ḥâla al-iqtiṣâdiyya)]	ضعُف (ـُ ضُعْف)(الحالةُ الاقتصاديةُ)
schwächen *Wirtschaftskraft*	[aḍʿafa al-quwâ al-iqtiṣâdiyya]	أضعف القُوة الاقتصاديّة
Schwäche	[ḍuʿf]	ضُعْف
Schwäche *einer Währung*	[ḍuʿf al-ʿumla]	ضُعْف العُمْلة
*Finanz*schwäche	[ḍuʿf mâlî]	ضُعْف ماليّ
schwach	[ḍaʿîf]	ضعِيف
Druck	[ḍaġṭ, ḍuġûṭ]	ضغْط ج ضُغُوط
*Inflations*druck	[ḍuġûṭ taḍaḫḫumiyya]	ضُغُوط تضخُّميّة
*Finanz*druck	[ḍaġṭ mâlî]	ضغْط ماليّ
*Konkurrenz*druck	[ḍuġûṭ tanâfusiyya]	ضُغُوط تنافُسيّة
wirtschaftlichen Druck *ausüben*	[mârasa ḍa'ṭan iqtiṣâdiyyan]	مارس ضغْطا اقتصاديّا
Druck *ausgesetzt sein*	[taʿarraḍa li-ḍaġṭ]	تعرّض لضغْط
wirtschaftliches Druckmittel	[ḍâġiṭa iqtiṣâdiyya, ḍawâġiṭ]	ضاغطة اقتصاديّة ج ضواغِط
garantieren, gewährleisten *Projektfinanzierung*	[ḍamina (yaḍmanu, ḍamân) tamwîl al-mašrûʿ]	ضمِن (ـَ ضمان) تمويل المشروع
bürgen, haften *für Geschäftspartner*	[ḍamina šarîkan]	ضمِن شرِيكا
sichern *wirtschaftliche Interessen*	[ḍamina maṣâliḥ iqtiṣâdiyya]	ضمِن مصالِح اقتصاديّة
gegenseitig haften	[taḍâmana]	تضامن
Garantie, Gewährleistung	[ḍamân, ~ât]	ضمان ج ات
Bürgschaft, Haftung	[ḍamân, ~ât]	ضمان ج ات
Sicherung, Sicherheit, Versicherung	[ḍamân, ~ât]	ضمان ج ات
*Investitions*sicherheiten	[ḍamânât al-istiṯmâr]	ضمانات الاستثمار
*Sozial*versicherung	[ḍamân iǧtimâʿî]	ضمان اجتماعيّ
Sicherung *von Rechten*	[ḍamân al-ḥuqûq]	ضمان الحُقُوق
Sicherheiten *der Regierung*	[ḍamânât al-ḥukûma]	ضمانات حُكُوميّة
*Zahlungs*garantie	[ḍamân ad-dafʿ]	ضمان الدفْع
*Bank*garantie	[ḍamân maṣrifî]	ضمان مصْرِفيّ
Kaution	[ḍamân mâlî]	ضمان ماليّ
*Arbeitsplatz*garantie	[ḍamân al-waẓâ'if]	ضمان الوظائِف
fiktive Sicherheiten	[ḍamânât wahmiyya]	ضمانات وهْميّة

Sicherheiten *entziehen*	[saḥaba ḍamânât]	سحب ضمانات
Sicherheiten *geben*	[aʿṭâ ḍamânât]	أعطى ضمانات
Sicherheiten *leisten*	[waffara ḍamânât]	وفّر ضمانات
ungesichert, ungedeckt	[bi-dûn ḍamân]	بدون ضمان
Garantie	[ḍamâna, ~ât]	ضمانة ج ات
gegenseitige Haftung	[tsḍâmun]	تضامُن
haftend, haftbar	[ḍâmin, ~ûn]	ضامن ج ون
bürgend, Bürge	[ḍâmin, ~ûn]	ضامن ج ون
Bürge *für eine Schuld*	[ḍâmin ad-dain]	ضامن الديْن
gesichert, garantiert, verbürgt, gedeckt	[maḍmûn]	مضمون
ungesichert, ungedeckt	[ġayr maḍmûn]	غيْر مضمون
Inhalt	[maḍmûn, maḍâmîn]	مضمون ج مضامِين
gesamtschuldnerisch haftend	[mutaḍâmin]	متضامِن
verloren gehen *(Chance)*	[ḍâʿa (yaḍîʿu, ḍayâʿ) (al-furṣa)	ضاع (-ِ ضياع) (الفُرْصةُ)
verlieren, vergeuden *finanzielle Mittel*	[aḍâʿa amwâlan]	أضاع أمْوالا
*Zeit*verlust	[ḍayâʿ al-waqt]	ضياع الوقْت
verlustig gegangen, verloren	[ḍâ'iʿ]	ضائع
zusätzlich	[iḍâfî]	إضافيّ
Mehr-	[muḍâf]	مضاف
knapp sein *(Zeit)*	[ḍâqa (yaḍîqu, ḍîq) (al-waqt)]	ضاق (-ِ ضِيق) (الوقْتُ)
Enge, Kanppheit, Mangel	[ḍîq]	ضِيق
*Zeit*knappheit	[ḍîq al-waqt]	ضِيق الوقْت
Engpaß, Schwierigkeit	[muḍâyaqa, ~ât]	مضايقة ج ات
Misere, schwierige Lage	[ḍâ'iqa, dawâ'iq]	ضائقة ج ضوائِق
finanzielle Misere	[ḍâ'iqa mâliyya]	ضائقة ماليّة
*Brennstoff*krise	[ḍâ'iqat al-waqûd]	ضائقة الوقُود
Meerenge *von Gibraltar*	[maḍîq ğabal ṭâriq]	مضِيق جبل طارق
Meerenge *von Hormus*	[maḍîq hurmuz]	مضِيق هُرْمُز

﴿ ط ﴾

Energie	[ṭâqa, ~ât]	طاقة ج ات
Kapazität, Potential	[ṭâqa]	طاقة
*Forschungs*kapazitäten	[ṭâqât al-baḥṯ al-ʿilmî]	طاقات البحْث العِلْميّ
alternative Energie	[ṭâqa badîla]	طاقة بديلة
*Primär*energie	[ṭâqa awwaliyya]	طاقة أوّليّة
*Human*potential	[ṭâqa bašariyya]	طاقة بشريّة
regenerative Energie	[ṭaqa mutaǧaddida]	طاقة متجدّدة
*Wärme*kraft	[ṭâqa ḥarâriyya]	طاقة حراريّة
*Lade*kapazität	[ṭâqat al-ḥumûla]	طاقة الحُمُولة
*Lager*kapazität	[ṭâqat at-taḫzîn]	طاقة التخزين
*Atom*energie	[ṭâqa ḏarriyya]	طاقة ذرّيّة
*Über*kapazität	[ṭâqa zâ'ida]	طاقة زائدة
*Jahres*kapazität	[ṭâqa sanawiyya]	طاقة سنويّة
*Sonnen*energie	[ṭâqa šamsiyya]	طاقة شمْسيّة
*Export*kapazität	[ṭâqa taṣdîriyya]	طاقة تصديريّة
Kapazität *eines Werks*	[ṭâqat al-maṣnaʿ]	طاقة المصْنع
brachliegende Potenzen	[ṭâqât muʿaṭṭala]	طاقات معطّلة
*Entwicklungs*kapazitäten	[ṭâqât at-taṭawwur]	طاقات التطوُّر
*Höchst*kapazität	[ṭâqa quṣwâ]	طاقة قُصْوى
traditionelle Energie	[ṭâqa taqlîdiyya]	طاقة تقليديّة
*Elektro*energie	[ṭâqa kahrabâ'iyya]	طاقة كهْربائيّة
hydroelektrische Energie	[ṭâqa kahramâ'iyya]	طاقة كهْرمائيّة
*Wasser*energie	[ṭâqa mâ'iyya]	طاقة مائيّة
*Produktions*kapazität	[ṭâqa intâǧiyya]	طاقة إنتاجيّة
*Transport*kapazität	[ṭâqat an-naql]	طاقة النقْل
*Umschlags*kapazität	[ṭâqat al-munâwala]	طاقة المناولة
*Kern*energie	[ṭâqa nawawiyya]	طاقة نوويّة

*Aufnahme*kapazität, *Fassungs*vermögen	[ṭâqat al-istîʿâb]	طاقة الاستيعاب
Energie *verschwenden*	[baḏḏara aṭ-ṭâqa]	بذّر الطاقة
Energie *verbrauchen*	[istahlaka aṭ-ṭâqa]	استهلك الطاقة
Energie *einsparen*	[waffara aṭ-ṭâqa]	وفّر الطاقة
Energie *erzeugen*	[wallada aṭ-ṭâqa]	ولّد الطاقة
drucken *Formular*	[ṭabaʿa (yaṭbaʿu, ṭabʿ/ṭibâʿa) istimâra]	طبع (ـَ طبْع/ طِباعة) استمارة
Drucken *von Geld*	[ṭibâʿat al-ʿumla]	طِباعة العُمْلة
Druckereiwesen	[ṭibâʿa]	طِباعة
in Druck	[taḥta aṭ-ṭabʿ]	تحت الطبْع
Auflage	[ṭabʿa, ~ât]	طبْعة ج ات
Marke, Stempelabdruck	[ṭâbiʿ, ṭawâbiʿ]	طابع ج طوابِع
*Brief*marken	[ṭawâbiʿ al-barîd]	طوابِع البرِيد
*Stempel*marke, *Steuer*marke	[ṭâbiʿ ad-damġa]	طابع الدمْغة
*Geld*marken	[ṭawâbiʿ mâliyya]	طوابِع ماليّة
Drucker	[ṭâbiʿa, ~ât]	طابعة ج ات
*Laser*drucker	[ṭâbiʿ layziriyya]	طابعة ليْزِريّة
Drucksache, Druckerzeugnisse	[maṭbûʿât]	ج مطبوعات
Druckerei	[maṭbaʿ, maṭâbiʿ]	مطْبعة ج مطابِع
anwenden *Methode*	[ṭabbaqa uslûban]	طبّق أُسْلُوبا
Anwendung *einer Technologie*	[taṭbîq at-taknûlûǧiyâ]	تطبيق التكْنُولُوجيا
angewandt, praxisbezogen	[taṭbîqî]	تطبيقيّ
soziale Schicht, Klasse	[ṭabaqa iǧtimâʿiyya, ~ât]	طبقة اجتماعيّة ج ات
*Ozon*schicht	[ṭabaqat al-ûzûn]	طبقة الأُوزُون
*Arbeiter*klasse	[ṭabaqa ʿâmila]	طبقة عاملة
*Mittel*schicht	[ṭabaqa wusṭâ]	طبقة وُسْطى
Schicht *mit beschränktem Einkommen*	[ṭabaqa maḥdûdat ad-daḫl]	طبقة محدودة الدخْل
unvorhergesehen, Sonder-	[ṭâri’]	طارئ
Notfall, Notstand	[ṭâri’a, ṭawâri’]	طارئة ج طوارئ
werfen *Ware auf Markt*	[ṭaraḥa (yaṭraḥu, ṭarḥ) biḍâʿa fî as-sûq]	طرح (ـَ طرْح) بِضاعة في السُوق

zum Verkauf stellen *Haus*	[ṭaraḥa baytan li-l-bayʿ]	طرح بيْتا للبيْع
auflegen *Aktien*	[ṭaraḥa ashuman]	طرح أسْهُما
ausschreiben *Projekt*	[ṭaraḥa mašrûʿan li-l-munâqaṣa]	طرح مشروعا للمناقصة
subtrahieren *Betrag*	[ṭaraḥa mablaġan]	طرح مبْلغا
Subtraktion	[ṭarḥ]	طرْح
ausweisen *Arbeitskräfte*	[ṭarada (yaṭrudu, ṭard) ʿamâla]	طرد (ـُ طرْد) عمالة
Paket	[ṭard, ṭurûd]	طرْد ج طُرُود
Typ, Modell	[ṭirâz, ṭuruz / aṭriza]	طِراز ج طُرُز / أطْرِزة
vom modernsten Typ	[min aḥdaṯ ṭirâz]	من أحْدث طِراز
Partner, Vertragspartner	[ṭaraf, aṭrâf]	طرف ج أطْراف
dritte Seite	[ṭaraf ṯâliṯ]	طرف ثالث
*Vertrags*partner	[ṭarâf al-ʿaqd]	طرف العقْد
streitende Parteien	[aṭrâf mutanâziʿa]	أطْراف متنازِعة
Straße, Landstraße, Weg	[ṭarîq, ṭuruq / ṭuruqât]	طرِيق ج طُرُق / طُرُقات
*See*weg	[ṭarîq baḥrî]	طرِيق بحْريّ
*Land*weg	[ṭarîq barrî]	طرِيق برّيّ
*Handels*wege, *Handels*straßen	[ṭuruq tiğâriyya]	طُرُق تِجاريّة
*Luft*weg	[ṭarîq ğawwî]	طرِيق جوّيّ
vierspurige Straße	[ṭarîq ḏû arbaʿat ḫuṭûṭ]	طرِيق ذو أرْبعة خُطُوط
*Auto*bahn	[ṭarîq sarîʿ]	طرِيق سرِيع
*Datenauto*bahn	[ṭarîq sarîʿ li-l-maʿlûmât]	طرِيق سرِيع للمعلومات
befestigte Straßen	[ṭuruq muʿabbada]	طُرُق معبّدة
*Transport*wege	[ṭuruq an-naql]	طُرُق النقْل
*Verkehrs*wege	[ṭuruq al-muwâṣalât]	طُرُق المواصلات
Straßennetz *eines Landes*	[ṭuruqât al-balad]	طُرُقات البلد
Straße *bauen*	[banâ ṭarîqan]	بنى طرِيقا
Straßen *ausbauen*	[ʿabbada ṭuruqan]	عبّد طُرُقا
Methode, Art und Weise, Verfahren	[ṭarîqa, ṭuruq / ṭarâ'iq]	طرِيقة ج طُرُق / طرائِق
Abrechnungs*methode*	[ṭarîqat al-muḥâsaba]	طرِيقة المحاسبة

*Zahlungs*art	[ṭarîqat ad-dafʿ]	طريقة الدفْع
*Verarbeitungs*methode	[ṭarîqat at-taṣnîʿ]	طريقة التصنيع
*Arbeits*methoden	[ṭarâʾiq al-ʿamal]	طرائِق العمل
fehlerhafte Methode	[ṭarîqa maʿîba]	طريقة مَعيبة
Methode *anwenden*	[ṭabbaqa ṭarîqa]	طبّق طريقة
frisch	[ṭâziǧ]	طازج
Einspruch, Berufung einlegen *gegen*, anfechten *ein Urteil*	[ṭaʿana (yaṭʿanu, ṭaʿn) fî ḥukm]	طعن (ـَ طعْن) في حُكْم
Einspruch, Berufung, Anfechtung	[ṭaʿn]	طعْن
Aufschwung, Boom, Sprung	[ṭafra, ~ât]	طفْرة ج ات
*Investitions*boom	[ṭafra istiṯmâriyya]	طفْرة استثماريّة
*Öl*boom	[ṭafra nafṭiyya]	طفْرة نفْطيّة
qualitativer Sprung	[ṭafra nawʿiyya]	طفْرة نوْعيّة
Aufschwung *nehmen*	[ḥaqqaqa ṭafra]	حقّق طفْرة
Besatzung, Crew	[ṭâqim, ṭawâqim]	طاقم ج طواقِم
*Flugzeug*besatzung	[ṭâqim aṭ-ṭâʾira]	طاقم الطائرة
Satz, Serie, Garnitur	[ṭaqm, aṭqum]	طقْم ج أطْقُم
bestellen, in Auftrag geben, ordern *Ware*	[ṭalaba (yaṭlubu, ṭalab) biḍâʿa]	طلب (ـُ طلب) بِضاعة
beantragen *Genehmigung*	[ṭalaba manḥ ar-ruḫṣa]	طلب منْح الرُخْصة
fordern *Entschädigung*	[ṭâlaba bi-taʿwîḍ]	طالب بتعويض
erforderlich machen *Einigung*	[taṭallaba ittifâqan]	تطلّب اتّفاقا
Bestellung, Auftrag, Order	[ṭalab, ~ât]	طلب ج ات
Bestellung *per Post*	[ṭalab barîdî]	طلب بريديّ
gesplitterer Auftrag	[ṭalab muǧazzaʾ]	طلب مجزّأ
*Dauer*auftrag	[ṭalab dâʾim]	طلب دائم
*Zusatz*bestellung	[ṭalab iḍâfî]	طلب إضافيّ
*Eil*auftrag	[ṭalab ʿâǧil]	طلب عاجل
abrufbar	[taḥta aṭ-ṭalab]	تحت الطلب
Nachfrage *nach Energie*	[ṭalab ʿalâ aṭ-ṭâqa]	طلب على الطاقة

*Arbeitskräfte*nachfrage	[ṭalab ʿalâ al-ʿamâla]	طلب على العمالة
*Binnen*nachfrage	[ṭalab maḥallî]	طلب محلّيّ
potentielle Nachfrage	[ṭalab muḥtamal]	طلب محتمل
*Auslands*nachfrage	[ṭalab ḫâriǧî]	طلب خارجيّ
niedrige Nachfrage	[ṭalab munḫafiḍ]	طلب منخفِض
geringe Nachfrage	[ṭalab ḫafîf]	طلب خفِيف
flaue Nachfrage	[ṭalab ḫâmil]	طلب خامل
rückläufige Nachfrage	[ṭalab muṭarâǧi']	طلب متراجِع
hohe Nachfrage	[ṭalab murtafiʿ]	طلب مرتفِع
stagnierende Nachfrage	[ṭalab râkid]	طلب راكد
zunehmende Nachfrage	[ṭalab mutazâ'id]	طلب متزايِد
riesige Nachfrage	[ṭalab hâ'il]	طلب هائل
saisonale Nachfrage	[ṭalab mawsimî]	طلب موْسِميّ
potentielle Nachfrage	[ṭalab mutawaqqa']	طلب متوقّع
auf Nachfrage	[ʿalâ ṭalab]	على طلب
Nachfrage *schaffen*	[waffara ṭalaban]	وفّر طلبا
Nachfrage *decken*	[ġaṭṭâ ṭalaban]	غطّى طلبا
Zuschlag für einen Auftrag *erhalten*	[fâza bi-ṭalab]	فاز بطلب
Nachfrage *erfüllen*	[labbâ ṭalaban]	لبّى طلبا
Antrag	[ṭalab, ~ât]	طلب ج ات
*Investitions*antrag	[ṭalab al-istiṯmâr]	طلب الاستثمار
Antrag *mit vollständigen Unterlagen*	[ṭalab mustawfâ al-mustanadât]	طلب مستوفى المستندات
Antrag *prüfen*	[darasa ṭalaban]	درس طلبا
Antrag *ablehnen*	[rafaḍa ṭalaban]	رفض طلبا
Antrag *stellen*	[qaddama ṭalaban]	قدّم طلبا
Antrag *genehmigen*	[labbâ ṭalaban]	لبّى طلبا
Anspruch, Forderung	[ṭalab, ~ât]	طلب ج ات
finanzielle Forderungen	[ṭalabât mâliyya]	طلبات ماليّة
Bestellung	[ṭalabiyya, ~ât]	طلبيّة ج ات

Anspruch, Forderung	[muṭâlaba, ~ât]	مطالبة ج ات
*Entschädigungs*anspruch	[muṭâlaba bi-t-taʿwîḍât]	مطالبة بالتعويضات
Forderungen *begleichen*	[sawwâ muṭâlabât]	سوّى مطالبات
Besteller, Auftraggeber, Antragsteller	[ṭâlib, ~ûn]	طالب ج ون
*Arbeits*suchender	[ṭâlib al-ʿamal]	طالب العمل
bestellt, angefordert, beantragt, erforderlich, gesucht, gefragt	[maṭlûb]	مطلوب
Forderungen, Verbindlichkeiten, Passiva	[maṭlûbât]	ج مطلوبات
finanzielle Forderungen	[maṭlûbât mâliyya]	مطلوبات ماليّة
wirtschaftliche Erfordernisse	[mutaṭallabât iqtiṣâdiyya]	ج متطلّبات اقتصاديّة
Erfordernissen *des Marktes entsprechen*	[labbâ mutaṭallabât as-sûq]	لبّى متطلّبات السُوق
wirtschaftliche Ambitionen	[taṭalluʿât iqtiṣâdiyya]	ج تطلُّعات اقتصاديّة
vorderste Reihe, erste Stelle	[ṭalîʿa, ṭalâʾiʿ]	طلِيعة ج طلائِع
Spitzen*banken*	[ṭalîʿat al-maṣârif]	طلِيعة المصارِف
führend, vorderst, Spitzen-	[ṭalîʿî]	طلِيعيّ
wirtschaftlicher Aufbruch	[inṭilâqa iqtiṣâdiyya]	انطلاقة اقتصاديّة
absolut	[muṭlaq]	مطلق
Vorratsraum, Speisekammer	[maṭmûra, maṭâmîr]	مطمورة ج مطامِير
Tonne *(Gewichtsmaß)*	[ṭunn, aṭnân]	طُن ج أطْنان
*Register*tonne	[ṭunn musağğal]	طنّ مسجّل
metrische Tonne	[ṭunn mitrî]	طُنّ مِتريّ
Tonnage	[ṭunniyya]	طُنّيّة
entwickeln *neue Methoden*	[ṭawwara asâlîb ğadîda]	طوّر أسالِيب جدِيدة
sich entwickeln *(Industrie)*	[taṭawwara (aṣ-ṣinâʿa)]	تطوّر (الصِناعة)
Entwicklung *der Produktionskapazität*	[taṭwîr aṭ-ṭâqa al-intâğiyya]	تطوير الطاقة الإنتاجيّة
technische Entwicklung	[taṭawwur tiqanî]	تطوُّر تِقنيّ
demographische Entwicklung	[taṭawwur dîmûġrâfî]	تطوُّر دِيموغْرافيّ
*Preis*entwicklung	[taṭawwur al-asʿâr]	تطوُّر الأسْعار
negative Entwicklung	[taṭawwur salbî]	تطوُّر سلْبيّ

qualitative Entwicklung	[taṭawwur nawʿî]	تطوُّر نوْعيّ
positive Entwicklung	[taṭawwur îǧâbî]	تطوُّر إيجابيّ
mit der Entwicklung *gehen*	[sâyara at-taṭawwur]	ساير التطوُّر
entwickelt	[mutaṭawwir]	متطوِّر
anpassen *Produkte dem Markt*	[ṭawwaʿa muntaǧât li-s-sûq]	طوّع منتجات للسُوق
Anpassung *von Methoden*	[taṭwîʿ al-asâlîb]	تطويع الأساليب
Länge	[ṭûl, aṭwâl]	طُول ج أطْوال
enorm, riesig	[ṭâ'il]	طائل
lang	[ṭawîl]	طوِيل
Luftfahrt, Flugwesen	[ṭayarân]	طيران
*Zivil*luftfahrt	[ṭayarân madanî]	طيران مدنيّ
*Inlands*luftfahrt	[ṭayarân dâḫilî]	طيران داخليّ
*Charter*flugverkehr	[ṭayarân ʿâriḍ]	طيران عارض
Flugzeug	[ṭâ'ira, ~ât]	طائرة ج ات
*Charter*flugzeug	[ṭâ'ira musta'ǧara]	طائرة مستأجرة
*Passagier*flugzeug	[ṭâ'irat ar-rukkâb]	طائرة الرُكّاب
*Transport*flugzeug	[ṭâ'irat aš-šaḥn]	طائرة الشحْن

ظ

Briefumschlag, Kuvert	[maẓrûf, maẓârîf, ~ât]	مظروف ج مظارِيف / ات
versiegeltes Kuvert	[maẓrûf maḫtûm]	مظروف مختوم
Briefumschlag, Kuvert	[ẓarf, ẓurûf / aẓruf]	ظرْف ج ظُرُوف/ أظْرُف
in separatem Umschlag	[fî ẓarf munfaṣil]	في ظرْف منفصِل
Bedingungen, Umstände, Verhältnisse	[ẓurûf]	ج ظُرُوف
günstige Bedingungen	[ẓurûf mu'âtiya]	ظُرُوف مؤاتِية
*Arbeits*bedingungen	[ẓurûf al-ʿamal]	ظُرُوف العمل
*Lebens*bedingungen	[ẓurûf al-maʿîša]	ظُرُوف المعيشة

*Wettbewerbs*bedingungen	[ẓurûf tanâfusiyya]	ظُرُوف تنافُسيّة
Bedingungen *entsprechen*	[lâʼama aẓ-ẓurûf]	لاءم الظُرُوف
indossieren, auf der Rückseite unterschreiben *Scheck*	[ẓahhara šîkan]	ظهّر شيكا
aufweisen *Defizit*	[aẓhara ʿağzan]	أظهر عجْزا
Indossament	[taẓhîr]	تظهير
auf der Rückseite *des Schecks*, umseitig	[ʿalâ ẓahr aš-šîk]	على ظهْر الشِيك

﴿ ع ﴾

abfüllen *Produkte*	[ʿabbaʼa muntağât]	عبّأ منتجات
mobilisieren *Arbeitskräfte*	[ʿabbaʼa quwâ ʿâmila]	عبّأ قُوى عاملة
Abfüllen *von Flaschen*	[taʿbiʼat al-qanânî]	تعبئة القنانِي
Mobilisierung *von Arbeitskräften*	[taʿbiʼat al-ʿamâla]	تعبئة العمالة
abgefüllt	[muʿabbaʼ]	معبّأ
mobilisiert	[muʿabbaʼ]	معبّأ
Belastung, Last	[ʿibʼ, aʿbâʼ]	عِبْء ج أعْباء
*Steuer*last	[ʿibʼ ḍarîbî]	عِبْء ضرِيبيّ
*Steuer*last *erleichtern*	[ḫaffafa al-ʿibʼ aḍ-ḍarîbî]	خفّف العِبْء الضرِيبيّ
finanzielle Belastungen	[aʿbâʼ mâliyya]	أعْباء ماليّة
Belastungen *tragen*	[taḥammala aʿbâʼan]	تحمّل أعْباءً
Packung, Päckchen	[ʿubûwa, ~ât]	عُبُوّة ج ات
wirtschaftliche Erwägungen	[iʿtibârât iqtiṣâdiyya]	ج اعتبارات اقتصاديّة
finanzielle Erwägungen	[iʿtibârât mâliyya]	اعتبارات ماليّة
Transitreisender	[ʿâbir, ~ûn]	عابر ج ون
Fähre, Fährschiff	[ʿabbâra, ~ât]	عبّارة ج ات
*Armuts*schwelle	[ʿatabat al-faqr]	عتبة الفقْر
Ausrüstung, Material	[ʿutâd, aʿtida]	عُتاد ج أعْتِدة
nicht imstande sein *zu liefern*	[ʿağaza (yaʿğizu, ʿağz) ʿan at-tawrîd]	عجز (-ِ عجْز) عن التوريد

*zahlungs*unfähig sein	[ʿaǧaza ʿan ad-dafʿ]	عجز عن الدفْع
*arbeits*unfähig sein	[ʿaǧaza ʿan al-ʿamal]	عجز عن العمل
Defizit	[ʿaǧz, ʿuǧûzât]	عجْز ج عُجُوزات
*Handels*defizit	[ʿaǧz tiǧârî]	عجْز تِجاريّ
chronisches Defizit	[ʿaǧz muzmin]	عجْز مزمِن
*Lebensmittel*defizit	[ʿaǧz ġiḏâʾî]	عجْز غِذائيّ
*Finanz*defizit	[ʿaǧz mâlî]	عجْز ماليّ
*Haushalts*defizit	[ʿaǧz al-mîzâniyya]	عجْز المِيزانيّة
*Zahlungsbilanz*defizit	[ʿaǧz fî mîzân al-madfûʿât]	عجْز في مِيزان المدفوعات
Defizit *eindämmen*	[ḥaṣara ʿaǧzan]	حصر عجْزا
Defizit *abbauen*	[ḫafaḍa ʿaǧzan]	خفض عجْزا
Defizit *begleichen*	[sadda ʿaǧzan]	سدّ عجْزا
Defizit *decken*	[ġaṭṭâ ʿaǧzan]	غطّى عجْزا
Defizit *reduzieren*	[qallaṣa ʿaǧzan]	قلّص عجْزا
Defizit *finanzieren*	[mawwala ʿaǧzan]	موّل عجْزا
*Voll*invalidität	[ʿaǧz tâmm]	عجْز تامّ
*Teil*invalidität	[ʿaǧz ǧuzʾî]	عجْز جُزْئيّ
*Zahlungs*unfähigkeit	[ʿaǧz ʿan ad-dafʿ]	عجْز عن الدفْع
*Arbeits*unfähigkeit, Invalidität	[ʿaǧz ʿan al-ʿamal]	عجْز عن العمل
*zahlungs*unfähig, insolvent	[ʿâǧiz ʿan ad-dafʿ]	عاجز عن الدفْع
*tilgungs*unfähig	[ʿâǧiz ʿan as-sadâd]	عاجز عن السداد
*arbeits*unfähig	[ʿâǧiz ʿan al-ʿamal]	عاجز عن العمل
*erwerbs*unfähig	[ʿâǧiz ʿan al-kasb]	عاجز عن الكسْب
*Wirtschafts*wunder	[muʿǧiza iqtiṣâdiyya, ~ât]	مُعجِزة اقتصاديّة ج ات
beschleunigen *Schuldentilgung*	[ʿaǧǧala tasdîd ad-duyûn]	عجّل تسديد الدُيُون
Beschleunigung *der Abschreibung*	[taʿǧîl al-istihlâk]	تعجيل الاستهلاك
beschleunigt	[muʿaǧǧal]	معجّل
zählen *Zahlen*	[ʿadda (yaʿuddu, ʿadd) aʿdâdan]	عدّ (ـُ عدّ) أعْدادا
erstellen *Studie*	[aʿadda dirâsa]	أعدّ دِراسة

vorbereiten *Projekt*	[aʿadda mašrûʿan]	أعدّ مشروعا
ausbilden *Führungskräfte*	[aʿadda kawâdir]	أعدّ كوادِر
zahlreich sein *(Angebote)*	[taʿaddada (al-ʿurûḍ)	تعدّد (العُرُوض)
Count*down*	[ʿadd tanâzulî]	عدّ تنازُليّ
statistische Zählung	[taʿdâd iḥṣâ'î]	تعْداد إحصائيّ
Ausbildung *von Ingenieuren*	[iʿdâd al-muhandisîn]	إعداد المهندِسين
Vielfältigkeit *von Produkten*	[taʿaddud al-muntağât]	تعدُّد المنتجات
wirtschaftlicher Pluralismus	[taʿaddudiyya iqtiṣâdiyya]	تعدُّديّة اقتصاديّة
gezählt; ein paar wenige	[maʿdûd]	معدود
Anlagen, Einrichtungen, Material	[muʿaddât]	ج معدّات
mehrfach, viel-, mehr-, multi-, poly-	[mutaʿaddid]	متعدِّد
multi*national*	[mutaʿaddid al-ğinsiyyât]	متعدِّد الجِنْسيّات
mehr*stufig*	[mutaʿaddid al-marâḥil]	متعدِّد المراحِل
Mehr*zweck-*	[mutaʿaddid al-aġrâḍ]	متعدِّد الأغْراض
Mehr*kanal-*	[mutaʿaddid al-qanawât]	متعدِّد القنوات
multi*national*	[mutaʿaddid al-qawmiyyât]	متعدِّد القوْميّات
multi*funktional*	[mutaʿaddid al-waẓâ'if]	متعدِّد الوظائِف
Zahl, Anzahl, Zeitschriftennummer	[ʿadad, aʿdâd]	عدد ج أعْداد
Anzahl *der Beschäftigten*	[ʿadad al-ʿâmilîn]	عدد العاملين
Werkzeug, Vorrichtung	[ʿudda, ʿudad]	عُدّة ج عُدد
Meßgerät	[ʿaddâd, ~ât]	عدّاد ج ات
abändern, modifizieren, nachbessern *Vertrag*	[ʿaddala ʿaqdan]	عدّل عقْدا
anpassen, angleichen, bereinigen *Preise*	[ʿaddala asʿâran]	عدّل أسْعارا
entsprechen *einem Wert*	[ʿâdala qîma]	عادل قِيمة
ein Dollar oder sein Gegenwert	[dûlâr aw mâ yuʿâdiluhu]	دُولار أو ما يعادله
gemäßigt sein *(Preise)*	[iʿtadala (al-asʿâr)]	اعتدل (الأسْعار)
soziale Gerechtigkeit	[ʿadâla iğtimâʿiyya]	عدالة اجتماعيّة
*Lohn*anpassung	[taʿdîl al-uğûr]	تعديل الأُجُور
*automatische Lohn*anpassung	[taʿdîl al-uğûr tilqâ'iyyan]	تعديل الأُجُور تِلْقائيّا

*Struktur*anpassung	[taʿdîl binyawî]	تعديل بِنْيويّ
*Preis*bereinigung	[taʿdîl al-asʿâr]	تعديل الأسْعار
saisonale Bereinigung	[taʿdîl mawsimî]	تعديل موْسِميّ
*Vertrags*änderung	[taʿdîl al-ittifâqiyya]	تعديل الاتّفاقيّة
Korrekturen *anbringen an einem Vertrag*	[adḫala taʿdîlan ʿalâ ʿaqd]	أدخل تعديلا على عقْد
Gleichung	[muʿâdala]	معادلة
Parität	[taʿâdul]	تعادُل
*Währungs*parität	[taʿâdul naqdî]	تعادُل نقْديّ
abgeändert, angepaßt, modifiziert, bereinigt	[muʿaddal]	معدّل
Rate, Quote, Durchschnitt, Mittel	[muʿaddal, ~ât]	معدّل ج ات ← نِسْبة
*Arbeitslosen*quote	[muʿaddal al-biṭâla]	معدّل البِطالة
*Kriminalitäts*rate	[muʿaddalât al-ǧarîma]	معدّلات الجرِيمة
*Fertilitäts*raten	[muʿaddalât al-ḫuṣûba]	معدلات الخُصُوبة
*Abgaben*quote	[muʿaddal ar-rusûm]	معدّلات الرُسُوم
Durchschnitts*wachstum*	[muʿaddal az-ziyâda]	معدّل الزِيادة
*Preis-Leistungs-*Verhältnis	[muʿaddal as-siʿr wa-l-adâʾ]	معدّل السِعْر والأداء
Durchschnitts*preise*	[muʿaddalât siʿriyya]	معدّلات سِعْريّة
*Jahres*mittel	[muʿaddal sanawî]	معدّل سنويّ
*Inflations*rate	[muʿaddal at-taḍaḫḫum]	معدّل التضخّم
*Beschäftigungs*quote	[muʿaddal al-ʿamâla]	معدّل العمالة
*Zins*rate	[muʿaddal al-fawâʾid]	معدّل الفوائِد
*Wachstums*quoten	[muʿaddalât an-numûw]	معدّلات النُمُوّ
*Durchschnitts*quote	[muʿaddal wasaṭî]	معدّل وسطيّ
*Geburten*quote	[muʿaddal al-wilâdât]	معدّل الوِلادات
*Rekord*quoten	[muʿaddalât qiyâsiyya]	معدّلات قِياسيّة
ständig wachsende Quoten	[muʿaddalât mutanâmiya]	معدّلات متنامِية
Quoten *erzielen*	[ḥaqqaqa muʿaddalât]	حقّق معدّلات
gemäßigt, moderat	[muʿtadil]	معتدِل
Abgas, Abfall-	[ʿâdim, ʿawâdim]	عادم ج عوادم

besitzlos, mittellos, landlos	[muʿdim, ~ûn]	مُعدِم ج ون
fördern *Bodenschätze*	[ʿaddana aṯ-ṯarawât aṭ-ṭabîʿiyya]	عدّن الثروات الطبيعيّة
Bergbau, Hüttenwesen	[taʿdîn]	تعدين
Metall, Mineral, Erz	[maʿdin, maʿâdin]	معْدِن ج معادِن
*Edel*metall	[maʿdin ṯamîn]	معْدِن ثمِين
Erze	[maʿâdin ḫâm]	معادِنُ خامٌ
Mineralien *abbauen*	[istaḫraǧa maʿâdin]	استخرج معادِن
Metalle *verarbeiten*	[ṣannaʿa maʿâdin]	صنّع معادِن
Metall-, Mineral-	[maʿdinî]	معْدِنيّ
anti-	[muʿâdin li]	معادٍ لـ
anti-*inflationär*	[muʿâdin li-t-taḍaḫḫum]	معادٍ للتضخُّم
Fähre	[muʿaddiyya]	معدِّية ج ات
Wagen, Wagon	[ʿaraba, ~ât]	عربة ج ات
*Güter*wagen	[ʿarabat al-baḍâʾiʿ]	عربة البضائِع
*Personen*wagen	[ʿarabat ar-rukkâb]	عربة الرُكّاب
*Lastkraft*wagen	[ʿarabat an-naql]	عربة النقْل
Anzahlung leisten, Pfand geben	[ʿarbana ʿurbûnan]	عرْبن عُرْبُونا
Anzahlung, Pfand	[ʿurbûn, ʿarâbîn]	عُرْبُون ج عرابِين
anbieten, präsentieren *Ware einem Kunden*	[ʿaraḍa (yaʿriḍu, ʿarḍ) biḍâʿa ʿalâ zabûn]	عرض (-ِ عرْض) بِضاعة على زبُون
anbieten *Ware zum Verkauf*	[ʿaraḍa biḍâʿa li-l-bayʿ]	عرض بِضاعة للبيْع
vorlegen, unterbreiten *Angebot*	[ʿaraḍa ʿarḍan]	عرض عرْضا
ausstellen *Autos*	[ʿaraḍa sayyârât]	عرض سيّارات
Angebot, Offerte	[ʿarḍ, ʿurûḍ]	عرْض ج عُرُوض
lukratives Angebot	[ʿarḍ muǧdin]	عرْض مُجدٍ
*Über*angebot	[ʿarḍ zâʾid]	عرْض زائد
Preis*angebot*	[ʿarḍ al-asʿâr]	عرْض الأسْعار
*Kauf*angebot	[ʿarḍ li-širâʾ]	عرْض لشِراء
Angebot *und Nachfrage*	[ʿarḍ wa-ṭalab]	عرْض وطلب

lukratives Angebot	[ʿarḍ muġrin]	عرْض مُغرٍ
*Gegen*angebot	[ʿarḍ muqâbil]	عرْض مقابل
*Bar*angebot	[ʿarḍ naqdî]	عرْض نقْديّ
Angebot *unterbreiten*	[qaddama ʿarḍan]	قدّم عرْضا
Ausstellen, Anbieten *eines Projekts*	[ʿarḍ al-mašrûʿ]	عرْض المشروع
Ausstellung	[ʿarḍ, ʿurûḍ]	عرْض ج عُرُوض
Anbieter, Bieter, Aussteller, Einreicher	[ʿâriḍ, ~ûn]	عارض ج ون
angeboten, ausgestellt, vorgelegt, unterbreitet	[maʿrûḍ]	معروض
*Erdöl*angebot	[maʿrûḍ min an-nafṭ]	معروض من النفْط
Ausstellungsgüter, Exponate	[maʿrûḍât]	ج معروضات
Angebotsempfänger	[ma'rûḍ lahu, maʿrûḍ lahum]	معروض له ج معروض لهم
Ausstellung, Messe, Ausstellungraum	[maʿriḍ, maʿâriḍ]	معْرِض ج معارِض
*Handels*messe	[maʿriḍ tiǧârî]	معْرِض تِجاريّ
*Fach*messe	[maʿriḍ mutaḫaṣṣiṣ]	معْرِض متخصّص
internationale Messe	[maʿriḍ duwalî]	معْرِض دُوليّ
*Muster*messe	[maʿriḍ al-ʿayyinât]	معْرِض العيِّنات
Präsentation	[ʿaraḍa, ~ât]	عرضة ج ات
Wissen, Know-how	[maʿrifa, maʿârif]	معْرِفة ج معارِف
technisches Know-how	[maʿrifa tiqaniyya]	معْرِفة تِقنيّة
technisches Know-how	[maʿrifa fanniyya]	معْرِفة فنّيّة
Tariffestlegung, Tarif, Preisliste	[taʿrifa, ~ât]	تعْرِفة ج ات
Tarif, Preisliste	[taʿrîfa, ~ât / taʿârîf]	تعريفة ج ات / تعارِيف
*Zoll*tarife	[taʿrifât ǧumrukiyya]	تعْرِفات جُمْرُكيّة
*Vorzugs*tarife	[taʿrifât tafḍîliyya]	تعْرِفات تفضيليّة
*Transport*tarif	[taʿrifat an-naql]	تعْرِفة النقْل
Tarife *senken*	[ḫafaḍa taʿrifât]	خفض تعْرِفات
Tarife *erhöhen*	[rafaʿa taʿrifât]	رفع تعْرِفات
Gewohnheitsrecht, Gepflogenheit	[ʿurf, aʿrâf]	عُرْف ج أعْراف
kommerzielle Gepflogenheiten, Usancen	[aʿrâf tiǧâriyya]	أعْراف تِجاريّة

behindern *Entwicklung*	[ʿarqala at-tanmiya]	عرْقل التنميّة
Behinderung *des Handels*	[ʿarqala at-tiǧâra]	عرْقلة التِجارة
*Wettbewerbs*behinderung	[ʿarqalat al-munâfasa]	عرْقلة المنافسة
*Handels*hindernisse	[ʿarâqîl tiǧâriyya]	ج عراقِيل تِجاريّة
isolieren *Konkurrenten vom Markt*	[ʿazala (yaʿzilu, ʿazl) munâfisan ʿan as-sûq]	عزل (-ِ عزْل) منافِسا عن السُوق
absetzen, ablösen *Angestellten von Posten*	[ʿazala muwaẓẓafan ʿan manṣibihi}	عزل موظّفا عن منْصِبه
isoliert sein o. werden *(Land) von Weltwirtschaft*	[inʿazala ʿan al-iqtiṣâd al-ʿâlamî]	انعزل (البلدُ) عن الاقتصاد العالميّ
quittieren *Dienst*	[inʿazala al-ḫidma]	انعزل الخِدْمة
wirtschaftliche Isolierung	[ʿazl iqtiṣâdî]	عزْل اقتصاديّ
wirtschaftlicher Isolationismus	[inʿizâliyya iqtisâdiyya]	انعزاليّة اقتصاديّة
isoliert *vom Weltmarkt*	[munʿazil ʿan as-sûq al-ʿâlamiyya]	منعزِل عن السُوق العالميّة
wirtschaftlich isoliert	[munʿazil iqtiṣâdiyyan]	منعزِل اقتصاديّا
zahlungsunfähig werden	[aʿsara]	أعسر
Zahlungsunfähigkeit	[iʿsâr]	إعسار
zahlungsunfähig	[muʿsir]	معسِر
militarisieren *Wirtschaft*	[ʿaskara al-iqtiṣâd]	عسْكر الاقتصاد
Militarisierung *des Landes*	[ʿaskarat al-balad]	عسْكرة البلد
militärisch, Militär	[ʿaskarî, ~ûn]	عسْكريّ ج ون
Dutzende	[ʿašarât]	ج عشرات
planlos, stichprobenhaft	[ʿašwâʾî]	عشْوائيّ
Planlosigkeit	[ʿašwâʾiyya]	عشْوائيّة
Zeitalter	[ʿaṣr, ʿuṣûr]	عصْر ج عُصُور
*Informations*zeitalter	[ʿaṣr al-maʿlûmât]	عصْر المعلومات
Modernisierung	[ʿaṣrana]	عصْرنة
Defekt, Panne	[ʿaṭab, aʿṭâb]	عطب ج أعْطاب
arbeitslos sein o. werden *(Arbeiter)*	[ʿaṭila (yaʿṭalu, ʿaṭal) (al-ʿummâl)]	عطِل (ـَ عطل) (العمالُ)
außer Betrieb setzen, stillegen *Betrieb*	[ʿaṭṭala maṣnaʿan]	عطّل مصْنعا
freisetzen *Arbeiter von der Arbeit*	[ʿaṭṭala ʿâmilan ʿan al-ʿamal]	عطّل عاملا عن العمل

defekt, schadhaft, außer Betrieb sein o. werden *(Maschine)*	[taʿaṭṭala (al-âla)]	تعطّل (الآلةُ)
ausfallen, unterbrochen sein o. werden, stocken *(Produktion)*	[taʿaṭṭala (al-intâğ)]	تعطّل (الإنتاجُ)
Störung, Schaden, Defekt, Panne	[ʿaṭal, aʿṭâl]	عطل ج أعْطال
Unterbrechung *der Arbeit*	[taʿṭîl al-ʿamal]	تعطيل العمل
Außerkraftsetzung *eines Vertrages*	[taʿṭîl al-ittfâqiyya]	تعطيل الاتّفاقيّة
*Betriebs*störung, Stillstand *eines Betriebes*	[taʿaṭṭul al-maṣnaʿ]	تعطُّل المصْنع
Arbeitsloser, Erwerbsloser	[ʿâṭil ʿan al-ʿamal, ~ûn]	عاطل عن العمل ج ون
außer Betrieb, stillgelegt, ungenutzt, brachliegend, defekt, kaputt	[muʿaṭṭal]	معطّل
Urlaub, Ferien	[ʿuṭla, ~ât / ʿûṭâl]	عُطْلة ج ات / عُطل
staatlicher Feiertag	[ʿuṭla rasmiyya]	عُطْلة رسْميّة
treiben *Handel*	[taʿâṭâ at-tiğâra]	تعاطى التِجارة
betreiben *Geschäfte*	[taʿâṭa aʿmâlan]	تعاطى أعْمالا
umgehen *mit einem Kunden*	[taʿâṭâ maʿa ʿamîl]	تعاطى مع عمِيل
*Berufs*ausübung	[taʿâṭî al-mihna]	تعاطي المِهْنة
Angaben, Daten, Gegebenheiten	[muʿṭayât]	ج معطيات
*Eck*daten	[muʿṭayât asâsiyya]	معطيات أساسيّة
Schaffen, Leistung, Gabe, Geschenk	[ʿaṭâ', ~ât]	عطاء ج ات
Angebot, Gebot, Offerte, Ausschreibung	[ʿatâ']	عطاء
Angebot *im versiegelten Umschlag*	[ʿaṭâ' bi-ẓ-ẓarf al-maḫtûm]	عطاء بالظرْف المختوم
annehmbares Angebot	[ʿaṭâ' maqbûl]	عطاء مقبول
unannehmbares Angebot	[ʿaṭâ' ġayr maqbûl]	عطاء غيْر مقبول
*Übernahme*angebot	[ʿaṭâ' al-istîlâ']	عطاء الاستيلاء
Einsicht nehmen in Angebot	[naẓara fî ʿaṭâ']	نظر في عطاء
Zuschlag erhalten für ein Angebot	[fâza bi-ʿaṭâ']	فاز بعطاء
Angebote *unterbreiten*	[qaddama ʿaṭâ'ât]	قدّم عطاءات
befreien, freistellen *Importe von Zollgebühren*	[aʿfâ al-wâridât min ar-rusûm al-ğumrukiyya]	أعفى الواردات من الرُسُوم الجُمْرُكيّة
gesunden *wirtschaftlich*	[taʿâfâ iqtiṣâdiyyan]	تعافى اقتصاديًا
Befreiung *von Restriktionen*	[iʿfâ' min al-quyûd]	إعفاء من القيُود
*Zoll*befreiungen	[iʿfâ'ât ğumrukiyya]	إعفاءات جُمْرُكيّة

*Steuer*befreiungen	[iʿfâʾât ḍarîbiyya]	إعفاءات ضريبيّة
Freistellungen *gewähren*	[manaḥa iʿfâʾât]	منح إعفاءات
wirtschaftliche Gesundung	[taʿâfin iqtiṣâdî]	تعافٍ اقتصاديّ
befreit *von der Steuer*	[muʿfan min aḍ-ḍarîba]	معفىً من الضرِيبة
bestrafen *Firma für Lieferverspätung*	[ʿâqaba šarika ʿalâ taʾḫîr aš-šaḥn]	عاقب شركة على تأخير الشحْن
Bestrafung *des Auftragsnehmers*	[muʿâqabat al-mutaʿahhid]	معاقبة المتعهّد
wirtschaftliche Folge, Konsequenz	[ʿâqiba iqtiṣâdiyya, ʿawâqib]	عاقِبة اقتصاديّة ج عواقِب
Schwierigkeit	[ʿaqaba, ~ât]	عقبة ج ات
Schwierigkeiten *überwinden*	[ḏallala ʿaqabât]	ذلّل عقبات
Bestrafung, Strafe, Sanktion	[ʿuqûba, ~ât]	عُقُوبة ج ات
strafrechtliche Strafe	[ʿuqûba ǧanâʾiyya]	عُقُوبة جنائيّة
Sanktionen *gegen ein Land aufheben*	[rafaʿa ʿuqûbât ʿan balad]	رفع عُقُوبات عن بلد
Sanktionen *in Anwendung bringen*	[ṭabbaqa ʿuqûbât]	طبّق عُقُوبات
von Sanktionen *Abstand nehmen*	[ʿadala ʿan ʿuqûbât]	عدل عن عُقُوبات
Sanktionen ver*hängen gegen ein Land*	[faraḍa ʿuqûbât ʿalâ balad]	فرض عُقُوبات على بلد
abschließen *Vertrag*	[ʿaqada (yaʿqidu, ʿaqd) ittifâqiyya]	عقد (ـِ عقْد) اتّفاقيّة
knüpfen *Wirtschafsbeziehungen*	[ʿaqada ʿalâqât iqtiṣâdiyya]	عقد علاقات اقتصاديّة
miteinander einen Vertrag abschließen *über Getreidekauf*	[taʿâqada ʿalâ širâʾ al-ḥubûb]	تعاقد على شِراء الحُبُوب
abgeschlossen sein o. werden (*Vertrag*)	[inʿaqada (al-ittifâqiyya)]	انعقد (الاتّفاقية)
*Geschäfts*abschluß	[ʿaqd aṣ-ṣafaqa]	عقْد الصفقة
Vertrag, Kontrakt	[ʿaqd, ʿuqûd]	عقْد ج عُقُود
*Pacht*vertrag	[ʿaqd at-taʾǧîr]	عقْد التأجير
*Miet*vertrag	[ʿaqd al-îǧâr]	عقْد الإيجار
*Charter*vertrag	[ʿaqd al-istiʾǧâr]	عقْد الاستئجار
*Termin*geschäft	[ʿaqd âǧil]	عقْد آجل
*Vor*vertrag	[ʿaqd ibtidâʾî]	عقْد ابتدائيّ
ungültiger Vertrag	[ʿaqd bâṭil]	عقْد باطل
*Subunternehmer*vertrag	[ʿaqd al-bâṭin]	عقْد الباطن
*Verkaufs*vertrag	[ʿaqd al-bayʿ]	عقْد البيْع

*Options*geschäft	[ʿaqd al-ḫiyârât]	عقْد الخِيارات
*Hypotheken*vertrag	[ʿaqd ar-rahn]	عقْد الرهْن
*Waffen*geschäft	[ʿaqd al-asliḥa]	عقْد الأسْلِحة
*Liefer*vertrag	[ʿaqd at-taslîm]	عقّد التسليم
Vertrag *mit Bedingungen*	[ʿaqd mašrûṭ]	عقْد مشروط
*Kauf*vertrag	[ʿaqd širâʾî]	عقْد شِرائيّ
*Beratungs*vertrag	[ʿaqd istišârî]	عقّد استشاريّ
*fiktiver V*ertrag	[ʿaqd ṣuwarî]	عقْد صُوريّ
*Arbeits*vertrag	[ʿaqd al-ʿamal]	عقْد العمل
gültiger *Kontrakt*	[ʿaqd maʿmûl bihi]	عقْد معمول به
offener Vertrag	[ʿaqd maftûḥ]	عقْد مفتوح
unwirksamer Vertrag	[ʿaqd lâġin]	عقْد لاغٍ
*Finanzierungs*vertrag	[ʿaqd tamwîlî]	عقْد تمويليّ
*Konzessions*vertrag, Franchise	[ʿaqd al-imtiyâz]	عقْد الامتياز
gültiger Kontrakt	[ʿaqd nâfiḏ al-mafʿûl]	عقْد نافذ المفعول
*Muster*vertrag	[ʿaqd namûḏağî]	عقْد نمُوذجيّ
*Liefer*vertrag	[ʿaqd at-tawrîd]	عقْد التوريد
Vertrag *schließen*	[abrama ʿaqdan]	أبرم عقْدا
Vertrag *kündigen*	[alġâ ʿaqdan]	الغى عقْدا
Vertragspartner	[mutaʿâqid]	متعاقِد ج ون

*See*meile, Knoten	[ʿuqda baḥriyya, ʿuqad]	عُقْدة بْحريّة ج عُقد

Grundstück, Grundbesitz, Immobilie	[ʿaqâr, ~ât]	عقار ج ات
kommerziell genutzte Immobilien	[ʿaqârât tiğâriyya]	عقارات تِجاريّة
*Spekulations*immobilien	[ʿaqârât al-muḍâraba]	عقارات المضاربة
Grundstücks-, Immobilen-	[ʿaqârî]	عقاريّ

Computer	[ʿaql ilîktrûnî, ʿuqûl]	عقْل إلِيكتْرُونيّ ج عُقُول

Rationalisierung *der Produktion*	[ʿaqlanat al-intâğ]	عقْلنة الإنتاج
rationell	[ʿaqlânî]	عقّلانيّ

Auswirkungen *auf Umwelt*	[inʿikâsât ʿalâ al-bî'a]	انعكاسات على البيئة
konservieren, in Dosen abpacken *Obst*	[ʿallaba al-fawâkih]	علّب الفواكِه
Konservierung *von Obst*	[taʿlîb al-fawâkih]	تعليب الفواكِه
Konserven	[muʿallabât]	ج معلّبات
Dose, Büchse, Schachtel	[ʿulba, ʿulab]	عُلْبة ج عُلب
behandeln, umgehen *mit Kunden*	[ʿâlağa ʿamîlan]	عالج عميلا
behandeln, verarbeiten *Wasser*	[ʿâlağa al-miyâh]	عالج المِياه
*Krisen*management	[muʿâlağat al-azma]	معالجة الأزْمة
*Daten*verarbeitung	[muʿâlağat al-bayânât]	معالجة البيانات
steuerliche Behandlung	[muʿâlaga ḍarîbiyya]	معالجة ضرِيبيّة
*Wasser*aufbereitung	[muʿağat al-miyâḥ]	معالجة المِياه
*Text*verarbeitung	[muʿâlağat an-nuṣûṣ]	معالجة النُصُوص
Prozessor	[muʿâliğ, ~ât]	معالِج ج ات
Futter, Futtermittel	[ʿalaf, aʿlâf]	علف ج أعْلاف
Beziehung	[ʿalâqa, ~ât]	علاقة ج علاقات
*Handels*beziehungen, *Geschäfts*beziehungen	[ʿalâqât tiğâriyya]	علاقات تِجاريّة
*Partnerschafts*beziehungen	[ʿalâqât at-taw'ama]	علاقات التوْأمة
internationale Beziehungen	[ʿalâqât duwaliyya]	علاقات دُوليّة
*Öffentlichkeits*arbeit	[ʿalâqât ʿâmma]	علاقات عامّة
*Wirtschafts*beziehungen	[ʿalâqât iqtiṣâdiyya]	علاقات اقتصاديّة
*Finanz*beziehungen	[ʿalâqât mâliyya]	علاقات ماليّة
Beziehungen *knüpfen*	[ʿaqada ʿalâqât]	عقد علاقات
Beziehungen *abbrechen*	[qaṭaʿa ʿalâqât]	قطع علاقات
Beziehungen *unterhalten*	[aqâma ʿalâqât]	أقام علاقات
informieren *Kunden über Termin*	[aʿlama ʿamîlan bi-mawʿid]	أعلم عميلا بموْعد
Wissenschaft, Wissen	[ʿilm, ʿulûm]	عِلْم ج عُلُوم
*Betriebswirtschafts*lehre	[ʿilm idârat al-iqtiṣâd]	عِلْم ادارة الاقتصاد
*Wirtschafts*wissenschaften	[ʿulûm iqtiṣâdiyya]	عُلُوم اقتصاديّة

*Volkswirtschafts*lehre	[ʿilm al-iqtiṣâd al-waṭanî]	عِلْم الاقتصاد الوطنيّ
zur Kenntnis	[li-l-ʿilm]	للعِلْم
Bestimmungen, Anweisungen, Vorschriften	[taʿlîmât]	ج تعليمات
*Gebrauchs*anweisung	[taʿlîmât al-istiḫdâm]	تعليمات الاستخدام
Informationswesen, Medienwesen	[iʿlâm]	إعلام
Medien-, publizistisch, Publizist	[iʿlâmî, ~ûn]	إعلاميّ ج ون
Informationen	[istiʿlâmât]	استعلامات
festgesetzter Geldbetrag, Honorar	[maʿlûm, maʿâlîm]	معلوم ج معالِيم
Informationen, Mitteilungen	[maʿlûmât]	ج معلومات
*Umwelt*informationen	[maʿlûmât bîʾiyya]	معلومات بِيئيّة
geschäftliche Information	[maʿlûmât tiǧâriyya]	معلومات تِجاريّة
geheime Informationen	[maʿlûmât sirriyya]	معلومات سِريّة
*Marketing*informationen	[maʿlûmât taswîqiyya]	معلومات تسويقيّة
kostenlose Informationen	[maʿlûmât maǧǧâniyya]	معلومات مجّانيّة
Informationen *austauschen*	[tabâdala maʿlûmât]	تبادل معلومات
Informationen *vernichten*	[atlafa maʿlûmât]	أتلف معلومات
Informationen *sammeln*	[ǧammaʿa maʿlûmât]	جمّع معلومات
Informationen *speichern*	[ḫazzana maʿlûmât]	خزّن معلومات
Informationen *verarbeiten*	[ʿâlaǧa maʿlûmât]	عالج معلومات
Informationen *verbreiten*	[našara maʿlûmât]	نشر معلومات
Informations-	[maʿlûmâtî]	معلوماتيّ
Informatik	[maʿlûmâtiyya]	معلوماتيّة
Markenzeichen, Handelszeichen, Trademark	[ʿalâma tiǧâriyya, ~ât]	علامة تِجاريّة ج ات
geschütztes Warenzeichen	[ʿalâma tiǧâriyya maḥfûẓa]	علامة تِجاريّة محفوظة
eingetragenes Warenzeichen	[ʿalâma tiǧâriyya musaǧǧala]	علامة تِجاريّة مسجّلة
*Kenn*zeichen, *Marken*zeichen	[ʿalâma fâriqa]	علامة فارقة
unter kuwaitischer Flagge *fahren*	[abḫara taḥta al-ʿalam al-kuwaytî]	أبحر تحت العلم الكُويْتيّ
dritte Welt	[al-ʿâlam aṯ-ṯâliṯ, ʿawâlim]	العالم الثالث ج عوالِم
*Geschäfts*welt	[ʿâlam al-aʿmâl]	عالم الأعْمال

Weltgeltung, weltweite Verbreitung	[ʿâlamiyya]	عالميّة
bekanntgeben *Preise*	[aʿlana asʿâran]	أعلن أسْعارا
annoncieren, anzeigen, werben *(für) einen Artikel*	[aʿlana ʿan biḍâʿa]	أعلن عن بِضاعة
Bekanntgabe *von Terminen*	[iʿlân al-mawâʿîd]	إعلان المواعِيد
Werbung, Reklame	[iʿlân]	إعلان
Anzeige, Inserat	[iʿlân, ~ât]	إعلان ج ات
*Klein*anzeigen	[iʿlânât mubawwaba]	إعلانات مبوّبة
kommerzielle Anzeigen, Werbespots	[iʿlânât tiǧâriyya]	إعلانات تِجاريّة
*Stellen*ausschreibung	[iʿlân aš-šawâġir]	إعلان الشواغِر
Werbe-, Reklame-, Werbefachmann	[iʿlânî, ~ûn]	إعلانيّ ج ون
öffentlich	[ʿalanî]	علنيّ
hoch	[ʿâlin]	عالٍ
qualitativ hochwertig	[ʿâlî al-ǧûda]	عالي الجُودة
hoch*leistungsfähig*	[ʿâlî al-kafâʾa]	عالي الكفاءة
Aufschlag, Zulage, Zuschlag	[ʿilâwa, ~ât]	عِلاوة ج ات
*Preis*aufschlag	[ʿilâwa siʿriyya]	عِلاوة سِعْريّة
*Fracht*zuschlag	[ʿilâwat aš-šaḥn]	عِلاوة الشحْن
*Ausgabe*aufschlag	[ʿilâwat al-iṣdâr]	عِلاوة الإصدار
allgemein verbreiten, einführen *System*	[ʿammama niẓâman]	عمّم نِظاما
elektrifizieren	[ʿammama al-kahrabâʾ]	عمّم الكهْرباء
allgemeine Verbreitung, Einführung	[taʿmîm]	تعميم
Computerisierung	[taʿmîm al-kumbyûtir]	تعميم الكُمْبْيُوتِر
öffentlich, General-, staatlich	[ʿumûmî]	عُمُوميّ
allgemein, Grund- , General-, staatlich, öffentlich	[ʿâmm]	عامّ
sich stützen *auf*, basieren *auf*, abhängen *von Erdöl*	[iʿtamada ʿalâ an-nafṭ]	اعتمد على النفْط
sich verlassen *auf Geschäftspartner*	[iʿtamada ʿalâ šarîk]	اعتمد على شرِيك
bewilligen, bereitstellen *Gelder*	[iʿtamada amwâlan]	اعتمد أمْوالا
betreiben *Marktwirtschaft*	[iʿtamada iqtiṣâd as-sûq]	اعتمد اقتصاد السُوق
kreditieren *Betrag*	[iʿtamada mablaġan]	اعتمد مبْلغا

konzessionieren, autorisieren *Agent*	[iʿtamada wakîlan]	اعتمد وكيلا
genehmigen *Normen*	[iʿtamada muwâṣafât]	اعتمد مواصفات
billigen *Haushalt*	[iʿtamada mîzâniyya]	اعتمد مِيزانيّة
Abhängigkeit *von riesigen Ressourcen*	[iʿtimâd ʿalâ ṯarawât ḍaḫma]	اعتماد على ثروات ضخْمة
Bewilligung *von Krediten*	[iʿtimâd al-qurûḍ]	اعتماد القُرُوض
bewilligte Mittel, Darlehen, Kredit	[iʿtimâd, ~ât]	اعتماد ج ات ← قرْض / تسليف / ائتمان
*Blanko*darlehen	[iʿtimâd ʿalâ bayâḍ]	اعتماد على بياض
revolvierender Kredit	[iʿtimâd dâʾirî]	اعتماد دائِريّ
offenes Darlehen	[iʿtimâd maftûḥ]	اعتماد مفتوح
übertragbarer Kredit	[iʿtimâd qâbil li-t-taḥwîl]	اعتماد قابل للتحويل
*Blanko*kredit	[iʿtimâd ʿalâ al-makšûf]	اعتماد على المكشوف
Akkreditiv	[iʿtimâd]	اعتماد
*Bank*akkreditiv	[iʿtimâd maṣrifî]	اعتماد مصْرِفيّ
unwiderrufliches Akkreditiv	[iʿtimâd ġair qâbil li-r-radd]	اعتماد غيْر قابل للردّ
Akkreditiv *eröffnen*	[fataḥa iʿtimâdan]	فتح اعتمادا
bewilligt, bereitgestellt, kreditiert, konzessioniert, autorisiert, genehmigt zugelassen, gebilligt	[muʿtamad]	معتمد
Pfeiler, Säule, Stütze	[ʿamûd, aʿmida]	عمُود ج أعْمِدة
Rückgrad *der Wirtschaft*	[ʿamûd faqrî li-liqtiṣâd]	عمُود فقْريّ للإقتصاد
senkrecht, vertikal	[ʿamûdî]	عمُوديّ

aufbauen, beleben, bewohnen *Stadt*	[ʿamara (yaʿmuru, ʿamâra / ʿumrân) madîna]	عمر (ـُ عمارة / عُمْران) مدِينة
wiederaufbauen *Stadt*	[ʿammara madîna]	عمّر مدِينة
wiederaufbauen *Markt*	[aʿmara sûqan]	أعمر سُوقا
besiedeln, kolonisieren *Gebiet*	[istaʿmara minṭaqa]	استعمر مِنْطقة
Aufbau, Zivilisation	[ʿumrân]	عُمْران
Aufbau-, städtebaulich	[ʿumrânî]	عُمْرانيّ
Wiederaufbau *des Landes*	[taʿmîr al-balad]	تعمير البلد
Wiederaufbau *einer Stadt*	[iʿmâr al-madîna]	إعمار المدِينة

Besiedlung *des ländlichen Raumes*	[istiʿmâr ar-rîf]	استعمار الرِيف
Kolonialismus	[istiʿmâr]	استعمار
kolonial, Kolonialist	[istiʿmârî, ~ûn]	استعماريّ ج ون
bevölkert, kultiviert, bebaut	[ʿâmir]	عامر
langlebig	[muʿammar]	معمّر
Kolonist, Siedler	[mustaʿmir, ~ûn]	مستعمِر
Kolonie, Siedlung	[mustaʿmara, ~ât]	مستعمرة ج ات
Gebäude	[ʿimâra, ~ât]	عِمارة ج ات
Lebensalter	[ʿumr, aʿmâr]	عُمْر ج أعْمار
hypothetisches Lebensalter	[ʿumr iftirâḍî]	عُمْر افتراضيّ
Lebens*erwartung*	[ʿumr mutawaqqaʿ]	عُمْر متوقّع
tief	[ʿamîq]	عمِيق
Tiefe	[ʿumq, aʿmâq]	عُمْق ج أعْماق
wirtschaftliches Hinterland	[ʿumq iqtiṣâdî]	عُمْق اقتصاديّ
arbeiten, tätig sein *(Arbeiter)*	[ʿamila (yaʿmalu, ʿamal / ʿamâla) (al-ʿummâl)]	عمِل (ـَ عمل / عمالة) (العُمّالُ)
funktionieren *(Maschine)*	[ʿamila (al-âla)]	عمِل (الآلةُ)
in Kraft treten *Vertrag*	[ʿumila bi-l-ʿaqd]	عُمِلَ بالعقْد
behandeln, umgehen *mit*, verfahren *mit Kunden*	[ʿâmala ʿamîlan]	عامل عمِيلا
gleichbehandeln *Partner*	[ʿâmala šarîkan bi-l-miṯl]	عامل شرِيكا بالمِثْل
Geschäfte miteinander machen *Händler*	[taʿâmala (at-tuǧǧâr]	تعامل (التُجّارُ)
umgehen *mit Kunden*	[taʿâmala maʿa al-ʿumalâʾ]	تعامل مع العُملاء
umgehen *mit Computer*	[taʿâmala maʿa al-kumbyûtar]	تعامل مع الكُمْبيُوتر
benutzen, gebrauchen, verwenden *Maschine*	[istaʿmala âla]	استعمل آلة ← استخدم
Arbeit, Tätigkeit, Aktion	[ʿamal, aʿmâl]	عمل ج أعْمال
Geschäft(e), Geschäftstätigkeit, Business	[aʿmâl tiǧâriyya]	ج أعْمال (تِجاريّة)
*Lohn*arbeit	[ʿamal maʾǧûr]	عمل مأجور
körperliche Arbeit	[ʿamal ǧasadî]	عمل جسديّ
*Handwerks*arbeiten	[aʿmâl ḥirafiyya]	أعْمال حِرفيّة
wohltätige Zwecke	[aʿmâl ḫayriyya]	أعْمال خيْريّة

*Verwaltungs*tätigkeit	[ʿamal idârî]	عمل إداريّ
geistige Arbeit	[ʿamal ḏihnî]	عمل ذِهْنيّ
*Hilfs*arbeiten	[aʿmâl musânida]	أعْمال مسانِدة
*Beratungs*tätigkeit, Consulting	[ʿamal istišârî]	عمل استشاريّ
Banking	[aʿmâl maṣrifiyya]	أعْمال مصْرِفيّة
elektronisches Banking	[aʿmâl maṣrifiyya iliktrûniyya]	أعْمال مصْرِفية إلِيكْتْرُونيّة
*Direkt*banking	[aʿmâl maṣrifiyya mubâšira]	أعْمال مصْرِفيّة مباشِرة
*Über*stunden	[ʿamal iḍâfî]	عمل إضافيّ
*Gelegenheits*arbeit	[ʿamal ʿaraḍî]	عمل عرضيّ
*Werbe*tätigkeit	[aʿmâl al-iʿlân]	أعْمال الإعلان
*Bau*arbeiten	[aʿmâl ʿumrâniyya]	ج أعْمال عُمْرانيّة
*Akkord*arbeit	[ʿamal bi-l-qiṭʿa]	عمل بالقِطْعة
*Büro*arbeit	[ʿamal maktabî]	عمل مكْتبيّ
zivile Arbeiten	[aʿmâl madaniyya]	أعْمال مدنيّة
produktive Arbeit	[ʿamal muntiğ]	عمل منتِج
*Bau*arbeiten	[aʿmâl inšâʾiyya]	أعْمال إنشائيّة
*Erweiterungs*arbeiten	[aʿmâl at-tawsiʿa]	أعْمال التوْسعة
Verschiedenes	[ayyat aʿmâl uḫrâ]	أيّة أعْمال أُخْرى
geschäftlich, dienstlich	[bi-l-aʿmâl]	بالأعْمال
Arbeit *wiederaufnehmen*	[istaʾnafa ʿamalan]	استأنف عملا
Arbeit *ausüben*	[zâwala ʿamalan]	زاول عملا
Arbeit *ausüben*	[qâma bi-ʿamal]	قام بعمل
Arbeit *einstellen*	[tawaqqafa ʿan al-ʿamal]	توقّف عن العمل
Inkrafttreten, Gültigkeit *eines Vertrages*	[al-ʿamal bi-l-ittifaqiyya]	العمل بالاتّفاقيّة
praktisch, praktikabel	[ʿamalî]	عمليّ
Arbeitsgang, Operation, Verfahren, Prozeß	[ʿamaliyya, ~ât]	عمليّة ج ات
*Rechen*operation	[ʿamaliyya ḥisâbiyya]	عمليّة حِسابيّة
*Wertschöpfungs*prozeß	[ʿamaliyyat ḫalq al-qîma]	عمليّة خلْق القِيمة
*Rückruf*aktion	[ʿamaliyyat al-istidʿâʾ]	عمليّة الاستدعاء

*Transport*operation	[ʿamaliyyat an-naql]	عمليّة النقْل
*Verlade*operation	[ʿamaliyyat aš-šaḥn]	علميّة الشحْن
*Reform*prozeß	[ʿamaliyyat al-iṣlâḥ]	عمليّة الإصلاح
*Industrialisierungs*prozeß	[ʿamaliyyat at-taṣnîʿ]	عمليّة التصنيع
*Arbeits*prozeß	[ʿamaliyyat al-ʿamal]	عمليّة العمل
*Umstrukturierungs*prozeß	[ʿamaliyyat iʿâdat al-haykala]	عمليّة إعادة الهيْكلة
*Entlade*operation	[ʿamaliyyat at-tafriġ]	عمليّة التفريغ
*Finanz*transaktion	[ʿamaliyya mâliyya]	عمليّة ماليّة
*Produktions*prozeß	[ʿamaliyyat al-intâğ]	عمليّة الإنتاج
operativ	[ʿamaliyyâtî]	عمليّاتيّ
Beschäftigung, Arbeit	[ʿamâla]	عمالة
*Kinder*arbeit	[ʿamâlat al-aṭfâl]	عمالة الأطْفال
*Voll*beschäftigung	[ʿamâla kâmila]	عمالة كاملة
Arbeitskräfte	[ʿamâla]	عمالة ← قُوىً عاملة
ausländische Arbeitskräfte	[ʿamâla ağnabiyya]	عمالة أجْنبيّة
qualifizierte Arbeitskräfte	[ʿamâla mu'ahhala]	عمالة مؤهّلة
überschüssige Arbeitskräfte	[ʿamâla zâ'ida]	عمالة زائدة
illegale Arbeitskräfte	[ʿamâla ġayr šarʿiyya]	عمالة غيْر شرْعيّة
überschüssige Arbeitskräfte	[ʿamala fâ'iḍa]	عمالة فائضة
ambulante Arbeitskräfte	[ʿamâla mutanaqqila]	عمالة متنقّلة
*Wander*arbeiter	[ʿamâla muhâğira]	عمالة مهاجرة
einheimische Arbeitskräfte	[ʿamala waṭaniyya / muwâṭina]	عمالة وطنيّة / مواطِنة
ausländische Arbeitskräfte	[ʿamâla wâfida]	عمالة وافدة
Behandlung, Umgang, Geschäftsverkehr *mit Partnern*	[muʿâmalat aš-šurakâ', ~ât]	معاملة الشُركاء ج ات
*Handels*geschäft, Transaktion	[muʿâmala tiğâriyya]	معاملة تِجاريّة
*Vorzugs*behandlung	[muʿâmalat tafḍîliyya]	معاملة تفضيليّة
*Gleich*behandlung, Gegenseitigkeit, Reziprozität	[muʿâmala bi-l-miṯl]	معاملة بالمِثْل
*Immobilien*geschäfte	[muʿâmalât ʿaqâriyya]	معاملات عقاريّة
*Finanz*geschäfte	[muʿâmalât mâliyya]	معاملات ماليّة

Geschäftstätigkeit, Geschäftsverkehr	[taʿâmul, ~ât]	تعامُل ج ات
*Interbanken*handel	[taʿâul bayna al-maṣârif]	تعامُل بين المصارِف
Börsenhandel	[taʿâmul, ~ât]	تعامُل ج ات
leichte Börsenumsätze	[taʿâmulât ḫafîfa]	تعامُلات خفيفة
träge Umsätze	[taʿâmulât ḫâmila]	تعامُلات خاملة
*Banken*handel	[taʿâmul maṣrifî]	تعامُل مصْرِفيّ
*Immobilien*geschäfte	[taʿâmulât ʿaqâriyya]	تعامُلات عقاريّة
*Zins*geschäft	[taʿâmul bi-l-fâ'ida]	تعامُل بالفائدة
Börsenhandel *einstellen*	[awqafa at-taʿâmul]	أوقف التعامُل
Benutzung, Gebrauch, Verwendung *von Geräten*	[istiʿmâl al-ağhiza]	استعمال الأجْهزة
*Haushalts*gebrauch	[istiʿmâl manzilî]	استعمال منْزِليّ
verschiedene Verwendungsarten	[istiʿmâlât muḫtalifa]	استعمالات مختلِفة
arbeitend, berufstätig, produktiv	[ʿâmil]	عامل
brachliegend, unproduktiv	[ġayr ʿâmil]	غيْر عامل
Arbeiter	[ʿâmil, ʿummâl]	عامل ج عُمّال
*Wander*arbeiter	[ʿummâl at-tarâḥîl]	عُمّال التراحِيل
Arbeiter *mit Arbeitserlaubnis*	[ʿâmil muraḫḫaṣ]	عامل مرخّص
Arbeiter *ohne Arbeitserlaubnis*	[ʿâmil ġayr muraḫḫaṣ]	عامل غيْر مرخّص
*Land*arbeiter	[ʿâmil zirâʿî]	عامل زِراعيّ
*Gelegenheits*arbeiter	[ʿâmil ʿaraḍî]	عامل عرضيّ
befristet eingestellter Arbeiter	[ʿâmil aẓ-ẓuhûrât]	عامل الظهُورات
entlassener Arbeiter	[ʿâmil mafṣûl]	عامل مفصول
*Fach*arbeiter	[ʿâmil fannî]	عامل فنّيّ
*Fach*arbeiter	[ʿâmil mâhir]	عامل ماهر
ungelernter Arbeiter, *Hilfs*arbeiter	[ʿâmil ġayr mâhir]	عامل غيْر ماهر
*Saison*arbeiter	[ʿâmil mawsimî]	عامل موْسِميّ
ausländischer Arbeiter	[ʿâmil wâfid]	عامل وافد
Arbeiter *auf Zeit*	[ʿâmil mu'aqqat]	عامل مؤقّت
Arbeiter-	[ʿummâlî]	عُمّاليّ

Beschäftigter, Mitarbeiter	[ʿâmil, ~ûn]	عامل ج ون
Belegschaft, Personal	[al-ʿâmilûn]	العاملون
Faktor, Koeffizient	[ʿâmil, ʿawâmil]	عامل ج عوامِل
*Umwelt*faktoren	[ʿawâmil bî'iyya]	عوامِل بِيئيّة
*Stabilitäts*faktor	[ʿâmil al-istiqrâr]	عامل الاستقرار
*Produktions*faktor	[ʿâmil al-intâğ]	عوامِل الإنتاج
*Zeit*faktor	[ʿâmil al-waqt]	عامل الوقْت
gültig, in Kraft	[maʿmûl bihi]	معمول به
Faktor, Koeffizient	[muʿâmil, ~ât]	معامِل ج ات
Börsianer	[mutaʿâmil, ~ûn]	متعامِل ج ون
benutzt, gebraucht, Gebraucht-	[mustaʿmal]	مستعمل
Münze, Währung, Zahlungmittel	[ûmla, ~ât]	عُمْلة ج ات
*Leit*währung	[ʿumla asâsiyya]	عُمْلة أساسيّة
labile Währung	[ʿumla mutaʿarğiḥa]	عُمْلة متأرْجِحة
Devisen, Valuta, *ausländische* Währung, *Fremd*währung	[ʿumla ağnabiyya]	عُمْلة أجْنبيّة
*Binnen*währung	[ʿumla maḥalliyya]	عُمْلة محلّيّة
*Ersatz*währung	[ʿumla iḥtiyâṭiyya]	عُمْلة احتياطيّة
abgewertete Währung	[ʿumla muḫaffaḍa]	عُمْلة مخفّضة
in Umlauf befindliche Währung	[ʿumla mutadâwala]	عُمْلة متداولة
*Gedenk*münze	[ʿumla taḏkâriyya]	عُمْلة تذكاريّة
*Falsch*geld	[ʿumla zâ'ifa]	عُمْلة زائفة
legales Zahlungmittel	[ʿumla šarʿiyya]	عُمْلة شرْعيّة
harte Währung	[ʿumla ṣaʿba]	عُمْلة صعْبة
*Münz*geld, *Hart*geld	[ʿumla maʿdiniyya]	عُمْلة معْدِنيّة
konvertierbare Währung	[ʿumla qâbila li-t-taḥwîl]	عُمْلة قابلة للتحويل
stabile Währung	[ʿumla mustaqirra]	عُمْلة مستقِرة
gesetzliches Zahlungmittel	[ʿûmla qânûniyyya]	عُملة قانُونيّة
*Papier*geld	[ʿumla waraqiyya]	عُمْلة ورقيّة
*Papier*geld *drucken*	[ṭabaʿa ʿumla waraqiyya]	طبع عُمْلة ورقيّة

nationale Währung	[ʿumla waṭaniyya]	عُمْلة وطنيّة
Währung *aus dem Verkehr ziehen*	[saḥaba ʿumla min at-tadâwul]	سحب عُمْلة من التداوُل
Geld *wechseln*	[ṣarafa ʿumla]	صرف عُمْلة
Währung *stützen*	[daʿama ʿumla]	دعم عُمْلة
Währung *emittieren*	[aṣdara ʿumla]	أصدر عُمْلة
Kunde, Klient	[ʿamîl, ʿumalâ']	عمِيل ج عُملاء ← زبُون
potentieller Kunde	[ʿamîl muḥtamal]	عمِيل محتمل
*Bank*kunde	[ʿamîl al-maṣrif]	عمِيل المصْرِف
*Groß*kunden	[kibâr al-ʿumalâ']	كِبار العُملاء
Provision, Kommission	[ʿumûla, ~ât]	عُمُولة ج ات
Agio	[ʿumûlat a-ṣ-ṣirâfa]	عُمُولة الصِرافة
auf Provisions*basis*	[bi-l-ʿumûla]	بالعُمُولة
Fabrik, Werk, Laboratorium	[maʿmal, maʿâmil]	معْمل ج معامِل
riesig, gewaltig, super, Riese	[ʿimlâq, ʿamâliqa]	عِمْلاق ج عمالِقة
industrieller Riese	[ʿimlâq ṣinâʿî]	عِمْلاق صِناعيّ
*Öl*riesen	[ʿamâliqat an-nafṭ]	عمالِقة النفْط
wirtschaftlicher Gigantismus	[ʿamlaqa iqtiṣâdiyya]	عمْلقة اقتصاديّة
im Vergleich *zum Vorjahr*	[ʿan as-sana as-sâbiqa]	عن السنة السابِقة
Werkhalle, Laderaum	[ʿanbar, ʿanâbir]	عنْبر ج عنابِر
Element, Faktor, Komponente	[ʿunṣur, ʿanâṣir]	عُنْصُر ج عناصِر
*Produktions*faktoren	[ʿunṣur al-intâǧ]	عناصِر الإنتاج
menschliche Arbeitskraft, Mensch	[ʿunṣur bašarî]	عُنْصر بشريّ
technische Komponenten	[ʿanâṣir fanniyya]	عناصِر فنّيّة
*Führungs*kraft	[ʿunṣur qiyâdî]	عُنْصر قِياديّ
addressieren *Briefumschlag*	[ʿanwana ẓarfan]	عنْون ظرْفا
Anschrift, Adresse	[ʿunwân, ʿanâwîn]	عُنْوان ج عناوِين
*Post*anschrift	[ʿunwân barîdî]	عُنْوان برِيديّ
addressiert	[muʿanwan]	معنْون

Moral	[maʿnawiyyât]	ج معنويّات
*Arbeits*moral	[maʿnawiyyât al-ʿamal]	معنويّات العمل
beauftragen *Firma mit einem Projekts*	[ʿahada (yaʿhadu, ʿahd) bi-mašrûʿ ilâ šarika]	عهد (ـَ عهْد) بمشروع إلى شرِكة
übernehmen *Lieferung*	[taʿahhada bi-t-tawrîd]	تعهّد بالتوريد
Vertrag, Konvention	[muʿâhada, ~ât]	معاهدة ج ات
Auftragsnahme	[taʿahhud, ~ât]	تعهّد ج ات
*Finanzierungs*übernahme	[taʿahhud bi-t-tamwîl]	تعهُّد بالتمويل
finanzielle Verpflichtung	[taʿahhudât mâliyya]	تعهُّدات ماليّة
Auftragnehmer, Lieferant	[mutaʿahhid, ~ûn]	متعهِّد ج ون
zu treuen Händen übergebenes Gut	[ʿuhda]	عُهْدة
Institut	[maʿhad, maʿâhid]	معْهد ج معاهِد
Institut *für Wirtschaftsforschung*	[maʿhad al-buḥûṯ al-iqtiṣâdiyya]	معْهد البُحُوث الاقتصاديّة
*Ausbildungs*institut	[maʿhad at-tadrîb]	معْهد التدريب
*Wirtschafts*institut	[maʿhad iqtiṣâdî]	معْهد اقتصاديّ
gehören *(Eigentum) einem Händler*	[ʿâda (yaʿûdu, ʿawda) (al-mikliyya) li-tâğir]	عاد (ـُ عوْدة) (الملكيةُ) لتاجر
Nutzen bringen *Kunden*	[ʿâda bi-n-nafʿ li-ʿamîl]	عاد بالنفْع لعمِيل
zurückgeben, zurückbringen *Waren*	[aʿâda as-silaʿ]	أعاد السِلع
wiederaufbauen *Stadt*	[aʿâda binâ' al-madîna]	أعاد بِناء المدِينة
recyceln *Papier*	[aʿâda tadwîr al-waraq]	أعاد تدوير الورق
wiedererlangen, wiedergewinnen *Wirtschaftskraft*	[istaʿâda al-quwâ al-iqtiṣâdiyya]	استعاد القُوى الاقتصاديّة
zurückholen *Kapital aus dem Ausland*	[istaʿâda ar-ra'smâl min al-ḫâriğ]	استعاد الرأْسْمال من الخارج
Rückgabe *von Waren*	[iʿâdat as-silaʿ]	إعادة السِلع
*Rück*versicherung	[iʿâda at-ta'mîn]	إعادة التأمين
Um*schulung von Mitarbeitern*	[iʿâdat ta'hîl al-ʿâmilîn]	إعادة تأهيل العاملين
Sanierung *von Straßen*	[iʿâdat at-ta'hîl aṭ-ṭuruq]	إعادة تأهيل الطُرُق
Wieder*aufbau*	[iʿâdat al-binâ']	إعادة البِناء
Neu*programmierung*	[iʿâdat al-barmağa]	إعادة البرْمجة
Wieder*verkauf*	[iʿâdat al-bayʿ]	إعادة البيْع
Re*investierung*	[iʿâdat al-istiṯmâr]	إعادة الاستثمار

Um*schuldung*	[iʿâdat ǧadwalat ad-duyûn]	إعادة جدْولة الدُيُون
Neu*berechnung*	[iʿâdat al-ḥisâb]	إعادة الحِساب
Wieder*verwendung*, Re*cycling*	[iʿâdat al-istiḫdâm]	اعادة الاستخدام
Re*privatisierung*	[iʿâdat al-ḫaṣḫaṣa]	إعادة الخصْخصة
Re*cycling*	[iʿâdat at-tadwîr]	إعادة التدوير
Re*kapitalisierung*	[iʿâdat ar-ra'smala]	إعادة الرأسْمالة
Wieder*inbetriebnahme*	[iʿâdat at-tašġîl]	إعاد التشغيل
Um*gestaltung*	[iʿâdat at-taškîl]	إعادة التشكيل
Re*export*	[iʿâdat at-taṣdîr]	اعادة التصدير
Wieder*verarbeitung,* Re*cycling*	[iʿâdat at-taṣnîʿ]	إعادة التصنيع
Wieder*aufbau*	[iʿâdat al-iʿmâr]	إعادة الإعمار
Wieder*eröffnung*	[iʿâdat al-iftitâḥ]	إعادة الافتتاح
Neu*bewertung*, Um*bewertung*	[iʿâdat at-taqyîm]	إعادة التقييم
Re*produktion*	[iʿâdat al-intâǧ]	إعادة الإنتاج
Über*prüfung*, Revision *der Zahlen*	[iʿâdat an-naẓr fî al-arqâm]	إعادة النظْر في الأرْقام
Re*organisation,* Neu*ordnung*	[iʿâdat at-tanẓîm]	إعادة التنظيم
Um*strukturierung*	[iʿâdat al-haykala]	إعادة الهيْكلة
Um*schuldung*	[iʿâdat haykalat ad-duyûn]	إعادة هيْكلة الدُيُون
Um*verteilung*	[iʿâdat at-tawzîʿ]	إعادة التوزيع
Wieder*herstellung des wirtschaftlichen Gleichgewichts*	[iʿâdat at-tawâzun al-iqtiṣâdî]	إعادة التوازُن الاقتصاديّ
Wieder*gesundung der Wirtschaft*	[iʿâdat ṣiḥḥat al-iqtiṣâd]	استعادة صِحّة الاقتصاد
gehörig *zu,* gehörend *einem Unternehmen*	[ʿâ'id li-šarika]	عائد لشرِكة
Erlös, Einkünfte	[ʿâ'id, ~ât / 'awâ'id]	عائد ج ات / عوائِد
Rendite, Revenue	[ʿâ'id, ~ât / 'awâ'id]	عائد ج ات / عوائِد
*Verkaufs*erlös, *Umsatz*rendite	[ʿawâ'id al-mabîʿât]	عوائِد المبيعات
*Spar*rendite	[ʿawâ'id al-iddaḫâr]	عوائِد الادّخار
negative Einkünfte	[ʿawâ'id sâliba]	عوائِد سالبة
Einkünfte *aus Wertpapieren*	[ʿâ'idât ʿalâ as-sanadât]	عائدات على السندات
Dividende	[ʿâ'idât al-ashum]	عائدات الأسْهُم

*Export*erlöse	[ʿâ'idât at-taṣdîr]	عائدات التصدير
sichere Renditen	[ʿâ'idât maḍmûna]	عائدات مضمونة
*Zins*erträge	[ʿâ'idât al-fawâ'id]	عائدات الفوائِد
zu erwartende Einkünfte	[ʿawâ'id mutawaqqaʿa]	عوائِد متوقّعة
Erlös *abwerfen*	[adarra ʿâ'idan]	أدرّ عائدا
entschädigen, abfinden *Kunden für Verlust*	[ʿawwaḍa ʿamîlan ʿan al-ḫasâra]	عوّض عمِيلا عن الخسارة
*un*ersetzlich	[lâ yuʿawwaḍu]	لا يُعوَّض
Entschädigung *von Investoren*	[taʿwîḍ al-muṯtaṯmirîn]	تعويض المستثمِرين
*Verlust*ausgleich	[taʿwîḍ ʿan al-ḫasâra]	تعويض عن الخسارة
Entschädigung, Abfindung, Kompensation, Reparation	[taʿwîḍ, ~ât]	تعويض ج ات
finanzielle Entschädigungen	[taʿwîḍât mâliyya]	تعويضات ماليّة
Entschädigungen *zahlen*	[dafaʿa taʿwîḍât]	دفع تعويضات
Entschädigungen *fordern*	[ṭâlaba bi-taʿwîḍât]	طالب بتعويضات
behindern, hemmen, erschweren *Handel*	[ʿâqa (yaʿûqu, ʿawq) at-tiǧâra]	عاق (ـُ عوْق) التِجارة
behindern, hemmen, erschweren *Transport*	[ʿawwaqa an-naql]	عوّق النقْل
behindern, erschwert sein o. werden *(Marketing)*	[taʿawwaqa (at-taswîq)]	تعوّق (التسويق)
Hindernis, Hemmnis, Hürde	[ʿâ'iqa, 'awâ'iq]	عائقة ج عوائِق
Hindernisse *beseitigen*	[azâla ʿawâ'iq]	أزال عوائِق
*Handels*hemmnisse *errichten*	[aqâma ʿawâ'iq tiǧâriyya]	أقام عوائِق تِجاريّة
Hindernisse, Hemmnisse, Hürden	[muʿawwiqât]	ج معوِّقات
bürokratische Hürden	[muʿawwiqât bîrûqrâṭiyya]	معوِّقات بيرُوقْراطيّة
globalisieren *Märkte*	[ʿawlama al-aswâq]	عوْلم الأسْواق
Globalisierung *der Wirtschaft*	[ʿawlamat al-iqtiṣâd]	عوْلمة الاقتصاد
globalisiert	[muʿawlam]	معوْلم
floaten lassen *Währung*	[ʿawwama al-ʿumla]	عوّم عُمْلة
Floating *des Zinssatzes*	[taʿwîm siʿr al-fâ'ida]	تعويم سِعْر الفائدة
floatend, variabel	[ʿâ'im]	عائم
Jahr	[ʿâm, aʿwâm]	عام ج أعْوام ← سنة

unterstützen *Partner*	[ʿâwana šarîkan]	عاون شريكا
helfen, unterstützen *Kunden bei Finanzierung*	[aʿâna ʿamîlan fî at-tamwîl]	أعان عميلا في التمويل
zusammenarbeiten, kooperieren *bei Projekt*	[taʿâwana fî mašrûʿ]	تعاون في مشروع
Hilfe suchen, um Unterstützung suchen *bei einem Partner*	[istaʿâna bi-šarîk]	استعان بشريك
Hilfe	[ʿawn]	عوْن
finanzielle Hilfe *anfordern*	[ṭalaba ʿawnan mâliyya]	طلب عوْنا ماليّا
Hilfe, Unterstützung	[muʿâwana]	معاونة
Beihilfe, Subvention, Zuschuß	[iʿâna, ~ât]	إعانة ج ات
*Arbeitslosen*beihilfe	[iʿânat al-biṭâla]	إعانة البِطالة
landwirtschaftliche Subventionen	[iʿânât zirâʿiyya]	إعانات زِراعيّة
*Export*subventionen	[iʿânât at-taṣdîr]	إعانات التصدير
finanzielle Zuschüsse, Finanzhilfen	[iʿânât mâliyya]	اعانات ماليّة
Zusammenarbeit, Kooperation	[taʿâwun]	تعاوُن
regionale Zusammenarbeit	[taʿâwun iqlîmî]	تعاوُن إقْليميّ
bilaterale Zusammenarbeit	[taʿâwun ṯunâʾî]	تعاوُن ثُنائيّ
wirtschaftliche Zusammenarbeit	[taʿâwun iqtiṣâdî]	تعاوُن اقتصاديّ
technische Zusammenarbeit	[taʿâwun fannî]	تعاوُن فنّيّ
kooperativ	[taʿâwunî]	تعاوُنيّ
Genossenschaft	[taʿâwuniyya, ~ât]	تعاوُنيّة ج ات
*Wohnungs*genossenschaft	[taʿâwuniyya sakaniyya]	تعاوُنيّة سكنيّة
*Absatz*genossenschaft	[taʿâwuniyya taswîqiyya]	تعاوُنيّة تسويقيّة
*Kredit*genossenschaft	[taʿâwuniyyat at-taslîf]	تعاوُنيّة التسليف
*Berufs*genossenschaft	[taʿâwuniyya mihaniyya]	تعاوُنيّة مِهنيّة
*Produktions*genossenschaft	[taʿâwuniyya intâğiyya]	تعاوُنيّة إنتاجيّة
*Konsum*genossenschaft	[taʿâwuniyya istihlâkiyya]	تعاوُنيّة استهلاكيّة
Hilfeersuchen *bei einer Bank*	[istiʿâna bi-maṣrif]	استعانة بمصْرِف
*Sozial*hilfe	[maʿûna iğtimâʿiyya, ~ât]	معُونة اجتماعيّة ج ات
technische Hilfe	[maʿûna fanniyya]	معُونة فنّيّة
wirtschaftliche Hilfeleistungen	[maʿûnât iqtiṣâdiyya]	معُونات اقتصاديّة

Fehler, Mangel, Defekt	[ʿayb, ʿuyûb]	عَيْب ج عُيُوب
Fehler, Mangel *in der Ausführung*	[ʿayb fî at-tanfîḏ]	عَيْب في التنفيذ
mit allen Mängeln	[mahmâ kânat al-ʿuyûb]	مهْما كانت العُيُوب
fehlerhaft, mangelhaft, defekt	[maʿîb]	مَعيب
eichen, prüfen *Gerät*	[ʿayyara ǧihâzan]	عيّر جِهازا
eichen, prüfen *Maschine*	[ʿâyara âla]	عاير آلة
verleihen *Arbeitskräfte*	[aʿara quwâ ʿâmila]	أعار قُوى عاملة
sich ausleihen *LKW*	[istiʿâra šâḥina]	استعار شاحنة
Eichung *von Gewichten*	[taʿyîr / muʿâyarat al-mawâzîn]	تعيير / معايرة الموازِين
*Auto*verleih	[iʿârat as-sayyârât]	إعارة السيّارات
Ausleihe *von Maschinen*	[istiʿârat al-mâkînât]	استعارة الماكِينات
Eichmaß, Standardmaß *für Maße*	[ʿiyâr al-mawâzîn, ~ât]	عِيار الموازِين ج ات
Karat	[ʿiyâr, ~ât]	عِيار ج ات
Feingehalt *von Gold*, Karat	[ʿiyâr aḏ-ḏahab]	عِيار الذهب
Norm, Standard, Kriterium	[miʿyâr, maʿâyîr]	مِعْيار ج معايير
*Umwelt*standards	[maʿâyîr bîʾiyya]	معايير بِيئيّة
*Qualitäts*standards	[maʿâyîr al-ǧûda]	معايير الجُودة
Kriterien *der Buchführung*	[maʿâyîr al-muḥâsaba]	معايير المحاسبة
strenge Kriterien	[maʿâyîr ṣârima]	معايير صارمة
*Beitritts*kriterien	[maʿâyîr al-inḍimâm]	معايير الانضمام
Standards *festlegen*	[ḥaddada maʿâyîr]	حدّد معايير
Kriterien *erfüllen*	[labbâ maʿâyîr]	لبّى معايير
Kriterien *einhalten*	[iltazama bi-maʿâyîr]	التزم بمعايير
Standard-, normativ	[miʿyârî]	مِعْياريّ
leben	[ʿâša (yaʿîšu, ʿayš / maʿîša]	عاش (ـِ عَيْش / معيشة)
Leben, Lebenshaltung, Lebensunterhalt	[maʿîša]	معِيشة
Lebensunterhalt	[maʿâš, ~ât]	معاش ج ات
Rente, Pension, Ruhegehalt	[maʿâš taqâʿudî]	معاش تقاعُديّ
*Vor*ruhestand	[maʿâš mubakkir]	معاش مبكّر

*Leib*rente	[maʿâš muddat al-ḥayât]	معاش مُدّة الحياة
ernennen *Mitarbeiter zum Direktor*	[ʿayyana muwaẓẓafan mudîran]	عيّن موظّفا مدِيرا
einstellen *Mitarbeiter*	[ʿayyana ʿâmilîn]	عيّن عاملين
begutachten, inspizieren *Projekt*	[ʿâyana mašrûʿan]	عاين مشروعا
ernannt, eingestellt sein o. werden *zum Vorsitzenden*	[taʿayyana ra'îsan]	تعيّن رئيسا
Einstellung *eines Mitarbeiters*	[taʿyîn al-muwaẓẓaf]	تعيين الموظّف
Inspektion *einer Baustelle*	[muʿâyanat mawqiʿ al-binâ']	معاينة موْقع البِناء
Probeentnahme	[muʿâyana]	معاينة
Wasserquelle	[ʿayn, ʿuyûn]	عيْن ج عُيُون
bezahlen *eine Ware in Naturalien*	[dafaʿa biḍâʿa ʿaynan]	دفع بِضاعة عيْنا
Muster, Warenprobe, Stichprobe	[ʿayyina, ~ât]	عيِّنة ج ات
Natural-, Sach-, dinglich	[ʿaynî]	عيْنيّ

﴿ غ ﴾

GATT	[ġât]	غات
Gas	[ġâz, ~ât]	غاز ج ات
*Treibhaus*gase	[ġâzât dafî'a]	غازات الدفِيئة
*Erd*gas	[ġâz ṭabîʿî]	غاز طبِيعيّ
*verflüssigtes Erd*gas	[ġâz ṭabîʿî musayyal]	غاز طبِيعيّ مسيّل
*Erd*gas *verflüssigen*	[sayyala al-ġâz at-tabîʿî]	سيّل الغاز الطبِيعيّ
ernähren *Bevölkerung*	[ġaḏḏâ as-sukkân]	غذّى السُكّان
einspeisen *Waren in Markt*	[ġaḏḏâ as-sûq bi-silaʿ]	غذّى السُوق بسِلع
sich ernähren *von Reis*	[taġaḏḏâ bi-r-ruzz]	تغذّى بالرُزّ
Ernährung *der Bevölkerung*	[taġḏiyat as-sukkân]	تغذية السُكّان
Zuführung *von liquiden Mitteln für eine Firma*	[taġḏiyat aš-šarika bi-suyûla]	تغذية الشركة بسُيُولة
Nahrungsmittel	[ġiḏâ', aġḏiya]	غِذاء ج أغْذِية
Nahrungmittelversorgung *sicherstellen*	[ammana al-ġiḏâ']	أمّن الغِذاء

Nahrungsmittel *beschaffen*	[waffara al-giḏâ']	وفّر الغِذاء
Nahrungs-, Nahrungsmittel-	[ġiḏâ'î]	غِذائيّ
Maghreb	[al-maġrib al-ʿarabî]	المغْرِب العربيّ
maghrebinisch	[maġâribî]	مغارِبيّ
Zweck	[ġaraḍ, aġrâḍ]	غرض ج اغْراض
zu militärischen Zwecken	[li-aġrâḍ ʿaskariyya]	لأغْراض عسْكريّة
zu wirtschaftlichen Zwecken	[li-aġrâḍ iqtiṣâdiyya]	لأغْراض اقتصاديّة
zu zivilen Zwecken	[li-aġrâḍ madaniyya]	لأغْراض مدنيّة
wirtschaftlichen Zweck *erfüllen*	[wafâ bi-ġaraḍ iqtiṣâdî]	وفى بغرض اقتصاديّ
*Handels*kammer	[ġurfat at-tiğâra, ġuraf]	غُرْفة التِجارة ج غُرف
*Industrie- und Handels*kammer	[ġurfat at-tiğâra wa-ṣ-ṣinâʿa]	غُرْفة التِجارة والصِناعة
*Clearing*stelle	[ġurfat al-muqâṣṣa]	غُرْفة المقاصّة
überschwemmen *Markt mit Waren*	[aġraqa as-sûq bi-baḍâ'iʿ]	أغرق السُوق ببضائِع
Dumping	[iġrâq as-sûq]	اغراق السُوق
Geldstrafe verhängen *gegen Händler*	[ġarrama tâğiran]	غرّم تاجرا
mit einer Geldstrafe belegt sein o. werden *(Bauunternehmer)*	[taġarrama (al-muqâwil)]	تغرّم (المقاوِل)
Geldstrafe, Bußgeld	[ğarâma, ~ât]	غرامة ج ات
*Verzugs*strafe, *Konventional*strafe	[ġarâmat at-ta'ḫîr]	غرامة التأخير
Geldbuße *verhängen über einen Kunden*	[faraḍa ġarâma ʿalâ ʿamîl]	فرض غرامة على عمِيل
Gramm	[ġrâm, ~ât]	غْرام ج ات
anwerben *Arbeitskräfte*	[aġrâ quwâ ʿâmila]	أغرى قُوى عاملة
Anwerbung *von Investoren*	[iġrâ' al-istiṯmâriyyîn]	اغراء الأستثماريّين
*Lohn*anreize	[iġrâ'ât al-uğûr]	إغراءات الأُجُور
*Investititions*anreize	[iġrâ'ât istiṯmâriyya]	اغراءات استثماريّة
attraktiv, verlockend	[muġrin]	مغرٍ
waschen *Geld*	[ġasala (yaġsilu, ġasl) nuqûdan]	غسل (-ِ غسْل) نُقُودا
*Geld*wäsche	[ġasl an-nuqûd]	غسْل النُقُود
Wäsche *von Rauschgiftgeldern*	[ġasîl amwâl al-muḫaddirât]	غسِيل أمْوال المخدّرات

fälschen *Bilanz*	[ġašša (yaġuššu, ġašš) mîzânan]	غشّ (ـُ غشّ) ميزانا
täuschen *Kunden*	[ġašša ʿamîlan]	غشّ عميلا
Fälschung *der Statistik*	[ġašš al-iḥṣâ'ât]	غشّ الإحصاءات
Fälschung, Täuschung, Betrug	[ġašš]	غشّ
*Versicherungs*betrug	[ġašš ta'mîmî]	غشّ تأميميّ
*Steuer*betrug	[ġašš ḍarîbî]	غشّ ضريبيّ
gefälscht, getäuscht	[maġṣûš]	مغشوش
betrügerisch, Betrüger	[ġaššâš, ~ûn]	غشّاش ج ون
decken *Bedarf*	[ġattâ al-ḥâğa]	غطّى الحاجة
freie Deckung	[taġṭiya ḥurra]	تغطية حُرّة
*Gold*deckung	[taġṭiya ḏahabiyya]	تغطية ذهبيّة
*Scheck*deckung	[taġṭiyat aš-šîk]	تغطية الشيك
Deckung *einer Währung*	[taġtiyat al-ʿumla]	تغطية العُمْلة
gedeckt	[muġaṭṭan]	مغطّىً
Deckung, Deckungssumme	[ġaṭâ', aġṭiya]	غطاء ج أغْطِية
Deckungsumme *einer Versicherung*	[ġaṭâ' at-ta'mîn]	غطاء التأمين
Deckung *von Ausgaben*	[ġaṭâ' al-maṣârîf]	غطاء المصارِيف
ausnutzen, ausbeuten *Ressourcen*	[istaġalla ṯarawât ṭabîʿiyya]	استغلّ ثروات طبيعيّة
ausbeuten *Arbeitskräfte*	[istaġalla quwâ ʿâmila]	استغلّ قُوى عاملة
nutzen *Infrastruktur*	[istaġalla al-binya al-asâsiyya]	استغلّ البِنْية الأساسيّة
Ausbeutung *von Erdgas*	[istiġlâl al-ġâz aṭ-ṭabîʿî]	استغلال الغاز الطبيعيّ
Ausbeuter	[mustaġill, ~ûn]	مستغِلّ ج ون
ausgebeutet, ausgenutzt	[mustaġall]	مستغَلّ
Ertrag, Gewinn, Ausbeute	[ġalla, ġilâl]	غلّة ج غِلال
Feldfrüchte, Getreide	[ġalla, ġilâl]	غلّة ج غِلال
Mehrheit	[ġâlibiyya]	غالِبيّة ← أكْثريّة
*Aktien*mehrheit	[ġâlibiyyat al-ashum]	غالِبيّة الأسْهُم
*Zweidrittel*mehrheit	[ġâlibiyyat aṯ-ṯulṯayn]	غالِبيّة الثُلْثين
absolute Mehrheit	[ġâlibiyya muṭlaqa]	غالِبيّة مطلقة

Mehrheit	[aġlabiyya]	أغْلبيّة
Fehler, Irrtum	[ġalaṭ, aġlâṭ]	غلط ج أغْلاط
eindringen in *Markt*	[taġalġala fî as-sûq]	تغلْغل في السُوق
Eindringen *in Handel*	[taġalġul fî at-tiğâra]	تغلْغُل في التِجارة
verpacken *Ware*	[ġallafa silʿa]	غلّف سِلْعة
Verpackung *von Produkten*	[taġlîf al-muntağât]	تغليف المنتجات
verpackt, Umschlag	[muġallaf, ~ât]	مغلّف ج ات
Verpackung, Hülle	[ġilâf, aġlifa]	غِلاف ج أغْلِفة
schließen *Filiale*	[aġlaqa farʿan]	أغلق فرْعا
*Börsen*schluß	[iġlâq al-bûrṣa]	إغلاق البُورْصة
geschlossen	[muġlaq]	مغلق
teuer sein o. werden, sich verteuern *(Lebensmittel)*	[ġalâ (yaġlû, ġalâ') (al-mawâdd al-ġiḏâ'iyya)]	غلا (ـُ غلاء) (الموادُّ الغِذائيّةُ)
überbewerten *Währung*	[ġâlâ fî taḥdîd qîmat al-ʿumla]	غالى في تحديد قِيمة العُمْلة
verteuern *Benzin*	[aġlâ al-banzîn]	أغلى البنْزِين
Teuerung, Preisauftrieb	[ġalâ']	غلاء
Preisauftrieb *stoppen*	[ḥadda min al-ġalâ']	حدّ من الغلاء
teuer	[ġâlin]	غالٍ
reich sein o. werden *(Händler)*	[ġaniya (yaġnâ, ġinan) (at-tâğir)]	غنِي (ـَ غِنىً) (التاجرُ)
reich machen *Unternehmen*	[aġnâ šarika]	أغنى شرِكة
reich sein o. werden *(Makler)*	[iġtanâ (as-simsâr)]	اغتنى (السِمْسارُ)
entbehren, verzichten können *auf Importe*	[istaġnâ ʿan]	استغنى عن الوارِدات
unentbehrlich	[lâ yustaġnâ ʿanhu]	لا يُستغنى عنه
Reichtum	[ġinan]	غِنىً
*un*verzichtbar	[lâ ġinâ ʿanhu]	لا غِنىَ عنه
Bereicherung *des Landes*	[iġnâ' al-balad]	إغناء البلد
Verzicht *auf Hilfe*	[istiġnâ' ʿan al-musâʿada]	استغناء عن المساعدة
entbehrlich	[mustaġnan ʿanhu]	مستغنىً عنه
reich *an Erdöl,* Reicher	[ġanîy bi-n-nafṭ, aġniyâ']	غنِيّ بالنفْط ج أغْنِياء

Hilfe leisten *Partner*	[aġâṯa šarîkan]	أغاث شريكا
zu Hilfe rufen *Geschäftsführer*	[istaġâṯa bi-l-mudîr]	استغاث بالمدير
Hilfe, Hilfeleistung	[ġawṯ / iġâṯa]	غوْث / إغاثة
abwesend sein *von der Arbeit*	[ġâba (yaġîbu, ġiyâb) ʿan al-ʿamal]	غاب (-ِ غِياب) عن العمل
*Kapital*mangel	[ġiyâb ar-ra'smâl]	غِياب الرأسْمال
abwesend *von der Arbeit*	[ġâ'ib ʿan al-ʿamal, ~ûn]	غائب عن العمل ج ون
ändern, verändern *Arbeitsbedingungen*	[ġayyara ẓurûf al-ʿamal]	غيّر ظُرُوف العمل
sich verändern, verändert sein o. werden *(Konjunktur)*	[taġayyara (al-waḍʿ al-iqtiṣâdî)]	تغيّر (الوضْعُ الاقتصاديُّ)
Veränderung *des Investitionsklimas*	[taġyîr al-manâḫ al-istiṯmârî]	تغيير المناخ الاستثماريّ
wirtschaftliche Veränderungen	[taġyîrât iqtiṣâdiyya]	تغييرات اقتصاديّة
qualitative Veränderung	[taġayyur nawʿî]	تغيُّر نوْعيّ
Veränderungen *in der Nachfrage*	[taġayyurât aṭ-ṭalab]	تغيُّرات الطلب
*Klima*veränderung	[taġayyur al-manâḫ]	تغيُّر المناخ
strukturelle Veränderungen	[taġayyurât haykaliyya]	تغيُّرات هيْكليّة
finanzielle Veränderungen	[mutaġayyirât mâliyya]	ج متغيِّرات ماليّة
Dritter, dritte Partei	[al-ġayr]	الغيْر

ف

Fax	[fâks]	فاكْس
faxen, Fax schicken	[arsala (risâlat) fâks]	أرسل (رِسالة) فاكْس
Kategorie, Klasse, Gruppe	[fi'a, ~ât]	فِئة ج ات
Kategorie *A*	[fi'at alif]	فِئة أ
Gruppen *mit beschränktem Einkommen*	[fi'ât maḥdûdat ad-daḫl]	فِئات محدودة الدخْل
*Alters*gruppe	[fi'a ʿumriyya]	فِئة عُمْريّة
*Geld*stückelung	[fi'a min al-ʿumla]	فِئة من العُمْلة
Rechnung	[fâtûra, fawâtîr]	فاتُورة ج فواتِير ← حِساب
Mahnung zu einer Rechnung	[fâtûra at-taḏkîr]	فاتُورة التذكير

*Original*rechnung	[fâtûra aṣliyya]	فاتُورة أصْليّة
Pro- forma- Rechnung	[fâtûra šakliyya]	فاتُورة شكْليّة
provisorische Rechnung	[fâtûra muwaqqata]	فاتُورة موقّتة
Rechnung *ausfertigen*	[ḥarrara fâtûra]	حرّر فاتُورة
Rechnung *bezahlen*	[dafaʿa fâtûra]	دفع فاتُورة
Rechnung *begleichen*	[sawwâ fâtûra]	سوّى فاتُورة
Rechnung *erstellen*	[aṣdara fâtûra]	أصدر فاتُورة
Rechnung *aufschlüsseln*	[faṣṣala fâtûra]	فصّل فاتورة
zerstückeln *Boden*	[fattata al-arḍ]	فتّت الأرْض
Zerstückelung *von Produktionskapazitäten*	[taftît al-qudrât al-intâǧiyya]	تفتيت القُدْرات الإنتاجيّة
zerstückelt	[mufattat/mutafattit]	مفتّت / متفتِّت
eröffnen *Konto*	[fataḥa (yaftaḥu, fatḥ) ḥisâban]	فتح (ـَ فتْح) حِسابا
eröffnen *Firma*	[iftataḥa šarika]	افتتح شرِكة
*Markt*öffnung	[fatḥ as-sûq]	فتْح السُّوق
Eröffnung *eines Akkreditivs*	[fatḥ ḫiṭâb al-iʿtimâd]	فتْح خِطاب الاعتماد
Öffnung *zum Markt*	[infitâḥ ʿalâ as-sûq]	انفتاح على السُّوق
wirtschaftliche Öffnung	[infitâḥ iqtiṣâdî]	انفتاح اقتصاديّ
offen	[maftûḥ]	مفتوح
Zeitraum, Periode	[fatra, ~ât]	فتْرة ج ات
*Abrechnungs*zeitraum	[fatrat al-muḥâsaba]	فتْرة المحاسبة
*Hauptverkehrs*zeit	[fatrat al-izdiḥâm]	فتْرة الازدحام
*Tilgungs*frist	[fatrat at-tasdîd]	فتْرة التسديد
tilgungsfreier Zeitraum	[fatrat as-samâḥ]	فتْرة السماح
*Vergleichs*zeitraum	[fatra mumâṯila]	فتْرة مماثِلة
*Karenz*zeit	[fatrat al-imhâl]	فتْرة الإمهال
*Übergangs*periode	[fatra intiqâliyya]	فتْرة انتقاليّة
*Abschreibungs*zeitraum	[fatrat al-istihlâk]	فتْرة الاستهلاك
Zeitraum *festlegen*	[ḥaddada fatra]	حدّد فتْرة
Zeitraum *verlängern*	[maddada fatra]	مدّد فتْرة

inspizieren, prüfen *Arbeiten*	[fattaša aʿmâlan]	فتّش أعْمالا
Inspektion *eines Projekts*	[taftîš al-mašrûʿ]	تفتيش المشروع
*Finanz*inspektion	[taftîš mâlî]	تفتيش ماليّ
Inspektor	[mufattiš, ~ûn]	مفتّش ج ون
*Zoll*inspektor	[mufattiš ğumrukî]	مفتّش جُمْرُكيّ
*Meinungs*umfrage	[istiftâ' ar-ra'y al-ʿâmm]	استفتاء الرأي العامّ
explodieren *(Aktienkurse)*	[infağara (asʿâr al-ashum)]	انفجر (أسْعارُ الأسْهُم)
*Preis*explosion	[infiğâr siʿrî]	انفجار سِعْريّ
*Bevölkerungs*explosion	[infiğâr sukkânî]	انفجار سُكّانيّ
Lücke, Kluft, Schere, Defizit	[fağwa, ~ât]	فجْوة ج ات
*Handels*defizit	[fağwa tiğâriyya]	فجْوة تِجاريّة
*Technologie*lücke	[fağwat at-tiknûlûğiyâ]	فجْوة التِكْنُولُوجِيا
Lücke *im Know-how*	[fağwa maʿrifiyya]	فجْوة معْرِفيّة
*Ernährungs*lücke	[fağwa ġiḏâ'îyya]	فجْوة غِذائيّة
Schere *zwischen Angebot und Nachfrage*	[fağwa bayna al-ʿarḍ wa-ṭ-ṭalab]	فجْوة بين العرْض والطلب
*Wachstums*gefälle	[fağwa fî an-numûw]	فجْوة في النُمُوّ
Lücke *schließen*	[sadda fağwa]	سدّ فجْوة
prüfen, überprüfen *Projekt*	[faḥaṣa (yafḥaṣu, faḥṣ) mašrûʿan]	فحص (ـَ فحْص) مشروعا
technische Überprüfung	[faḥṣ fannî, fuḥûṣât]	فحْص فنّيّ ج فُحُوصات
Kohle	[faḥm]	فحْم
*Stein*kohle	[faḥm ḥağarî]	فحْم حجريّ
Feddan *(Flächenmaß 0,42 ha)*	[faddân, afdina / fadâdîn]	فدّان ج أفْدِنة / فدادِين
Euphrat	[(nahr) al-furât]	(نهْر) الفُرات
einzelner, Einzelperson, Privatperson, Privatkunde	[fard, afrâd]	فرْد ج أفْراد
pro Kopf	[ʿalâ al-fard / li-l-fard]	على الفرْد / للفرْد
Einzel-, Pro-Kopf-	[fardî]	فرْديّ
Bürodiener, Dienstbote	[farrâš, ~ûn]	فرّاش ج ون
Gelegenheit, Möglichkeit, Chance	[furṣa, furaṣ]	فُرْصة ج فُرص

*Investitions*chance	[furṣa istiṯmâriyya]	فُرْصة استثماريّة
*Arbeits*platz	[furṣat al-ʿamal]	فُرْصة العمل
*Arbeits*plätze *schaffen*	[waffara furaṣ al-ʿamal]	وفّر فُرص العمل
gleiche Chancen	[furaṣ mutakâfi'a]	فُرص متكافِئة
*Absatz*chancen	[furaṣ at-taswîq]	فُرص التسويق
Gelegenheit *nutzen*, Chance *ergreifen*	[intahaza furṣa]	انتهز فُرْصة
übermäßig *konsumieren*	[afraṭa fî al-istihlâk]	أفرط في الاستهلاك
Über*produktion*	[ifrâṭ fî al-intâǧ]	إفراط في الإنتاج
übermäßig, übertrieben	[mufriṭ]	مفرِط
Filiale, Außenstelle, Zweigstelle, Niederlassung	[farʿ , furûʿ]	فرْع ج فُرُوع
*Industrie*zweig	[farʿ ṣinâʿî]	فرْع صِناعيّ
Zweig-, Neben-	[farʿî]	فرْعيّ
entladen, entleeren *LKW*	[farraġa šâḥina]	فرّغ شاحنة
löschen *Ladung*	[farraġa šaḥna]	فرّغ شحْنة
freischaffend arbeiten *in einem Beruf*	[tafarraġa li-mihna]	تفرّغ لمِهْنة
Entladung, Löschung *eines Schiffes*	[tafrîġ al-safîna]	تفريغ السفِينة
freischaffend, Vollzeit-	[mutafarriġ]	متفرِّغ
Teilzeit-	[ġayr mutafarriġ]	غيْر متفرِّغ
leer	[fâriġ]	فارغ
differenzieren *Preise*	[farraqa asʿâran]	فرّق أسْعارا
*Preis*differenzierung	[tafrîq al-asʿâr]	تفريق الأسْعار
Einzellieferungen	[tafârîq]	ج تفارِيق
	[al-mufarraq]	المفرّق ← تِجارة بالمفرّق
differenziert, divers	[mutafarriq]	متفرِّق
Differenz, Unterschied	[farq, furûq]	فرْق ج فُرُوق
*Preis*unterschied	[farq siʿrî]	فرْق سِعْريّ
Gruppe, Team	[farîq, firaq]	فرِيق ج فِرق
*Arbeits*gruppe	[farîq al-ʿamal]	فرِيق العمل
*Experten*team	[farîq min al-ḫubarâ']	فرِيق من الخُبراء

faulen, verdorben sein o. werden *(Obst)*	[fasada (yafsudu, fasâd) (al-fawâkih)]	فسد (ـُ فساد) (الفواكهُ)
korrupt sein o. werden *(Staatsapparat)*	[fasada (ğihâz ad-dawla)]	فسد (جِهازُ الدوْلة)
vernichten *Getreide*	[afsada ḥubûban]	أفسد حُبُوبا
korrumpieren *Staatsangestellte*	[afsada muwaẓẓafî ad-dawla]	أفسد موظّفي الدوْلة
Fäulnis *von Eßwaren*	[fasâd al-ma'kûlât]	فساد المأكولات
Korruption	[fasâd]	فساد
Korrumpierung *von Beamten*	[ifsâd al-muwaẓẓafîn]	إفساد الموظّفينّ
faul, verfault, verdorben	[fâsid]	فاسد
korrupt	[fâsid]	فاسد
scheitern *(Plan)*	[fašala (yafšilu, fašl) (al-ḫuṭṭâ]	فشل (-ِ فشْل) (الخُطّةُ)
Scheitern *eines Geschäfts*	[fašl aṣ-ṣafaqa]	فشْل الصفقة
gescheitert, mißglückt	[fâšil]	فاشل
entlassen *Arbeiter von Arbeit*	[faṣala (yafṣilu, faṣl) ʿummâlan ʿan al-ʿamal]	فصل (-ِ فصْل) عُمّالا عن العمل
aufschlüsseln *Rechnung*	[faṣṣala fâtûra]	فصّل فاتُورة
ausscheiden *von einem Posten*	[infaṣala ʿan manṣib]	انفصل عن منْصِب
Entlassung *von Angestellten*	[faṣl al-muwaẓẓafîn]	فصْل الموظّفين
Aufschlüsselung *einer Rechnung*	[tafṣîl al ḥisâb]	تفصيل الحِساب
aufgeschlüsselt, detailliert	[tafṣîlî]	تفصيليّ
entlassen	[mafṣûl]	مفصول
aufgeschlüsselt, detailliert	[mufaṣṣal]	مفصّل
Quartal	[faṣl, fuṣûl]	فصْل ج فُصُول
quartalsmäßig, Quartals-	[faṣlî]	فصْليّ
Silber	[fiḍḍa]	فِضّة
Skandal	[faḍîḥa, faḍâ'iḥ]	فضيحة ج فضائِح
*Banken*skandal	[faḍîḥa maṣrifiyya]	فضيحة مصْرفيّة
*Finanz*skandal	[faḍîḥa mâliyya]	فضيحة ماليّة
*Müll*skandal	[faḍîḥat an-nifâyât]	فضيحة النِفايات
bevorzugen *einen Kunden einem anderen*	[faḍḍala ʿamîlan ʿalâ âḫar]	فضّل عمِيلا على آخر

Bevorzugung *einer Fertigungsmethode*	[tafḍîl namaṭ al-intâğ]	تفضيل نمط الإنتاج
Vorzugs-, Präferenz-	[tafḍîlî]	تفضيليّ
übrig, Rest	[fâḍil, fawâḍil]	فاضل ج فواضِل
Priorität	[afḍaliyya]	أفْضليّة
Priorität *einräumen*	[manaḥa al-afḍaliyya]	منح الأفْضليّة
Abfall, Rückstände	[faḍalât]	ج فضلات
leeren, ausräumen *Container*	[faḍḍâ ḥâwiya]	فضّى حاوية
leer	[fâḍin]	فاضٍ ← فارغ
aktivieren *Wirtschaftstätigkeit*	[fa‘‘ala an-našâṭ al-iqtiṣâdî]	فعّل النشاط الاقتصاديّ
tatsächlich, real	[fi‘lî]	فِعليّ
Aktivierung *der Börse*	[taf‘îl al-bûrṣa]	تفعيل البُورْصة
Wirksamkeit, Effektivität	[fâ‘ilîyya]	فاعِليّة
mit rückwirkender Kraft	[bi-maf‘ûl rağ‘î]	بمفعول رجْعيّ
*Atom*reaktor	[mufâ‘il ḏarrî, ~ât]	مفاعِل ذرّيّ ج ات
wirksam, effektiv	[fa‘‘âl]	فعّال
Wirksamkeit, Effektivität	[fa‘‘âliyya]	فعّاليّة
verlieren G*leichgewicht*	[faqada (yafqidu, faqd / fuqdân) (at-tawâzun)]	فقد (ـِ فقْد / فُقْدان) التوازُن
inspizieren *Projekt*	[tafaqqada maṣrû‘an]	تفقّد مشروعا
Verlust, Fehlen, Schwund	[fuqdân]	فُقْدان
*Wert*verlust	[fuqdân al-qîma]	فُقْدان القِيمة
Inspektion *eines Werks*	[tafaqqud al-maṣna‘]	تفقُّد المصْنع
Inspektions-	[tafaqqudî]	تفقُّديّ
*Wasser*verlust	[fâqid min al-miyâh]	فاقد من المِياه ج فواقِد
Verlust *reduzieren*	[qallala al-fâqid]	قلّل الفاقد
verloren, vermißt, Verlust	[mafqûd, ~ât]	مفقود ج ات
arm machen, bedürftig machen *Landbevölkerung*	[afqara ahl ar-rîf]	أفقر أهْل الرِيف
ermangeln *an Wasser*	[iftaqara ilâ al-mâ’]	افتقر إلى الماء
Verarmung, Verelendung	[ifqâr]	إفقار
Ermangelung *an Ressourcen*	[iftiqâr ilâ ṯarawât]	افتقار إلى ثروات

Armut, Mangel	[faqr]	فقْر
bittere Armut	[faqr mudqiʿ]	فقْر مدقِع
arm, Armer, Bedürftiger	[faqîr, fuqarâ']	فقِير ج فُقراء
hinter den Endbetrag einer Rechnung das Wort [faqaṭ] schreiben, um Zusätze zu verhindern	[faqqaṭa ḥisâban]	فقّط حِسابا
nur *(hinter Endbetrag einer Rechnung, um Zusätze zu vermeiden)*	[faqaṭ]	فقط
sich zuspitzen *(Krise)*	[tafâqama (al-azma)]	تفاقم (الأزمةُ)
Zuspitzung *der Lage*	[tafâqum al-waḍʿ]	تفاقُم الوضْع
sich zuspitzend	[mutafâqim]	متفاقِم
demontieren *Maschine*	[fakka (yafukku, fakk) âla]	فكّ (ـُ فكّ) آلة
abbauen *Beschränkungen*	[fakka quyûdan]	فكّ قُيُودا
wechseln *Geld*	[fakka nuqûdan]	فكّ نُقُودا
einlösen *Pfand*	[fakka rahnan]	فكّ رهْنا
demontieren *Werk*	[fakkaka maṣnaʿan]	فكّك مصْنعا
zusammenbrechen *(Markt)*	[tafakkaka (as-sûq)]	تفكّك (السُوقُ)
zerlegt, demontiert sein o. werden *(Fabrik)*	[infakka (al-maṣnaʿ)]	انفكّ (المصنعُ)
einlösen *Pfand*	[iftakka wadîʿa]	افتكّ ودِيعة
Demontage eines Werks	[tafkîk]	تفكيك المصْنع
Zusammenbruch *der Börse*	[tafakkuk al-bûrṣa]	تفكُّك البُورْصة
Kleingeld	[fakka]	فكّة
Obst, Frucht	[fâkiha, fawâkih]	فاكِهة ج فواكِه
leicht verderbliches Obst	[fawâkih sarîʿat at-talaf]	فواكِه سرِيعة التلف
tropische Früchte	[fawâkih istiwâ'iyya]	فواكِه استوائيّة
reifes Obst	[fawâkih nâḍiğa]	فواكِه ناضجة
Obsthändler	[fâkihânî, fâkihâniyya]	فاكِهانيّ ج فاكِهانيّة
Ackerbau	[filâḥa]	فِلاحة
Fellache	[fallâḥ, ~ûn]	فلاّح ج ون
bankrott machen *Unternehmen*	[fallasa šarika]	فلّس شرِكة
Bankrott sein, in Konkurs gehen *(Unternehmen)*	[aflasa (aš-šarika)]	أفلس (الشركةُ)

Bankrott, Konkurs	[taflîsa, ~ât]	تفليسة ج ات
Bankrott, Konkurs, Zahlungsunfähigkeit	[iflâs]	إفلاس
betrügerischer Bankrott	[iflâs iḥtiyâlî]	إفلاس احتياليّ
betrügerischer Bankrott	[iflâs bi-t-tadlîs]	إفلاس بالتدليس
am Rande des Bankrotts	[ʿalâ ḥâffat al-iflâs]	على حافّة الإفلاس
Bankrott *erklären*	[ašhara al-iflâs]	أشهر الإفلاس
bankrott, zahlungsunfähig	[mufallas]	مفلّس
bankrott, zahlungsunfähig	[muflis]	مفلِس
Geld	[fulûs]	ج فُلُوس
*Unternehmens*philosophie	[falsafat aš-šarika]	فلْسفة الشرِكة
technisch, fachlich, Techniker, Fachmann	[fannî, ~ûn]	فنّيّ ج ون
Hotel	[funduq, fanâdiq]	فُنْدُق ج فنادِق
*Fünfsterne*hotel	[funduq ḫamsat nuǧûm]	فُنْدُق خمْسة نُجُوم
Hotel-	[funduqî]	فُنْدُقيّ
Hotelgewerbe, Hotelerie	[fandaqa]	فنْدقة
Inhaltsverzeichnis erstellen, katalogisieren *Adressen*	[fahrasa al-ʿanâwîn]	فهْرس العناوِين
Katalogisierung *von Daten*	[fahrasat al-bayânât]	فهْرسة البيانات
Inhaltsverzeichnis, Katalog	[fihris / fihrist, fahâris]	فِهْرِس / فِهْرِسْت ج فهارِس
katalogisiert	[mufahras]	مفهْرس
Begriff, Konzept	[mafhûm, mafâhîm]	مفهوم ج مفاهِيم
*Sicherheits*konzept	[mafhûm al-amân]	مفهوم الأمان
*Vermarktungs*konzept	[mafhûm tarwîǧî]	مفهوم ترويجيّ
*Unternehmens*begriff	[mafhum aš-šarika]	مفهوم الشرِكة
Konzept *vorlegen*	[ṭaraḥa mafhûman]	طرح مفهوما
fob	[fûb]	فوب
Unterschiedlichkeit, Diskrepanz *im Entwicklungsniveau*	[tafâwut mustawâ at-tatawwur]	تفاوُت مستوى التطوُّر
unterschiedlich	[mutafâwit]	متفاوِت
Boom	[faura]	فوْرة

*Erdöl*boom	[faura nafṭiyya]	فوْرة نفْطيّة
*Immobilien*boom	[faura ʿaqâriyya]	فوْرة عقاريّة
Zuschlag erhalten *für ein Geschäft*	[faza (yafûzu, fawz) bi-ṣafaqa]	فاز (ـُ فوْز) بصفقة
Zuschlag *für eine Ausschreibung*	[fawz bi-munâqaṣa]	فوْز بمناقصة
Phosphat	[fûsfât]	فُوسْفات
bevollmächtigen, autorisieren *Vertreter*	[fawwaḍa wakîlan]	فوّض وكِيلا
verhandeln *über Preis*	[tafâwaḍa ʿalâ as-siʿr]	تفاوض على السِعْر
Bevollmächtigung *des Direktors*	[tafwîḍ al-mudîr]	تفويض المدِير
Vollmacht	[tafwîḍ]	تفويض
Verhandlungen	[mufâwḍât]	ج مفاوضات
Verhandlungen *führen*	[ağrâ mufâwaḍât]	أجرى مفاوضات
bevollmächtigt, autorisiert, Bevollmächtiger, Kommissar	[mufawwaḍ, ~ûn]	مفوّض ج ون
*unterschrifts*berechtigt	[mufawwaḍ bi-t-tawqîʿ]	مفوّض بالتوقيع
*Handels*vertretung	[mufawwaḍiyya tiğâriyya]	مفوَّضيّة تِجاريّة
Anarchie, Chaos	[fawḍâ]	فوْضى
chaotisch	[fawḍawî]	فوْضويّ
Anarchie, Planlosigkeit	[fawḍawiyya]	فوْضويّة
übersteigen *Bedarf*	[fâqa (yafûqu, fawâq) al-ḥâğa]	فاق (ـُ فواق) الحاجة
übertreffen *Konkurrenten*	[tafawwaqa ʿalâ munâfis]	تفوّق على منافِس
wirtschaftliche Überlegenheit	[tafawwuq iqtiṣâdî]	تفوُّق اقتصاديّ
überragend, vorzüglich	[fâ'iq]	فائق
überlegen, überragend	[mutafawwiq]	متفوِّق
über *Null*	[fawqa aṣ-ṣifr]	فوْق الصِفْر
supra*national*	[fawqa al-qawmiyyât]	فوْق القوْميّات
*Soja*bohnen	[fûl aṣ-ṣûyâ]	فُول الصُويا
nutzen *einem Kunden*	[afâda zabûnan]	أفاد زبُونا
Nutzen ziehen *aus*, profitieren *von Globalisierung*	[ifâda min al-ʿawlama]	أفاد من العوْلمة
Nutzen ziehen *aus*, profitieren *von Ressourcen*	[istafâda min aṯ-ṯarawât]	استفاد من الثروات

Profitieren *von Know-how*	[ifâda min al-ḫibra al-fanniyya]	إفادة من الخِبْرة الفنّيّة
Profitieren *vom freien Handel*	[istifâda min at-tiğâra al-ḥurra]	استفادة من التِجارة الحُرّة
maximale Nutzung	[istifâda quṣwâ]	استفادة قُصْوى
optimale Nutzung	[istifâda muṯlâ]	استفادة مُثْلى
Nutzen, Vorteil	[fâ'ida, fawâ'id]	فائدة ج فوائِد
Zins	[fâ'ida, fawa'id]	فائدة ج فوائِد
einfacher Zins	[fa'ida basîṭa]	فائدة بسيطة
*Straf*zinsen	[fawâ'id ğazâ'iyya]	فوائِد جزائيّة
niedrige Zinsen	[fâ'ida munḫafiḍa]	فائدة منخفِضة
fallende Zinsen	[fâ'ida mutadanniya]	فائدة متدنِّية
*Guthaben*zins	[fâ'ida dâ'ina]	فائدة دائنة
*Schuld*zins	[fâ'ida madîna]	فائدة مدينة
hoher Zins	[fâ'ida murtafiʿa]	فائدة مرتفِعة
*Zinses*zins	[fâ'ida murakkaba]	فائدة مركّبة
aufgelaufener Zins	[fâ'ida mutarâkima]	فائدة متراكِمة
progressiver Zins	[fâ'ida mutaṣâʿida]	فائدة متصاعِدة
üblicher Zins	[fawâ'id maʿmûl biha]	فوائِد معمول بها
floatender Zins	[fâ'ida ʿâ'ima]	فائدة عائمة
variabler Zins	[fâ'ida mutaġayyira]	فائدة متغيِّرة
*Kredit*zins	[fa'ida ʿalâ al-qarḍ]	فائدة على القرْض
zins*los*	[bi-dûn fâ'ida]	بدون فائدة
Zinsen *erwirtschaften*	[ḥaqqaqa al-fawâ'id]	حقّق الفوائِد
Zinsen *verbieten*	[ḥarrama al-fawâ'id]	حرّم الفوائِد
Zinsen *senken*	[ḫafaḍa al-fawâ'id]	خفض الفوائِد
Zinsen *erhöhen*	[rafaʿa al-fâwâ'id]	رفع الفوائِد
Nutznießer, Profiteur	[mustafîd, ~ûn]	مستفيد ج ون
Video, Videoband, Videogerät	[fîdiyû, fîdiyûhât]	فِيدِيو ج فِيدِيوهات
Überschwemmung(en)	[fayaḍânât]	ج فيضانات
Überschuß, Überhang	[fâ'iḍ, fawâ'iḍ]	فائض ج فوائِض

*Handels*überschuß	[fâ'iḍ at-tiğâra]	فائض التِجارة
*Kapital*überschuß	[fâ'iḍ ar-ra'smâl]	فائض الرأسْمال
akkumulierte Überschüsse	[fawâ'iḍ mutarâkima]	فوائِض متراكِمة
*Liquiditäts*überschuß	[fâ'iḍ as-suyûla]	فائض السُيُولة
*Agrar*überschüsse	[fawâ'iḍ zirâ'iyya]	فوائِض زِراعيّة
*Export*überschüsse	[fawâ'iḍ aṣ-ṣâdirât]	فوائِض الصادرات
*Angebots*überschuß	[fâ'iḍ fî al-'arḍ]	فائض في العرْض
*Finanz*überschuß	[fâ'iḍ mâlî]	فائض ماليّ
*Produktions*überschuß	[fâ'iḍ al-intâğ]	فائض الإنتاج
*Erdöl*überschüsse	[fawâ'iḍ nafṭiyya]	فوائِض نفْطيّة
*Bar*überschuß	[fâ'iḍ naqdî]	فائض نقْديّ
*Arbeitskräfte*überhang	[fâ'iḍ al-quwâ al-'âmila]	فائض القُوى العاملة
*Handelsbilanz*überschuß	[fâ'iḍ al-mîzân at-tiğârî]	فائض المِيزان التِجاريّ
*Zahlungsbilanz*überschuß	[fâ'iḍ mîzân al-madfû'ât]	فائض مِيزان المدفوعات
*Haushalts*überhang	[fâ'iḍ al-mîzâniyya]	فائض المِيزانيّة
Überschüsse *erwirtschaften*	[ḥaqqaqa fawâ'iḍ]	حقّق فوائِض
Überschüsse *erzielen*	[sağğala fawâ'iḍ]	سجّل فوائِض
Überschüsse *aufbrauchen*	[anhaka fawâ'iḍ]	أنهك فوائِض
Überschüsse *anlegen*	[waẓẓafa fawâ'iḍ]	وظّف فوائِض
Werbe*film*	[fîlm i'lânî, aflâm]	فِيلْم إعلانيّ ج أفْلام

ق

einnehmen, empfangen *Geld*	[qabaḍa (yaqbuḍu, qabḍ) nuqûdan]	قبض (ـُ قبْض) نُقُودا
Erhalt *des Lohnes*	[qabḍ al-ağr]	قبْض الأجْر
gegenseitige Besitzergreifung *der Ware und des Preises*	[taqâbuḍ]	تقابُض
Holding	[qâbiḍa, ~ât]	قابضة ج ات
Geldeinnahmen, Geldeingänge	[maqbûḍât]	ج مقبوضات

*Bar*einnahmen	[maqbûḍât naqdiyya]	مقبوضات نقْديّة
annehmen, akzeptieren *Angebot*	[qabila (yaqbalu, qubûl) ʿarḍan]	قبِل (ـَ قُبُول) عرْضا
konkurrenzlos	[lâ yaqbalu al-munâfasa]	لا يقبَل المنافسة
*Waren*annahme	[qubûl as-silaʿ]	قُبُول السِلع
Annahme *von Wertpapieren*	[qubûl as-sanadât]	قُبُول السندات
stillschweigende Annahme	[qubûl ḍimnî]	قُبُول ضِمْنيّ
Annahme *von Angeboten*	[qubûl al-ʿaṭâʾât]	قُبُول العطاءات
Annahme *der Lieferung verweigern*	[rafaḍa qubûl aš-šaḥna]	رفض قُبُول الشحْنة
Anklang *finden auf Markt*	[laqiya qubûlan fî as-sûq]	لقِي قُبُولا / إقبالا في السُوق
-fähig, -bar	[qâbil li]	قابل لِ
*verderb*lich	[qâbil li-t-talaf]	قابل للتلف
*investier*bar	[qâbil li-l-istiṯmâr]	قابل للاستثمار
*erneuer*bar, *regenerier*bar; *verlänger*bar	[qâbil li-t-taǧdîd]	قابل للتجديد
*diskontier*bar	[qâbil li-l-ḫaṣm]	قابل للخصْم
*verkäuf*lich	[qâbil li-t-tadâwul]	قابل للتداوُل
*unverkäuf*lich	[ġayr qâbil li-t-tadâwul]	غيْر قابل للتداوُل
*vermarktungs*fähig	[qâbil li-t-taswîq]	قابل للتسويق
*nach oben oder unten veränder*lich	[qâbil li-z-ziyâda aw an-nuqṣân]	قابل للزِيادة أوْ النُقْصان
*untausch*bar	[qâbil li-ṣ-ṣarf]	قابل للصرْف
*verarbeit*bar	[qâbil l-t-taṣnîʿ]	قابل للتصنيع
*transferier*bar	[qâbil li-taḥwîl]	قابل للتحويل
*Währung transferier*bar *machen*	[ǧaʿala ʿumla qâbila li-t-taḥwîl]	جعل عُمْلة قابلة للتحويل
*förder*bar	[qâbil li-l-istiḫrâǧ]	قابل للاستخراج
*export*fähig	[qâbil li-t-taṣdîr]	قابل للتصدير
*verhandel*bar	[qâbil li-t-tafâwuḍ]	قابل للتفاوُض
*vergleich*bar	[qâbil li-l-muqârana]	قابل للمقارنة
*amortisier*bar, *abschreib*bar	[qâbil li-t-taḥwîl]	قابل للاستهلاك
*Transferier*barkeit, Konvertibilität	[qâbiliyya li-ṣ-ṣarf]	قابليّة للتحويل
akzeptiert, akteptabel	[maqbûl]	مقبول

Gegenleistung, Entgelt	[muqâbil]	مقابِل
unentgeltlich, kostenlos	[bi-dûn muqâbil]	بدون مقابِل
gegen *Zahlung*	[muqâbila ad-dafʿ]	مقابِلَ الدفع
gegenüber *dem Dinar*	[muqâbila ad-dînâr]	مقابِلَ الدِينار
gegen *Quittung*	[muqâbila îṣâl]	مقابِلَ إيصال
Stamm, Volksstamm	[qabîla, qabâ'il]	قبِيلة ج قبائِل
knauserig sein *gegenüber einem Kunden*	[qattara ʿalâ ʿamîl]	قتّر على عمِيل
Knauserigkeit	[qatr, taqtîr]	قتْر / تقتير
Dürre, Trockenheit	[qaḥṭ]	قحْط
schätzen, veranschlagen, bemessen *Betrag*	[qaddara mablġan]	قدّر مبْلغا
Schätzung, Bemessung, Veranschlagung *einer Menge*	[taqdîr al-kammiyya]	تقدير الكمّيّة
offizielle Schätzungen	[taqdîrât rasmiyya]	تقديرات رسْميّة
*Steuer*bemessung, *Steuer*veranlagung	[taqdîr aḍ-ḍarîba]	تقدير الضرِيبة
*Haushalts*voranschlag	[taqdîr al-muwâzana]	تقدير الموازنة
*über*bewerten *Zahlen*	[bâlaġa fî taqdîr al-arqâm]	بالغ في تقدير الأرْقام
Schätz-	[taqdîrî]	تقديريّ
Maß	[qadr, aqdâr]	قَدْر ج أقْدار
Maß	[miqdâr, maqâdîr]	مِقْدار ج مقادِير
Fähigkeit, Kraft, Macht, Potential, Kapazität	[qudra, ~ât]	قُدْرَة ج ات
*Zahlungs*fähigkeit, Solvenz	[qudra ʿalâ ad-dafʿ]	قُدْرة على الدفْع
*Kauf*kraft	[qudra širâ'iyya]	قُدْرة شِرائيّة
*Kauf*kraft *abschöpfen*	[imtaṣṣa qudra širâ'iyya]	امتصّ قُدْرة شِرائيّة
*Export*kapazitäten	[qudrât taṣdîriyya]	قُدْرات تصديريّة
*Produktions*kapazitäten	[qudrât intâǧiyya]	قُدْرات إنتاجيّة
Fähigkeit, Kraft, Macht, Potenz	[maqdira, ~ât]	مقْدِرة ج ات
*Vermarktungs*fähigkeit	[maqdira taswîqiyya]	مقْدِرة تسويقيّة
fähig *zur Produktion*	[qâdir ʿalâ al-intâǧ]	قادر على الإنتاج
*zahlungs*fähig	[qâdir ʿalâ ad-dafʿ]	قادر على الدفْع
*arbeits*fähig	[qâdir ʿalâ al-ʿamal]	قادر على العمل

*zahlungs*fähig	[qâdir ʿalâ al-wafâʾ]	قادر على الوفاء

unterbreiten, präsentieren *Angebot*	[qaddama ʿarḍan]	قدّم عرْضا
stellen *Antrag*	[qaddama ṭalaban]	قدّم طلبا
einreichen *Unterlagen*	[qaddama mustanadât]	قدّم مستندات
leisten *Hilfe*	[qaddama musâʿada]	قدّم مساعدة
Fortschritte machen *bei Arbeit*	[taqaddama fî al-ʿamal]	تقدّم في العمل
verjähren *(Frist)*	[taqâdama (al-mudda)]	تقادم (المدّة)
anwerben *Arbeitskräfte*	[istaqdama ʿamâla]	استقدم عمالة
*Rechnungs*legung	[taqdîm al-ḥisâb]	تقديم الحِساب
Vorleistungen *in Sachwerten*	[taqdîmât ʿayniyya]	تقديمات عيْنيّة
finanzielle Vorleistungen	[taqdîmât mâliyya]	تقديمات ماليّة
wissenschaftlich-technischer Fortschritt	[taqaddum ʿilmî wa-fannî]	تقدُّم عِلْميّ وفنّيّ
Fortschritt(e) *erzielen*	[aḥraza taqadduman]	أحرز تقدُّما
Verjährung *der Gültigkeit einer Klausel*	[taqâdum al-ʿamal bi-šarṭ]	تقادُم العمل بشرْط
*Antrag*steller	[muqaddim aṭ-ṭalab]	مقدِّم الطلب ج ون
Anbieter, Bieter	[muqaddim al-ʿaṭâʾ]	مقدِّم العطاء
Vorauszahlung, Vorschuß	[muqaddima, ~ât]	مقدِّمة ج ات
Anzahlung, Vorauszahlung	[muqaddam, ~ât]	مقدّم ج ات
im Voraus *zahlen*	[dafaʿa muqaddaman]	دفع مقدّما
fortgeschritten	[mutaqaddim]	متقدِّم
Antragsteller, Bewerber	[mutaqaddim, ~ûn]	متقدِّم ج ون
Fuß *(Längenmaß 30,48 cm)*	[qadam, aqdâm]	قدم ج أقْدام
Dienstalter	[aqdamiyya]	أقْدميّة

bestätigen, beschließen *Haushaltsplan*	[aqarra mîzâniyya]	أقرّ ميزانيّة
erklären *importierte Waren dem Zoll*	[aqarra bi-wâridât li-l-ǧamârik]	أقرّ بواردات للجمارِك
sich stabilisieren, sich konsolidieren *(Wirtschaftslage)*	[istaqarra (al-ḥâla al-iqtiṣâdiyya]	استقرّ (الحالةُ الاقتصاديّةُ)
Bericht, Gutachten	[taqrîr, taqârîr]	تقرير ج تقارِير
*Sachverständigen*gutachten	[taqrîr al-ḫabîr]	تقرير الخبِير
*Jahres*bericht	[taqrîr sanawî]	تقرير سنويّ

technisches Gutachten	[taqrîr fannî]	تقرير فنّيّ
*Finanz*bericht	[taqrîr mâlî]	تقرير مالىّ
*Tätigkeits*bericht	[taqrîr an-našâṭât]	تقرير النشاطات
Bericht *erarbeiten*	[aʿadda taqrîran]	اعدّ تقريرا
Bericht *vorlegen*	[qaddama taqrîran]	قدّم تقريرا
*Zoll*erklärung	[iqrâr ğumrukî]	إقرار جُمْرُكِيّ
*Devisen*erklärung	[iqrâr al-ʿumla]	إقرار العُمْلة
*Schuld*anerkennung	[iqrâr bi-d-dayn]	إقرار بالديْن
Stabilität, Konsoliderung der *Wirtschaft*	[istiqrâr al-iqtiṣâd]	استقرار الاقتصاد
*Preis*stabilität	[istiqrâr al-asʿâr]	استقرار الأسْعار
*Geldwert*stabilität	[istiqrâr qîmat al-ʿumla]	استقرار قِيمة العُمْلة
relative Stabilität	[istiqrâr nisbî]	استقرار نِسْبِيّ
Stabilität *des Währungssystems*	[istiqrâr an-niẓâm an-naqdî]	استقرار النِظام النقْديّ
Instabilität *der Wirtschaft*	[ʿadam istiqrâr al-iqtiṣâd]	عدم استقرار الاقتصاد
Stabilität *erschüttern*	[hazza al-istiqrâr]	هزّ الاستقرار
stabil, konstant	[mustaqirr]	مستقِرّ
instabil	[ġayr mustaqirr]	غيْر مستقِرّ
*Firmen*sitz	[maqarr aš-šarika, ~ât]	مقرّ الشرِكة ج ات
Beschluß, Entscheidung, Verfügung	[qarâr, ~ât]	قرار ج ات
runden *Zahl*	[qarraba ʿadadan]	قرّب عددا
Näherungs-	[taqrîbî]	تقريبيّ
Boot	[qârib, qawârib]	قارب ج قوارِب
*Fischerei*boot	[qârib aṣ-ṣayd]	قارب الصيْد
CD	[qarṣ mudmağ, aqrâṣ]	قرْص مدمج ج أقْراص
Piraterie	[qarṣana]	قرْصنة
illegales Kopieren *von Software*	[qarṣana ʿalâ barmağiyyât]	قرْصنة على برْمجيّات
Kredit gewähren *einem Händler*	[aqraḍa tâğiran]	أقرض تاجرا
verleihen *Geld*	[aqraḍa nuqûdan]	أقرض نُقُودا
Kredit aufnehmen, Geld borgen *von einer Bank*	[iqtaraḍa min maṣrif]	اقترض من مصْرِف

Kreditierung, Geldverleih	[iqrâḍ]	إقراض
Geldverleih *zu Wucherzinsen*	[iqraḍ bi-r-ribâ]	إقراض بالرِبا
Kreditaufnahme, Darlehensaufnahme	[iqtirâḍ]	اقتراض
Kreditaufnahme *im Ausland*	[iqtirâḍ ḫâriğî]	اقتراض خارجيّ
*Netto*kreditaufnahme	[iqtirâḍ ṣâfin]	اقتراض صافٍ
Kreditgeber	[muqriḍ, ~ûn]	مقرِض ج ون
Kreditnehmer	[muqtarid, ~ûn]	مقترِض ج ون
Kredit, Darlehen, Anleihe	[qarḍ, qurûḍ]	قرْض ج قُرُوض ← ائتمان / تسليف / اعتماد
kommerzieller Kredit	[qarḍ tiğârî]	قرْض تِجاريّ
*Investitions*kredit	[qarḍ istiṯmârî]	قرْض استثماريّ
*Staats*anleihe	[qarḍ al-ḫizâna]	قرْض الخِزانة
*Waren*kredit	[qarḍ silaʿî]	قرْض سِلعيّ
*Kulanz*kredit	[qarḍ mutasâhil]	قرْض متساهِل
persönlicher Kredit	[qarḍ šaḫṣî]	قرْض شخْصيّ
*Bank*kredit	[qarḍ maṣrifî]	قرْض مصْرِفيّ
gesicherter Kredit	[qarḍ maḍmûn]	قرْض مضمون
ungesicherter *Kredit*	[qarḍ ġayr maḍmûn]	قرْض غيْر مضمون
*Not*kredit	[qarḍ ṭâri']	قرْض طارئ
langfristiger Kredit	[qarḍ ṭawîl al-ağl]	قرْض طوِيل الأجْل
*Überbrückungs*kredit	[qarḍ miʿbarî]	قرْض مِعْبريّ
dubioser Kredit	[qarḍ mutaʿaṯṯir]	قرْض متعثّر
*Immobilien*kredit	[qarḍ ʿaqârî]	قرْض عقاريّ
Kredit *in Sachleistungen*	[qarḍ ʿainî]	قرْض عيْنيّ
Kredit *mit Zinsen*	[qarḍ bi-fâ'ida]	قرْض بفائدة
zinsloser Kredit	[qarḍ bi-dûn fawâ'id]	قرْض بدون فوائِد
kurzfristiger Kredit	[qarḍ qaṣîr al-ağl]	قرْض قصِير الأجْل
*Zwangs*anleihe	[qarḍ ilzâmî]	قرْض إلزاميّ
*Finanzierungs*kredit	[qarḍ tamwîlî]	قرْض تمويليّ

*Finanz*kredit	[qarḍ mâlî]	قَرْض ماليّ
*Bar*kredit	[qarḍ naqdî]	قَرْض نقْديّ
uneinziehbarer Kredit	[qarḍ hâlik]	قَرْض هالك
*Verbraucher*kredit	[qarḍ al-mustahlik]	قَرْض المستهلِك
mittelfristiger Kredit	[qarḍ mutawassiṭ al-ağl]	قَرْض متوسّط الأجْل
Kredit *zu Sonderkonditionen*	[qarḍ muyassar]	قَرْض ميسّر
Kredit *anbahnen*	[rattaba qarḍan]	رتّب قرْضا
Kredit *tilgen*	[saddada qarḍan]	سدّد قرْضا
Kredit *auszahlen*	[ṣarafa qarḍan]	صرف قرْضا
Kredit *absichern*	[ḍamina qarḍan]	ضمِن قرْضا
Kredit *gewähren*	[manaḥa qarḍan]	منح قرْضا
Blatt Papier	[qirṭâs, qarâṭîs]	قِرْطاس ج قراطِيس
Schreib- und Papierwaren	[qirṭâsiyya]	قِرْطاسيّة
auslosen *Ticket*	[iqtaraʿa ʿalâ taḏkira]	اقترع على تذْكِرة
Los	[qurʿa, quraʿ]	قُرْعة ج قُرع
Los *werfen*	[alqâ al-qurʿa]	ألقى القُرْعة
vergleichen *Angebote*	[qârana bayna ʿurûḍ]	قارن بين عُرُوض
globaler Vergleich	[muqârana ʿâlamiyya]	مقارنة عالميّة
*System*vergleich	[muqâranat al-anẓima]	مقارنة الأنْظِمة
im Vergleich *mit dem entsprechenden Zeitraum*	[muqâranatan maʿa al-fatra al-mumâṯila]	مقارنةً مع الفتْرة المماثِلة
in Raten zahlen *Betrag in einem Zeitraum*	[qassaṭa mablaġan ʿalâ mudda]	قسّط مبْلغا على مُدّة
in Raten gezahlt sein o. werden *(Betrag)*	[taqassaṭa (al-mablaġ)]	تقسّط (المبْلغُ)
Ratenzahlung	[taqsîṭ]	تقسيط
auf Raten	[bi-t-taqsîṭ]	بالتقسيط
Rate *(Ratenzahlung)*	[qisṭ, aqsâṭ]	قِسْط ج أقْساط
*Versicherungs*beitrag	[qisṭ at-ta'mîn]	قِسْط التأمين
fällige Raten	[aqsâṭ mustaḥiqqa]	أقْساط مستحِقّة
*Monats*rate	[qisṭ šahrî]	قِسْط شهْريّ
Raten *begleichen*	[sadda aqsâṭan]	سدّ أقْساطا

in Raten gezahlt	[muqassaṭ]	مقسّط
teilen, aufteilen *(in zwei Teile) Betrag*	[qasama (yaqsimu, qisma) bablaġan]	قسم (ـِ قِسْمة) مبْلغا
dividieren *Zahl durch andere*	[qasama ʿadadan ʿalâ ʿadad]	قسم عددا على عدد
teilen *(in mehrere Teile) Gewinn*	[qassama ar-ribḥ]	قسّم الرِبْح
aufgeteilt sein o. werden *(Anteile)*	[taqassama (al-ḥiṣaṣ)]	تقسّم (الحِصص)
untereinander aufteilen *Gewinn*	[taqâsama ar-ribḥ]	تقاسم الرِبْح
unter sich aufteilen *Wasser*	[iqtasama al-miyâḥ]	اقتسم المِياه
Division, Teilung	[qisma]	قِسْمة
Aufteilung *des Bodens*	[taqsîm al-arḍ]	تقسيم الأرْض
*Arbeits*teilung	[taqsîm al-ʿamal]	تقسيم العمل
geteilt	[maqsûm]	مقسوم
*Telefon*zentrale	[muqassim hâtifî]	مقسِّم هاتفيّ
geteilt	[muqassam]	مقسّم
Teil, Abteilung	[qism, aqsâm]	قِسْم ج اقْسام
*Verkaufs*abteilung	[qism al-mabîʿât]	قِسْم المبيعات
Buchhaltung	[qism al-muḥâsaba]	قِسْم المحاسبة
*Personal*abteilung	[qism šu'ûn al-muwaẓẓafîn]	قِسْم شُؤُون الموظّفين
*Versand*abteilung	[qism aš-šaḥn]	قِسْم الشحْن
*Informations*abteilung	[qism al-iʿlâm]	قِسْم الإعلام
*Werbe*abteilung	[qisma al-iʿlân]	قِسْم الإعلان
Kupon, Bon, Abschnitt, Schein, Beleg, Talon	[qasîma, qasâ'im]	قسِيمة ج قسائِم
streng sparen *bei Ausgaben*	[taqaššafa fî al-maṣrûfât]	تقشّف في المصروفات
strenge Sparsamkeit	[taqaššuf]	تقشُّف
verrechnen *mit einem Kunden eine Dienstleistung*	[qâṣṣa ʿamîlan fî ḫidma]	قاصّ عميلا في خِدْمة
miteinander verrechnen	[taqâṣṣa]	تقاصّ
Verrechnung, Clearing	[muqâṣṣa]	مقاصّة
Verrechnung	[taqâṣṣ]	تقاصّ
sparsam umgehen mit *Energieverbauch*	[iqtaṣada fî istiʿmâl aṯ-ṯâqa]	اقتصد في استعمال الطاقة
Wirtschaft, Ökonomie, Sparsamkeit	[iqtiṣâd, ~ât]	اقتصاد ج ات

krisengeschüttelte Wirtschaft	[iqtiṣâd muta'azzim]	اقتصاد متأزِّم
freie Wirtschaft	[iqtiṣâd ḥurr]	اقتصاد حُرّ
sich verschlechternde Wirtschaft	[iqtiṣâd mutadahwir]	اقتصاد متدهْوِر
*Schatten*wirtschaft	[iqtiṣâd ġayr rasmî]	اقتصاد غيْر رسْميّ
hochentwickelte Wirtschaft	[iqtiṣâd râqin]	اقتصاد راقٍ
instabile Wirtschaft	[iqtiṣâd mutazaʻziʻ]	اقتصاد متزعْزِع
islamische Wirtschaft	[iqtiṣâd islâmî]	اقتصاد إسلاميّ
gesunde Wirtschaft	[iqtiṣâd salîm]	اقتصاد سلِيم
*Markt*wirtschaft	[iqtiṣâd as-sûq]	اقتصاد السُوق
*soziale Markt*wirtschaft	[iqtiṣâd as-sûq al-iğtimâʻî]	اقتصاد السُوق الاجتماعيّ
*freie Markt*wirtschaft	[iqtiṣâd as-sûq al-ḥurra]	اقتصاد السُوق الحُرّة
*Export*wirtschaft	[iqtiṣâd taṣdîrî]	اقتصاد تصديريّ
*Energie*wirtschaft	[iqtiṣâd aṭ-ṭâqa]	اقتصاد الطاقة
*Natural*wirtschaft	[iqtiṣâd ṭabîʻî]	اقتصاد طبِيعيّ
*Schatten*wirtschaft	[iqtiṣâd aẓ-ẓill]	اقتصاد الظِلّ
arabische Volkswirtschaften	[iqtiṣâdât ʻarabiyya]	اقتصادات عربيّة
*Welt*wirtschaft	[iqtiṣâd ʻâlamî]	اقتصاد عالميّ
*Volks*wirtschaft	[iqtiṣâd qawmî]	اقتصاد قوْميّ
*Finanz*wirtschaft	[iqtiṣâd mâlî]	اقتصاد ماليّ
*Erdöl*wirtschaft	[iqtiṣâd nafṭî]	اقتصاد نفْطيّ
*Plan*wirtschaft, Dirigismus	[iqtiṣâd muwağğah]	اقتصاد موجّه
*Parallel*wirtschaft	[iqtiṣâd muwâzin]	اقتصاد موازٍ
*Volks*wirtschaft	[iqtiṣâd waṭanî]	اقتصاد وطنيّ
*Material*wirtschaft	[iqtiṣâd tawfîr al-mawâdd]	اقتصاد توفير الموادّ
Wirtschaft *vorantreiben*	[dafaʻa ʻağalat al-iqtiṣâd ilâ al-amâm]	دفع عجلة الاقتصاد إلى الأمام
Wirtschafts-, wirtschaftlich	[iqtiṣâdî]	اقتصاديّ
Volkswirt, Ökonom	[iqtiṣâdî, ~ûn]	اقتصاديّ ج ون
*Chef*volkswirt	[kabîr al-iqtiṣâdiyyîn]	كبير الاقتصاديّين
Volkswirtschaften	[iqtiṣâdiyyât]	ج اقتصاديّات

verkürzen *Produktionszeiten*	[qaṣṣara awqât al-intâǧ]	قصّر أوْقات الإنتاج
beschränken, beschneiden *Recht*	[qaṣṣâra ḥaqqan]	قصّر حقّا
vernachlässigen *Arbeit*	[qaṣṣara fî al-ʿamal]	قصّر في العمل
Unfähigkeit *der Verwaltung*	[quṣûr al-idâra]	قُصُور الإدارة
*Finanz*schwäche	[quṣûr al-yad]	قُصُور اليد
Verkürzung *der Arbeitszeit*	[taqṣîr awqât al-ʿamal]	تقصير أوْقات العمل
minderjährig, unmündig	[qâṣir, quṣṣar]	قاصر ج قُصّر
kurz	[qaṣîr]	قصِير
kurz*fristig*	[qaṣîr al-aǧal]	قصِير الأجل
unbemittelt, *finanz*schwach	[qaṣîr al-ad]	قصِير اليد
maximal, äußerst	[aqṣâ, quṣwâ]	أقصى م قُصْوى
äußerster *Termin*	[aqṣâ mawʿid]	أقصى موْعِد
befriedigen *Bedarf*	[qaḍâ (yaqḍî, qaḍâ') ḥâǧa]	قضى (ـِ قضاء) حاجة
Recht sprechen, urteilen *in einer Rechtssache*	[qaḍâ fî qaḍîya]	قضى في قضِية
gerichtlich vorgehen *gegen ein Unternehmen*	[qâḍâ šarika]	قاضى شرِكة
beziehen *Gehalt*	[taqâḍâ râtiban]	تقاضى راتبا
einnehmen *Zinsen*	[taqâḍâ fâ'ida]	تقاضى فائدة
miteinander prozessieren	[taqâḍâ]	تقاضى
Schulden*tilgung*	[qaḍâ' ʿalâ ad-dayn]	قضاء على الديْن
Rechtsprechung	[qaḍâ']	قضاء
höhere Gewalt	[qaḍâ' wa-qadr]	قضاء وقدْر
gerichtlich, richterlich, Rechts-	[qaḍâ'î]	قضائيّ
*Steuer*einnahme	[taqâḍî aḍ-ḍarîba]	تقاضي الضرِيبة
Rechtsfall, Prozeß; Angelegenheit	[qaḍîya, qaḍâyâ]	قضِية ج قضايا
Rechtsfall *behandeln*	[naẓara fî qaḍîya]	نظر في قضِية
anwerben, anziehen *Arbeitskräfte*	[istaqṭaba quwâ ʿâmila]	استقطب قُوى عاملة
Anwerben *von Investitionen*	[istiqṭâb al-istiṯmârât]	استقطاب الاستثمارات
Lokomotive	[qâṭira, ~ât]	قاطرة ج ات

Schleppdampfer	[qâṭira baḥriyya]	قاطرة بحْريّة
Zug	[qiṭâr, ~ât]	قِطار ج ات
*Güter*zug	[qiṭâr al-baḍâ'iʿ]	قِطار البضائع
*Personen*zug	[qiṭâr ar-rukkâb]	قِطار الرُكّاب
*Schnell*zug	[qiṭâr sarîʿ]	قِطار سريع

abbrechen *Handelsbeziehungen*	[qaṭaʿa (yaqṭaʿu, qaṭʿ) ʿalâqât tiǧâriyya]	قطع (ـَ قطْع) علاقات تِجاريّة
unterbrechen, sperren *Erdöllieferung*	[qaṭaʿa tawrîd an-nafṭ]	قطع توريد النفْط
abschließen *Rechnung*	[qaṭaʿa ḥisâban]	قطع حِسابا
boykottieren *Land*	[qâṭaʿa baladan]	قاطع بلدا
abgeschnitten, unterbrochen sein o. werden, ausfallen *(Lieferungen)*	[inqaṭaʿa (aš-šaḥnât)]	انقطع (الشحْنات)
kürzen *Hilfeleistungen*	[iqtaṭaʿa musâʿadât]	اقتطع مساعدات
abschreiben, diskontieren, einbehalten *Summe*	[istiqṭaʿa mablaġan]	استقطع مبْلغا
*Lohn*stopp	[qaṭʿ al-uǧûr]	قطْع الأُجُور
Devisen, Valuta	[qaṭʿ aǧnabî]	قطْع أجْنبيّ
Devisen, Valuta	[qaṭʿ nâdir]	قطْع نادر
Boykott	[muqâṭaʿa]	مقاطعة
sekundärer Boykott	[muqâṭaʿa ṯânawiyya]	مقاطعة ثانويّة
Boykott *aufheben gegen ein Land*	[rafaʿa al-muqâṭaʿa ʿan balad]	رفع المقاطعة عن بلد
Boykott *verhängen gegen ein Land*	[faraḍa al-muqâṭaʿa ʿalâ balad]	فرض المقاطعة على بلد
*Wege*lagerei	[qaṭʿ aṭ-ṭuruq]	قطْع الطُرُق
Großgrundbesitz, Feudalordnung	[iqṭâʿ]	إقطاع
feudal, feudalistisch	[iqṭâʿî]	إقطاعيّ
Feudalismus	[iqṭâʿiyya]	إقطاعيّة
Abbruch *von Handelsbeziehungen*	[inqiṭâʿ al-ʿalâqât at-tiǧâriyya]	انقطاع العلاقات التِجاريّة
*Strom*ausfall	[inqiṭâʿ al-kahrabâ']	انقطاع الكهْرباء
*Gehalts*abzug	[iqtiṭâʿ min ar-râtib]	اقتطاع من الراتِب
Abschreibung, Diskont	[istiqṭâʿ]	استقطاع
*Wege*lagerer	[qâṭiʿ aṭ-ṭuruq, qûṭṭâʿ]	قاطع الطرق ج قُطّاع
Stück	[qiṭʿa, qiṭaʿ]	قِطْعة ج قِطع

Stück *Land, Grund*stück, Parzelle	[qiṭʿat al-arḍ]	قِطْعة الأرْض
*Ersatz*teil	[qiṭʿat at-tabdîl]	قِطْعة التبديل
Münze	[qiṭʿa maʿdiniyya]	قِطْعة معْدِنيّة
*Ersatz*teil	[qiṭʿat al-ġiyâr]	قِطْعة الغِيار
*Geld*stück	[qiṭʿat an-naqd]	قِطْعة النقْد
Sektor, Branche	[qiṭâʿ, ~ât]	قِطاع ج ات
*Versicherungs*branche	[qiṭâʿ ta'mînî]	قِطاع التأمين
kommerzieller Sektor	[qiṭâʿ tiǧârî]	قِطاع تِجاريّ
tertiärer Sektor	[qiṭâʿ ṯâliṯ]	قِطاع ثالث
staatlicher Sektor	[qiṭâʿ ḥukûmî]	قِطاع حُكُوميّ
lebenswichtiger Sektor	[qiṭâʿ ḥayawî]	قِطاع حيويّ
*Dienstleistungs*sektor	[qiṭâʿ ḫadamî/ḫadmâtî]	قِطاع خدميّ / خدماتيّ
privater Sektor	[qiṭâʿ ḫâṣṣ]	قِطاع خاصّ
gemischter Sektor	[qiṭâʿ muḫtaliṭ]	قِطاع مختلِط
staatlicher Sektor	[qiṭâʿ ad-dawla]	قِطاع الدوْلة
*Wohnungs*sektor	[qiṭâʿ sakanî]	قِطاع سكنيّ
*Tourismus*branche	[qiṭâʿ siyâḥî]	قِطاع سِياحيّ
*Banken*sektor	[qiṭâʿ maṣrifî]	قِطاع مصْرِفيّ
*Industrie*sektor	[qiṭâʿ ṣinâʿî]	قِطاع صِناعيّ
aufgeblähter Sektor	[qiṭâʿ mutaḍaḫḫim]	قِطاع متضخّم
*Informations*branche	[qiṭâʿ al-iʿlâm]	قِطاع الإعلام
*Werbe*branche	[qiṭâʿ al-iʿlân]	قِطاع الإعلان
staatlicher Sektor	[qiṭâʿ ʿâmm]	قِطاع عامّ
wirtschaftlicher Sektor	[qiṭâʿ iqtiṣâdî]	قِطاع اقتصاديّ
produktiver Sektor	[qiṭâʿ intâǧî]	قِطاع إنتاجيّ
*Bau*branche, *Bau*wirtschaft	[qiṭâʿ al-inšâ'ât]	قِطاع الإنشاءات
*Kommunikations*branche	[qiṭâʿ al-attiṣâlât]	قِطاع الاتصالات
Baumwolle	[quṭn, aqṭân]	قُطْن ج أقْطان
Baumwollhändler	[qaṭṭân, qaṭana]	قطّان ج قطنة

in Pension gehen *(Beamter)*	[taqâʿada (al-muwaẓẓaf)]	تقاعد (الموظّف)
Ruhestand	[taqâʿud]	تقاعُد
*Vor*ruhestand	[taqâʿud mubakkir]	تقاعد مبكّر
in Ruhestand *versetzen Angestellten*	[aḥâla muwaẓẓafan ilâ al-taqâʿud]	أحال موظّفا الى التقاعُد
Pensionär, Rentner	[mutaqâʿid, ~ûn]	متقاعِد ج ون
Grundlage, Basis, Regel	[qâʿida, qawâʿid]	قاعِدة ج قواعِد
Regeln *des Kreditgeschäfts*	[qawâʿid al-iʾtimân]	قواعِد الائتمان
*Gold*währung	[qâʿidat aḏ-ḏahab]	قاعِدة الذهب
*Kapital*basis	[qâʿida raʾsmâliyya]	قاعِدة رأسْماليّة
*Besteuerungs*grundlagen	[qawâʿid ḍarîbiyya]	قواعِد ضريبيّة
wirtschaftliche Grundlage	[qâʿida iqtiṣâdiyya]	قاعِدة اقتصاديّة
gesunde wirtschaftliche Grundlage	[qâʿida iqtiṣâdiyya salîma]	قاعِدة اقتصاديّة سليمة
materielle Basis	[qâʿida mâddiyya]	قاعِدة ماديّة
*Bonitäts*grundlagen	[qawâʿid al-malâʾa]	قواعِد الملاءة
*Finanzierungs*regeln	[qawâʿid at-tamwîl]	قواعِد التمويل
*Produktions*basis	[qâʿida intâǧiyya]	قاعِدة إنتاجيّة
*Wettbewerbs*regeln	[qawâʿid al-munâfasa]	قواعِد المنافسة
*Geld*währung	[qâʿidat an-naqd]	قاعِدة النقْد
Goldene Bilanz*regel*	[qâʿidat al-mîzân aḏ-ḏahabiyya]	قاعِدة الميزان الذهبيّة
pensioniert, Pensionär	[mutaqâʿid, ~ûn]	متقاعِد ج ون
sprunghafter *Preis*anstieg	[qafz al-asʿâr]	قفْز الأسْعار
qualitativer Sprung	[qafza nawʿiyya, ~ât]	قفْزة نوْعيّة ج ات
Karawane	[qâfila, qawâfil]	قافِلة ج قوافِل
wenig, gering sein o. werden *Zahl*	[qalla (yaqillu, qilla) (al-ʿadad)]	قلّ (ـِ قِلّة) (العددُ)
geringer sein *als*, unterschreiten *eine Summe*	[qalla ʿan mablaǧ]	قلّ عن مبْلغ
verringern, drosseln *Produktion*	[qallala al-intaǧ]	قلّل الإنتاج
unabhängig sein o. werden *vom Erdöl*	[istaqalla ʿan an-nafṭ]	استقلّ عن النفْط
geringe Menge *an Waren*	[qillat as-silaʿ]	قِلّة السلع
geringes *Angebot*	[qillat al-ʿarḍ]	قِلّة العرْض

*Unter*beschäftigung	[qillat al-ʿamâla]	قِلّة العمالة
niedrige *Kosten*	[qillat at-takâlîf]	قِلّة التكاليف
geringe *Produktivität*	[qillat al-intâğiyya]	قِلّة الإنتاجيّة
mangelnde *Koordinierung*	[qillat at-tansîq]	قِلّة التنسيق
niedriger Verbrauch	[qillat al-istihlâk]	قِلّة الاستهلاك
*Schadens*begrenzung	[taqlîl al-ḫasâ'ir]	تقليل الخسائِر
*Risiko*minimierung	[taqlîl al-maḫâṭir]	تقليل المخاطِر
Unabhängigkeit *von einer Bank*	[istiqlâl ʿan maṣrif]	استقلال عن مصْرِف
wirtschaftliche Unabhängigkeit *erlangen*	[nâla al-istiqlâl al-iqtiṣâdî]	نال الاستقلال الاقتصاديّ
Unabhängigkeit, Autonomie *der Banken*	[istiqlâliyyat al-maṣârif]	استقلاليّة المصارِف
finanzielle Unabhängigkeit	[istiqlâliyya mâliyya]	استقلاليّة ماليّة
unabhängig, selbständig, autonom	[mustaqill]	مستقِلّ
gering, wenig	[qalîl]	قلِيل
Minderheit, Minorität	[aqalliyya, ~ât]	أقلّيّة ج ات
schwanken *Preise*	[taqallaba (al-asʿâr)]	تقلّب (الأسْعارُ)
Schwankungen *des Marktes*	[taqallubât as-sûq]	تقلُّبات السُوق
saisonale Schwankungen	[taqallubât mawsimiyya]	تقلُّبات موْسِميّة
schwankend	[mutaqallib]	متقلِّب
Schwankungen *ausgesetzt sein*	[taʿarraḍa li-taqallubât]	تعرّض لتقلُّبات
nachahmen, kopieren *Methode*	[qallada uslûban]	قلّد أُسْلُوبا
imitieren, illegal kopieren *Produkt*	[qallada mantûğan]	قلّد منتوجا
Imitation *von Programmen*	[taqlîd al-barâmiğ]	تقليد البرامِج
traditionell, klassisch, konventionell	[taqlîdi]	تقليديّ
kopiert, imitiert, unecht	[muqallad]	مقلّد
abbauen, reduzieren, kürzen *Löhne*	[qallaṣa al-uğûr]	قلّص الأُجُور
*Schulden*abbau	[taqlîṣ ad-duyûn]	تقليص الدُيُون
Kürzung *der Beschäftigtenzahl*	[taqlîṣ ʿadad al-ʿâmilîn]	تقليص عدد العاملين
*Wirtschafts*gipfel	[qimma iqtiṣâdiyya, qimam]	قِمّة الاقتصاديّة ج قِمم

Weizen	[qamḥ]	قمْح
setzen *Betrag auf Aktien*	[qâmara bi-mablaġ ʿalâ ashum]	قامر بمبْلغ على أسْهُم
Setzen *auf alternative Energie*	[muqâmara ʿalâ ṭâqa badîla]	مقامرة على طاقة بدِيلة
Glücksspiel	[qimâr]	قِمار
Glücksspiel *verbieten*	[ḥarrama al-qimâr]	حرّم القِمار
Spielbank, Casino	[maqmara, maqâmir]	مقْمرة ج مقامِر
Satellit	[qamar ṣinâʿî, aqmâr]	قمر صِناعيّ ج أقْمار
kodifizieren, normieren, standardisieren *Normen*	[qannana muwâṣafât]	قنّن مواصفات
rationieren *Lebensmittel*	[qannana al-mawâdd al-ġiḏâ'iyya]	قنّن الموادّ الغِذائيّة
Normierung, Standardisierung *von Standards*	[taqnîn al-maʿâyîr]	تقنين المعايِير
Rationierung *von Elektrizität*	[taqnîn al-kahrabâ']	تقنين الكهْرباء
Gesetz, Recht	[qânûn, qawânîn]	قانُون ج قوانِين
*Handels*recht, *Handels*gesetz	[qânûn tiǧârî]	قانُون تِجاريّ
*Investitions*gesetze	[qawânûn istiṯmâriyya]	قوانِين استثماريّة
*Straf*recht, *Straf*gesetz	[qânûn ǧanâ'î]	قانُون جنائيّ
*Völker*recht	[qânûn duwalî]	قانُون دُوليّ
*Markt*gesetze	[qawânîn as-sûq]	قوانِين السُوق
*Unternehmens*recht	[qânûn ḫâss bi-š-šarikât]	قانُون خاصّ بالشرِكات
Steuer*gesetze*	[qawânîn aḍ-ḍarâ'ib]	قوانِين الضرائِب
abgeändertes Gesetz	[qânûn muʿaddal]	قانُون معدّل
Gesetz *von Angebot und Nachfrage*	[qânûn al-ʿarḍ wa-ṭ-ṭalab]	قانُون العرْض والطلب
*Arbeits*recht	[qânûn al-ʿamal]	قانُون العمل
*Zivil*recht	[qânûn madanî]	قانُون مدنيّ
*Wettbewerbs*recht	[qânûn al-munâfasa]	قانُون المنافسة
*Muster*gesetz	[qânûn namûḏaǧî]	قانُون نمُوذجيّ
Gesetz *übertreten*	[ḫâlafa qânûnan]	خالف قانُونا
Gesetz *verletzen*	[intahaka qânûnan]	انتهك قانُونا
gesetzlich, legal, Rechts-	[qânûnî]	قانُونيّ

Flasche	[qinnîna, qanânin]	قِنِّينة ج قنانٍ
Konsul	[qunṣul, qanâṣil]	قُنْصُل ج قناصِل
konsularisch	[qunṣulî]	قُنْصُليّ
Konsulat	[qunṣuliyya]	قُنْصُليّة
Qintar *(Gewichtsmaß ca. 50 kg)*	[qinṭâr, qanâṭîr]	قِنْطار ج قناطِير
Kanal	[qanât, qanawât / aqniya]	قناة ج قنوات / أقْنِية
Amtsweg, Dienstweg, *offizieller* Kanal	[qanât rasmiyya]	قناة رسْميّة
*Bewässerungs*kanal	[qanât ar-rayy]	قناة الريّ
*Absatz*wege, *Vermarktungs*kanäle	[qanawât at-taswîq]	قنوات التسويق
*Suez*kanal	[qanât as-suways]	قناة السُويْس
legale Kanäle	[qanawât šarʿiyya]	قنوات شرْعيّة
*Satelliten*kanal	[qanât faḍâ'iyya]	قناة فضائيّة
*Schiffahrts*kanal	[qanât al-milâḥa]	قناة المِلاحة
*Wasser*kanal	[qanât mâ'iyya]	قناة مائيّة
Vertriebs*kanäle*	[qanawât at-tawzîʿ]	قنوات التوزيع
Kommunikations*kanäle*	[qanawât al-ittiṣâl]	قنوات الاتّصال
Kanal *graben*	[šaqqa qanât]	شقّ قناة
anschaffen, erwerben, aquirieren *Maschinen*	[iqtanâ âlât]	اقتنى آلات
Anschaffung, Aquisition *von Geräten*	[iqtinâ' al-ağhiza]	اقتناء الأجْهِزة
angeschafft, erworben, aquiriert	[muqtanan]	مقتنىً
Anschaffungen	[muqtanayât]	ج مقتنيات
Nahrung	[qût, aqwât]	قُوت ج أقْوات
Führung *der Wirtschaft*	[qiyâda al-iqtiṣâd]	قِيادة الاقتصاد
Führungskräfte	[qiyâdât]	ج قِيادات
Führungs-	[qiyâdî]	قِياديّ
abreißen, niederreißen *Mauer*	[qawwaḍa sûran]	قوّض سُورا
Niederreißen *der Stützen der Wirtschaft*	[taqwîḍ daʿâ'im al-iqtiṣâd]	تقويض دعائِم الاقتصاد
Vertrag schließen *mit einem Partner über ein Projekt*	[qâwala šarîka ʿalâ mašrûʿ]	قاول شرِيكا على مشروع

Auftragnehmer, Unternehmer, Bauunternehmer	[muqâwil, ~ûn]	مقاوِل ج ون
*Sub*unternehmer	[muqâwil min al-bâṭin]	مقاوِل من الباطِن
Kontrakt, Auftrag	[muqâwala, ~ât]	مقاولة ج ات
Bauaufträge, Verträge in Baubranche	[muqâwalât]	ج مقاولات
bewerten. evaluieren *Projekt*	[qawwama mašrûʿan]	قوّم مشروعا ← قيّم
errichten, aufbauen *Projekt*	[aqâma mašrûʿan]	أقام مشروعا
Bewertung *der Banken*	[taqwîm al-maṣârif]	تقويم المصارِف ← تقييم
Einrichtung *einer Freihandelszone*	[iqâmat al-minṭaqa al-ḥurra]	إقامة المِنْطقة الحُرّة
Unterkunft, Unterbringung	[iqâma]	إقامة
Liste	[qâ'ima, qawâ'im]	قائمة ج قوائِم
*Abschluß*liste	[qâ'ima ḫitâmiyya]	قائمة خِتاميّة
*Rang*liste	[qâ'imat at-tartîb]	قائمة الترتيب
*Preis*liste	[qâ'imat al-asʿâr]	قائمة الأسْعار
*Waren*liste	[qâ'ima silaʿiyya]	قائمة سِلعيّة
schwarze Liste	[qâ'ima sawdâ']	قائمة سوْداء
*Angebots*liste	[qâ'imat al-ʿarḍ]	قائمة العرْض
*Material*liste	[qâ'imat al-mawâdd]	قائمة الموادّ
*Warte*liste	[qâ'imat al-intiẓâr]	قائمة الأنتظار
wirtschaftliche Faktoren, Voraussetzungen	[muqawwimât iqtiṣâdiyya]	مقوِّمات اقتصاديّة
*dollar*gestützt	[muqayyam bi-d-dûlâr]	مقيّم بالدُولار
national, Volks-	[qawmî]	قوْميّ
*supra*national	[fawqa qawmî]	فوْق قوْميّ
Kraft, Macht, Stärke	[quwa, quwan]	قُوة ج قُوى
menschliche Arbeitskraft	[quwa bašariyya]	قُوة بشريّة
*Kauf*kraft	[quwa širâ'iyya]	قُوة شِرائيّة
*Kauf*kraft *schaffen*	[ḫalaqa quwa širâ'iyya]	خلق قُوة شِرائيّة
*Kauf*kraft *abschöpfen*	[imtaṣṣa quwa širâ'iyya]	امتصّ قُوة شِرائيّة
PS	[quwat al-ḥiṣân]	قُوة الحِصان
*Arbeits*kraft	[quwa ʿâmila]	قُوة عاملة

*Arbeits*kräfte	[quwan ʿâmila]	قُوى عاملة
höhere Gewalt	[quwa qâhira]	قُوة قاهرة
*Arbeits*kräfte *einstellen*	[waẓẓafa quwan ʿâmila]	وظّف قُوى عاملة
*Arbeits*kräfte *entlassen*	[faṣala quwan ʿâmila]	فصل قُوى عاملة
*Wirtschafts*kraft, *Wirtschafts*macht	[quwa iqtiṣâdiyya]	قوة اقتصاديّة
*Finanz*kraft	[quwa mâliyya]	قُوة ماليّة
*Streit*kräfte	[quwât musallaḥa]	ج قُوات مسلَّحة
*Streit*kräfte, Militär	[quwât ʿaskariyya]	ج قُوات عسْكريّة
stark, leistungsfähig	[qawîy, aqwiyâʾ]	قوِيّ ج أقْوِياء
eintragen, buchen *Daten*	[qayyada bayânât]	قيّد بيانات
gutschreiben *Betrag einem Kunden*	[qayyada mablaġan li-ḥisâb al-ʿamîl]	قيّد مبْلغا لحِساب العمِيل
einschränken *Handel*	[qayyada at-tiğâra]	قيّد التِجارة
gebucht sein o. werden *(Umsätze)*	[taqayyada (al-mabîʿât)]	تقيّد (المبيعاتُ)
eingeschränkt sein o. werden *(freier Handel)*	[taqayyada (at-tiğâra al-ḥurra)]	تقيّد (التِجارةُ الحُرّةُ)
Buchung *von Rechnungen*	[taqyîd al-ḥisâbât]	تقييد الحِسابات
Einschränkung *der Handelstätigkeit*	[taqyîd an-našâṭ at-tiğârî]	تقييد النشاط التِجاريّ
*Wettbewerbs*beschränkung	[taqyîd al-munâfasa]	تقييد المنافسة
Restriktionen, Beschränkungen	[taqyîdât]	تقييدات
Buchung, Eintrag; Urkunde, Schein	[qayd, quyûd]	قيْد ج قُيُود
*Buch*führung	[qayd ad-dafâtir]	قيْد الدفاتِر
doppelte Buchführung	[qayd muzdawiğ]	قيْد مزْدوِج
Eintrag im Kataster	[qayd fî as-siğl al-ʿaqârî]	قيْد في السِجْل العقاريّ
Eintrag *löschen*	[maḥâ qaydan]	محا قيْدا
*Rechnungs*führung	[qayd al-ḥisâbât]	قيْد الحِسابات
*Geburts*urkunde	[qayd al-mîlâd]	قيْد الميلاد
Einschränkung, Beschränkung	[qayd, quyûd]	قيْد ج قُيُود
*Zoll*beschränkungen	[quyûd ğumrukiyya]	قُيُود جُمْركيّة
*Devisen*beschränkungen	[quyûd ʿalâ al-ʿumla]	قُيُود على العُمْلة
mengenmäßige Beschränkungen	[quyûd kammiyya]	قُيُود كمّيّة

deregulieren *Wirtschaft*	[rafaʿa al-quyûd ʿan al-iqtiṣâd]	رفع القُيود عن الاقتصاد
einschränkende Bestimmungen *lockern*	[ḫaffafa quyûdan]	خفّف قُيودا
Einschränkungen *beseitigen*	[azâla quyûdan]	أزال قُيودا
Einschränkungen *aufheben*	[alġâ quyûdan]	ألغى قُيودا
bedingungslos	[bi-lâ qayd aw šarṭ]	بلا قَيْد أو شرْط
gebucht	[muqayyad]	مقيّد
eingeschränkt, zweckgebunden	[muqayyad]	مقيّد
in *Gründung*	[qayda at-ta'sîs]	قَيْدَ التأسيس
in *Liquidation*	[qayda at-taṣfiya]	قَيْدَ التصفية
im Bau befindlich	[qayda al-inšâ']	قَيْدَ الإنشاء
Karat *(Maß des Feingehalts)*	[qîrâṭ, qarârîṭ]	قِيراط ج قراريط
messen *Maße*	[qâsa (yaqîsu, qiyâs) al-maqâyîs]	قاس (-ِ قِياس) المقاييس
Messung *des Volumens*	[qiyâs al-ḥaǧm]	قِياس الحجْم
*Einkommens*bemessung	[qiyâs ad-daḫl]	قِياس الدخْل
Maß, Maßstab, Norm	[qiyâs, ~ât]	قِياس ج ات
*Konfektions*größe	[qiyâs al-malâbis]	قِياس الملابِس
Norm-, Vergleichs-, Rekord-	[qiyâsî]	قياسيّ
Maß, Abmessung	[maqâs, ~ât]	مقاس ج ات
Meßgerät	[miqyâs, maqâyîs]	مِقْياس ج مقاييس
Kriterium, Standard	[miqyâs, maqâyîs]	مِقْياس ج مقاييس
*Leistungs*kriterien	[maqâyîs al-adâ']	مقاييس الأداء
*Sicherheits*standards	[maqâyîs as-salâma]	مقاييس السلامة
Kriterien *einhalten*	[iltazama bi-maqâyîs]	التزم بمقاييس
Tauschhandel treiben *mit einem Händler*	[qâyaḍa tâǧiran]	قايض تاجرا
tauschen *Kamel gegen Pferd*	[qâyaḍa ǧamalan bi-ḥiṣân]	قايض جملا بحِصان
Tauschhandel, Kompensationsgeschäft	[muqâyaḍa]	مقايضة
bewerten, evaluieren *Projekt*	[qayyama mašrûʿan]	قيّم مشروعا ← قوّم
*Leistungs*evaluierung	[taqyîm al-adâ']	تقييم الأداء
*Schadens*evaluierung	[taqyîm al-ḫasâ'ir]	تقييم الخسائِر

Bewertung *von Schulden*	[taqyîm ad-duyûn]	تقييم الدُيُون
*Projekt*evaluierung	[taqyîm al-mašrûʿ]	تقييم المشروع
*Arbeits*bewertung	[taqyîm al-ʿamal]	تقييم العمل
Wert, Höhe *(eines Betrages)*	[qîma, qiyam]	قِيمة ج قِيم
*Nominal*wert	[qîma ismiyya]	قِيمة إسْميّة
*Tausch*wert	[qîma tabâduliyya]	قِيمة تبادُليّة
*Rest*wert	[qîma mutabaqqiya]	قِيمة متبقّية
überbewerteter Wert	[qîma mubâlaġ fîhâ]	قِيمة مبالغ فيها
*Handels*wert, *Verkehrs*wert	[qîma tiǧâriyya]	قِيمة تِجاريّة
*Gesamt*wert	[qîma iǧmâliyya]	قِيمة إجماليّة
realer Wert	[qîma ḥaqîqiyya]	قِيمة حقِيقيّة
irrealer Wert	[qîma ġayr ḥaqîqiyya]	قِيمة غيْر حقِيقيّة
*Zeit*wert	[qîma ḥâliyya]	قِيمة حاليّة
*Buch*wert	[qîma daftariyya]	قِيمة دفْتريّة
*Handels*wert	[qîmat at-tadâwul]	قِيمة التداوُل
*Kapital*wert	[qîma ra'smâliyya]	قِيمة رأْسْماليّة
*Waren*wert	[qîma silaʿiyya]	قِيمة سِلعيّة
*Aktien*werte	[qiyam al-ashum]	قِيم الأسْهُم
*Markt*wert	[qîma sûqiyya]	قِيمة سُوقيّة
Wert *des Firmenansehens*	[qîmat aš-šuhra]	قِيمة الشُهْرة
*Mehr*wert	[qîma muḍâfa]	قِيمة مُضافة
*Gebrauchs*wert	[qîma istiʿmâliyya]	قِيمة استعماليّة
*Schätz*wert	[qîma taqdîriyya]	قِيمة تقديريّة
*Näherungs*wert	[qîma taqrîbiyya]	قِيمة تقريبيّة
finanzieller Wert	[qîma mâliyya]	قِيمة ماليّة
unter pari	[dûna al-qîma al-ismiyya]	دُون القِيمة الاِسْميّة
wert*voll*	[ḏû qîma]	ذُو قِيمة
über pari	[fawqa al-qîma al-ismiyya]	فوْق القِيمة الاِسْميّة
Wert *bestimmen*	[ḥaddada al-qîma]	حدّد القِيمة

Wert *schöpfen*	[ḫalaqa al-qîma]	خلق القِيمة
Wert *erhöhen*	[rafaʿa al-qîma]	رفع القِيمة
Wert *begleichen*	[saddada al-qîma]	سدّد القِيمة
wertvoll	[qayyim]	قيِّم

ك

Kader, Führungskraft, Fachpersonal, leitende Angestellte	[kâdir, kawâdir / ~ât]	كادِر ج كوادِر / ات
qualifizierte Führungskräfte	[kawâdir mu'ahhala]	كوادِر مؤهّلة
technisches Fachpersonal	[kâdir fannî]	كادِر فنّيّ
Kartell	[kârtîl, ~ât]	كارْتيل ج ات
Katalog, Prospekt	[katâlûǧ, ~ât]	كتالُوج ج ات
*Versand*katalog	[katâlûǧ aṭ-ṭalab al-barîdî]	كتالُوج الطلب البِريديّ
zeichnen *Aktien*	[iktataba fî ashum]	اكتتب في أسْهُم
Zeichnung *von Wertpapieren*	[iktitâb fî sanadât]	اكتتاب في سندات
Schreiber, Büroangestellter	[kâtib, kataba]	كاتب ج كتبة
Notar	[kâtib al-ʿadl]	كاتب العدْل
Büro, Geschäftsstelle	[maktab, makâtib]	مكْتب ج مكاتِب
*Leih*haus, *Pfand*leihe	[maktab al-irtihân]	مكْتب الارتهان
*Reise*büro	[maktab as-safar]	مكْتب السفر
*Makler*büro	[maktab as-samsara]	مكْتب السمْسرة
*Grundbuch*amt	[maktab aš-šahr al-ʿaqârî]	مكْتب الشهْر العقاريّ
*Consulting*büro	[maktab istišârî]	مكْتب استشاري
*Informations*büro	[maktab al-istiʿlâmât]	مكْتب الاستعلامات
*Arbeits*amt	[maktab al-ʿamal]	مكْتب العمل
*Handelsvertretung*büro	[maktab at-tamṯîl at-tiǧârî]	مكْتب التمثيل التِجاريّ
*Exekutiv*büro	[maktab tanfîḏî]	مكْتب تنفيذيّ
*Ingenieur*büro	[maktab handasî]	مكْتب هنْدسيّ

*Arbeits*amt	[maktab at-tawẓîf]	مكْتب التوظيف
Büro *schließen*	[aġlaqa maktaban]	أغلق مكْتبا
Büro *eröffnen*	[ifataḥa maktaban]	افتتح مكْتبا
Büro-	[maktabî]	مكْتبيّ
*Geschäfts*buch	[kitâb al-muʿâmalât, kutub]	كِتاب المعاملات ج كُتُب
Bestseller	[al-kitâb al-akṯar rawāǧan]	الكِتاب الأكْثر رواجا
*Wirtschafts*gruppierung	[takattul iqtiṣâdî, ~ât]	تكتُّل اقتصاديّ ج ات
*Wirtschafts*block	[kutla iqtiṣâdiyya, kutal]	كُتْلة اقتصاديّة ج كُتَل
*Geld*menge	[kutla naqdiyya, kutal]	كُتْلة نقْديّة
*im Umlauf befindliche Geld*menge	[kutla naqdiyya mutadâwala]	كُتْلة نقْديّة متداولة
Diskretion	[takattum]	تكتُّم
diskret	[mutakattim]	متكتِّم
viel, zahlreich sein *(Angebote)*	[kaṯura, yakṯuru / kaṯra) (al-ʿurûḍ]	كثُر (ـُ / كثْرة) (العُرُوضُ)
Vielzahl, Menge, Fülle	[kaṯra]	كثْرة
viel	[kaṯîr]	كثِير
Mehrheit, Majorität	[akṯariyya]	أكْثريّة ← أغْلبيّة
intensivieren *Produktion*	[kaṯṯafa al-intâǧ]	كثّف الإنتاج
intensiviert sein o. werden *Arbeit*	[takaṯṯafa (al-ʿamal)]	تكثّف (العملُ)
Intensivierung *des Handels*	[takṯîf at-tiǧâra]	تكثيف التِجارة
*lohn*intensiv	[mukaṯṯaf al-uǧûr]	مكثّف الأُجُور
*kapital*intensiv	[mukaṯṯaf ar-ra'smâl]	مكثّف الرأْسْمال
*arbeits*intensiv	[mukaṯṯaf al-ʿamal]	مكثّف العمل
schwer arbeiten, schuften *(Arbeiter)*	[kadaḥa (yakdaḥu, kadḥ) (al-ʿummâl)]	كدح (ـَ كدْح) (العُمّال)
Schwerstarbeit, Schufterei	[kadḥ]	كدْح
schwer arbeitend, Schwerstarbeiter	[kâdiḥ, ~ûn]	كادح ج ون
Werktätige	[kâdiḥûn]	ج كادحون
stapeln *Waren*	[kaddasa silaʿan]	كدّس سِلعا ← كوّم
gestapelt sein o. werden *(Kisten)*	[takaddasa (aṣ-ṣanâdîq)]	تكدّس (الصناديقُ)

Stapel, Haufen	[kuds, akdâs]	كُدْس ج أكْداس
Katastrophe	[kâriṯa, kawâriṯ]	كارثة ج كوارِث
*Umwelt*katastrophe	[kâriṯa bî'iyya]	كارثة بِيئيّة
*Natur*katastrophe	[kâriṯa ṭabîʿiyya]	كارثة طبيعيّة
*Finanz*katastrophe	[kâriṯa mâliyya]	كارثة ماليّة
Katastrophe *vermeiden*	[taǧannaba kâriṯa]	تجنّب كارثة
Katastrophe *abwenden*	[wâǧaha kâriṯa]	واجه كارثة
Honorar	[ikrâmiyya]	إكراميّة
vermieten, ausleihen *Auto*	[akrâ sayyâra]	أكرى سيّارة
mieten, leihen *Maschinen*	[iktarâ mâkînât]	اكترى ماكِينات
Miete, Pacht	[kirâʾ]	كِراء
erwerben, gewinnen *Vorteile*	[kasaba (yaksibu, kasb) fawâ'id]	كسب (-ِ كسْب) فوائِد
verdienen *Lebensunterhalt*	[kasaba rizqan]	كسب رِزْقا
Gewinn machen lassen *einen Händler*	[aksaba tâǧiran ribḥan]	أكسب تاجرا رِبْحا
verdienen *Geld*	[takassaba nuqûdan]	تكسّب نُقُودا
erwerben *Know-how*	[iktasaba maʿârif tiqaniyya]	اكتسب معارِف تِقنيّة
Erwerb, Gewinn	[kasb]	كسْب
*Zeit*gewinn	[kasb al-waqt]	كسْب الوقْت
Erlangung *einer wirtschaftlichen Stellung*	[iktisâb makâna iqtiṣâdiyya]	اكتساب مكانة اقتصاديّة
Vorteil, Gewinn	[maksab, makâsib]	مكْسب ج مكاسِب
finanzielle Vorteile	[makâsib ra'smâliyya]	مكاسِب ماليّة
Vorteile, Gewinne	[muktasabât]	ج مكتسبات
inspizieren, prüfen *Waren*	[kašafa (yakšifu, kašf) ʿalâ baḍâ'iʿ]	كشف (-ِ كشْف) على بضائِع
entdecken, erkunden *natürliche Ressourcen*	[iktašafa ṯarawât ṭabîʿiyya]	اكتشف ثروات طبِيعيّة
erkunden *Erdgas*	[istakšafa al-ġâz a-ṭ-ṭabîʿî]	استكشف الغاز الطبِيعيّ
Prüfen *des Containerinhalts*	[kašf ʿalâ muḥtawâ al-ḥâwiyyât]	كشف على محتوى الحاويات
*Zoll*inspektion, *Zoll*fahndung	[kašf ǧumrukî]	كشْف جُمْركِيّ
Liste, Aufstellung, Verzeichnung	[kašf, kušûf / kušûfât]	كشْف ج كُشُوف / كُشُوفات

*Lohn*liste, *Gehalts*liste	[kašf al-uǧûr]	كشْف الأُجُور
*Konto*auszug	[kašf al-ḥisâb]	كشْف الحِساب
*Kosten*voranschlag	[kašf taqdîrî]	كشْف تقديريّ
Entdeckung *von Wasservorkommen*	[iktišâf mawârid al-mâ']	اكتشاف موارِد الماء
Entdeckungen	[iktišâfât]	اكتشافات
Entdeckungen	[muktašafât]	ج مكتشفات
*Zoll*fahnder	[kaššâf ǧumrikî, kaššâfa]	كشّاف جُمْرُكيّ ج كشّافة
Kiosk, Verkaufsstand	[kušk, aškâk]	كُشْك ج أشْكاك
Waagschale	[kiffa, kifaf]	كِفّة ج كِفف
belohnen *Angestellten für Arbeit*	[kâfa'a muwaẓẓafan ʿalâ al-ʿamal]	كافأ موظّفا على العمل
Belohnung *eines Forschers*	[mukâfa'at al-bâḥiṯ]	مكافأة الباحث
Belohnung, Prämie, Bonifikation, Bonus	[mukâfaʿa, ~ât]	مكافأة ج ات
*Chancen*gleichheit	[takâfu' al-furaṣ]	تكافُؤ الفُرص
gleich	[mutakâfi']	متكافِئ
Leistungsfähigkeit, Effizienz	[kafâ'a, ~ât]	كفاءة ج ات
Fachkraft, Führungkraft	[kafâ'a, ~ât]	كفاءة ج ات
verwaltungstechnische Fachkräfte	[kafâ'ât idâriyya]	كفاءات إداريّة
ingenieurtechnische Fachkräfte	[kafâ'ât handasiyya]	كفاءات هنْدسيّة
fähig, befähigt	[kuf', akfâ']	كُفْء ج أكْفاء
leistungsstark, qualifiziert	[kufû']	كُفُوء
Anti*dumping*	[mukâfaḥat al-iġrâq]	مكافحة الإغراق
garantieren, gewährleisten *gute Qualität*	[kafala (yakfulu, kafâla) nawʿiyya ǧayyida]	كفل (ـُ كفالة) نوْعيّة جيّدة
bürgen *für Geschäftspartner*	[kafala šarîkan]	كفل شريكا
sich verbürgen *für einen Kunden*	[takaffala bi-ʿamîl]	تكفّل بعمِيل
gegenseitig bürgen *(Partner)*	[takâfala (aš-šurakâ')]	تكافل (الشُركاء)
Garantie, Bürgschaft	[kafâla]	كفالة
*Bank*bürgschaft	[kafâla maṣrifiyya]	كفالة مصْرِفيّة
Kaution	[kafâla naqdiyya]	كفالة نقْديّة

gegen Kaution	[bi-l-kafâla]	بالكفالة
gegenseitige Bürgschaft	[takâful]	تكافُل
garantiert, verbürgt	[makfûl]	مكفول
gesetzlich geschützt	[makfûl qânûniyyan]	مكفول قانُونيّا
Bürge	[kafîl, kufalâ']	كفِيل ج كُفلاء
ausreichende *Versorgung*	[kifâyat al-imdâdât]	كِفاية الإمدادات
*Arbeits*produktivität	[kifâyat al-ʿamal]	كِفاية العمل
*Selbst*versorgung	[iktifâ' ḏâtî]	اكتفاء ذاتيّ
Autarkie	[iktifâ' ḏâtî]	اكتفاء ذاتيّ
Selbstversorgung *mit Lebensmitteln*	[iktifâ' ġiḏâ'î]	اكتفاء غِذائيّ
Gesamt-, total	[kullî]	كُلّيّ
*Wirtschafts*fachschule	[kulliyya tiğâriyya, ~ât]	كُلّيّة تِجاريّة ج ات
*Wirtschafts*fakultät	[kulliyat al-iqtiṣâd]	كُلّيّة الاقتصاد
kosten *einen Kunden eine Summe*	[kallafa ʿamîlan mablaġan]	كلّف عميلا مبْلغا
beauftragen *Firma mit Produktion*	[kallafa šarika bi-l-intâğ]	كلّف شرِكة بالإنتاج
kosten *Summe*	[takallafa mablaġan]	تكلّف مبْلغا
Kosten	[taklifa, takâlîf]	تكْلِفة ج تكالِيف
*Lohn*kosten	[takâlîf al-uğûr]	تكالِيف الأُجُور
*Lohnneben*kosten	[takâlîf al-uğûr al-iḍâfiyya]	تكالِيف الأُجُور الإضافيّة
*Kredit*kosten	[takâlîf i'timâniyya]	تكالِيف ائتمانيّة
vorläufige Kosten	[takâlîf awwaliyya]	تكالِيف أوّليّة
enorme Kosten	[takâlîf bâhiẓa]	تكالِيف باهظة
*Umsatz*kosten	[takâlîf al-mabîʿât]	تكالِيف المبيعات
fixe Kosten	[takâlîf ṯâbita]	تكالِيف ثابتة
*Investitions*kosten	[takâlîf istiṯmâriyya]	تكالِيف استثماريّة
*Gesamt*kosten	[takâlîf iğmâliyya]	تكالِيف إجماليّة
kalkulatorische Kosten	[takâlîf ḥisâbiyya]	تكالِيف حِسابيّة
*Ist*kosten	[takâlîf ḥaqîqiyya]	تكالِيف حقيقيّة
unkontrollierbare Kosten	[takâlîf lâ yumkinu at-taḥakkum bihâ]	تكالِيف لا يمكن التحكُّم بها

gemischte Kosten	[takâlîf muḫtaliṭa]	تكاليف مختلطة
*Verwaltungs*kosten	[takâlîf idâriyya]	تكاليف إداريّة
*Kapital*kosten	[takâlîf ra'smâliyya]	تكاليف رأسْماليّة
*Mehr*kosten	[takâlîf zâ'ida]	تكاليف زائدة
steigende Kosten	[takâlîf mutazâyida]	تكاليف متزايدة
*Reise*kosten	[takalîf as-safar]	تكاليف السفر
*Anschaffungs*kosten	[takâlîf aš-širâ']	تكاليف الشِراء
*Betriebs*kosten	[takâlîf at-tašġîl]	تكاليف التشغيل
*Sozialversicherungs*kosten	[takâlîf aḍ-ḍamân al-iğtimâʿî]	تكاليف الضمان الاجتماعيّ
*Zusatz*kosten	[takâlîf iḍâfiyya]	تكاليف إضافيّة
*Werbe*kosten	[takâlîf al-iʿlân]	تكاليف الإعلان
*Gemein*kosten	[takâlîf ʿâmma]	تكاليف عامّة
*Arbeits*kosten	[takâlîf al-ʿamal]	تكاليف العمل
*Lebenshaltungs*kosten	[takâlîf al-maʿîša]	تكاليف المعيشة
gedeckte Kosten	[takâlîf muġaṭṭat]	تكاليف مغطّاة
variable Kosten	[takâlîf mutaġayyira]	تكاليف متغيّرة
*Ist*kosten	[takâlîf fiʿliyya]	تكاليف فِعْليّة
geschätzte Kosten	[takâlîf taqdîriyya]	تكاليف تقديريّة
*Standard*kosten	[takâlîf qiyâsiyya]	تكاليف قِياسيّة
*Voll*kosten	[takâlîf kâmila]	تكاليف كاملة
*Produktions*kosten, *Fertigungs*kosten	[takâlîf al-intâğ]	تكاليف الإنتاج
*Bau*kosten	[takâlîf inšâ'iyya]	تكاليف إنشائيّة
sinkende Kosten	[takâlîf mutanâqiṣa]	تكاليف متناقِصة
*Transport*kosten	[takâlîf an-naql]	تكاليف النقْل
marginale Kosten, *Grenz*kosten	[takâlîf hâmišiyya]	تكاليف هامشيّة
Kosten *abziehen*	[ḫaṣama takâlîf]	خصم تكاليف
Kosten *decken*	[ġaṭṭâ takâlîf]	غطّى تكاليف
Kosten *veranschlagen*	[qaddara takâlîf]	قدّر تكاليف
Kosten *einsparen*	[waffara takâlîf]	وفّر تكاليف

im Auftrag *des Kunden*	[bi-taklîf min al-ʿamîl]	بتكليف من العمِيل
Kosten	[kulfa, aklâf]	كُلفة ج أَكْلاف ← تكالِيف
aufwendig, kostspielig	[mukallif]	مكلِّف
*Telefon*gespräch	[mukâlama hâtifiyya]	مكالمة هاتفيّة
*Orts*gespräch	[mukâlama maḥalliya]	مكالمة محلّيّة
*Auslands*gespräch	[mukâlama ḫâriǧiyya]	مكالمة خارجيّة
Menge, Quantität	[kamm]	كمّ
mengenmäßig, quantitativ	[kammî]	كمّيّ
Menge, Quantität	[kammiyya, ~ât]	كمّيّة ج ات
kommerzielle Mengen	[kammiyyât tiǧâriyya]	كميّات تِجاريّة
geringe Menge	[kammiyya qalîla]	كمّيّة قلِيلة
*Material*menge	[kammiyyat al-mawâdd]	كمّيّة الموادّ
*im Umlauf befindliche Geld*menge	[kammiyyat al-mâl al-mutadâwal]	كميّة المال المتداول
*deponierte Geld*menge	[kammiyyat al-mâl al-mûdaʿ]	كميّة المال المُودع
riesige Menge	[kammiyya hâ'ila]	كميّة هائلة
reichliche Menge	[kammiya wafîra]	كمّيّة وفيرة
Wechsel	[kambiyâla, ~ât]	كمْبِيالة ج ات
Geldwechsel	[kambiyû]	كمْبِيُو
Computer	[kumbyûtir, ~ât]	كُمْبْيُوتِر ج ات ← حاسب / حاسُوب
*Personal*computer, *PC*	[kumbyûtir šaḫṣî]	كُمْبْيُوتِر شخْصيّ
*Mini*computer	[kumbyûtir ṣaġîr]	كُمْبْيُوتِر صغِير
Notebook	[kumbyûtir maḥmûl / naqqâl]	كُمْبْيُوتِر محمول / نقّال
Rezession, Deflation	[inkimâš]	انكماش
wirtschaftliche Schrumpfung	[inkimâš iqtiṣâdî]	انكماش اقتصاديّ
vervollständigen, vollenden, fertigstellen *Prozeß*	[kammala ʿamaliyya]	كمّل عمليّة
fertigstellen, abschließen *Projekt*	[istaqmala mašrûʿan]	استكمل مشروعا
Abschluß *einer Operation*	[takmîl al-ʿamaliyya]	تكميل العمليّة
Integration	[takâmul]	تكامُل

horizontale Integration	[takâmul ufuqî]	تكامُل أُفُقِيّ
vertikale Integration	[takâmul ʿamûdî]	تكامُل عمُوديّ
wirtschaftliche Integration	[takâmul iqtiṣâdî]	تكامُل اقتصاديّ
Vervollständigung *von Daten*	[istikmâl al-bayânât]	استكمال البيانات
vollständig	[kâmil]	كامل
integriert, komplex, vollständig	[mutakâmil]	متكامِل
Luxuswaren	[kamâliyyât]	ج كماليّات
latent	[kâmin]	كامن
Lagerstätte	[makman, makâmin]	مكْمن ج مكامِن
*Erdöl*lagerstätten	[makâmin an-nafṭ]	مكامِن النفْط
elektrifizieren *Dörfer*	[kahraba qurâ]	كهْرب قُرىً
Elektrifizierung *des ländlichen Raumes*	[kahrabat ar-rîf]	كهْربة الرِيف
elektrifiziert	[mukahrab]	مكهْرب
Elektrizität	[kahrabâ’]	كهْرباء
elektrisch	[kahrabâ’î]	كهْربائيّ
*hydro*elektrisch	[kahramâ’î]	كهْرمائيّ
Prognosen	[takahhunât]	ج تكهُّنات ← تنبُّؤات
Quote	[qwutâ, ~ât]	كوْتا ج ات ← حِصّة
*Bank*schalter	[kuwwat al-maṣrif, ~ât]	كوّة المصْرِف ج ات
Coupon, Anteilschein	[kûbûn, ~ât]	كُوبُون ج ات
*Gewinn*anteilscheine	[kûbûnât al-arbâḥ]	كُوبُونات الأرْباح
stapeln, aufstapeln *Kisten*	[kawwama ṣanâdîq]	كوّم صناديق ← كدّس
Aufstapeln *von Containern*	[takwîm al-ḥâwiyât]	تكويم الحاوِيات
Stapel	[kawma, akwâm]	كوْمة ج أكْوام
Konsortium	[kunsûrtiyûm, ~ât]	كُونْسُورْتِيُوم ج ات
Sack, Beutel, Tüte	[kîs, akyâs]	كِيس ج أكْياس
*Geld*beutel	[kîs an-nuqûd]	كِيس النُقُود
sich anpassen *an Veränderungen*	[takayyafa maʿa taġayyurât]	تكيّف مع تغيُّرات

Anpassung *an Wirtschaftslage*	[takayyuf ma'a al-waḍ' al-iqtiṣâdî]	تكيُّف مع الوضْع الاقتصاديّ
*Struktur*anpassung	[takayyuf haykalî]	تكيُّف هيْكليّ
messen, wiegen *Getreide*	[kâla (yakîlu, kayl) al-ḥubûb]	كال (-ِ كيْل) الحبُوب
Meßgerät, Maß	[mikyâl, makâyîl]	مِكْيال ج مكايِيل
Kilo *(kg)*	[kîlû]	كِيلُو (كغم)
Kilogramm	[kîlûġrâm, ~ât]	كِيلُوغرام ج ات
Kilometer *(km)*	[kîlûmitr, ~ât]	كِيلُومِتْر ج ات (كلم)

ل

Dezentralisierung	[lâ-markaziyya]	لا مرْكزيّة
dezentralisiert	[lâ-markazî]	لا مرْكزيّ
Ausschuß, Kommission	[lağna, liğân]	لجْنة ج لِجان
*Gründungs*ausschuß	[lağna ta'sîsiyya]	لجْنة تأسيسيّة
*Regional*ausschuß	[lağna iqlîmiyya]	لجْنة إقْليميّة
*Kontroll*ausschuß	[lağnat al-mutâba'a]	لجْنة المتابعة
*Untersuchungs*ausschuß	[lağnat at-taḥqîq]	لجْنة التحقيق
*Schieds*kommission	[lağnat at taḥkîm]	لجْنة التحكيم
*Sonder*ausschuß	[lağna mutaḫaṣṣiṣa]	لجْنة متخصّصة
*Verwaltungs*ausschuß	[lağna idâriyya]	لجْنة إداريّة
*Konsultativ*ausschuß	[lağna istišâriyya]	لجْنة استشاريّة
*Unter*ausschuß	[lağna far'iyya]	لجْنة فرْعيّة
*Wirtschafts*ausschuß	[lağna iqtiṣâdiyya]	لجْنة اقتصاديّة
*regionale Wirtschafts*kommission	[lağna iqtiṣâdiyya iqlîmiyya]	لجْنة اقتصاديّة إقْليميّة
*Untersuchungs*ausschuß	[lağnat taqaṣṣî al-ḥaqâ'q]	لجْنة تقصّي الحقائِق
*Finanz*ausschuß	[lağna mâliyya]	لجْنة ماليّة
*Koordinierungs*ausschuß	[lağnat at-tansîq]	لجْنة التنسيق
*Lenkungs*ausschuß	[lağna tawğîhiyya]	لجْنة توجيهيّة

Ausschuß *bilden*	[šakkala lağna]	شكّل لجْنة
Anschluß finden *an ein Niveau*	[laḥiqa (yalḥaqu, liḥâq) bi-mustawan]	لحِق (ـَ لِحاق) بمستوىً
erleiden *Verlust (Unternehmen)*	[laḥiqa (al-ḫasâra) bi-šarika]	لحِق (الخسارةُ) بشرِكة
zufügen *Schaden einer Firma*	[alḥaqa ḍararan bi-šarika]	ألحق ضررا بشرِكة
Schritthalten *mit der Entwicklung*	[liḥâq bi-rikb at-tatawwur]	لِحاق بِركْب التطوُّر
Schädigung *einer Bank*	[ilḥâq al-aḍrâr bi-maṣrif]	إلحاق الأضرار بمصْرِف
Anhang, Nachtrag	[mulḥaq, malâḥiq]	ملحق ج ملاحِق
*Handels*attaché	[mulḥaq tiğârî, ~ûn]	ملحق تِجاريّ ج ون
*Werbe*beilage	[mulḥaq iʿlânî]	ملحق إعلانيّ
vergeben *Projekt an Unternehmen*	[lazzama mašrûʿan ilâ šarika]	لزّم مشروعا إلى شرِكة
verpflichten, binden *Partner an Vertrag*	[alzama šarîkan bi-ʿaqd]	ألزم شرِيكا بعقْد
verpflichtet *zu*, gebunden *an* sein o. werden, sich halten *an Vertrag*	[iltazama bi-ʿaqd]	التزم بعقد
erforderlich machen *Investitionen*	[istalzama istiṯmârât]	استلزم استثمارات
Vergabe, Bindung *eines Projekts*	[talzîm al-mašrûʿ]	تلزيم المشروع
zwangsweise, obligatorisch	[ilzâmî]	إلزاميّ
Einhalten *von Bedingungen*	[iltizâm bi-šurûṭ]	التزام بشُرُوط
Verpflichtungen, Verbindlichkeiten	[iltizâmât]	التزامات
*Eventual*verbindlichkeiten	[iltizâmât ʿaraḍiyya]	التزامات عرضيّة
finanzielle Verbindlichkeiten	[iltizâmât mâliyya]	التزامات ماليّة
Verbindlichkeiten *begleichen*	[saddada iltizâmât]	سدّد التزامات
Verpflichtungen *erfüllen*	[wafâ bi-iltizâmât]	وفى بالتزامات
Bedarfsgegenstände, Zubehör	[lawâzim]	ج لوازِم
*Büro*bedarf	[lawâzim maktabiyya]	لوازِم مكْتبيّة
gebunden *an Bedingungen*	[multazim bi-šurûṭ]	ملتزِم بشُرُوط
rechtlich gebunden	[multazim qânûniyyan]	ملتزِم قانُونيّا
Erfordernisse, Bedarf	[mustalzamât]	مستلزمات
*Werbe*plakat	[mulṣaq iʿlânî, ~ât]	ملصق إعلانيّ ج ات
manipulieren *Preise*	[talâʿaba bi-asʿâr]	تلاعب بأسْعار
*Preis*manipulation	[talâʿub bi-asʿâr]	تلاعُب بأسْعار

*Rechnungs*manipulation	[talâ'ub bi-fawâtîr]	تلاعُب بفواتِير
Manipulation, Trick	[ul'ûba, alâ'îb]	أُلْعُوبة ج ألاعِيب
*Finanz*manipulationen	[alâ'îb mâliyya]	ألاعِيب ماليّة
Manipulationen *aufdecken*	[kašafa alâ'îb]	كشف ألاعِيب
annullieren, rückgängig machen, außer Kraft setzen, aufheben, kündigen *Vertrag*	[alġâ ittifâqiyya]	الغى اتّفاقيّة
aufheben *Zollgebühren*	[alġâ rusûman ğumrukiyya]	الغى رُسُوما جُمْرُكيّة
stornieren *Bestellung*	[alġâ ṭalaban]	ألغى طلبا
kündigen *Arbeitsvertrag*	[alġâ 'aqd al-'amal]	الغى عقْد العمل
absagen *Termin*	[alġâ maw'idan]	الغى موْعِدا
Absage *eines Liefertermins*	[ilġâ' maw'id at-tawrîd]	إلغاء موْعِد التوريد
Stornierung *einer Bestellung*	[ilġâ' aṭ-ṭalabiyya]	إلغاء الطلبيّة
ungültig, unwirksam	[lâġin]	لاغٍ
abgesagt, gekündigt, storniert	[mulġan]	ملغىً
einwickeln *Ware*	[laffa (yaliffu, laff) sil'a]	لفّ (- ِ لفّ) سِلْعة
Akte, Ablage	[milaff, ~ât]	مِلفّ ج ات
*Personal*akte	[milaff al-muwaẓẓafîn]	ملفّ الموظّفين
Akten *ablegen*	[ḥafiẓa milaffât]	حفِظ مِلفّات
Akte *anlegen*	[a'adda milaffan]	أعدّ مِلفّا
Akte *schließen*	[aġlaqa milaffan]	أغلق مِلفّا
gegen *Zahlung*	[liqâ'a ad-daf']	لِقاءَ الدفْع
gegen *Entschädigung*	[liqâ'a at-ta'wîḍ]	لِقاءَ التعويض
gegen *Kaution*	[liqâ'a kafâla]	لِقاءَ كفالة
gegen *einen Betrag*	[tilqâ'a mablaġ]	تِلْقاءَ مبْلغ
automatisch	[tilqâ'î]	تِلْقائيّ
verschmutzen, kontaminieren *Wasser*	[lawwaṯa al-mâ']	لوّث الماء
verschmutzt, kontaminiert sein o. werden *(Umwelt)*	[talawwaṯa (al-bî'a)]	تلوّث (البيئةُ)
*Boden*verschmutzung	[talwîṯ at-turba]	تلويث التُرْبة
*Meeres*verschmutzung	[talawwuṯ al-baḥr]	تلوُّث البحْر

*Umwelt*verschmutzung	[talawwuṯ al-bî'a]	تلوُّث البيئة
industrielle Verschmutzung	[talawwuṯ ṣinâʿî]	تلوُّث صِناعيّ
*Wasser*verschmutzung	[talawwuṯ al-miyâh]	تلوُّث المِياه
*Luft*verschmutzung	[talawwuṯ al-hawâ']	تلوُّث الهواء
Verschmutzung *bekämpfen*	[kâfaḥa at-talawwuṯ]	كافح التلوُّث
Schadstoffe	[mulawwiṯât]	ج ملوِّثات
verschmutzt	[mulawwaṯ]	ملوّث
Logistik	[lûǧistîk]	لُوجِسْتِيك
logistisch	[lûǧistî]	لُوجِسْتِيّ
Vorschrift, Richtlinie, Katalog, Statut, Satzung	[lâ'iḥa, lawâ'iḥ]	لائحة ج لوائِح
Vorschrift *über Schadstoffausstoß*	[lâ'iḥat bi-ša'n inbiʿâṯ al-ʿâdim]	لائحة بِشأن انبعاث العادم
*Straf*katalog	[lâ'iḥa ǧazâ'iyya]	لائحة جزائيّة
*Reservierungs*liste	[lâ'iḥat al-ḥağz]	لائحة الحجْز
gültige Vorschrift	[lâ'iḥa sâriya]	لائحة سارية
*Warte*liste	[lâ'iḥat al-intiẓâr]	لائحة الانتظار
*Organisations*richtlinie	[la'iḥa tanẓîmiyya]	لائحة تنظيميّة
Richtline *verschärfen*	[šaddada lâ'iḥa]	شدّد لائحة
Richtlinien *anwenden*	[ṭabbaqa lawâ'iḥ]	طبّق لوائِح
elektronische Anzeigentafel	[lawḥa iliktrûniyya, ~ât]	لوْحة إلِيكْتْرُونيّة ج ات
liberal	[lîbirâlî]	لِيبِراليّ
Liberalismus	[lîbirâliyya]	لِيبِراليّة

م

nach christlicher *Zeitrechnung*	[mîlâdî]	م (مِيلاديّ)
Prozent	[bi-l-mi'a / fi-al-mi'a]	بالمِئة / في المِئة
Prozent-, prozentual	[mi'awî]	مِئويّ
*Handels*marke	[mârka tiğâriyya, ~ât]	مارْكة تِجاريّة ج ات

Maschine	[mâkîna, ~ât / makâʿin]	ماكِينة ج ات / مكائِن
Proviant, Vorrat, Ausrüstung, Material	[ma'ûna, ~ât]	مؤُونة ج ات
Deckung *eines Schecks*	[ma'ûna aš-šîk, ~ât]	مؤُونة الشِيك
Gehalt, Sold	[mâhîya, ~ât / mahâyâ]	ماهِيّة ج ات / مهايا
Meter	[mitr, amtâr]	مِتْر ج أمْتار
*Quadrat*meter	[mitr murabbaʿ]	مِتْر مربّع
*Kubik*meter	[mitr mukaʿʿab]	مِتْر مكعّب
Untergrundbahn, Metro	[mitrû]	مِتْرُو
Untergrundbahn, Metro	[mitrû al-anfâq]	مِتْرُو الأنْفاق
Gepäck	[amtiʿa]	ج أمْتِعة
Eigentum, Hab und Gut	[amtiʿa]	ج أمْتِعة
Stabilität, Solidität	[matâna]	متانة
stabil, solide	[matîn]	متِين
vertreten, repräsentieren *Firma*	[maṯṯala šarika]	مثّل شرِكة
Vertretung *von Interessen*	[tamṯîl al-maṣâliḥ]	تمثِيل المصالِح
*Handels*vertretung	[tamṯîl tiǧârî]	تمثِيل تِجاريّ
Vertreter, Repräsentant	[mumaṯṯil, ~ûn]	ممثِّل ج ون
*Handels*vertreter	[mumaṯṯil tiǧârî]	ممثِّل تجاريّ
gleich, ähnlich, Vergleichs-	[mumâṯil]	مماثِل
-faches	[miṯl, amṯâl]	مِثل ج أمْثال
*Fünf*faches *der Summe*	[ḫamsat amṯâl al-mablaġ]	خمْسة أمْثال المبْلغ
gleichwertig, Gleiches	[maṯîl]	مثِيل ج ات
gleichwertige *Waren*	[maṯîlât min as-silaʿ]	مثِيلات من السِلع
optimal	[miṯâlî]	مِثاليّ
optimal	[amṯal, muṯlâ]	أمْثل م مُثْلى
kostenlos, unentgeltlich	[maǧǧânî]	مجّانيّ
kostenlos *Kataloge verteilen*	[wazzaʿa katâlûǧât maǧǧânan]	وزّع كتالُوجات مجّانا
gratis	[bi-l-maǧǧân]	بالمجّان

Unentgeltlichkeit *des Services*	[maǧǧâniyyat al-ḫidma]	مجّانيّة الخِدْمة
löschen *Eintrag*	[maḥâ (yamḥû, maḥw) qaydan	محا (ـُ محْو) قيْدا
Löschung *von Daten*	[maḥw al-bayânât]	محْو البيانات
gelöscht	[mamḥûw]	ممحوّ
verlegen *Ölpipelines*	[madda (yamuddu, madd) anâbîb al-batrûl]	مدّ (ـُ مدّ) أنابيب البتْرُول
versorgen, ausstatten *Projekt mit Liquidität*	[madda mašrûʿan bi-suyûla]	مدّ مشروعا بسُيُولة
verlängern *Frist*	[maddada muhla]	مدّد مُهْلة
versorgen, ausstatten *Unternehmen mit Rohstoffen*	[amadda šarika bi-mawâdd awwaliyya]	أمدّ شرِكة بموادّ أوّليّة
Verlegen *einer Brücke*	[madd al-ǧisr]	مدّ الجِسْر
Verlängerung *einer Erlaubnis*	[tamdîd ar-ruḫṣa]	تمديد الرُخْصة
*automatische Vertrags*verlängerung	[tamdîd al-ittifâqiyya tilqâʾiyyan]	تمديد الاتّفاقيّة تِلْقائيّا
*Liquiditäts*zufuhr	[imdâd as-suyûla]	إمداد السُيُولة
Versorgung *einer Stadt*	[imdâd al-madîna]	إمداد المدِينة
*Geld*zufuhr	[imdâd naqdî]	إمداد نقْديّ
Versorgungsleistungen, Zufuhr, Nachschub	[imdâdât]	إمدادات
Material, Stoff, Artikel	[mâdda, mawâdd]	مادّة ج موادّ
*Grund*stoffe	[mawâdd asâsiyya]	موادّ أساسيّة
*Grund*stoff, *Roh*stoff	[mâdda awwaliyya]	مادّة أوّليّة
*Bau*stoffe	[mawâdd al-binâʾ]	موادّ البِناء
*Roh*stoff	[mâdda ḫâmm, mawâdd ḫâmm]	مادّةٌ خامٌ ج موادٌّ خامٌ
*Sekundärroh*stoffe	[mawâdd ḫâm ṯânawiyya]	موادٌّ خامٌ ثانويّة
subventionierte Artikel	[mawâdd madʿûma]	موادّ مدعومة
*Hilfs*stoffe	[mawâdd musâʿida]	موادّ مساعِدة
*Gift*stoffe	[mawâdd sâmma]	موادّ سامّة
*Industrie*waren	[mawâdd muṣannaʿa]	موادّ مصنّعة
*Halbfertig*waren	[mawâdd niṣf muṣannaʿa]	موادّ نِصْف مصنّعة
*Schad*stoffe	[mawâdd ḍârra]	موادّ ضارّة
umweltverträgliche Stoffe	[mawâdd ġayr ḍârra bi-l-bîʾa]	موادّ غيْر ضارّة بالبيئة
*Zusatz*stoffe	[mawâdd muḍâfa]	موادّ مضافة

*Lebens*mittel	[mawâdd ġiḏâ'iyya]	موادّ غِذائيّة
*Grundnahrungs*mittel	[mawâdd ġiḏa'iyya asâsiyya]	موادّ غِذائيّة أساسيّة
subventionierte Lebensmittel	[mawâdd ġiḏâ'iyya madʿûma]	موادّ غذائيّة مدعومة
brennbares Material	[mâdda qâbila li-l-ištiʿâl]	مادّة قابلة للاشتعال
explosives Material	[mâdda qâbila li-l-infiǧâr]	مادّة قابلة للانفجار
*Lebens*mittel	[mawâdd al-qût]	موادّ القُوت
Paragraph, Vertragsartikel	[mâdda, mawâdd]	مادّة ج موادّ
Material-, materiell	[mâddî]	مادّيّ
Zeitdauer, Zeitraum, Zeitspanne, Frist, Laufzeit	[mudda, mudad]	مُدّة ج مُدد
*Versicherungs*laufzeit	[muddat at-ta'mîn]	مُدّة التأمين
*Inkasso*zeitraum	[muddat at-taḥṣîl]	مُدّة التحصيل
*Tilgungs*laufzeit	[muddat as-sadâd]	مُدّة السداد
*Haltbarkeits*dauer	[muddat aṣ-ṣalâḥiyya]	مُدّة الصلاحيّة
*Grantie*zeit, *Gewährleistungs*frist	[muddat aḍ-ḍamân]	مُدّة الضمان
*Nutzungs*dauer	[muddat al-istiʿmâl]	مدّة الاستعمال
Laufzeit *eines Kredits*	[muddat al-qarḍ]	مُدّة القرْض
Verstreichen einer Frist	[fawât al-mudda]	فوات المُدّة
Frist *verlängern*	[maddada mudda]	مدّد مُدّة
Zeitraum	[madan]	مدىً
*lang*fristig	[fî al-madâ aṭ-ṭawîl]	في المدى الطويل
*kurz*fristig	[fî al-madâ al-qaṣîr]	في المدى القصير
*mittel*fristig	[fî al-madâ al-mutawassiṭ]	في المدى المتوسّط
Verkehr	[murûr]	مُرُور
Kontinuität *von Reformen*	[istimrâriyyat al-iṣlâḥât]	استمراريّة الإصلاحات
kontinuierlich, fortgesetzt, ständig	[mustamirr]	مستمِرّ
Durchfahrt, Passage, Überweg, Korridor	[mamarr, ~ât]	ممرّ ج ات
*See*passage	[mamarr baḥrî]	ممرّ بحْريّ
*Berufs*krankheit	[maraḍ mihanî, amrâḍ]	مرض مِهنيّ ج أمْراض
konzentriert sein *(Marketing) in einem Land*	[tamarkaza (at-taswîq) fî balad]	تمرْكز (التسويقُ) في بلد

Konzentration *von Kapital*	[tamarkuz ar-ra'smâl]	تمرْكُز الرأسْمال
Flexibilität, Elastizität	[murûna]	مُرُونة
*Einkommens*elastizität	[murûnat ad-daḫl]	مُرُونة الدخْل
*Preis*elastizität	[murûnat al-asʿâr]	مُرُونة الأسْعار
Flexibilität *im Angebot*	[murûnat al-ʿarḍ]	مُرُونة العرْض
flexibel	[marin]	مرِن
Vorteil, Vorzug, Präferenz, Vergünstigung, Privileg	[mazîya, mazâyâ]	مزِيّة ج مزايا
*Wettbewerbs*vorteile	[mazâyâ tanafusiyya]	مزايا تنافُسيّة
vermessen *Boden*	[masaḥa, yamsaḥu, masḥ / misâḥa) al-arḍ]	مسح (ـَ مسْح / مِساحة) الأرْض
erfassen *Bevölkerungszahl*	[masaḥa ʿadad as-sukân]	مسح عدد السُكّان
Vermessung, Erfassung	[masḥ, musûḥ / musûḥât]	مسْح ج مُسُوح / مُسُوحات
*Markt*forschung	[masḥ as-sûq]	مسْح السُوق
*Schadens*erfassung	[masḥ al-aḍrâr]	مسْح الأضْرار
*Kataster*vermessung	[masḥ ʿaqârî]	مسْح عقاريّ
*Boden*vermessung	[misâḥat al-arḍ]	مِساحة الأرْض
Fläche, Grundfläche	[misâḥa, ~ât]	مِساحة ج ات
vermessen, erfaßt	[mamsûḥ]	ممسوح
Buch führen	[amsaka ad-dafâtir]	أمسك الدفاتِر
*Buch*führung	[mask/imsâk ad-dafâtir]	مسْك / إمساك الدفاتِر
*Buch*halter	[mâsik ad-dafâtir, ~ûn]	ماسك الدفاتِر ج ون
Vieh, Rindvieh	[mâšiya, mawâšin]	ماشية ج مواشٍ
Vieh *züchten*	[rabbâ al-mawâšî]	ربّى المواشِي
absorbieren, abschöpfen *Kaufkraft*	[imtaṣṣa quwa širâ'iyya]	امتصّ قُوة شِرائية
*Liquiditäts*abschöpfung	[imtaṣâṣ as-suyûla]	امتصاص السُيُولة
unterzeichnen *Vertrag*	[amḍâ ittifâqiyya]	أمضى اتّفاقيّة
Unterzeichnung *eines Protokolls*	[imḍâ' al-brûtûkûl]	إمضاء البْرُوتُوكُول
Unterschrift	[imḍâ', ~ât]	إمضاء ج ات
Abgabe, Steuer	[maks, mukûs]	مكْس ج مُكُوس

Möglichkeit, Fähigkeit	[imkân, ~ât]	إمكان ج ات
Möglichkeit, Fähigkeit	[imkâniyya, ~ât]	إمكانيّة ج ات
unbeschränkte Möglichkeiten	[imkâniyyât ġayr maḥdûda]	إمكانيّات غيْر محدودة
*Aufstiegs*möglichkeiten	[imkâniyyât at-taraqqî]	امكانيّات الترقّي
technische Möglichkeiten	[imkâniyyât fanniyya]	امكانيّات فنّيّة
geringe Möglichkeiten	[imkâniyyât qalîla]	إمكانيّات قليلة
reichliche Möglichkeiten	[imkâniyyât wâfira]	اِمكانيّات وافرة
Mechanisierung, Automatisierung	[maknana]	مكْننة ← ميْكنة
ausfüllen *Formular*	[mala'a yamla'u, mal') istimâra]	ملأ (ـَ ملْء) استمارة
besetzen *freie Stellen*	[malâ' šawâġir]	ملأ شواغِر
Ausfüllen *von Papieren*	[mal' al-awrâq]	ملْء الأوْراق
Bonität, Solvenz	[malâ'a]	ملاءة
Kreditwürdigkeit	[malâ'a al-i'timâniyya]	ملاءة ائتمانيّة
Bonität *bewerten*	[qayyama al-malâ'a]	قيّم الملاءة
Kredit*un*würdigkeit	['adam al-malâ'a]	عدم الملاءة
Seefahrt, Schiffahrt	[milâḥa]	مِلاحة
*Handels*schiffahrt	[milâḥa tiǧâriyya]	مِلاحة تِجاريّة
*Luft*fahrt	[milâḥa ǧawwiyya]	مِلاحة جوّيّة
*Küsten*schiffahrt	[milâḥa sâḥiliyya]	مِلاحة ساحِليّة
*Hochsee*schiffahrt	[milâḥa ʿalâ aʿâlî al-biḥâr]	مِلاحة على أعالي البِحار
Seefahrts-, Schiffahrts-	[milâḥî]	مِلاحيّ
besitzen *Anteile*	[malaka (yamliku, milk / mulk) ḥiṣaṣan]	ملك (ـِ مِلْك / مُلْك) حِصصا
Besitz übertragen, übereignen *Boden*	[mallaka arḍan]	ملّك أرْضا
erwerben, in Besitz nehmen *Aktien*	[tamallaka ashuman]	تملّك أسْهُما
besitzen, erwerben *Unternehmen*	[imtalaka šarika]	امتلك شرِكة
in Besitz nehmen, Eigentum erwerben *Immobilien*	[istamlaka ʿaqârât]	استملك عقارات
Besitzrecht, Eigentumsrecht	[mulk]	مُلْك
*Staats*eigentum	[mulk amîrî]	مُلْك أميريّ

Besitz-, Eigentums-	[mulkî]	مُلْكيّ
Vermögen, Eigentum, Besitz	[milk, amlâk]	مِلْك ج أمْلاك
Besitzungen, Ländereien, Liegenschaften	[amlâk]	أمْلاك
dingliches Eigentum	[amlâk ʿayniyya]	أمْلاك عيْنيّة
bewegliches Eigentum	[amlâk manqûla]	أمْلاك منقولة
Besitz ergreifen von Vermögen	[istawlâ ʿalâ amlâk]	استولى على أمْلاك
Eigentum	[milkiyya]	مِلْكيّة
*Privat*eigentum	[milkiyya ḫâṣṣa]	مِلْكيّة خاصّة
persönliches Eigentum	[milkiyya šaḫṣiyya]	مِلْكيّة شخْصيّة
*Immobilien*besitz	[milkiyya ʿaqâriyya]	مِلْكيّة عقاريّة
*Staats*eigentum	[milkiyya ʿamma]	مِلْكية عامّة
*Privat*eigentum	[milkiyya fardiyya]	مِلْكيّة فرْديّة
geistiges Eigentum	[milkiyya fikriyya]	مِلْكيّة فِكْريّة
Besitzübertragung, Übereignung *von Boden*	[tamlîk al-arḍ]	تمليك الأرْض
Besitzergreifung, Erwerb *von Boden*	[tamalluk al-arḍ]	تملُّك الأرْض
Besitzergreifung, Erwerb *von Immobilien*	[imtilâk al-ʿaqârât]	امتلاك العقارات
Eigentumserwerb	[istimlâk]	استملاك
Besitzer, Eigentümer	[mâlik, mullâk]	مالك ج مُلاّك / ج ون
*Großgrund*besitzer	[kibâr mullâk al-arâḍî]	كِبار مُلاّك الأراضِي
in Besitz befindlich *des Staates*	[mamlûk li-d-dawla]	مملوك للدوْلة
Besitztümer, Besitzungen, Liegenschaften	[mumtalakât]	ج ممتلكات
*Anlage*vermögen	[mumtalakât istiṯmâriyya]	ممتلكات استثماريّة
*Real*vermögen	[mumtalakât ḥaqîqiyya]	ممتلكات حقيقيّة
*Geld*vermögen, *Bar*vermögen	[mumtalakât naqdiyya]	ممتلكات نقْديّة
*Auslands*vermögen	[mumtalaqât fî al-ḫâriǧ]	ممتلكات في الخارج
Kader, Stab	[milâk, ~ât]	مِلاك ج ات
*Verwaltungs*stab	[milâkât idâriyya]	مِلاكات إداريّة
Eigentümer, Besitzer	[mallâk, ~ûn]	ملاّك ج ون
privat	[mallâkî]	ملاّكيّ

Millionär	[malyûnîr, ~ât]	مليُونير ج ات
gewähren *Kredit einem Land*	[manaḥa (yamnaḥu, manḥ) qarḍan li-balad]	منح (ـَ منْح) قرْضا لبلد
Gewährung *von Erleichterungen*	[manḥ at-tashîlât]	منْح التسهيلات
Schenkung, Zuwendung	[minḥa, minaḥ]	مِنْحة ج مِنح
*Kredit*geber	[mâniḥ al-qarḍ, ~ûn]	مانح القرْض ج ون
Klima	[manâḫ]	مناخ
*Investitions*klima	[manâḫ istiṯmârî]	مناخ استثماريّ
*Investitions*klima *schaffen*	[hayya'a manâḫan istiṯmâriyyan]	هيّأ مناخا استثماريّا
verbieten *Export von Waren*	[mana'a (yamna'u, man') taṣdîr as-sila']	منع (ـَ منْع) تصدير السِلع
unterbinden *Marktzugang für eine Ware*	[mana'a biḍâ'a min duḫûl as-sûq]	منع بِضاعة من دُخُول السُوق
*Handels*verbot	[man' at-tiğâra]	منْع التِجارة
*Kartell*verbot	[manʿ taškîl al-kârtîl]	منْع تشكيل الكارتِيل
verboten	[mamnû']	ممنوع
verbotene *Waren*	[mammûʿât]	ج ممنوعات
Geschicklichkeit	[mahâra]	مهارة
geschickt, Fach-	[mâhir, mahara]	ماهر ج مهرة
Brautgeld	[mahr, muhûr]	مهْر ج مُهُور
Frist geben *dem Kunden einen Monat*	[amhala ʿamîlan šahran]	أمهل عمِيلا شهْرا
um eine Frist bitten *Kunden*	[istamhala zabûnan]	استمهل زبُونا
Fristgewährung	[imhâl]	إمهال
Frist, Bedenkzeit	[muhla, muhal]	مُهْلة ج مُهل
Frist *setzen*	[ḥaddada muhla]	حدّد مُهْلة
Frist *verlängern*	[maddada muhla]	مدّد مُهْلة
Frist *geben*	[aʿṭâ muhla]	أعطى مُهْلة
an eine Frist *gebunden sein*	[taqayyada bi-muhla]	تقيّد بمُهْلة
Beruf, Gewerbe ausüben	[imtahana mihna]	امتهن مِهْنة
Beruf, Gewerbe	[mihna, mihan]	مِهْنة ج مِهن
freie Berufe	[mihan ḥurra]	مِهن حُرّة

Beruf *ausüben*	[zâwala mihna]	زاول مِهْنة
beruflich, gewerblich	[mihanî]	مِهني ّ
Professionalität	[mihaniyya]	مِهنيّة
Motel	[motel, ~ât]	مُوتِيل ج ات
Modell	[mûdîl, ~ât]	مُودِيل ج ات
finanzieren *Projekt*	[mawwala mašrûʿan]	موّل مشرُوعا
finanziert sein o. werden, sich Geld beschaffen	[tamawwala]	تموّل
Finanzierung *von Projekten*	[tamwīl al-mašārīʿ]	تمويل المشارِيع
*Gemeinschafts*finanzierung	[tamwîl ǧamâʿî]	تمويل جماعيّ
private Finanzierung	[tamwîl ḫâṣṣ]	تمويل خاصّ
*Eigen*finanzierung	[tamwîl ḏâtî]	تمويل ذاتيّ
*Defizit*finanzierung	[tamwîl al-ʿağz]	تمويل العجْز
*Sofort*finanzierungen	[tamwîlât fawriyya]	تمويلات فوْريّة
*Kredit*finanzierung	[tamwîl al-qarḍ]	تمويل القرْض
mittelfristige Finanzierung	[tamwîl mutawassiṭ al-madâ]	تمويل متوسّط المدى
Sponsoring	[tamwîl]	تمويل
Finanzierung *sichern*	[ammana at-tamwîl]	أمّن التمويل
Finanzierungen *übernehmen*	[taʿâṭâ tamwîlât]	تعاطى تمويلات
Finanzierungs-	[tamwīlī]	تمويليّ
Finanzierer, Sponsor	[mumawwil, ~ûn]	مُموِّل ج ون
Steuerzahler	[mumawwil]	مموِّل
finanziert	[mumawwal]	مموّل
Gelder, finanzielle Mittel, Kapital	[māl, amwāl]	مال ج أمْوال
Vermögen, Hab und Gut	[māl, amwāl]	مال ج أمْوال
verschwendetes Geld	[amwâl mutabaddida]	أمْوال متبدّدة
Immobilien, *Immobilien*besitz	[amwâl ṯābita]	أمْوال ثابتة
gesammelte, aufgebrachte Gelder	[amwâl mağmûʿa]	أمْوال مجموعة
unrechtmäßig erworbenes Gut	[amwâl ḥarâm]	أمْوال حرام
*Reserve*kapital	[amwâl iḥtiyâṭiyya]	امْوال احتياطيّة

privates Geldvermögen	[amwâl ḫâṣṣa]	أمْوال خاصّة
bereitgestellte Gelder	[amwâl marṣûda]	أمْوال مرصودة
ausgezahlte Finanzmittel	[amwâl maṣrûfa]	أمْوال مصروفة
enorme Geldmittel	[amwâl ṭâ'ila]	أمْوال طائلة
bewilligte Gelder	[amwâl muʿtamada]	أمْوال معتمدة
eingenommene Gelder	[amwâl maqbûḍa]	أمْوال مقبوضة
öffentliche Gelder	[amwâl mîriyya]	أمْوال مِيريّة
Mobilien	[amwâl manqûla]	أمْوال منقولة
Immobilien, Immobilienbesitz	[amwâl ġair manqûla]	أمْوال غيْر منقولة
finanziell, Finanz-, Geld-	[mālī]	مالِيّ
Finanzwesen, Finanzangelegenheiten	[mālīyya]	مالِيّة
versorgen, verproviantieren *Bevölkerung*	[mawwana as-sukkân]	موّن السُكّان
versorgt sein o. werden *(Touristen)*	[tamawwana (as-suyyâḥ)]	تموّن (السُيّاحُ)
Versorgung *einer Stadt,* Catering	[tamwîn al-madîna]	تموين المدِينة
Versorgungs-	[tamwînî]	تمويني
versorgt	[mumawwan / mutamawwin]	مموّن / متموِّن
Wasser	[mâ', miyâh]	ماء ج مِياه
*Hoheits*gewässer	[miyâh iqlîmiyya]	مِياه إقْليميّة
*Grund*wasser	[miyâh ǧûfiyya]	مِياه جوْفيّة
recyceltes Wasser	[miyâh mudawwara]	مِياه مدوّرة
*Küsten*gewässer	[miyâh sâḥiliyya]	مِياه ساحِليّة
*Oberflächen*wasser	[miyâh saṭḥiyya]	مِياه سطْحيّة
*Trink*wasser	[mâ' ṣâliḥ li-š-šurb]	ماء صالح للشُرْب
*Ab*wässer	[miyâh ʿâdima]	مِياه عادمة
*Süß*wasser	[mâ' ʿaḏib]	ماء عذِب
*Regen*wasser	[miyâh al-amṭâr]	مِياه الأمْطار
*Schmutz*wasser	[miyâh mulawwaṭa]	مِياه ملوّثة
vergeudetes Wasser	[miyâh mahdûra]	مِياه مهدورة
Wasser *entsalzen*	[ḥallâ al-miyâh]	حلّى المِياه

Wasser *ableiten*	[ṣarrafa al-miyâh]	صرّف المِياه
Wasser *pumpen*	[ḍaḫḫa al-miyâh]	ضخّ المياه
Wasser *behandeln*	[ʿâlağa al-miyâh]	عالج المِياه
Wasser *klären*	[naqqâ al-miyâḥ]	نقّى المِياه
Wasser *verschmutzen*	[lawwaṯa al-miyâh]	لوّث المِياه
Wasser-	[mâ'î]	مائيّ
Bereich, Gebiet	[maydân, mayâdîn]	مَيْدان ج ميادِين
*Wirtschafts*bereiche	[mayâdîn iqtiṣâdiyya]	ميادِين اقتصاديّة
Feld-, Inspektions-	[maydânî]	مَيْدانيّ
Diskriminierung *im Handel*	[tamyîz tiğârî]	تمييز تِجاريّ
Nicht-Diskriminierung	[ʿadam at-tamyîz]	عدم التمييز
diskriminierend	[tamyîzî]	تمييزيّ
Privileg	[imtiyâz, ~ât]	امتياز ج ات
Konzession, Franchise	[imtiyâz, ~ât]	امتياز ج ات
*Erdöl*konzessionen	[imtiyâzât an-nafṭ]	امتيازات النفْط
Konzession *gewähren*	[manaḥa imtiyâzan]	منح امتيازا
ausgezeichnet, hervorragend, Super-	[mumtâz]	ممتاز
Vorzug, Vorteil	[mîza, ~ât]	مِيزة ج ات
wirtschaftliche Vorteile	[mîzât iqtiṣâdiyya]	مِيزات اقتصاديّة
Mikrofilm	[mikrûfîlm]	مِيكْرُوفِيلْم
Mechanisierung, Automatisierung	[maykana]	مَيْكنة ← مكْننة
Meile *(Längenmaß 1609 m)*	[mayl, amyâl]	مَيْل ج أمْيال
Hafen	[mînâ', mawâni']	مِيناء ج موانئ
*Heimat*hafen	[mînâ' umm]	ميناءٌ أمٌّ
*Frei*hafen	[mînâ' ḥurr]	مِيناء حُرّ
*Fischerei*hafen	[mînâ' aṣ-ṣayd]	مِيناء الصيْد

﴿ ن ﴾

vorhersagen, prognostizieren *Konjunktur*	[tanabba'a bi-l-waḍʿ al-iqtiṣâdî]	تنبّأ بالوضع الاقتصاديّ
Prognose	[tanabbu', ~ât]	تنبُّؤ ج ات
pessimistische Prognosen	[tanabbu'ât mutašâ'ima]	تنبُّؤات متشائِمة
optimistische Prognosen	[tanabbu'ât mutafâ'ila]	تنبُّؤات متفائِلة
*Umsatz*prognose	[tanabbu' bi-l-mabîʿât]	تنبُّؤ بالمبيعات
Prognosen *treffen*	[qâma bi-tanabbu'ât]	قام بتنبُّؤات
entwickeln *Technologie*	[istanbaṭa tiknûlûǧiyâ]	استنبط تكْنُولُوجِيا
Erschließung *von Ölquellen*	[istinbâṭ âbâr an-nafṭ]	استنباط آبار النفْط
Entdeckungen	[mustanbaṭât]	ج مستنبطات
produzieren, herstellen, fertigen *Ware*	[antaǧa biḍâʿa]	أنتج بِضاعة
Produktion, Herstellung, Fertigung, Fabrikation	[intâǧ]	إنتاج
einheimische Produktion	[intâǧ ahlî]	إنتاج أهْليّ
*Probe*produktion	[intâǧ taǧrîbî]	إنتاج تجريبيّ
*Kriegs*produktion	[intâǧ ḥarbî]	إنتاج حرْبيّ
einheimische Produktion	[intâǧ maḥallî]	إنتاج محلّيّ
*Tier*produktion	[intâǧ ḥayawânî]	إنتاج حيوانيّ
landwirtschaftliche Produktion	[intâǧ zirâʿî]	إنتاج زِراعيّ
*Über*produktion	[intâǧ zâ'id]	إنتاج زائد
*Waren*produktion	[intâǧ silaʿî]	إنتاج سِلعيّ
*Stahl*erzeugung	[intâǧ aṣ-ṣulb]	إنتاج الصُلْب
*Industrie*produktion	[intâǧ ṣinâʿî]	إنتاج صِناعيّ
*Lebensmittel*produktion	[intâǧ ġiḏâ'î]	إنتاج غِذائيّ
Pro-Kopf-Produktion	[al-intaǧ ʿalâ al-fard]	إنتاج على الفرْد
*Über*produktion	[intâǧ mufriṭ]	إنتاج مفرِط
Herstellung *von Stoffen*	[intâǧ al-aqmiša]	إنتاج الأقْمِشة
zivile Produktion	[intâǧ madanî]	إنتاج مدنيّ

*Pflanzen*produktion	[intâǧ nabâtî]	إنتاج نباتيّ
Produktion *wiederaufnehmen*	[ista'nafa al-intâǧ]	استأنف الإنتاج
Produktion *aufnehmen*	[bâšara al-intâǧ]	باشر الإنتاج
Produktion *drosseln*	[ḫaffaḍa al-intâǧ]	خفّض الإنتاج
Produktion *einstellen*	[awqafa al-intâǧ]	أوقف الإنتاج
Produktions-	[intâǧî]	إنتاجيّ
Produktivität	[intâǧiyya]	إنتاجيّة
*Arbeits*produktivität	[intâǧiyyat al-ʿamal]	إنتاجيّة العمل
Aufkommen, Ausbeute, Produkt	[nâtiǧ, nawâtiǧ]	ناتج ج نواتِج
*Sozial*produkt	[nâtiǧ iǧtimâʿî]	ناتج إجتماعيّ
*Bruttosozial*produkt	[nâtiǧ iǧtimâʿî iǧmâlî]	ناتج اجتماعيّ إجماليّ
*Inlands*produkt	[nâtiǧ maḥallî]	ناتج محلّيّ
*Bruttoinlands*produkt	[nâtiǧ maḥallî iǧmâlî]	ناتج محلّيّ إجْماليّ
*National*einkommen	[nâtiǧ qawmî]	ناتج قوْميّ
Produkt	[mantûǧ, ~ât]	منتوج ج ات ← منتجات
Produzent	[muntiǧ, ~ûn]	منتِج ج ون
*Groß*produzenten	[kibâr al-muntiǧîn]	كِبار المنتِجين
*Klein*produzenten	[ṣiġâr al-muntiǧîn]	صِغار المنتِجين
Produkt	[muntaǧ, ~ât]	منتج ج ات
*Ausschuß*produkte	[muntaǧât tâlifa]	منتجات تالفة
attraktive Produkte	[muntaǧât ǧaḏḏâba]	منتجات جذّابة
tierische Produkte	[muntaǧât ḥayawâniyya]	منتجات حيوانيّة
ausgewählte Produkte	[muntaǧât muḫtâra]	منتجات مختارة
Produkte *ausländischer Herkunft*	[muntaǧât ḏât manša' ḫâriǧî]	منتجات ذات منْشأ خارجيّ
*Agrar*produkte	[muntaǧât zirâʿiyya]	منتجات زِراعيّة
*Industrie*produkte	[muntaǧât ṣinâʿiyya]	منتجات صِناعيّة
*Fertig*produkte	[muntaǧât muṣannaʿa]	منتجات مصنّعة
gefragte Produkte	[muntaǧât maṭlûba]	منتجات مطلوبة
entwickelte Produkte	[muntaǧât mutaṭawwira]	منتجات متطوّرة

qualitativ hochwertige Produkte	[muntaǧât ʿâliyat al-ǧûda]	منتجات عالية الجُودة
imitierte Produkte	[muntaǧât muqallada]	منتجات مقلّدة
gleichwertige Produkte	[muntaǧât maṯîla]	منتجات مثِيلة
pflanzliche Produkte	[muntaǧât nabâtiyya]	منتجات نباتيّة
*Halbfertig*produkte	[muntaǧât niṣf muṣannaʿa]	منتجات نِصْف مصنّعة
*End*produkte	[muntaǧât nihâ'iyya]	منتجات نِهائيّة
Ergebnis	[natîǧa, natâ'iǧ]	نتِيجة ج نتائِج
gutes Ergebnis	[natîǧa ǧayyida]	نتِيجة جيّدة
bereinigtes Ergebnis	[natîǧa mudaqqaqa]	نتِيجة مدقّقة
negatives Ergebnis	[natîǧa salbiyya]	نتِيجة سلْبيّة
schlechtes Ergebnis	[natîǧa sayyi'a]	نتِيجة سيّئة
*Rekord*ergebnis	[natîǧa qiyâsiyya]	نتِيجة قِياسيّة
ausgezeichnetes Ergebnis	[natîǧa mumtâza]	نتِيجة ممتازة
positives Ergebnis	[natîǧa îǧâbiyya]	نتِيجة إيجابيّة
Ergebnis *erzielen*	[ḥaqqaqa natîǧa]	حقّق نتِيجة
Ergebnisse *offenlegen*	[aẓhara natâ'iǧ]	أظهر نتائِج
Ertrag, Produkt	[nitâǧ]	نِتاج
wirtschaftlicher Erfolg	[naǧâḥ iqtiṣâdî]	نجاح اقتصاديّ
*Vermarktungs*erfolg	[naǧâḥ taswîqî]	نجاح تسويقيّ
Erfolg(e) *erzielen*	[aḥraza naǧâḥan]	أحرز نجاحا
leisten, schaffen, verrichten, erledigen *Arbeit*	[anǧaza ʿamalan]	أنجز عملا
ausführen, fertigstellen *Projekt*	[anǧaza mašrûʿan]	أنجز مشروعا
Fertigstellung *von Arbeiten*	[inǧâz al-aʿmâl]	إنجاز الأعْمال
Leistung, Errungenschaft	[inǧâz, ~ât]	إنجاز ج ات
ingenieurtechnische Leistung	[inǧâz handasî]	إنجاز هنْدسيّ
*Urlaubs*ort, *Ferien*domizil	[muntaǧaʿ siyâḥî, ~ât]	منتجع سِياحيّ ج ات
Bergwerk, Mine	[manǧam, manâǧim]	منْجم ج مناجِم
Kupfer	[nuḥâṣ]	نُحاس

Messing	[nuḥâs aṣfar]	نُحاس أصْفر
Kupferschmied	[naḥḥas, ~ûn]	نحّاس ج ون
plagiieren *ein Produkt*	[intaḥala mantûǧan]	انتحل منتوجا
Plagiat, geistiger Diebstahl	[intiḥâl]	انتحال
ca. *50 Dinar*	[naḥwa ḫamsîn dînâran]	نحْوَ خمْسين دينارا
Dattelpalmen	[naḫîl]	نخِيل
Mangel, geringes Vorkommen *an Ressourcen*	[nadrat al-mawârid]	ندْرة الموارِد
rar, knapp, selten	[nâdir]	نادر
*Wirtschafts*klub	[nâdin iqtiṣâdî, andiya]	نادٍ اقتصاديّ ج أنْدِية
*Wirtschafts*forum	[muntadan iqtiṣâdî, ~ât]	منتدىً اقتصاديّ ج ات
enteignen *Händler*	[naza'a (yanziʿu, nazʿ) milkiyyat at-tâǧir]	نزع (-ِ نزْع) مِلْكيّة التاجر
miteinander streiten, im Streit liegen *in einem Rechtsfall*	[tanâzaʿa fî qaḍiya]	تنازع في قضِية
Enteignung	[nazʿ al-milkiyya]	نزْع المِلْكيّة
Konflikt, Streit	[nizâʿ, ~ât]	نِزاع ج ات
kommerzielle Streitigkeiten	[munâzaʿât tiǧâriyya]	منازعات تِجاريّة
Streitigkeiten *beilegen*	[faḍḍa munâzaʿât]	فضّ منازعات
enteignet	[manzûʿ al-milkiyya]	منزوع المِلْكيّة
aufbrauchen, aufzehren *Reserven*	[istanzafa iḥtiyâṭiyyât]	استنزف احتياطيّات
wirtschaftlicher Aderlaß	[istinzâf iqtiṣâdî]	استنزاف اقتصاديّ
fallen *(Temperaturen)*	[nazala (yanzilu, nuzûl) (daraǧât al-ḥarâra)	نزل (-ِ نُزُول) (درجات الحرارة)
herabsetzen *Preis*	[nazzala siʿran]	نزّل سِعْرا
abtreten, verzichten *auf Recht*	[tanâzala ʿan ḥaqq]	تنازل عن حقّ
Preissenkungen, Schlußverkauf	[tanzîlât]	ج تنزيلات
Verzicht *auf Eigentum*	[tanâzul 'an milkiyya]	تنازُل عن مِلْكيّة
Konzessionen, Zugeständnisse	[tanâzulât]	ج تنازُلات
degressiv	[tanâzulî]	تنازُليّ
privater Haushalt	[manzil, manâzil]	منْزِل ج منازِل
Proportionalität	[tanâsub]	تناسُب

*Dis*proportionalität	[ʿadam at-tanâsub]	عدم التناسُب
Rate, Quote, Satz, Verhältnis	[nisba, nisab]	نِسْبة ج نِسب ← معدّل
*Arbeitslosen*quote	[nisbat al-biṭâla]	نِسْبة البِطالة
*Abnutzungs- und Verschleiß*grad	[nisbat al-bilâ wa-t-ta'âkul]	نِسْبة البِلى والتآكُل
*Risiko*grad, *Gefährdungs*grad	[nisbat al-maḫâṭir]	نِسْبة المخاطِر
niedrige Quote	[nisba munḫafiḍa]	نِسْبة منخفِضة
fallende Quote	[nisba mutadanniya]	نِسْبة متدنّية
*Gewinn*rate, *Profit*rate	[nisbat al-arbâḥ]	نِسْبة الأرْباح
hohe Quote	[nisba murtafiʿa]	نِسْبة مرتفِعة
*Zuwachs*rate	[nisbat az-ziyâda]	نِسْبة الزِيادة
*Tilgungs*rate	[nisbat at-tasdîd]	نِسْبة التسديد
*Liquiditäts*rate	[nisbat as-suyûla]	نِسْبة السُيُولة
*Auslastungs*grad	[nisbat al-išġâl]	نِسْبة الإشْغال
verschwindend geringer Prozentsatz	[nisba ḍa'îla]	نِسْبة ضئِيلة
*Inflations*rate	[nisbat at-taḍaḫḫum]	نِسْبة التضخُّم
*Beschäftigungs*rate	[nisbat al-ʿamâla]	نِسْبة العمالة
*Teuerungs*rate	[nisbat al-ġalâ']	نِسْبة الغلاء
*Fehl*quote	[nisbat al-ġiyâb]	نِسْبة الغِياب
*Armuts*quote	[nisbat al-faqr]	نِسْبة الفقْر
Verhältnis *von Krediten zu Einlagen*	[nisbat al-qurûḍ ilâ al-wadâ'iʿ]	نِسْبة القُرُوض إلى الودائِع
*Prozent*satz	[nisba mi'awiyya]	نِسْبة مِئويّة
*Sterbe*rate	[nisbat al-wafayât]	نِسْبة الوفيات
*Geburten*rate	[nisbat al-mawâlîd]	نِسْبة المواليد
um 5 Prozent	[bi-nisbat ḫamsa bi-l-mi'a]	بِنِسْبة ٥ بالمِئة
relativ	[nisbî]	نِسْبيّ
proportional	[mutanâsib]	متناسِب
Textilerzeugnis, Gewebe	[nasîǧ, ansiǧa]	نسِيج ج أنْسِجة
Textilien	[mansûǧât]	ج منسوجات
kündigen *Vertrag*	[nasaḫa (yansaḫu, nasḫ) ittifâqiyya]	نسخ (ـَ نسخ) اتّفاقيّة

kopieren *Text*	[nasaḫa naṣṣan]	نسخ نصّا
Exemplar, Kopie, Abschrift	[nusḫa, nusaḫ]	نُسْخة ج نُسخ
Original, Urschrift	[nusḫa aṣliyya]	نُسْخة أصْليّة
*Raub*kopie	[nusḫa muqallada]	نُسْخة مقلّدة
Durchschlag	[nusḫa karbûniyya]	نُسْخة كرْبُونيّة
koordinieren, abstimmen, harmonisieren *Produktionsprozeß*	[nassaqa ʿamaliyyat al-intâǧ]	نسّق عمليّة الإنتاج
Koordinierung *der Arbeiten*	[tansîq al-aʿmâl]	تنسيق الأعْمال
*Steuer*harmonisierung	[tansîq ḍarîbî]	تنسيق ضرِيبيّ
Koordinator	[munassiq, ~ûn]	منسِّق ج ون
System, Methode, Reihenfolge	[nasq]	نسْق
Einwohner *(Zählwort in Statistik)*	[nasama]	نسمة
entstehen *(Markt)*	[naša'a (yanṣa'u, nušû') (as-sûq)]	نشأ (ـَ نُشُوء) (السُوقُ)
errichten *Flughafen*	[anša'a maṭâran]	أنشأ مطارا
Entstehung *des privaten Sektors*	[nušû' al-qiṭâʿ al-ḫâṣṣ]	نُشُوء القِطاع الخاصّ
Errichtung *von Hotels*	[inšâ' al-fanâdiq]	إنشاء الفنادِق
Bauwesen, Bauarbeiten	[inšâ'ât]	إنشاءات
entstehend	[nâši']	ناشئ
Anlage, Institution, Einrichtung	[munša'a, ~ât]	مُنشأة ج ات
*Kredit*institute	[munša'ât al-i'timân]	مُنشآت الائتمان
*Industrie*anlagen	[munša'ât ṣinâʿiyya]	مُنشآت صِناعيّة
*Finanz*institute	[munša'ât mâliyya]	مُنشآت ماليّة
Herkunft	[manša']	منْشأ
veröffentlichen, publizieren *Bericht*	[našara (yanšuru, našr) taqrîran]	نشر (ـُ نشْر) تقريرا
Veröffentlichung *von Statistiken*	[našr al-iḥṣâ'ât]	نشْر الإحصاءات
Veröffentlichung, Bericht, Bulletin, Publikation	[našra, ~ât]	نشْرة ج ات
*Rund*schreiben	[našra dawriyya]	نشْرة دوْريّة
statistischer Bericht	[našra iḥṣâ'iyya]	نشْرة إحصائيّة
*Wirtschafts*bericht	[našra iqtiṣâdiyya]	نشْرة اقتصاديّة
Anzeige, Inserat	[našra iʿlâniyya]	نشْرة إعلانيّة ج ات

Verleger	[nâšir, ~ûn]	ناشر ج ون
veröffentlicht, publiziert	[manšûr, ~ât]	منشور ج ات
Publikationen	[manšûrât]	ج منشورات
beleben *Handel*	[naššaṭa at-tiğâra]	نشّط التِجارة
Belebung *des Wettbewerbs*	[tanšîṭ al-munâfasa]	تنشيط المنافسة
Tätigkeit, Aktivität	[našâṭ, ~ât, anšiṭa]	نشاط ج ات / أنْشِطة
*Handels*tätigkeit	[našâṭ tiğârî]	نشاط تِجاريّ
*Bank*tätigkeit	[našâṭ maṣrifî]	نشاط مصْرِفيّ
*Wirtschafts*tätigkeit	[našâṭ iqtiṣâdî]	نشاط اقتصاديّ
*Finanz*tätigkeit	[našâṭ mâlî]	نشاط ماليّ
Tätigkeit *ausüben*	[mârasa našâṭan]	مارس نشاطا
bergen *Schiffswrack*	[intašala ḥuṭâm as-safîna]	انتشل حُطام السفينة
Bergung *von Verunglückten*	[intišâl al-mankûbîn]	انتشال المنكوبين
einsetzen *Mitarbeiter zum Direktor*	[naṣṣaba ʿâmilan mudîran]	نصّب عاملا مديرا
Quorum, abstimmungsfähige Mehrheit	[niṣâb]	نِصاب
Quorum *erreichen*	[(iktamala) an-niṣâb]	(اكتمل) النِصابُ
Einsatz *als Ingenieur*	[tanṣîb muhandisan]	تنصيب مهندِسا
Posten, Stellung, Amt	[manṣib, manâṣib]	منْصِب ج مناصِب
öffentliches Amt	[manṣib ʿâmm]	منْصِب عامّ
ausscheiden aus einem Amt	[iʿtazala manṣiban]	اعتزل منْصِبا
Amt *übernehmen*	[tawallâ manṣiban]	تولّى منْصِبا
Anteil	[naṣîb, nuṣub/anṣiba]	نصيب ج نُصُب / أنْصِبة ← حِصّة
*Gewinn*anteile	[anṣibat al-arbâḥ]	أنْصِبة الأرْباح
Pro-Kopf-Anteil	[naṣîb al-fard]	نصيب الفرْد
Anteil *einnehmen*	[iḥtalla naṣîban]	احتل نصِيبا
halbieren *Anteil*	[naṣṣafa ḥiṣṣa]	نصّف حِصّة
zur Hälfte beteiligen *Partner am Gewinn*	[nâṣafa šarîkan ar-ribḥ]	ناصف شريكا الرِبْح
sich zur Hälfte teilen *Betrag*	[tanâṣafa mablaġan]	تناصف مبْلغا
Halbierung *des Gewinnes*	[tanṣîf ar-ribḥ]	تنصيف الرِبْح

je zur Hälfte	[munâṣafatan]	مناصفةً
Hälfte	[niṣf, anṣâf]	نِصْف ج أنْصاف
halb*jährlich*	[niṣf sanawî]	نِصْف سنويّ
halb*monatlich*	[niṣf šahrî]	نِصْف شهْريّ
halb*fertig*, vorge*fertigt*	[niṣf maṣnûʿ]	نِصْف مصنوع
versiegen (*Wasserquellen*)	[naḍaba (yanḍubu, nuḍûb) (ʿuyûn al-mâ')]	نضب (ـُ نُضُوب) (عُيُونُ الماء)
nicht versiegend	[lâ yanḍubu]	لا ينضُب
Versiegen *von Ressourcen*	[nuḍûb al-mawârid]	نُضُوب الموارِد
versiegend	[nâḍib]	ناضب
*Unternehmens*sprecher	[naṭiq bi-ism aš-šarika, ~ûn]	ناطِق باسْم الشرِكة ج ون
Theorie	[naẓariyya, ~ât]	نظريّة ج ات
*Wert*theorie	[naẓariyyat al-qîma]	نظريّة القِيمة
*Wirtschafts*theorie	[naẓariyya iqtiṣâdiyya]	نظريّة اقتصاديّة
Theorie *anwenden*	[ṭabbaqa naẓariyya]	طبّق نظريّة
*Wirtschafts*theoretiker	[munaẓẓir, iqtiṣâdî, ~ûn]	منظِّر اقتصاديّ ج ون
Amtskollege	[naẓîr, nuẓarâ']	نظِير ج نُظراء
im Gegenwert *von einer Summe*	[naẓîra mablaġ]	نظيرَ مبْلغ
organisieren, regeln *Produktionsprozeß*	[naẓẓama ʿamaliyyat al-intâǧ]	نظّم عمليّة الإنتاج
organisiert sein o. werden (*Außenhandel)*	[tanaẓẓama (at-tiǧâra al-ḫâriǧiyya]	تنظّم (التِجارةُ الخارجيّةُ)
Organisierung *einer Ausstellung*	[tanẓîm al-maʿriḍ]	تنظيم المعْرِض
*Unternehmens*organisation	[tanẓîm aš-šarika]	تنظيم الشرِكة
*Arbeits*organisation	[tanẓîm al-ʿamal]	تنظيم العمل
Organisations-, organisatorisch	[tanẓîmî]	تنظيميّ
System	[manẓûma, ~ât]	منظومة ج ات
einheitliches System	[manẓûma muwaḥḥada]	منظومة موحّدة
Organisator, Veranstalter	[munaẓẓim, ~ûn]	منظِّم ج ون
*Reise*veranstalter	[munaẓẓîm ar-riḥlât]	منظِّم الرِحْلات
geordnet, geregelt	[munaẓẓam]	منظّم
Organisation	[munaẓẓama, ~ât]	منظّمة ج ات

*Welthandels*organisation *(WTO)*	[munaẓẓamat at-tiǧâra ad-duwaliyya]	منظّمة التِجارة الدُوليّة
*Wohltätigkeits*organisation	[munaẓẓama ḫayriyya]	منظّمة خيْريّة
Organisation *erdölexportierender Staaten*	[munaẓẓamat ad-duwal al-muṣaddira li-n-nafṭ]	منظّمة الدُول المصدِّرة للنفْط
Organisation *der arabischen erdölexportierenden Staaten*	[munaẓẓamat ad-duwal al-ʿarabiyya al-muṣaddira li-n-nafṭ]	منظّمة الدُول العربيّة المصدِّرة للنفْط
*Internationale Tourismus*organisation	[munaẓẓamat as-siyâḥa ad-duwaliyya]	منظّمة السِياحيّة الدُوليّة
*Internationale Arbeits*organisation *(ILO)*	[munaẓẓamat al-ʿamal ad-duwaliyya]	منظّمة العمل الدُوليّة
Organisation *für wirtschaftliche Zusammenarbeit und Entwicklung (OECD)*	[munaẓẓamat at-taʿâwun al-iqtiṣâdî wa-t-tanmiya]	منظّمة التعاوُن الاقتصاديّ والتنمية
Organisation *für Ernährung und Landwirtschaft (FAO)*	[munaẓẓamat at-taġḏiya wa-az-zirâʿa]	منظّمة التغذية والزِراعة (فاو)
*Internationale Finanz*korporation	[munaẓẓamat at-tamwîl ad-duwaliyya]	منظّمة التمويل الدُوليّة
*Gewerkschafts*organisation	[munaẓẓama niqâbiyya]	منظّمة نِقابيّة
Organisation *für industrielle Entwicklung (UNIDO)*	[munaẓẓamat at-tanmiya aṣ-ṣinâʿiyya]	منظّمة التنمية الصِناعيّة
systematisch, planmäßig	[muntaẓim]	منتظِم
Ordnung, System	[niẓâm, anẓima / nuẓum]	نِظام ج أنْظِمة / نُظُم
ökologisches System	[niẓâm îkûlûǧî]	نِظام إيكولُوجيّ
alternatives System	[niẓâm badîl]	نِظام بديل
*Öko*system	[niẓâm bî'î]	نِظام بيئيّ
*Sozial*ordnung	[niẓâm iǧtimâʿî]	نِظام اجتماعيّ
*Buchführungs*system	[niẓâm al-muḥâsaba]	نِظام المحاسبة
*Quoten*system	[niẓâm al-ḥiṣaṣ]	نِظام الحِصص
*Anreiz*system	[niẓâm at-taḥfiz]	نِظام التحفيز
*Protektions*system	[niẓâm al-ḥimâya]	نِظام الحِماية
Statut, Satzung	[niẓâm dâḫilî]	نِظام داخليّ
*Gebühren*ordnung	[niẓâm ar-rusûmât]	نِظام الرُسُومات
*Zentral*system	[niẓâm markazî]	نِظام مرْكزيّ
*Bewässerungs*system	[niẓâm ar-rayy]	نِظام الريّ
*Wechselkurs*system	[niẓâm ṣarf al-ʿumlât]	نِظام صرْف العملات
*Bank*satzungen	[nuẓum maṣrifiyya]	نُظُم مصْرِفيّة
*Steuer*system	[niẓâm ḍarîbî]	نِظام ضرِيبيّ

*Dezimal*system	[niẓâm ʿušrî]	نِظام عُشْريّ
*Informations*system	[niẓâm maʿlûmâtî]	نِظام معلوماتيّ
*Arbeits*ordnung	[niẓâm al-ʿamal]	نِظام العمل
*Geschäfts*ordnung	[niẓâm al-aʿmâl]	نِظام الأعْمال
korruptes System	[niẓâm fâsid]	نِظام فاسد
*Wirtschafts*ordnung	[niẓâm iqtiṣâdî]	نِظام اقتصاديّ
*rückständiges Wirtschafts*system	[niẓâm iqtiṣâdî mutaḫallif]	نِظام اقتصاديّ متخلّف
*Weltwirtschafts*ordnung	[niẓâm iqtiṣâdî ʿâlamî]	نِظام اقتصاديّ عالميّ
*Feudal*system	[niẓâm iqṭâʿî]	نِظام إقطاعيّ
*Bonus*system	[niẓâm al-mukâfaʾa]	نِظام المكافأة
*Computer*system	[niẓâm al-kumbyûtir]	نِظام الكُومْبْيُوتر
metrisches System	[niẓâm mitrî]	نِظام مِتْريّ
*Abschöpfungs*system	[niẓâm al-imtiṣâṣ]	نِظام الامتصاص
*Finanz*system	[niẓâm mâlî]	نِظام ماليّ
*Franchise*system	[niẓâm al-imtiyâzât]	نِظام الامتيازات
*Proporz*system	[niẓâm an-nisab]	نِظام النِسب
*Währungs*system	[niẓâm naqdî]	نِظام نقْديّ
internationales Währungs*system*	[niẓâm an-naqd ad-duwalî]	نِظام النقْد الدُوليّ
System *einführen*	[adḫala niẓâman]	أدخل نِظاما
System *anwenden*	[ṭabbaqa niẓâman]	طبّق نظاما
regulär, ordnungsgemäß	[niẓâmî]	نِظاميّ
beleben, fördern *Absatz*	[anʿaša at-taswîq]	أنعش التسويق
sich beleben, sich erholen *(Konjunktur)*	[intaʿaš (al-waḍʿ al-iqtiṣâdî)]	انتعش (الوضْع الاقتصاديّ)
Belebung *des Exports*	[inʿâš at-taṣdîr]	إنعاش التصدير
Erholung, Aufschwung *des Marktes*	[intiʿâš as-sûq]	انتعاش السُوق
Belebung *der Nachfrage*	[intiʿâš aṭ-ṭalab]	انتعاش الطلب
moderater Aufschwung	[intiʿâš muʿtadil]	انتعاش معتدِل
aufgebraucht, erschöpft sein *(Vorräte)*	[nafida (yanfadu, nafâd) (al-maḫâzîn)]	نفِد (ـَ نفاد) (المخازِنُ)
aufbrauchen *Reserven*	[istanfada iḥtiyâṭiyyât]	استنفد احتياطيّات

Aufgebrauchtsein *von Brennstoff*	[nafâd al-waqûd]	نفاد الوقود
erschöpfender Verbrauch *von Ressourcen*	[istinfâd aṯ-ṯarawât]	استنفاد الثروات
aufgebraucht, vergriffen	[nâfid]	نافد
erfüllen *Plan*	[naffaḏa ḫuṭṭa]	نفّذ خطّة
Ausführung, Fertigstellung *eines Projekts*	[tanfîḏ al-mašrûʿ]	تنفيذ المشروع
exekutiv	[tanfîḏî]	تنفيذيّ
gültig, in Kraft	[nâfiḏ al-mafʿûl]	نافذ المفعول
*Steuer*schlupfloch	[nâfiḏa ḍarîbiyya, nawâfiḏ]	نافذة ضريبيّة ج نوافِذ
wirtschaftlicher Einfluß	[nufûḏ iqtiṣâdî]	نُفُوذ اقتصاديّ
Absatzgebiet	[manfaḏ, manâfiḏ]	منْفذ ج منافِذ
*Verkaufs*gebiet	[manfaḏ al-bayʿ]	منْفذ البيْع
konkurrieren *mit einem Unternehmen um ein Projekt*	[nâfasa šarika ʿalâ mašrûʿ]	نافس شركة على مشروع
miteinander konkurrieren *um Märkte*	[tanâfasa ʿalâ al-aswâq]	تنافس على الأسْواق
Wettbewerb, Konkurrenz *um Projekt*	[munâfasa ʿalâ mašrûʿ]	منافسة على مشروع
scharfer Wettbewerb	[munâfasa ḥâdda]	منافسة حادّة
freier Wettbewerb	[munâfasa ḥurra]	منافسة حُرّة
*Preis*konkurrenz	[munâfasa siʿriyya]	منافسة سِعْريّة
illegitimer Wettbewerb	[munâfasa ġayr mašrûʿa]	منافسة غيْر مشروعة
fairer Wettbewerb	[munâfasa šarîfa]	منافسة شريفة
unlauterer Wettbewerb	[munâfasa ġayr šarîfa]	منافسة غيْر شريفة
gleicher Wettbewerb	[munâfasa mutakâfi'a]	منافسة متكافِئة
Wettbewerb *beschränken*	[ḥaṣara al-munâfasa]	حصر المنافسة
sich verschärfen Wettbewerb	[(ištaḍḍa) al-munâfasa]	(اشتدّ) المنافسةُ
Wettbewerb *kontrollieren*	[ḍabaṭa al-munâfasa]	ضبط المنافسة
Wettbewerb, Konkurrenz	[tanâfus]	تنافُس
Wettbewerbs-, wettbewerbsfähig	[tanafusî]	تنافُسيّ
Wettbewerbsfähigkeit	[tanâfusiyya]	تنافُسيّة
Wettbewerbsfähigkeit *stärken*	[ʿazzaza at-tanâfusiyya]	عزّز التنافُسيّة
Wettbewerber, Konkurrent	[munâfis, ~ûn]	منافِس ج ون

Wettbewerber, Konkurrent	[mutanâfis, ~ ûn]	متنافِس ج ون
Erdöl	[nafṭ]	نفْط ← بترُول
*Roh*öl	[nafṭ ḫâm]	نفْطٌ خامٌ
Nutzen ziehen, profitieren aus *Außenhandel*	[intafaʿa min at-tiǧâra al-ḫâriǧiyya]	انتفع من التِجارة الخارجيّة
wirtschaftlicher Nutzen	[nafʿ iqtiṣâdî]	نفع اقتصاديّ
wirtschaftlicher Utilitarismus	[nafaʿiyya iqtiṣâdiyya]	نفعيّة اقتصاديّة
Nutzen *aus Computer*	[intifâʿ min al-ḥâsûb]	انتفاع من الحاسُوب
nützlich, vorteilhaft	[nâfiʿ]	نافع
Nutznießer, Begünstigter	[muntafiʿ, ~ûn]	منتفِع ج ون
Nutzen, Vorteil	[manfaʿa, manâfiʿ]	منْفعة ج منافِع
zum gegenseitigen Vorteil	[li-l-manfaʿa al-mutabâdala]	للمنْفعة المتبادلة
Nutzen *erzielen*	[ḥaqqaqa manfaʿa]	حقّق منْفعة
Versorgungseinrichtungen	[manâfiʿ]	ج منافِع
florieren, hoch im Kurs stehen *(Ware)*	[nafaqa (yanfuqu, nafâq) (al-biḍâʿa)]	نفق (ـُ نفاق) (البِضاعة)
aufwenden *finanzielle Mittel für ein Projekt*	[anfaqa amwâlan ʿalâ mašrûʿ]	أنفق أمْوالا على مشروع
aufwenden *Zeit*	[anfaqa waqtan]	أنفق وقْتا
Florieren *von Umsätze*	[nafâq al-mabîʿât]	نفاق المبيعات
Aufwendung *von finanziellen Mitteln*	[infâq al-amwâl]	إنفاق الأمْوال
Aufwendungen, Ausgaben	[infâq]	إنفاق
öffentliche Ausgaben, *Staats*ausgaben	[infâq ʿâmm]	إنفاق عامّ
Ausgaben *kontrollieren*	[ḍabaṭa al-infâq]	ضبط الإنفاق
florierend, hoch im Kurs stehend	[nâfiq]	نافق
Ausgaben, Kosten, Unkosten, Aufwendungen, Auslagen, Spesen	[nafaqa, ~ât]	نفقة ج ات ← تكاليف
*Reise*kosten	[nafaqât as-safar]	نفقات السفر
erstattete Kosten	[nafaqât mustaradda]	نفقات مستردّة
drückende Kosten	[nafaqât murhiqa]	نفقات مرهِقة
*Aufenthalts*kosten	[nafaqât al-iqâma]	نفقات الإقامة
*Unterhalts*kosten, Alimente	[nafaqât ʿâʾiliyya]	نفقات عائليّة
*Repräsentations*kosten	[nafaqât at-tamṯîl]	نفقات التمثيل

Unkosten *tragen*	[taḥammala nafaqât]	تحمّل نفقات
Unkosten *decken*	[ġaṭṭâ nafaqât]	غطّى نفقات
Ausgaben *senken*	[qallaṣa nafaqât]	قلّص نفقات
Abfall, Müll	[nifâya, ât]	نِفاية ج ات
gewerblicher Abfall	[nifâyât tiğâriyya]	نِفايات تِجاريّة
*Gift*müll	[nifâyât sâmma]	نِفايات سامّة
*Industrie*müll	[nifâyât ṣinâʿiyya]	نِفايات صِناعيّة
*Haus*müll	[nifâyât manziliyya]	نِفايات منْزليّة
Abfälle *sammeln*	[ğammaʿa nifâyât]	جمّع نِفايات
Abfälle *entsorgen*	[taḫallaṣa min nifâyât]	تخلص من نِفايات
Abfälle *entsorgen*	[ṣarrafa nifâyât]	صرّف نِفايات
Abfälle *behandeln*	[ʿâlağa nifâyât]	عالج نِفايات
Abfälle *recyceln*	[aʿâda taṣnîʿ an-nifâyât]	أعاد تصنيع النِفايات
Abfälle *sortieren*	[faraza nifâyât]	فرز نِفايات
bohren *nach Erdöl*	[naqqaba ʿan al-batrûl]	نقّب عن البتْرُول
Bohren *nach Erdgas*	[tanqîb ʿan al-ġâz aṭ-ṭabîʿî]	تنقيب عن الغاز الطبيعيّ
Gewerkschaft	[niqâba, ~ât]	نِقابة ج ات
*Industrie*gewerkschaft	[niqâba ṣinâʿiyya]	نِقابات صِناعيّة
*Berufs*gewerkschaft	[niqâba mihaniyya]	نِقابات مِهنيّة
gewerkschaftlich, Gewerkschafter	[niqâbî, ~ûn]	نِقابيّ ج ون
bar bezahlen *Ware / Händler*	[naqada (yanqudu, naqd) biḍâʿa / tâğiran]	نقد (ـُ نقْد) بِضاعة / تاجرا
Geld, Bargeld	[naqd, nuqûd]	نقْد ج نُقُود
Währung	[naqd]	نقْد
Devisen, Valuta, *Fremd*währung, *ausländisches* Zahlungsmittel	[naqd ağnabî]	نقْد أجْنبيّ
*Bar*geld	[naqd ğâhiz]	نقْد جاهز
im Umlauf befindliche Währung	[naqd mutadâwal]	نقْد متداول
*Falsch*geld	[naqd zâ'if]	نقْد زائف
*Hart*geld, Münzen	[naqd maʿdinî]	نقْد معْدِنيّ
*Papier*geld	[naqd waraqî]	نقْد ورقيّ

Geld *einbüßen*	[ḫasira nuqûdan]	خسِر نُقُودا
bar *zahlen Ware*	[dafaʿa biḍâʿa naqdan]	دفع بِضاعة نقْدا
Geld ausgeben	[ṣarafa nuqûdan]	صرف نُقُودا
Geld *prägen*	[sakka nuqûdan]	سكّ نُقُودا
Geld *verdienen*	[kasaba nuqûdan]	كسب نُقُودا
Geld-, monetär, Währungs-	[naqdî]	نقْديّ
mangeln *(Kapital) einem Händler*	[naqaṣa (yanquṣu, naqṣ / nuqṣân) (al-mâl) tâgiran]	نقص (ـُ نقْص/ نُقْصان) (المالُ) تاجرا
sich verringern *(Gewinn)*	[naqaṣa (ar-ribḥ)]	نقص (الرِبْحُ)
verringern, vermindern, kürzen *Gehalt*	[naqqaṣa râtiban]	نقّص راتبا
sich allmählich verringern *(Ressourcen)*	[tanâqaṣa (al-maṣâdir)]	تناقص (المصادِرُ)
verringern, vermindern Be*trag*	[intaqaṣa mablaġan]	انتقص مبْلغا
sicher verringern, sich vermindern *(Menge)*	[intaqaṣa (al-kammiyya)]	انتقص (الكمّيّةُ)
Ermäßigung verlangen *des Preises*	[istanqaṣa as-siʿr]	استنقص السِعْر
Abnahme, Absinken, Rückgang, Mangel, Manko, Minus *in Produktion*	[naqṣ fî al-intâğ]	نقْص في الإنتاج
Mangel *an Liquidität*	[naqṣ as-suyûla]	نقْص السُيُولة
Mangel *an Lebensmitteln*	[naqṣ al-ġiḏâ']	نقْص الغِذاء
Mangel *ausgleichen*	[sadda naqṣan]	سدّ نقْصا
Mangel *leiden*	[ʿânâ min naqṣ]	عانى من نقْص
Ausschreibung, Tender	[munâqaṣa, ~ât]	مناقصة ج ات
weltweite Ausschreibung	[munâqaṣa ʿâlamiyya]	مناقصة عالميّة
öffentliche Ausschreibung	[munâqaṣa ʿalaniyya]	مناقصة علنيّة
Verringerung, Abnahme	[tanâquṣ]	تناقُص
Verminderung, Verringerung, Abnahme	[intiqâṣ]	انتقاص
mangelhaft, fehlerhaft, unvollständig, minus	[nâqiṣ]	ناقص
Bewerber *um Ausschreibung*	[munâqiṣ, ~ûn]	مناقِص ج ون
abnehmend, geringer werdend	[mutanâqiṣ]	متناقِص
Mangel, Schwäche	[naqîṣa, naqâ'iṣ]	نقِيصة ج نقائِص
Tropfenbewässerung	[tanqîṭ]	تنقيط
Punkt	[nuqṭa, nuqaṭ]	نُقْطة ج نُقط

Schwach*punkt*	[nuqṭat aḍ-ḍuʿf]	نُقْطة الضُعْف
*Kostendeckungs*punkt, *break-even* point	[nuqṭat at-taʿâdul]	نُقْطة التعادُل
*Prozent*punkt	[nuqṭa mi'awiyya]	نُقْطة مِئويّة
transportieren, befördern *Ware in Lager*	[naqala biḍāʿa ilā mustawdaʿ]	نقل (ـُ نقْل) بِضاعة الى مستودع
überführen *Unternehmen in Privatsektor*	[naqala šarika ilâ al-qiṭâʿ al-ḫâṣṣ]	نقل شرِكة الى القِطاع الخاصّ
verlegen *Firmensitz in ein Land*	[naqala maqarr aš-šarika ilâ balad]	نقل مقرّ الشرِكة الى بلد
transportiert sein o. werden (*Importe*)	[tanaqqala (al-wâridât)]	تنقّل (الوارداتُ)
umherreisen *(Arbeitskräfte)*	[tanaqqala (al-ʿamâla)]	تنقّل (العمالةُ)
übergehen *zur Marktwirtschaft*	[intaqala ilâ iqtiṣâd as-sûq]	انتقل الى اقتصاد السُوق
Transport, Beförderung, Überführung, Verlegung	[naql]	نقْل
*See*transport	[naql baḥrî]	نقْل بحْريّ
*Land*transport	[naql barrî]	نقْل برّيّ
*Güter*transport	[naql al-baḍâ'iʿ]	نقْل البضائِع
*Daten*übertragung	[naql al-bayânât]	نقْل البيانات
*Luft*verkehr	[naql ğawwî]	نقْل جوّيّ
*Personen*verkehr	[naql ar-rukkâb]	نقْل الرُكّاب
*Güter*transport	[naql as-silaʿ]	نقْل السِلع
*Massengüter*transport	[naql as-silaʿ as-sâ'iba]	نقْل السِلع السائبة
*Charter*transport	[naql ʿâriḍ]	نقْل عارِض
Verlagerung *von Produktionskapazitäten*	[naql ṭâqât al-intâğ]	نقْل طاقات الإنتاج
*Eigentums*übertragung	[naql al-milkiyya]	نقْل المِلْكيّة
Transfer	[naql]	نقْل
*Technologie*transfer	[naql at-tiknûlûgiyâ]	نقْل التِكْنولوجيا
Know-how-Transfer	[naql al-ḫibra al-fanniyya]	نقْل الخِبْرة الفنّيّة
*Kapital*transfer	[naql ar-ra'smâl]	نقْل الرأسْمال
*Netto*transfer	[naql ṣâfin]	نقْل صافٍ
Transporte, Transportwesen	[naqliyyât]	ج نقْليّات
Sprung, Entwicklung	[naqla]	نقْلة
Umbesetzung *im Management*	[munâqalât idâriyya]	مناقلات إداريّة

Ortswechsel, freier Verkehr	[tanaqqul]	تنقُّل
freier *Waren*verkehr	[tanaqqul al-baḍâ'iʿ]	تنقُّل البضائِع
freier *Kapital*verkehr	[tanaqqul ar-ra'smâl]	تنقّل الرأسْمال
Mobilität *von Arbeitskräften, Arbeitskräfte*wanderung,	[tanaqqul al-quwâ al-ʿâmila]	تنقل القُوى العاملة
Übergang *zu einem System*	[intiqâla ilâ niẓâm]	انتقال إلى نِظام
Übergangs-	[intiqâlî]	انتقاليّ
Transporter, Transporteur, Transportgesellschaft, Spedition	[nâqil, ~ât]	ناقل ج ات
Transporter, Tanker	[nâqila, ~ât]	ناقلة ج ات
*Flugzeug*träger	[nâqilat aṭ-ṭâ'irât]	ناقلة الطائرات
*Super*tanker	[nâqila ʿimlâqa]	ناقلة عِمْلاقة
*Öl*tanker	[nâqilat an-nafṭ]	ناقلة النفْط
transportiert, befördert, tragbar, transportabel	[manqûl]	منقول
beweglicher Besitz, Mobilien	[manqûlât]	ج منقولات
beweglich, ambulant	[mutanaqqil]	متنقِّل
selektieren, auswählen *Methode*	[intaqâ uslûban]	انتقى أسْلُوبا
Selektion, Auslese, Auswahl *von Optionen*	[intiqâ' al-ḫiyârât]	انتقاء الخِيارات
*Angebots*selektion	[intiqâ' al-ʿurûḍ]	انتقاء العُرُوض
selektiv	[intiqâ'î]	انتقائيّ
Rückschlag, Debakel, Desaster	[naksa, ~ât]	نكْسة ج ات
wirtschaftlichen Rückschlag *erleiden*	[uṣîba bi-naksa iqtiṣâdiyya]	أصيب بنكْسة اقتصاديّة
Typ, Art und Weise	[namaṭ, anmâṭ]	نمط ج أنْماط
*Lebens*art	[namaṭ al-ḥayât]	نمط الحياة
*Manager*typ	[namaṭ al-mudîr]	نمط المدِير
*Unternehmens*typ	[namaṭ aš-šarika]	نمط الشرِكة
*Produktions*weise	[namaṭ al-intâǧ]	نمط الإنتاج
Typen *von kommerziellen Beziehungen*	[anmâṭ al-ʿalâqât at-tiǧâriyya]	أنْماط العلاقات التجاريّة
*Konsum*verhalten	[namaṭ istihlâkî]	نمط استهلاكيّ
Norm-, Standard-	[namaṭî]	نمطيّ
wachsen, sich entwickeln *(Wirtschaft)*	[namâ (yanmû, numûw) (al-iqtiṣâd)]	نما (ـُ نُمُوّ) (الاقتصادُ)

entwickeln, fördern *Industrie*	[nammâ aṣ-ṣinâʿa]	نمّى الصناعة
entwickeln, fördern *Land*	[anmâ baladan]	أنمى بلدا
ständig wachsen *(Gewinn)*	[tanâmâ (ar-ribḥ)]	تنامى (الربْح)
Wachstum, Zuwachs	[numûw]	نُمُوّ
horizontales Wachstum	[numûw ufuqî]	نُمُوّ أُفُقيّ
langsames Wachstum	[numûw baṭî']	نُمُوّ بطِيء
lineares Wachstum	[numûw mutatâlin]	نُمُوّ متتالٍ
stabiles Wachstum	[numûw ṯâbit]	نُمُوّ ثابت
dynamisches Wachstum	[numûw dînâmîkî]	نُمُوّ دينامِيكيّ
vertikales Wachstum	[numûw ra'sî]	نُمُوّ رأْسيّ
kumulatives Wachstum	[numûw mutarâkim]	نُمُوّ متراكِم
beschleunigtes Wachstum	[numûw mutasâriʿ]	نُمُوّ متسارِع
*Bevölkerungs*wachstum	[numûw sukkânî]	نُمُوّ سُكّانيّ
negatives Wachstum	[numûw sâlib]	نُمُوّ سالب
industrielles Wachstum	[numûw ṣinâʿî]	نُمُوّ صِناعيّ
kontinuierliches Wachstum	[numûw muṭṭarid]	نُمُوّ مطّرِد
*Bevölkerungs*wachstum	[numûw ʿadad as-sukkân]	نُمُوّ عدد السكّان
reales Wachstum	[numûw fiʿlî]	نُمُوّ فِعْليّ
gebremstes, gezügeltes Wachstum	[numûw malǧûm]	نُمُوّ ملجوم
ungebremstes, ungezügeltes Wachstum	[numûw ġayr malǧûm]	نُمُوّ غيْر ملجوم
stabiles Wachstum	[numûw mustaqirr]	نُمُوّ مستقِرّ
stabiles Wachstum	[numûw qawîy]	نُمُوّ قويّ
überdurchschnittliches Wachstum	[numûw mâ faqqa al-mutawassiṭ}	نُمُوّ ما فوق المتوسّط
ausgeglichenes Wachstum	[numûw mutawâzin]	نُمُوّ متوازِن
positives Wachstum	[numûw îǧâbî]	نُمُوّ إيجابيّ
Wachstum *verlangsamen*	[abṭa'a an-numûw]	أبطأ النُمُوّ
Wachstum *erzielen*	[ḥaqqaqa numûwan]	حقّق نُمُوّا
Wachstum *steuern*	[taḥakkama bi-n-numûw]	تحكّم بالنُمُوّ
Entwicklung *des Verwaltungswesens*	[tanmiya idâriyya]	تنمية إداريّة

Ausbau *von Fähigkeiten*	[tanmiyat al-mu'ahhilât]	تنمية المؤهّلات
nachhaltige Entwicklung	[tanmiya mustadîma]	تنمية مستدِيمة
Entwicklung *der Landwirtschaft*	[tanmiyat az-zirâʿa]	تنمية الزِراعة
industrielle Entwicklung	[tanmiya ṣinâʿiyya]	تنمية صِناعيّة
*Personal*entwicklung	[tanmiyat al-ʿâmilîn]	تنمية العاملين
Entwicklung *von Ressourcen*	[tanmiyyat al-mawârid]	تنمية الموارِد
kontinuierliche Entwicklung	[tanmiya mutawâṣila]	تنمية متواصِلة
Entwicklungs-, wachstumsorientiert	[tanmawî]	تنمويّ
Entwicklung *des Landes*	[inmâ' al-balad]	إنماء البلد
Entwicklungs-	[inmâ'î]	إنمائيّ
Anwachsen *von Exporten*	[tanâmî aṣ-ṣâdirât]	تنامِي الصادرات
wachsend, sich entwickelnd	[nâmin]	نامٍ
ständig wachsend	[mutanâmin]	متنامٍ
Muster, Modell	[namûḏaǧ / unmûḏaǧ, namâḏiǧ]	نمُوذج / أُنْمُوذج ج نماذِج
*Wirtschafts*modell	[namûḏaǧ iqtiṣâdî]	نمُوذج اقتصاديّ
*Unterschrifts*probe	[namûḏaǧ at-tawqîʿ]	نمُوذج التوقيع
Muster-, modellhaft	[namûḏaǧî]	نمُوذجيّ
ausrauben, plündern *Anleger*	[nahaba (yanhabu, nahb) al-mûdiʿîn]	نهب (ـَ نهْب) المُودِعين
Plünderung *der Stadt*	[nahb al-madîna]	نهْب المدِينة
Methode, Programm	[manhaǧ, manâhiǧ]	منْهج ج مناهِج
wirtschaftliche Methode	[manhaǧ iqtiṣâdî]	منْهج اقتصاديّ
Methode, Programm	[minhâǧ, manâhîǧ]	مِنْهاج ج مناهِيج
*Investions*programm	[minhâǧ istiṯmârî]	مِنْهاج استثماريّ
sich nähern *einer Zahl*	[nâhaza ʿadadan]	ناهز عددا
wirtschaftlicher Aufschwung	[nuhuḍ iqtiṣâdî]	نُهُوض اقتصاديّ
Aufschwung, Erneuerung	[nahḍa]	نهْضة
Aufschwung *im Bauwesen*	[nahḍa ʿumrâniyya]	نهْضة عُمْرانيّة
sich abwechseln *bei der Arbeit*	[tanâwaba fî al-ʿamal]	تناوب في العمل

diensthabend	[munâwib]	مناوِب
Arbeitsschicht, Turnus	[nawba, ~ât]	نوْبة ج ات
*Nacht*schicht	[nawba layliyya]	نوْبة ليْليّة
diversifizieren *Produkte*	[nawwaʿa almuntağât]	نوّع المنتجات
vielfältig sein o. werden (*Angebot*)	[tanawwaʿa (al-ʿarḍ]	تنوّع (العرضُ)
Diversifizierung *von Energiequellen*	[tanwîʿ maṣâdir aṭ-ṭâqa]	تنويع مصادِر الطاقة
Vielfalt *des Bedarfs*	[tanawwûʿ al-ḥâğâ]	تنوُّع الحاجة
*Produkt*diversifikation	[tanawwuʿ al-muntağât]	تنوُّع المنتجات
Sorte, Art	[nawʿ, anwâʿ]	نوْع ج أنْواع
gute Sorte	[nawʿ ğayyid]	نوْع جيِّد
schlechte, minderwertige Sorte	[nawʿ radî']	نوْع ردِيء
*Steuer*arten	[anwâʿ aḍ-ḍarâʾib]	أنْواع الضرائِب
*Kosten*arten	[anwâʿ at-takâlîf]	أنْواع التكالِيف
qualitativ *und quantitativ*	[nawʿan wa-kamman]	نوْعا وكمّا
qualitativ	[nawʿî]	نوْعيّ
Qualität	[nawʿiyya]	نوْعيّة ← جُودة
gute Qualität	[nawʿiyya ğayyida]	نوْعيّة جيِّدة
mangelnde Qualität	[nawʿiyya mutadanniya]	نوْعيّة متدنِّية
schlechte, minderwertige Qualität	[nawʿiyya sayyi'a]	نوْعيّة سيِّئة
mittlere Qualität	[nawʿiyya mutawassiṭa]	نوْعيّة متوسِّطة
verschiedenartig, vielfältig	[mutanawwiʿ]	متنوِّع
Frachtgebühr	[nawlûn]	نوْلُون
etwas über *zwanzig*	[nayyif wa-ʿišrûn / ʿišrûn wa-nayyif]	نيِّف وعِشْرون / عِشْرون ونيِّف
umschlagen *Cargo*	[nâwala šaḥna]	ناوَل شحْنة
Umschlag *von Waren*	[munâwalat as-silaʿ]	مناولة السِلع
*Container*umschlag	[munâwalat al-ḥâwiyât]	مناولة الحاويات
Reichweite	[mutanâwal]	متناوَل
zur Verfügung *stellen Informationen einem Unternehmen*	[waḍaʿa maʿlûmât fî mutanâwal aš-šarika]	وضع معلومات في متناوَل الشرِكة

Nil	[(nahr) an-nîl]	(نهْر) النيل

﴿ هـ ﴾

nach islamischer *Zeitrechnung*	[hiğrî]	هـ (هِجْريّ)
stürzen (*Preise*)	[habaṭa (yahbuṭu, hubûṭ) (al-asʿâr)]	هبط (ـُ هُبُوط) (الأسْعارُ)
*Preis*sturz	[hubûṭ al-asʿâr]	هُبُوط الأسْعار
Sturz *der Aktienkurse*	[hubûṭ asʿâr al-ashum]	هُبُوط أسْعار الأسْهُم
Telefon, Fernsprecher	[hâtif, hawâtif]	هاتف ج هواتِف
tragbares Telefon	[hâtif maḥmûl]	هاتف محمول
Handy	[hâtif ḫalawî]	هاتف خلويّ
digitales Telefon	[hâtif raqmî]	هاتف رقْميّ
*Funk*telefon	[hâtif lâ silkî]	هاتف لا سِلْكيّ
*Auto*telefon	[hâtif as-sayyâra]	هاتف السيّارة
tragbares Telefon	[hâtif naqqâl]	هاتف نقّال
emigrieren, auswandern *ins Ausland*	[hâğara ilâ al-ḫâriğ]	هاجر الى الخارج
Emigrant, Flüchtling	[muhâgir, ~ûn]	مهاجِر ج ون
*Wirtschafts*flüchtling	[muhâğir iqtiṣâdî]	مهاجِر اقتصاديّ
Auswanderung, Emigration, Zuwanderung, Immigration	[hiğra]	هِجْرة
Abwanderung *von Fachkräften*	[hiğrat al-admiġa]	هِجْرة الأدْمِغة
*Land*flucht	[hiğra min ar-rîf]	هِجْرة من الرِيف
Migration *von Arbeitskräften*	[hiğrat al-quwâ al-ʿâmila]	هِجْرة القُوى العاملة
Exil	[mahğar, mahâğir]	مهْجر ج مهاجِر
vergeuden, verschwenden *Reichtümer*	[hadara (yahdiru, hadr) ṯarawât]	هدر (ـِ هدْر) ثروات
Vergeudung *von Wasser*	[hadr al-miyâh]	هدْر المِياه
vergeudet, verschwendet	[mahdûr]	مهدور
umsonst *aufgewendet werden*	[ḍâʿa hadran]	ضاع هدْرا
Ziel	[hadaf, ahdâf]	هدف ج أهْداف

*Vertriebs*ziele	[ahdâf at-taswîq]	أهْداف التسويق
*Unternehmens*ziele	[ahdâf aš-šarika]	أهْداف الشرِكة
wirtschaftliche Ziele	[ahdâf iqtiṣâdiyya]	أهْداف اقتصاديّة
berufliche Ziele	[ahdâf mihaniyya]	أهْداف مِهنيّة
Ziele *erreichen*	[ḥaqqaqa ahdâfan]	حقّق أهْدافا
abreißen *Gebäude*	[hadama (yahdimu, hadm) mabnan]	هدم (ـِ هدْم) مبْنىً
Abriß *eines Lagergebäudes*	[hadm al-mustawdaʿ]	هدْم المستودع
schenken, verschenken *Lebensmittel*	[ahdâ mawâdd ġiḏâ'iyya]	أهدى موادّ غِذائيّة
Schenkung	[ihdâ']	إهداء
Geschenk	[hadîya, hadâyâ]	هدِيّة ج هدايا
*Werbe*geschenk	[hadîya diʿâ'iyya]	هدِيّة دِعائيّة
abgenutzt, zerschlissen	[muhtari']	مهترِئ
fliehen, flüchten, abwandern *ins Ausland*	[haraba (yahrubu, harb / hurûb) ilâ al-ḫâriğ]	هرب (ـُ هرْب / هُرُوب) إلى الخارج
schmuggeln *Waffen*	[harraba asliḥa]	هرّب أسْلِحة
hinterziehen *Steuer*	[taharraba min aḍ-ḍarîba]	تهرّب من الضرِيبة
Abwanderung *von Fachkräften*	[harb al-kafâ'ât]	هرْب الكفاءات
Flucht *in Dollar*	[hurûb ilâ ad-dûlâr]	هُرُوب إلى الدُولار
*Kapital*flucht	[hurûb ar-ra'smâl]	هُرُوب الرأسْمال
Schmuggeln *von Rauschgift*	[tahrîb al-muḫaddirât]	تهريب المخدّرات
*Devisen*schmuggel	[tahrîb an-naqd]	تهريب النقْد
Schmuggel *bekämpfen*	[kâfaḥa at-tahrîb]	كافح التهريب
*Steuer*hinterziehung, *Steuer*flucht	[taharrub ḍarîbî]	تهرُّب ضرِيبيّ
Schmuggler	[muharrib, ~ûn]	مهرِّب ج ون
Schmuggel*waren*	[muharrabât]	ج مهرّبات
Hierarchie	[haram, ahrâm]	هرم ج أهْرام
*Verwaltungs*hierarchie	[haram idârî]	هرم إداريّ
erschüttern *Wirtschaft*	[hazza al-iqtiṣâd]	هزّ الاقتصاد
erschüttert sein o. werden *(Währungssystem)*	[ihtazza (an-niẓâm an-naqdî]	اهتزّ (النظامُ النقْديُّ)

Erschütterung *des Marktes*	[hazzat as-sûq]	هزّة السُوق ج ات
Ansturm *auf Bank, Bank*run	[tahafut ʿalâ al-maṣrif]	تهافُت على المصْرِف
verderben, umkommen (*Waren*)	[halaka (yahliku, halâk) (as-silaʿ)]	هلك (ـِ هلاك) (السِلَعُ)
vernichten *Getreide*	[ahlaka al-ḥubûb]	أهلك الحُبُوب
abschreiben *Investitionsprojekt*	[ahlaka mašrûʿan istiṯmâriyyan]	أهلك مشروعا استثماريّا
verbrauchen, konsumieren *Lebensmittel*	[istahlaka mawâdd ġiḏâʾiyya]	استهلك موادّ غِذائيّة
abschreiben *Maschinen*	[istahlaka mâkînât]	استهلك ماكينات
amortisieren *Schuld*	[istahlaka daynan]	استهلك ديْنا
Abschreibung *eines Betrags*	[ihlâk al-mablaġ]	إهلاك المبْلغ
Abschreibung *anrechnen auf ein Jahr*	[iḥtasaba al-ihlâk ʿalâ sana]	احتسب الإهلاك على سنة
Verbrauch, Konsum *von Rohstoffen*	[istihlâk aṯ-ṯarawât aṭ-ṭabîʿiyya]]	استهلاك الثروات الطبِيعيّة
*Luxus*konsum	[istihlâk baḏḫî]	استهلاك بذْخيّ
einheimischer Verbrauch	[istihlâk maḥallî]	استهلاك محلّيّ
*Kapital*verbrauch	[istihlâk ar-raʾsmâl]	استهلاك الرأْسْمال
*Mehr*verbrauch	[istihlâk zâʾid]	استهلاك زائد
verschwenderischer Konsum	[istihlâk musrif]	استهلاك مسرِف
*Energie*verbrauch	[istihlâk aṭ-ṭâqa]	استهلاك الطاقة
Pro-Kopf-Verbrauch	[istihlâk fardî]	استهلاك فرْديّ
Verbrauch *befriedigen*	[labbâ al-istihlâk]	لبّى الاستهلاك
Abschreibung *von Ausrüstungen*	[istihlâk al-muʿaddât]	استهلاك المعدّات
Amortisation *einer Schuld*	[istihlâk ad-dayn]	استهلاك الديْن
beschleunigte Abschreibung	[istihlâk muʿağğal]	استهلاك معجّل
Verbrauchs-, Konsum-	[istihlâkî]	استهلاكيّ
Verbraucher, Konsument	[mustahlik, ~ûn]	مستهلِك ج ون
*End*verbraucher	[mustahlik nihâʾî]	مستهلِك نِهائيّ
*Groß*verbraucher	[kibâr al-mustahlikîn]	كِبار المستهلِكين
verbraucht, konsumiert	[mustahlak]	مستهلَك
abgeschrieben, amortisiert	[mustahlak]	مستهلَك
an die zuständige Stelle	[ilâ man yuhimmuhu al-amr]	إلى من يُهِمّه الأمْر

Aufgabe, Dienstpflicht	[muhimma, ~ât / mahâmm]	مهمّة ج ات / مهامّ
*Amts*pflicht	[mahâmm al-manṣib]	مهامّ المنْصِب
geschäftlich, dienstlich	[fî muhimma]	في مهِمّة
Ausrüstungsgüter	[muhimmât]	ج مهِمّات
ausgrenzen, marginalisieren *Entwicklungsländer aus Markt*	[hammaša al-buldân an-nâmiya min as-sûq]	همّش البُلْدان النامية من السُوق
Marginalisierung *des staatlichen Sektors*	[tahmîš al-qiṭâʿ al-ʿâm]	تهميش القِطاع العامّ
Spanne, Gewinnspanne, Handelsspanne, Marge	[hâmiš, hawâmiš]	هامش ج هوامِش
lukrative Spanne	[hâmiš muğzin]	هامش مُجزٍ
*Gewinn*spanne, *Handels*spanne	[hâmiš ar-ribḥ]	هامش الرِبْح
*Zins*satz	[hâmiš al-fâ'ida]	هامش الفائدة
Grenz-, marginal	[hâmišî]	هامشيّ
Randlage	[hâmišiyya]	هامشيّة
ausgegrenzt	[muhammaš]	مهمّش
vernachlässigen *Dienstleistungssektor*	[ahmala qiṭâ' al-ḫadamât]	أهمل قِطاع الخدمات
Vernachlässigung *der Landwirtschaft*	[ihmâl az-zirâʿa]	إهمال الزِراعة
Fahrlässigkeit	[ihmâl]	إهمال
ohne *Unterschrift*	[muhmal at-tawqîʿ]	مهمل التوقيع
Abfälle	[muhmalât]	ج مهملات
Ingenieurwesen, Technik	[handasa]	هنْدسة
Elektronik	[handasat al-iliktrûniyyât]	هنْدسة الإلِكْتْرُونيّات
Architektur	[handasat al-ʿimâra]	هنْدسة العِمارة
*Elektro*technik	[handasa kahrabâ'îyya]	هنْدسة كَهْربائيّة
Bauwesen	[handasa madaniyya]	هنْدسة مدنيّة
*Maschinen*bau	[handasa mîkânîkiyya]	هنْدسة ميكانيكيّة
*Gen*technik	[handasa wirâṯiyya]	هنْدسة وِراثيّة
Ingenieur	[muhandis, ~ûn]	مهنْدِس ج ون
*Verkaufs*ingenieur	[muhandis al-mabîʿât]	مهنْدِس المبيعات
erfahrener Ingenieur	[muhandis ḏû ḫibra]	مهنْدِس ذُو خِبْرة
Architekt	[muhandis miʿmârî]	مهنْدِس مِعْماريّ

fähiger Ingenieur	[muhandis kuf']	مهنْدِس كُفْء
*Chef*ingenieur	[kabîr al-muhandisîn]	كبير المهنْدِسين
ingenieurtechnisch	[handasî]	هنْدسيّ
zusammenbrechen *(Wirtschaftssystem)*	[inhâra (an-niẓâm al-iqtiṣâdî)]	انهار (النِظامُ الاقتصاديُّ)
*Börsen*krach	[inhiyâr al-bûrṣa]	انهيار البُورْصة
Zusammenbruch *der Wechselkurse*	[inhiyâr asʿâr aṣ-ṣarf]	انهيار أسْعار الصرْف
am Rande des Zusammenbruchs	[ʿalâ ḥaffat al-inhiyâr]	على حافّة الانهيار
zusammengebrochen	[munhâr]	منهار
schaffen *wirtschaftliche Bedingungen*	[hayya'a ẓurûfan iqtiṣâdiyya]	هيّأ ظُرُوفا اقتصاديّة
ausbilden *Ingenieur*	[hayya'a muhandisan]	هيّأ مهنْدِسا
geschaffen sein o. werden *(Investitionsklima)*	[tahayya'a (al-ǧaww al-istiṯmârî]	تهيّأ (الجوُّ الاستثماريُّ)
Schaffung *eines Marktes*	[tahyi'at as-sûq]	تهيئة السُوق
Ausbildung *von Führungskräften*	[tahyi'at al-kawādir]	تهيئة الكوادِر
Gremium, Körperschaft, Behörde, Amt	[hay'a, ~ât]]	هيْئة ج ات
*Schieds*gericht	[hay'at at-taḥkîm]	هيْئة التحكيم
*Planungs*behörde	[hay'at at-taḫṭîṭ]	هيْئة التخطيط
Vorstand, Präsidium	[hay'at ar-ri'âsa]	هيْئة الرِئاسة
*Aufsichts*behörde	[hay'at ar-raqâba]	هيْئة الرقابة
Beratungs*gremium,* Beirat	[hay'a istišâriyya]	هيْئة استشاريّة
*Finanz*behörde	[hay'a mâliyya]	هيْئة ماليّة
strukturieren *Wirtschaft*	[haykala al-iqtiṣâd]	هيْكل الاقتصاد
Strukturierung *eines Unternehmens*	[haykalat aš-šarika]	هيْكلة الشرِكة
*Arbeits*strukturierung	[haykalat al-ʿamal]	هيْكلة العمل
Struktur	[haykal, hayâkil]	هيْكل ج هياكِل
kommerzielle Strukturen	[hayâkil tiǧâriyya]	هياكِل تِجاريّة
*Finanz*struktur	[haykal mâlî]	هيْكل ماليّ
*Produktions*struktur	[haykal al-intâǧ]	هيْكل الإنتاج
*Organisations*struktur	[haykal tanẓîmî]	هيْكل تنظيميّ
ausgewogene Strukturen	[hayâkil mutawâzina]	هياكِل متوازِنة

*Stellen*struktur	[haykal al-waẓâ'if]	هيْكل الوظائف
Struktur-, strukturell	[haykalî]	هيْكليّ
Strukturierung *eines Sektors*	[haykaliyyat al-qiṭâ']	هيْكليّة القِطاع
beherrschen, kontrollieren *Markt*	[haymana 'alâ as-sûq]	هيْمن على السُوق
Beherrschung, Kontrolle, Vorherrschaft, Hegemonie	[haymana]	هيْمنة
Kontrolle *über Weltmarkt*	[haymana 'alâ as-sûq al-'âlamiyya]	هيْمنة على السُوق العالميّة

❖ و ❖

Oase	[wâḥa, ~ât]	واحة ج ات
*Einkaufs*oase	[wâḥat at-tasawwuq]	واحة التسوُّق
*Steuer*oase	[wâḥa ḍarîbiyya]	واحة ضرِيبيّة
Art und Weise	[watîra, watâ'ir]	وتِيرة ج وتائِر
*Arbeits*weise	[watîrat al-'amal]	وتِيرة العمل
beurkunden *Dokumente*	[waṯṯaqa mustandât]	وثّق مستندات
dokumentieren *Produktionsverlauf*	[waṯṯaqa sayr al-intâǧ]	وثّق سيْر الإنتاج
beurkundet sein o. werden *Kauf einer Firma*	[tawaṯṯaqa (širâ' aš-šarika)]	توثّق (شِراءُ الشرِكة)
Beurkundung *einer Vollmacht*	[tawṯîq at-tawqîl]	توثِيق التوكِيل
Dokumentation *eines Projekts*	[tawṯîq al-mašrû']	توثِيق المشروع
notarielle Tätigkeit	[tawṯîq]	توثِيق
notariell	[tawṯîqî]	توثِيقيّ
beurkundet, dokumentiert	[muwaṯṯaq]	موثّق
Dokument, Police	[waṯîqa, waṯâ'iq]	وثِيقة ج وثائِق
*Fonds*police	[waṯîqat aṣ-ṣundûq]	وثِيقة الصُنْدُوق
*Design*unterlagen	[waṯâ'iq at-taṣmîm]	وثائِق التصمِيم
Dokumente *archivieren*	[ḥafiẓa waṯâ'iq]	حفِظ وثائِق
Dokumente *erstellen*	[a'adda waṯâ'iq]	أعدّ وثائِق
positiv	[îǧâbî]	ايجابيّ

positive Erscheinungen	[îğâbiyyât]	ج إيجابيّات
Verbindlichkeiten	[mutawağğibât]	ج متوجِّبات
Arbeitsschicht	[wağba, ~ât]	وجْبة ج ات
wirtschaftliche Präsenz	[wuğûd iqtiṣâdî]	وُجُود اقتصاديّ
*Markt*präsenz	[tawâğud fî as-sûq]	تواجُد في السوق
Bestände, Guthaben, Aktiva, Einlagen	[mawğûdât]	ج موجودات
immobile Bestände	[mawğûdât ṯâbita]	موجودات ثابتة
negative Bestände	[mawğûdât salbiyya]	موجودات سلْبيّة
*Immobilien*bestände	[mawğûdât ʿaqâriyya]	موجودات عقاريّة
finanzielle Bestände	[mawğûdât mâliyya]	موجودات ماليّة
*Bar*guthaben	[mawğûdât naqdiyya]	موجودات نقْديّة
unbare Guthaben	[mawğûdât ġayr naqdiyya]	موجودات غيْر نقْديّة
kurzlebige Bestände	[mawğûdât hâlika]	موجودات هالكة
positive Bestände	[mawğûdât îğâbiyya]	موجودات إيجابيّة
Aktiva *und Passiva*	[mawğûdât wa-duyûn]	موجودات ودُيُون
leiten, lenken, richten, steuern *Wirtschaft*	[waǧǧaha al-iqtiṣâd]	وجّه الاقتصاد
konfrontiert sein *mit,* entgegentreten *Wirtschaftskrise*	[wâğaha azma iqtiṣâdiyya]	واجه أزْمة اقتصاديّة
befriedigen Nachfrage	[wâğaha aṭ-ṭalab]	واجه الطلب
*Preis*lenkung	[tawğîh al-asʿâr]	توجيه الأسْعار
Anweisung, Orientierung, Richtlinie	[tawğîh, ~ât]	توجيه ج ات
Bekämpfung *der Inflation*	[muwâğaha at-taḍaḫḫum al-mâlî]	مواجهة التضخُّم الماليّ
Konfrontation	[muwâğaha]	مواجهة
Tendenz, Trend, Richtung	[tawağğuh, ~ât]	توجُّه ج ات
Tendenz, Trend, Richtung	[ittiğâh, ~ât]	اتّجاه ج ات
negativer Trend	[ittiğâh salbî]	اتّجاه سلْبيّ
vorherrschender Trend	[ittiğâh sâ'id]	اتّجاه سائد
*Markt*tendenzen	[ittiğâhât as-sûq]	اتّجاهات السُوق
Aufwärts*trend*	[ittiğâh ṣuʿûdî / taṣâʿudî]	اتّجاه صُعُوديّ / تصاعُديّ
inflationäre Tendenz	[ittiğâh taḍaḫḫumî]	اتّجاه تضخُّميّ

allgemeiner Trend	[ittiğâh ʿâmm]	اتّجاه عامّ
*Globalisierungs*tendenzen	[ittiğâhât ʿawlamiyya]	اتّجاهات عوْلميّة
*Abwärts*trend	[ittiğâh nuzûlî]	اتّجاه نُزوليّ
*Wachstums*trend	[ittiğâh an-numûw]	اتّجاه النُمُوّ
positiver Trend	[ittiğâh îğâbî]	اتّجاه إيجابيّ
Trend *vorhersagen*	[tanabbba'a bi-ittiğâh]	تنبأ باتّجاه
Schaufenster, Vitrine	[wâğiha, ~ât]	واجهة ج ات
Stelle, Behörde	[ğiha, ~ât]	جِهة ج ات
zuständige Stellen	[ğihât muḫtaṣṣa]	جِهات مختصّة
ausstellende Stelle	[ğihat al-iṣdâr]	جِهة الإصدار
interessierte Seiten	[ğiha maʿnîya]	جِهات معنيّة
finanzierende Stelle, Sponsor	[ğiha tamwīliyya]	جِهة تمويليّة
vereinheitlichen, standardisieren *Maße*	[waḥḥada al-maqâyîs]	وحّد المقاييس
konsolidieren *Bilanz*	[waḥḥada al-mîzân]	وحّد الميزان
vereinheitlicht, standardisiert sein o.werden *Normen*	[tawaḥḥada (muwâṣafât)]	توحّد (المواصفاتُ)
Vereinheitlichung *von Währungen*	[tawḥîd al-ʿumlât al-ağnabiyya]	توحيد العُمْلات الأجْنبيّة
Vereinheitlichung *der Gesetzgebung*	[tawḥîd at-tašrîʿât]	توحيد التشريعات
Standardisierung *von Maßen*	[tawḥîd al-maqâyîs wa-al-maʿâyîr]	توحيد المقاييس والمعايير
Konsolidierung *einer Bilanz*	[tawḥîd al-mîzân]	توحيد الميزان
Verband, Union	[ittaḥâd, ~ât]	اتّحاد ج ات
Europäische Union	[al-ittiḥâd al-ûrûbbî]	الاتّحاد الأُورُوبّيّ
*Zoll*union	[ittiḥâd ğumrukî]	اتّحاد جُمْرُكيّ
*Agrar*union	[ittiḥâd zirâʿî]	اتّحاد زِراعيّ
*Banken*konsortium	[ittaḥâd maṣrifî]	اتّحاد مصْرِفيّ
*Wirtschafts*union	[ittiḥâd iqtiṣâdî]	اتّحاد اقتصاديّ
*Währungs*union	[ittiḥâd naqdî]	اتّحاد نقْديّ
föderal, Bundes-	[ittiḥâdî]	اتّحاديّ
Einheit	[waḥda, ~ât]]	وحْدة ج ات
*Verrechnungs*einheit	[waḥda ḥisâbiyya]	وحْدة حِسابيّة

*Wohnungs*einheit	[waḥda sakaniyya]	وحْدة سكنيّة
*Wirtschafts*einheit	[waḥda iqtiṣâdiyya]	وحْدة اقتصاديّة
*Maß*einheit	[waḥdat al-qiyâs]	وحْدة القِياس
*Produktions*einheit	[waḥda intağiyya]	وحْدة إنتاجيّة
*Währungs*einheit	[waḥda naqdiyya]	وحْدة نقْديّة
vereinheitlicht, standardisiert	[muwaḥḥad]	موحّد
konsolidiert	[muwaḥḥad]	موحّد
deponieren, einzahlen, hinterlegen *Betrag*	[audaʿa mablaġan]	أودع مبْلغا
Einzahlung *von Geldern*	[îdâʿ al-amwâl]	إيداع الأمْوال
Einzahlungen, eingezahlte Gelder, Einlagen, Depositen	[îdâʿât]	إيداعات
Anleger, Deponent	[mûdiʿ, ~ûn]	مُودِع ج ون
*Klein*anleger	[ṣiġâr al-mûdiʿîn]	صِغار المُودِعين
deponiert, eingezahlt, hinterlegt	[mûdaʿ]	مُودع
Einlage, Depositum	[wadîʿa, wadâʾiʿ]	ودِيعة ج ودائِع
*Termin*einlagen	[wadâ'iʿ âğila]	ودائِع آجلة
*Termin*einlagen	[wadâʾiʿ li-ağl]	ودائِع لأجْل
eingefrorene Einlagen	[wadâʾiʿ muğammada]	ودائِع مجمّدة
*Spar*einlagen	[wadâʾiʿ al-iddaḫâr]	ودائِع الادّخار
*Bank*einlagen	[wadâʾiʿ maṣrifiyya]	ودائِع مصْرِفيّة
*Bar*einlagen	[wadâʾiʿ naqdiyya]	ودائِع نقْديّة
Wadi, Flußtal	[wâdin, awdiya / widyân]	وادٍ ج أوْدِية / وِدْيان
erben *Haus*	[wariṯa (yariṯu, wirâṯa / wirṯ irṯ) baytan]	ورث (-ِ وِراثة / وِرْث / إِرْث) بيْتا
beerben *Eltern*	[waraṯa al-abawayn]	ورث الأبويْن
vererben *Besitztümer*	[warraṯa mumtalakât]	ورّث ممتلكات
Erbschaft, Erbe *(das)*	[irṯ]	إرث
Erbe *(der)*	[wâriṯ, waraṯa]	وارث ج ورثة
Erblasser	[muwarriṯ, ~ûn]	مورِّث ج ون
Erbschaft, Erbe	[mîrâṯ, mawârîṯ]	مِيراث ج موارِيث
liefern *Ware*	[warrada biḍâʿa]	ورّد بِضاعة

importieren *Kaffee*	[istawrada al-bunn]	استورد البُنّ
Lieferung *von Erdgas*	[tawrîd al-ġâz aṭ-ṭabîʿî]	توريد الغاز الطبيعيّ
Lieferungen	[tawrîdât]	توريدات
stoßweise Lieferung, Lieferung *in Schüben*	[tawrîd bi-ad-dufʿât]	توريد بالدُّفْعات
Einkommen, Einnahme	[îrâd, ~ât]	ايراد ج ات
*Zoll*einnahmen	[îrâdât ǧumrukiyya]	إيرادات جُمْرُكيّة
*Effektiv*einnahmen	[îrâdât ḥaqîqiyya]	ايرادات حقيقيّة
eigene Einnahmen	[îrâdât ḏâtiyya]	إيرادات ذاتيّة
*Steuer*einnahmen	[îrâdât ḍarîbiyya]	إيرادات ضريبيّة
*Zusatz*einnahmen	[îrâdât iḍâfiyya]	إيرادات إضافيّة
*Zins*einkünfte	[îrâdât fawâ'idiyya]	ايرادات فوائِديّة
zu erwartende Einnahmen	[îrâdât mutawaqqaʿa]	إيرادات متوقّعة
Import, Einfuhr *von Erdöl*	[istîrâd an-nafṭ]	استيراد النفْط
Importwaren, Importe, Einfuhren	[wâridât]	ج واردات
*Agrar*importe	[wâridât zirâʿiyya]	واردات زِراعيّة
Einnahmen, Einkünfte	[wâridât]	ج واردات
*Steuer*einnahmen	[wâridât ḍarîbiyya]	واردات ضريبيّة
Lieferant, Zulieferer	[muwarrid, ~ûn]	مورِّد ج ون
*Rohstoff*lieferant	[muwarrid al-mawâdd al-ḫâm}	مورِّد الموادّ الخام
Importeur	[mustawrid, ~ûn]	مستورِد ج ون
Importe, Importwaren	[mustawradât]	ج مستوردات
Einnahmequelle, Mittel, Resssource, Vorkommen	[mawrid, mawârid]	موْرِد ج موارِد
strategische Ressourcen	[mawârid istrâtîǧiyya]	موارِد اِسْتْراتيجيّة
*Human*ressourcen	[mawârid bašariyya]	موارِد بشريّة
eingeschränkte Mittel	[mawârid maḥdûda]	موارِد محدودة
*Eigen*mittel	[mawârid ḏâtiyya]	موارِد ذاتيّة
bereitgestellte Mittel	[mawârid marṣûda]	موارِد مرصودة
spärliche Einnahmequellen	[mawârid šaḥîḥa]	موارِد شحيحة
*Steuer*einnahmen	[mawârid ḍarîbiyya]	موارِد ضريبيّة

verlorengegangene Ressourcen	[mawârid ḍâ'iʿa]	مواردِ ضائعة
natürliche Ressourcen	[mawârid ṭabîʿiyya]	مواردِ طبيعيّة
unverzichtbare Ressourcen	[mawârid ġayr mustaġnan ʿanhâ]	مواردِ غيْر مستغنىً عنها
*Finanz*quellen	[mawârid mâliyya]	مواردِ ماليّة
*Wasser*ressourcen, *Wasser*vorkommen	[mawârid mâ'iyya]	مواردِ مائيّة
verschwendete Ressourcen	[mawârid mahdûra]	مواردِ مهدورة
vorhandene Einnahmequellen	[mawârid mutawaffira / mutawâfira]	مواردِ متوفّرة / متوافِرة
Arbeitsschicht	[wardiyya, ~ât]	وِرْديّة ج ات
Werkstatt	[warša, wiraš / ~ât]	ورْشة ج وِرش / ات
Workshop	[waršat al-ʿamal]	ورْشة العمل
Papier	[waraq, awrâq]	ورق ج أوْراق
*Arbeits*papier	[waraqat al-ʿamal]	ورقة العمل ج ات
*Durchschlag*papier, *Kohle*papier	[waraq al-karbûn]	ورق الكرْبُون
Papiere, Unterlagen	[awrâq]	ج أوْراق
commercial papers	[awrâq tiğâriyya]	أوْراق تِجاريّة
*Abfertigungs*papiere	[awrâq at-taḫlîṣ]	أوْراق التخليص
Einsicht nehmen in Papiere	[[iṭṭalaʿa ʿalâ awrâq]	اطّلع على أوْراق
Papiere *vorlegen, einreichen*	[qaddama awrâqan]	قدّم أوْراقا
Wertpapiere, Effekten	[awrâq mâliyya]	أوْراق ماليّة
*festverzinsliche Wert*papiere	[awrâq mâliyya ḏât fawâ'id ṯâbita]	أوْراق ماليّة ذات فوائِد ثابتة
*Geld*scheine	[awrâq naqdiyya]	أوْراق نقْديّة
*in Umlauf befindliche Geld*scheine	[awrâq naqdiyya mutadâwala]	أوْراق نقْديّة متداولة
Geldscheine *fälschen*	[zawwara awrâqan naqdiyya]	زوّر أوْراقا نقْديّة
Geldscheine *emittieren*	[aṣdara awrâqan naqdiyya]	أصدر أوْراقا نقْديّة
*Geld*schein	[waraqa mâliyya]	ورقة ماليّة ج ات
*echter Geld*schein	[waraqa mâliyya aṣîla]	ورقة ماليّة أصِيلة
*gefälschter Geld*schein	[waraqa mâliyya muzawwara]	ورقة ماليّة مزوّرة
*Lotterie*los	[waraqat al-yâ-naṣîb]	ورقة اليا نصِيب
Minister	[wazîr, wuzarâ']	وزِير ج وُزراء

Ministerium	[wizâra, ~ât]	وِزارة ج ات
*Umwelt*ministerium	[wizârat al-bî'a]	وِزارة البيئة
*Finanz*ministerium	[wizârat al-ḫizâna]	وِزارة الخزانة
*Planungs*ministerium	[wizârat at-taḫṭîṭ]	وِزارة التخطيط
*Landwirtschafts*ministerium	[wizârat az-zirâʻa]	وِزارة الزراعة
Ministerium *für öffentliche Arbeiten*	[wizârat al-ašġâl al-ʻâmma]	وِزارة الأشْغال العامّة
*Industrie*ministerium	[wizârat aṣ-ṣinâʻa]	وِزارة الصناعة
*Justiz*ministerium	[wizârat al-ʻadl]	وِزارة العدْل
*Informations*ministerium	[wizârat al-iʻlâm]	وِزارة الإعلام
*Wirtschafts*ministerium	[wizârat al-iqtiṣâd]	وِزارة الاقتصاد
*Finanz*ministerium	[wizârat al-mâliyya]	وِزارة الماليّة
*Versorgungs*ministerium	[wizârat at-tamwîn]	وِزارة التموين
*Erdöl*ministerium	[wizârat an-nafṭ]	وِزارة النفْط
*Transport*ministerium	[wizârat an-naql]	وِزارة النقْل
*Entwicklungs*ministerium	[wizârat at-tanmiya]	وِزارة التنمية
*Verkehrs*ministerium	[wizârat al-muwâṣalât]	وِزارة المواصلات
verteilen *Lebensmittel*	[wazzaʻa mawâdd ġiḏâ'iyya]	وزّع موادّ غِذائيّة
ausschütten *Gewinn*	[wazzaʻa ribḥan]	وزّع رِبْحا
verteilt sein o. werden (*Arbeit*)	[tawazzaʻa (al-ʻamal)]	توزّع (العملُ)
Verteilung *der Arbeit*	[tawzîʻ al-ʻamal]	توزيع العمل
Ausschüttung *von Dividende*	[tawzîʻ ribḥ al-ashum]	توزيع رِبح الأسْهُم
Distribution *von Waren*	[tawzîʻ as-silaʻ]	توزيع السِلع
jährliche Ausschüttungen	[tawzîʻât sanawiyya]	توزيعات سنويّة
Vertrieb *von Elektroenergie*	[tawzîʻ aṭ-ṭâqa kahrabâ'iyya]	توزيع الطاقة الكهْربائيّة
gerechte Verteilung	[tawzîʻ ʻâdil]	توزيع عادل
*Bar*ausschüttung	[tawzîʻ naqdî]	توزيع نقْديّ
Verteiler, Vertreiber	[muwazziʻ, ~ûn]	موزِّع ج ون
*Exklusiv*vertreiber	[mawazziʻ waḥîd]	موزِّع وحيد
verteilt, ausgeschüttet	[muwazzaʻ]	موزّع

wiegen *Getreide*	[wazana (yazinu, wazn) al-ḥubûb]	وزن (ـِ وزْن) الحُبُوب
wiegen *drei Kilo*	[wazana ṭalâtat kîlû]	وزن ثلاثة كِيلُو
ausgleichen, bilanzieren, budgetieren, etatisieren *Haushalt*	[wâzana al-mîzâniyya]	وازن الميزانيّة
ausgewogen sein, ausgeglichen sein o. werden *(Haushalt)*	[tawâzana (al-muwâzana}	توازن (الموازنةُ)
Wiegen *einer Ladung*	[wazn aš-šaḥna]	وزْن الشحْنة
Gewicht	[wazn, awzân]	وزْن ج أوْزان
*Gesamt*gewicht	[wazn iğmâlî]	وزْن إجماليّ
*Über*gewicht	[wazn zâ'id]	وزْن زائد
*Lade*gewicht	[wazn aš-šaḥn]	وزْن الشحْن
Tara	[wazn al-ʿubûwât]	وزْن العُبُوّات
Tara	[wazn al-fâriġ]	وزْن الفارغ
wirtschaftliches Gewicht	[wazn iqtiṣâdî]	وزْن اقتصاديّ
*Brutto*gewicht	[wazn qâ'im]	وزْن قائم
Bilanzierung, Budgetierung *des Haushalts*	[muwâzanat al-mîzâniyya]	موازنة الميزانيّة
Haushalt, Budget, Etat	[muwâzana]	موازنة ج ات
*Staats*haushalt	[muwâzanat ad-dawla]	موازنة الدوْلة
*Not*haushalt	[muwâzana ṭâr'ia]	موازنة طارئة
konsolidierter Haushalt	[muwâzana muwaḥḥada]	موازنة موحّدة
Haushalt *erstellen*	[aʿadda muwâzana]	أعدّ موازنة
Bilanz; Waage	[mîzân, mawâzîn]	ميزان ج موازِين
*Leistungs*bilanz	[mîzân al-adâ']	ميزان الأداء
*Handels*bilanz	[mîzân tiğârî]	ميزان تِجاريّ
*Zahlungs*bilanz	[mîzân al-madfûʿât]	ميزان المدفوعات
*ausgeglichene Zahlungs*bilanz	[mîzân al-madfûʿât al-mutawâzin]	ميزان المدفوعات المتوازِن
*Steuer*bilanz	[mîzân ḍarîbî]	ميزان ضرِيبيّ
*Energie*bilanz	[mîzân aṭ-ṭâqa]	ميزان الطاقة
veröffentlichte Bilanz	[mîzân muʿlan]	ميزان معلن
*Handels*bilanz	[mîzân al-muʿâmalât at-tiğâriyya]	ميزان المعاملات التِجاريّة
*Eröffnungs*bilanz	[mîzân iftitâḥî]	ميزان افتتاحيّ

konsolidierte Bilanz	[mîzân muwaḥḥad]	ميزان موحّد
ausgeglichene Bilanz	[mîzân mutawâzin]	ميزان متوازِن
Bilanz *prüfen*	[daqqaqa mîzânan]	دقّق ميزانا
Bilanz *fälschen*	[zawwara al-mîzân]	زوّر ميزانا
Bilanz *aufstellen*	[aʿadda mîzânan]	أعدّ ميزانا
Bilanz *veröffentlichen*	[aʿlana mîzâna]	أعلن ميزانا
Budget, Etat, Haushalt	[mîzâniyya, ~ât]	ميزانيّة ج ات
*Staats*haushalt	[mîzâniyyat ad-dawla]	ميزانيّة الدوْلة
*Kapital*budget	[mîzâniyya ra'smâliyya]	مِيزانيّة رأْسْماليّة
*Jahres*etat	[mîzâniyya sanawiyya]	ميزانيّة سنويّة
Werbe*budget*	[mizâniyyat al-iʿlân]	ميزانيّة الإعلان
*Nachtrags*haushalt	[mîzâniyya mulḥaqa]	ميزانيّة ملحقة
ausgewogener Haushalt	[mîzâniyya mutawâzina]	ميزانيّة متوازِنة
Haushalt *prüfen*	[râǧaʿa mîzâniyya]	راجع ميزانيّة
Haushalt *verabschieden*	[aqarra mîzâniyya]	أقرّ ميزانيّة
Haushalt *erstellen*	[waḍaʿa mîzâniyya]	وضع ميزانيّة
Gleichgewicht	[tawâzun]	توازُن
ökologisches Gleichgewicht	[tawâzun bî'î]	توازُن بِيئيّ
außenwirtschaftliches Gleichgewicht	[tawâzun fî at-tiǧâra al-ḫâriǧiyya]	توازُن في التِجارة الخارجيّة
gesamtwirtschaftliches Gleichgewicht	[tawâzun fî al-iqtiṣâd al-waṭanî]	توازُن ف الاقتصاد الوطنيّ
gestörtes Gleichgewicht	[tawâzun muḫtall]	توازُن مختلّ
Ausgewogenheit *zwischen Sektoren*	[tawâzun bayna al-qiṭâʿât]	توازُن بين القِطاعات
finanzielles Gleichgewicht	[tawâzun mâlî]	توازُن ماليّ
ausgeglichen, ausgewogen	[mutawâzin]	متوازِن
entsprechen *Summe*	[wâzâ mablaġan]	وازى مبْلغا
parallel, Parallel-	[muwâzin]	موازٍ
vermitteln *in einem Konflikt*	[tawassaṭa fî nizâʿ]	توسّط في نِزاع
Vermittlung; Mittelmaß	[tawassuṭ]	توسُّط
Vermittlung	[wisâṭa]	وِساطة

Maklertätigkeit, Maklergeschäft	[wisâṭa]	وِساطة
*Finanz*maklergeschäft	[wisâṭa mâliyya]	وِساطة ماليّة
*Wertpapier*maklergeschäft	[wisaṭat al-awrâq al-mâliyya]	وِساطة الأوْراق الماليّة
Vermittler, Mittelsmann, Makler	[wasiṭ, wusaṭâ']	وسِيط ج وُسطاء
*Wertpapier*händler	[wasiṭ as-sanadât]	وسِيط السندات
*Immobilien*händler	[wasîṭ ʿaqârî]	وسِيط عقاريّ
Mittelwert, Mittel, Mitte	[wasaṭ, awsâṭ]	وسط ج أوْساط
arithmetisches Mittel	[wasaṭ ḥisâbî]	وسط حِسابيّ
*Bank*kreise	[awsâṭ maṣrifiyya]	ج أوْساط مصْرِفيّة
*Geschäfts*kreise	[awsâṭ al-aʿmâl]	أوْساط الأعْمال
*Wirtschafts*kreise	[awsât iqtiṣâdiyya]	أوْساط اقتصاديّة
*Finanz*kreise	[awsâṭ mâliyya]	أوْساط ماليّة
mittlerer, Mittel, Durchschnitt, durchschnittlich	[mutawassiṭ]	متوسِّط
mittlerer *Monatslohn*	[mutawassiṭ al-aǧr aš-šahrî]	متوسِّط الأجْر الشهْريّ
mittleres *Einkommen*	[mutawassiṭ ad-daḫl]	متوسِّط الدخْل
mittlerer *Zuwachs*	[mutawassiṭ az-ziyâda]	متوسِّط الزِيادة
mittlerer *Zinssatz*	[mutawassiṭ siʿr al-fa'ida]	متوسِّط سِعْر الفائِدة
mittlere *Kapazität*	[mutawassiṭ aṭ-ṭâqa]	متوسِّط الطاقة
durchschnittliches *Lebensalter*	[mutawassiṭ al-ʿumr]	متوسِّط العُمْر
durchschnittliche *Rendite*	[mutawassiṭ al-ʿâ'id]	متوسِّط العائد
Mittel*wert*	[mutawassiṭ al-qîma]	متوسِّط القِيمة
Durchschnitts*wachstum*	[mutawassiṭ an-numûw]	متوسِّط النُمُوّ
im Durchschnitt *6%*	[bi-mutawassiṭ sitta bi-l-mi'a]	بمتوسِّط ٦ بالمائة
*über*durchschnittlich	[fawqa al-mutawassiṭ]	فوق المتوسِّط
Mittelmeer-, mediteran	[mutawassiṭî]	متوسِّطيّ
Mittlerer *Osten*	[aš-šarq al-awsaṭ]	الشرْق الأوْسط
Mittel, Medium	[wasîṭa, wasâ'iṭ]	وسِيطة ج وسائِط
*Transport*mittel	[wasâ'iṭ an-naql]	وسائِط النقْل
*Multi*media	[wasâ'iṭ mutaʿaddida]	وسائِط متعدّدة

erweitern, ausbauen *Projekt*	[wassaʿa mašrûʿan]	وسّع مشروعا
erweitert sein o. werden (*Lager*)	[tawassaʿa (al-mustawdaʿ)]	توسّع (المستودعُ)
expandieren *(Unternehmen)*	[tawassaʿa (aš-šarika)]	توسّع (الشرِكةُ)
ausreichen, aufnehmen können, groß genug sein *für eine Menge*	[ittasaʿa li-kammiyya]	اتّسع لكميّة
*Geschäfts*erweiterung	[tawsîʿ al-aʿmâl]	توسيع الأعْمال
Ausbau *eines Hafens*	[tawsiʿat al-mînâ']	توْسعة الميناء
Ausdehnung, Erweiterung, Expansion	[tawassuʿ]	توسُّع
horizontale Expansion	[tawassu' ufuqî]	توسُّع أُفقيّ
vertikale Expansion	[tawassuʿ ʿamûdî]	توسُّع عمُوديّ
städtebauliche Erweiterung	[tawassuʿ ʿumrânî]	توسُّع عُمْرانيّ
Erweiterungsarbeiten	[tawassuʿât]	توسُّعات
Ausdehnung, Fassungsvermögen *eines Hafens*	[ittisâʿ al-mînâ']	اتّساع الميناء
weit, geräumig	[wâsiʿ]	واسع
ausreichend *Zeit*	[muttasaʿ min al-waqt]	متّسع من الوقْت
Fassungsvermögen, Kapazität, Geräumigkeit	[saʿa]	سعة
*Speicher*kapazität	[saʿa taḫzîniyya]	سعة تخزينيّة
Mittel, Medium	[wasîla, wasâʿil]	وسِيلة ج وسائِل
*Zahlungs*mittel	[wasîlat ad-dafʿ]	وسِيلة الدفْع
angeforderte, beantragte Mittel	[wasâ'il maṭlûba]	وسائِل مطلوبة
Medien	[wasâ'il al-iʿlâm]	وسائِل الإعلام
*Massen*medien	[wasâ'il al-iʿlâm al-ğamâhîriyya]	وسائِل الإعلام الجماهِيريّة
*Print*medien	[wasâ'il al-iʿlâm al-maṭbûʿa]	وسائِل الإعلام المطبوعة
*Werbe*medien, *Werbe*träger	[wasâ'il al-iʿlân]	وسائِل الإعلان
wirksames Mittel	[wasîla faʿʿâla]	وسِيلة فعّالة
*Finanz*mittel	[wasâ'il mâliyya]	وسائِل ماليّة
*Produktions*mittel	[wasâ'il al-intâğ]	وسائِل الإنتاج
*Transport*mittel	[wasâ'il an-naql]	وسائِل النقْل
*Kommunikations*mittel	[wasâ'il al-ittiṣâl]	وسائِل الاتّصال
Saison, Vegetationsperiode, Erntezeit	[mawsim, mawâsim]	موْسِم ج مواسِم

*Trocken*zeit, *Dürre*periode	[mawsim al-ġafâf]	مَوْسِم الجفاف
*Urlaubs*saison	[mawsim al-iǧâza]	مَوْسِم الإجازة
*Ernte*saison	[mawsim al-ḥasâd]	مَوْسِم الحصاد
*Tourismus*saison	[mawsim siyâḥî]	مَوْسِم سِياحيّ
*Regen*zeit	[mawsim al-amṭâr]	مَوْسِم الأمْطار
saisonal	[mawsimî]	مَوْسِميّ
Kennziffern, Normen, Parameter, Spezifikation(en), Standards	[muwâṣafât]	ج مواصفات
*Umwelt*standards	[muwâṣafât bî'iyya]	مواصفات بِيئيّة
Spezifikationen *eines Projekts*	[muwâṣafât al-mašrûʿ]	مواصفات المشروع
*Industrie*normen	[muwâṣafat ṣinâʿiyya]	مواصفات صِناعيّة
internationale Standards	[muwâṣafât ʿâlamiyya]	مواصفات عالميّة
technische Parameter	[muwâṣafat fanniyya]	مواصفات فنّيّة
normative Standards	[muwâṣafât qiyâsiyya]	مواصفات قِياسيّة
*Produkt*spezifikation	[muwâṣafât al-muntaǧât]	مواصفات المنتجات
*Stellen*beschreibung	[muwâṣafât al-waẓîfa]	مواصفات الوظيفة
entsprechend den Standards	[wifqa al-muwâṣafât]	وِفْقَ المواصفات
Standards *entsprechen*	[istaǧâba li-muwâṣafât]	استجاب لمواصفات
bringen, führen, leiten, gelangen lassen, zugänglich machen *Produkte auf Markt*	[awṣala al-muntaǧât ilâ as-sûq]	أوصل المنتجات إلى السُوق
anschließen *ländlichen Raum an Elektrizität*	[awṣala al-kahrabâ' ilâ ar-rîf]	أوصل الكهْرباء الى الرِيف
sich in Verbindung setzen, Kontakt aufnehmen *mit Firma*	[ittaṣala bi-šarika]	اتّصل بشرِكة
telefonieren *mit einem Kunden*	[ittaṣala hâtifiyyan bi-ʿamîl]	اتصل هاتفيًا بعمِيل
Beleg, Quittung	[waṣl, wuṣûl / wuṣûlât]	وصْل ج وُصُول / وُصُولات
Karrierismus	[wuṣûliyya]	وُصُوليّة
*Verkehrs*anbindung *der Berge*	[îṣâl aṭ-ṭuruq ilâ al-ǧibâl]	إيصال الطُرُق الى الجِبال
Beleg, Quittung, Voucher	[îṣâl, ~ât]	إيصال ج ات
*Einzahlungs*beleg	[îṣâl al-îdâʿ]	إيصال الإيداع
Kontakt, Verbindung	[ittiṣâl, ~ât]	اتّصال ج ات
Kommunikation	[ittiṣâl, ~ât]	اتّصال ج ات
Kontakte *herstellen*	[aǧrâ ittiṣâlât]	أجرى اتّصالات

Kontaktaufnahme *mit einer Bank*	[ittiṣâl bi-maṣrif]	اتّصال بمصْرِف
*Telefon- und Funk*verkehr	[ittiṣâl silkî wa-lâ-silkî]	اتّصال سِلْكيّ ولا سِلْكيّ
*Satelliten*verkehr	[ittiṣâl faḍâ'î]	اتّصال فضائيّ
*Telefon*gespräch, Telefonat	[ittiṣâl hâtifî]	اتّصال هاتفيّ
Telefongespräch *führen*	[aǧrâ ittaṣâlan hâtifiyyan]	أجرى اتّصالا هاتِفيًا
zurückrufen *(telefonisch)*	[aʿâda al-ittiṣâl]	اعاد الاتّصال
Kontakte	[ṣila, ~ât]	صِلة ج ات
Kontakte *festigen*	[ʿazzaza ṣilât]	عزّز صِلات
treuhänderisch übergeben *Unternehmen dem Ministerium*	[waṣṣâ bi-šarika li-l-wizâra]	وصّى بشرِكة للوِزارة
testamentarisch vermachen *Besitz den Kindern*	[waṣṣâ bi-milkiyya li-l-aṭfâl]	وصّى بمِلْكيّة للأطْفال
Treuhandauftrag	[tawṣiya]	توصية
Treuhandschaft, Treuhandverwaltung	[wiṣâya]	وِصاية
Erblasser	[muwaṣṣin, ~ûn]	موصٍّ ج ون
Treuhänder, Testamentsvollstrecker, Nachlaßverwalter, Vormund	[waṣîy, awṣiyâ']	وصِيّ ج أوْصِياء
treuhänderisch verwaltet	[muwaṣṣan bihi]	موصّىً به
Testament	[waṣîya, waṣâyâ]	وصِية ج وصايا
abpacken *Lebenmittel*	[waḍḍaba mawâdd ġiḍâ'iyya]	وضّب موادّ غِذائيّة
Abpacken *von Obst*	[tawḍîb al-fawâkih]	توضيب الفواكه
aufstellen, entwerfen *Plan*	[waḍaʿa (yaḍaʿu, waḍʿ) ḫuṭṭa]	وضع (ـَ وضْع) خُطّة
legen *Grundstein*	[waḍaʿa ḥaǧr al-asâs]	وضع حجر الأساس
Ende setzen *einer Krise*	[waḍaʿa ḥaddan li-azma]	وضع حدّا لأزْمة
finden *eine Lösung für ein Problem*	[waḍaʿa ḥallan li-muškila]	وضع حلاّ لمشكِلة
erstellen *Wirtschaftsstudie*	[waḍaʿa dirâsa iqtiṣâdiyya]	وضع دِراسة اقتصاديّة
in Dienst stellen *Schiff*	[waḍaʿa safîna qayda al-ḫidma]	وضع سفِينة قيْدَ الخِدْمة
stellen *Bedingungen*	[waḍaʿa šurûṭan]	وضع شُرُوطا
Projekt in Betrieb nehmen	[waḍaʿa mašrûʿan fî al-ḫidma]	وضع مشروعا في الخِدْمة
in Betrieb nehmen *Fabrik*	[waḍaʿa maṣnaʿan fî mawḍiʿ al-ʿamal]	وضع مصْنعا في موْضِع العمل
in Rechnung stellen *eine Arbeit*	[waḍaʿa ʿamalan fî al-ḥisâb]	وضع عملا في الحِساب
zur Verfügung stellen *einen Kredit einer Firma*	[waḍaʿa qarḍan taḥta taṣarruf aš-šarika]	وضع قرْضا تحت تصرُّف الشرِكة

in *Kraft* setzen *Vertrag*	[waḍaʿa ittifâqiyya mawḍiʿ at-tanfîḏ]	وضع اتّفاقيّة موْضِع التنفيذ
beschlagnahmen *Eigentum*	[waḍaʿa al-yad ʿalâ mumtalakât]	وضع اليد على ممتلكات
Setzen *von Prioritäten*	[waḍaʿa awlawiyyât]	وضْع أوْلويّات
Lage, Situation, Status, Stellung, Zustand	[waḍʿ, awḍâʿ]	وضْع ج أوْضاع
sozialer Status	[waḍʿ iğtimâʿî]	وضْع اجتماعيّ
*Monopol*stellung	[waḍʿ iḥtikârî]	وضْع احتكاريّ
stabile Lage	[waḍʿ mustaqirr]	وضْع مستقِرّ
instabile Lage	[waḍʿ ġair mustaqirr]	وضْع غيْر مستقِرّ
wirtschaftliche Lage, Konjunktur	[waḍʿ iqtiṣâdî]	وضْع اقتصاديّ
*Finanz*lage	[waḍʿ mâlî]	وضْع ماليّ
*gesunde Finanz*lage	[waḍʿ mâlî salîm]	وضْع ماليّ سليم
*Wettbewerbs*lage	[waḍʿ tanâfusî]	وضْع تنافُسيّ
Ort, Platz, Stelle	[mawḍiʿ, mawâḍiʿ]	موْضِع ج مواضِع
Thema, Gegenstand	[mawûʿ, mawâḍîʿ]	موْضوع ج مواضِيع
These	[mawḍûʿa, ~ât]	موْضوعة ج ات
Umwelt*belastung*	[waṭat al-bî'a]	وطْأة البيئة
Fuß *in Markt stellen*	[waḍaʿa mawṭi' al-qadam fî as-sûq]	وضع موْطِئ القدم في السُوق
ansiedeln im eigenen Land *Banken*	[waṭṭana bunûkan]	وطّن بُنُوكا
Technologieentwicklung im eigenen Land	[tawṭîn taknûlûğiyâ]	توطين تكْنُولُوجيا
Investieren im eigenen Land	[tawṭîn al-istiṯmâr]	توطين الاستثمار
Stellenbesetzung mit einheimischen *Arbeitskräften*	[tawṭîn al-waẓâ'if]	توطين الوظائف
Bürger, Einheimischer, einheimisch	[muwâṭin, ~ûn]	مواطِن ج ون
*Geldanlage*ort	[mawṭin al-amwâl, wawâṭin]	موْطِن الأمْوال ج مواطِن
anstellen, einstellen, beschäftigen *Personal*	[waẓẓafa muwaẓẓafîn]	وظّف موظّفين
anlegen, investieren *Gelder*	[waẓẓafa amwâlan]	وظّف أمْوالا
instrumentalisieren *Forschung*	[waẓẓafa al-baḥṯ al-ʿilmî]	وظّف البحْث العِلْميّ
angestellt sein o. werden *(Angestellte)*	[tawaẓẓafa (al-muwaẓẓafûn)]	توظّف (الموظّفون)
angelegt, investiert sein o. werden *(Gelder)*	[tawaẓẓafa (al-amwâl)]	توظّف (الأمْوالُ)
Einstellung *von Arbeitskräften*	[tawẓîf al-ʿamâla]	توظيف العمالة

Stellenbesetzung *mit einheimischen Arbeitskräften*	[tawẓîf ahlî]	توظيف أهْليّ
Geldanlage, Investition	[tawẓîf, ~ât]	توظيف ج ات
*Investitions*anlage	[tawẓif al-istiṯmârât]	توظيف الاستثمارات
*Finanz*anlagen	[tawẓîfât mâliyya]	توظيفات ماليّة
*Voll*beschäftigung	[tawaẓẓuf kâmil]	توظُّف كامل
Arbeitgeber	[muwaẓẓîf al-yad al-ʿâmila, ~ûn]	موظِّف اليد العاملة ج ون
angelegte, investiert	[muwaẓẓaf]	موظّف
Angestellter, Beamter	[muwaẓẓaf, ~ûn]	موظّف ج ون
*Staats*beamter	[muwaẓẓaf ḥukûmî]	موظّف حُكوميّ
Anstellung, Posten, Arbeitsstelle	[waẓîfa, waẓâ'if]	وظِيفة ج وظائِف
Stelle *im Staatsdienst*	[waẓîfa ʿâmma]	وظِيفة عامّة
Posten *besetzen*	[šaġala waẓîfa]	شغل وظِيفة
Arbeitsplätze *schaffen*	[waffara waẓâ'if]	وفّر وظائِف
Funktion *des Geldes*	[waẓîfat an-nuqûd, waẓâ'if]	وظِيفة النقْد ج وظائِف
fassen, aufnehmen *Waren*	[istawʿaba baḍâ'iʿ]	استوعب بضائِع
absorbieren, abdecken *Markt*	[istawʿaba as-sûq]	استوعب السُوق
Aufnahme *von Arbeitskräften*	[istîʿâb al-yad al-ʿâmila]	استيعاب اليد العاملة
Termin, Verabredung, Zeitpunkt, Ort der Verabredung	[mawʿid, mawâʿid]	موعِد ج مواعِد
Termin *festlegen*	[ḥaddada mawʿidan]	حدّد موْعِدا
Termin *absagen*	[alġâ mawʿidan]	الغى موْعِدا
Termin, Verabredung	[mîʿâd, mawâʿîd]	مِيعاد ج مواعِيد
*Dienst*zeit, *Öffnungs*zeit	[mawâʿîd al-ʿamal]	مواعِيد العمل
Fahrplan *der Eisenbahn*	[mawâʿîd al-qiṭârât]	مواعِيد القِطارات
termingerecht, pünktlich	[fî mîʿâdihi]	في مِيعاده
wirtschaftliche Bewußtseinsbildung	[tawʿiya iqtiṣâdiyya]	توْعية اقتصاديّة
Aufklärung *des Verbrauchers*	[tawʿiyat al-mustahlik]	توْعية المستهلِك
Gefäß, Behälter	[wiʿâ', awʿiya]	وِعاء ج أوْعِية
*Geldanlage*form	[wiʿâ', awʿiya]	وِعاء ج أوْعِية
*steuerfreie Kapital*anlage	[wiʿâ' ra'smâlî muʿfan min aḍ-ḍarâ'ib]	وِعاء رأسْماليّ معفىً من الضرائِب

*Spar*anlagen	[awʿiya iddiḫâriyya]	أَوْعِية ادّخاريّة
*Umwelt*bewußtsein	[waʿy bîʾî]	وعْي بِيئيّ
bereitstellen, zur Verfügung stellen, beschaffen *Finanzmittel*	[waffara amwâlan]	وفّر أمْوالا
schaffen *Bedingungen*	[waffara šurûṭan]	وفّر شُرُوطا
schaffen *Möglichkeiten*	[waffara imkâniyyât]	وفّر إمكانيّات
sparen *Gelder*	[waffara amwâlan]	وفّر أمْوالا
vorhanden, bereitgestellt sein o. werden *(Ressourcen)*	[tawaffara / tawâfara (al-mawârid)	توفّر / توافر (الموارِدُ)
*Kapital*beschaffung	[tawfîr ar-ra'smâl]	توفير الرأسْمال
Schaffung *von Arbeitsplätzen*	[tawfîr furaṣ al-ʿamal]	توفير فُرص العمل
Bereitstellung *von Krediten*	[tawfîr al-qurûḍ]	توفير القُرُوض
Bereitstellung *von Arbeitskräften*	[tawfîr al-quwâ al-ʿâmila]	توفير القُوى العاملة
*Material*beschaffung	[tawfîr al-mawâdd]	توفير الموادّ
*Zeit*ersparnis	[tawfîr al-waqt]	توفير الوقْت
Vorhandensein *von Bedingungen*	[tawâfur aš-šurûṭ]	توافُر الشُرُوط
reichlich, reichlich vorhanden	[wâfir]	وافر
Sparer	[muwaffir, ~ûn]	موفِّر ج ون
*Dienst*leister	[muwaffir al-ḫidma]	موفِّر الخِدْمة ج ون
bereitgestellt, reichlich vorhanden	[mutawaffir / mutawâfir]	متوفِّر / متوافِر
Fülle, große Menge, Überfluß	[wafr, wufûrât]	وفْر ج وُفُورات
Überschuß *erzielen*	[saǧǧala wafran]	سجّل وفْرا
Ersparnisse	[wufûrât]	ج وُفُورات
Fülle, Reichtum,Überfluß *an Ressourcen*	[wafrat al-mawârid]	وفْرة الموارِد
reichlich vorhanden	[wafîr]	وفِير
zustimmen *Vertrag*	[wâfaqa ʿalâ ʿaqd]	وافق على عقْد
sich einigen *auf,* vereinbaren *Preis*	[ittafaqa ʿalâ siʿr]	اتّفق على سِعْر
Zusage, Zustimmung	[muwâfaqa, ~ât]	موافقة ج ات
schriftliche Zusage	[muwâfaqa ḫaṭṭiyya]	موافقة خطّيّة
*Vor*absprache	[muwâfaqa musbaqa]	موافقة مسبقة
mündliche Zusage	[muwâfaqa šafawiyya]	موافقة شفويّة

Abmachung, Absprache, Vereinbarung, Einigung, Übereinkunft *über Preise*	[ittifâq, ~ât ʿalâ asʿâr]	اتّفاق ج ات على أسْعار
*Lohn*vereinbarung	[ittifâq al-uǧûr]	اتّفاق الأُجور
*Rahmen*vereinbarung	[ittifâq iṭâr]	اتّفاقٌ إطارٌ
*Pauschal*vereinbarung	[ittifâq iǧmâlî]	اتّفاق إجماليّ
*Sonder*vereinbarung	[ittifâq ḫâṣṣ]	اتّفاق خاصّ
*Preis*absprache	[ittifâq ʿalâ al-asʿâr]	اتّفاق على الأسْعار
mündliche Abmachung	[ittifâq šafahî]	اتّفاق شفهيّ
stillschweigende Übereinkunft	[ittifâq ḍimnî]	اتّفاق ضِمْنيّ
Abkommen, Vertrag	[ittifâqiyya, ~ât]	اتّفاقيّة ج ات
*Tarif*vertrag	[ittifâqiyyat al-uǧûr]	اتّفاقيّة الأُجور
*Handels*abkommen	[ittafâqiyya tiǧâriyya]	اتّفاقيّة تِجاريّة
*Zahlungs*abkommen	[ittifâqiyyat al-madfûʿât]	اتّفاقيّة المدفوعات
*Zoll*abkommen	[ittifâqiyya ǧumrukiyya]	اتّفاقيّة جُمْرُكيّة
*Devisenausgleichs*abkommen	[ittifâqiyya taswiyat al-ʿumla al-aǧnabiyya]	اتّفاقيّة تسويّة العُمْلة الأجْنبيّة
gentleman's agreement	[ittifâqiyyat aš-šaraf]	اتّفاقيّة الشرف
*Allgemeines Zoll- und Handels*abkommen *(GATT)*	[al-ittifâqiyya al-ʿâmma li-t-tiǧâra wa-t-taʿrifât al-ǧumrukiyya]	الاتّفاقيّة العامّة للتِجارة والتعرِفات الجُمْرُكيّة (غات / جات)
gültiger Vertrag	[ittifâqiyya sâriyat al-mafʿûl]	اتّفاقيّة سارية المفعول
*Partnerschafts*vertrag	[ittifâqiyyat aš-širâka]	اتّفاقيّة الشِراكة
*Verrechnungs*abkommen	[ittifâqiyyat al-muqâṣṣa]	اتّفاقيّة المقاصّة
bindender Vertrag	[ittifâqiyya mulzima]	اتّفاقيّة ملزِمة
*Rohstoff*abkommen	[ittifâqiyyat al-mawâdd al-awwaliyya]	اتّفاقيّة الموادّ الأوّليّة
*Präferenz*abkommen	[ittifâqiyyat al-mazâyâ]	اتّفاقيّة المزايا
*Währungs*abkommen	[ittifâqiyya naqdiyya]	اتّفاقيّة نقْديّة
Abkommen *schließen*	[ʿaqada ittifâqiyya]	عقد اتّفاقيّة
Abkommen *kündigen*	[alġâ ittifâqiyya]	ألغى اتّفاقيّة
Abkommen *verlängern*	[maddada ittifâqiyya]	مدّد اتّفاقيّة
Abkommen *beitreten*	[inḍamma ilâ ittifâqiyya]	انضمّ إلى اتّفاقيّة
Abkommen *auslaufen*	[(inqaḍâ) al-ittifâqiyya]	(انقضى) الاتّفاقيّة

Akommen *unterzeichnen*	[waqqaʿa ʿalâ ittifâqiyya]	وقّع على اتّفاقيّة
vereinbart	[muttafaq ʿalaihi]	متّفق عليه
begleichen, tilgen *Schuld*	[wafâ (yafî, wafâ') bi-dayn]	وفى (ـِ وفاء) بديْن
decken *Bedarf*	[wafâ bi-ḥağa]	وفى بحاجة
einhalten *Vertrag*	[wafâ bi-ʿaqd]	وفى بعقْد
begleichen, tilgen *Schuld*	[awfâ daynan]	أوفى ديْنا
begleichen *Gebühren*	[istawfâ rusûman]	استوفى رُسُوما
erfüllen *wirtschaftliche Bedingungen*	[istawfâ šurûṭan iqtiṣâdiyya]	استوفى شُرُوطا اقتصاديّة
geben *Sicherheit*	[istawfâ ḍamâna]	استوفى ضمانة
*Schuldent*ilgung	[wafâ' bi-d-dayn]	وفاء بالديْون
*Schuldent*ilgung	[îfâ' ad-duyûn]	إيفاء الدُيُون
Erfüllung *von Verpflichtungen*	[istî'fâʿ al-iltizâmât]	استيفاء الالتزامات
vollständig	[mustawfan]	مستوفىً
zeitlich festlegen *Warenlieferung*	[waqqata tawrîd as-silaʿ]	وقّت توريد السِلع
Zeitbestimmung, Timing *eines Projekts*	[tawqît al-mašrûʿ]	توقيت المشروع
*Orts*zeit	[tawqît maḥallî]	توقيت محلّيّ
*Sommer*zeit	[tawqît ṣayfî]	توقيت صيْفيّ
Ortszeit *Kairo*	[tawqît al-qâhira]	توقيت القاهرة
zeitweilig, provisorisch	[muwaqqat / mu'aqqat]	موقّت / مؤقّت
Zeit	[waqt, awqât]	وقْت ج أوْقات
*Reserve*zeiten	[awqât iḥtiyâṭiyya]	أوْقات احتياطيّة
*Dienst*zeit, *Geschäfts*zeit, *Sprech*zeit	[awqât ad-dawâm]	أوْقات الدوام
*Dienst*zeit, *Geschäfts*zeit, *Sprech*zeit	[awqât al-murâğaʿ]	أوْقات المراجعة
*Arbeits*zeit(en)	[awqât al-ʿamal]	أوْقات العمل
*variable, flexible Arbeits*zeit	[awqât al-ʿamal al-mutaġayyira]	أوْقات العمل المتغيّرة
*Über*stunden	[awqât al-ʿamal al-iḍâfî]	أوْقات العمل الإضافيّة
*flexible Arbeits*zeit	[awqât al-ʿamal al-marina]	أوْقات العمل المرِنة
*Frei*zeit	[awqât al-firâġ]	أوْقات الفِراغ
Zeit *verkürzen*	[qaṣṣara al-waqt]	قصّر الوقْت

Zeit *gewinnen*	[kasaba al-waqt]	كسب الوقْت
Zeit *sparen*	[waffara al-waqt]	وفّر الوقْت
Brennstoff, Kraftstoff, Treibstoff	[waqûd]	وقُود
entfallen *(Prozentsatz) auf Erdöl*	[waqaʿa (yaqaʿu, wuqûʿ) (an-nisba) ʿalâ al-batrûl]	وقع (ـَ وُقُوع) (النِسْبةُ) على البتْرُول
unterzeichnen *Kontrakt*	[waqqaʿa ʿalâ ʿaqd]	وقّع على عقْد
*gegen*zeichen *Papier*	[waqqaʿa maʿa al-ġayr ʿalâ waraqa]	وقّع مع الغيْر على ورقة
paraphieren *Vertrag*	[waqqaʿa ʿalâ ittifâqiyya bi-l-aḥruf al-ûlâ]	وقّع على اتّفاقيّة بالأحْرُف الأُولى
Unterzeichnung *einer Vereinbarung*	[tawqîʿ ʿalâ ittifâq]	توقيع على اتّفاق
Unterschrift	[tawqîʿ , tawâqîʿ]	توقيع ج تواقِيع
beglaubigte *Unterschrift*	[tawqîʿ muṣaddaq]	توقيع مصدّق
Unterzeichner	[muwaqqiʿ, ~ûn]	موقِّع ج ون
*End*unterzeichneter	[al-muwaqqiʿ adnâhu]	الموقِّع أدناه
unterzeichnet	[muwaqqaʿ ʿalayhi]	موقّع عليه
Position, Stellung, Standort	[mawqiʿ, mawâqiʿ]	موْقِع ج مواقِع
*Handels*platz	[mawqiʿ tiǧârî]	موْقِع تِجاريّ
*Bau*stelle	[mawqiʿ al-binâ']	موْقِع البِناء
strategische Position	[mawqiʿ strâtîǧî]	موْقِع سْتْراتِيجيّ
*Industrie*standorte	[mawâqiʿ ṣinâʿiyya]	مواقِع صِناعيّة
*Arbeits*ort	[mawqiʿ al-ʿamal]	موْقِع العمل
*Finanz*platz	[mawqiʿ mâlî]	موْقِع ماليّ
*Wirtschafts*standort	[mawqiʿ iqtiṣâdî]	موْقِع اقتصاديّ
führende Position	[mawqiʿ qiyâdî]	موْقِع قِياديّ
Position *festigen*	[ʿazzaza mawqiʿan]	عزّز موْقِعا
Stellung *einnehmen*	[iḥtalla mawqiʿan]	احتلّ موْقِعا
zum Halten bringen, stoppen *Inflation*	[waqafa (yaqifu, waqf) (at-taḍaḫḫum)	وقف (ـِ وقْف) التضخُّم
sperren *Konto*	[awqafa ḥisâban]	أوقف حِسابا
sperren *Guthaben*	[awqafa raṣîdan]	أوقف رصِيدا
einstellen, schließen *Projekt*	[awqafa mašrûʿan]	أوقف مشروعا
eingestellt sein o. werden *(Arbeiten)*	[tawaqqafa (al-aʿmâl]	توقّف (الأعْمالُ)

einstellen *Produktion*	[tawaqqafa ʿan al-intâğ]	توقّف عن الإنتاج
Stopp *des Wertverfalls*	[waqf tadahwur al-qîma]	وقْف تدهْوُر القِيمة
Stiftung, Waqf	[waqf, awqâf]	وقْف ج أوْقاف
Sperrung *eines Kontos*	[îqâf al-ḥisâb]	إيقاف الحِساب
wirtschaftlicher Stillstand, Stagnation	[tawaqquf iqtiṣâdî]	توقُّف اقتصاديّ
*Zahlungs*einstellung	[tawaqquf ʿan ad-dafʿ]	توقُّف عن الدفْع
gesperrt, Sperr-	[mawqûf]	موقوف
Lage, Stellplatz	[mawqif, mawâqif]	موْقِف ج مواقِف
Prävention	[wiqâya]	وِقاية
präventiv	[wiqâ'î]	وِقائيّ
herabsetzen *Preis*	[wakasa (yakisu, waks) as-siʿr	وكس (-ِ وكْس) السِعْر
mit Verlust *verkaufen*	[bâʿa bi-l-waks]	باع بالوكْس
unter Wert verkauft	[mawkûs]	موكوس
bevollmächtigen *Vertreter*	[wakkala wakîlan]	وكّل وكِيلا
bevollmächtigt sein o. werden *(Geschäftsführer)*	[tawakkala (al-mudîr)]	توكّل (المدِيرُ)
Bevollmächtigung, Mandat, Vollmacht, Prokura	[tawkîl]	توكيل
*Handlungs*vollmacht	[tawkîl tiğârî]	توكيل تِجاريّ
amtliche Vollmacht	[tawkîl rasmî]	توكيل رسْميّ
beurkundete Vollmacht	[tawkîl muwaṯṯaq]	توكيل موثّق
Vollmacht *beibringen*	[aḥḍara tawkîlan]	أحضر توكيلا
per Prokura	[bi-t-tawkîl]	بالتوكيل
Mandant, Auftraggeber	[muwakkil, ~ûn]	موكِّل ج ون
bevollmächtigt	[muwakkal]	موكّل
Agentur, Vertretung	[wikâla, ~ât]	وِكالة ج ات
*Kredit*agentur	[wikâlat al-i'timân]	وِكالة الائتمان
*Handels*agentur, *Handels*vertretung	[wikāla tiğâriyya]	وِكالة تِجاريّة
*Reise*agentur, *Reise*büro	[wikâlat as-safar]	وِكالة السفر
Spedition	[wikâlat aš-šaḥn]	وِكالة الشحْن
*Internationale Energie*agentur	[wikalat aṭ-ṭâqa ad-duwaliyya]	وِكالة الطاقة الدُوليّة

*Internationale Atomenergie*agentur	[wikalat aṭ-ṭâqa an-nawa-wiyya ad-duwaliyya]	وِكالة الطاقة النوويّة الدُوليّة
*Werbe*agentur	[wikâlat al-iʿlân]	وِكالة الإعلان
konzessionierte Agentur	[wikala muʿtamada]	وِكالة معتمدة
Agentur *auf Kommissionsbasis*	[wikâla bi-l-ʿumûla]	وِكالة بالعُمُولة
*Internationale Finanzierungs*agentur	[wikâlat at-tamwîl ad-duwaliyya]	وِكالة التمويل الدوليّة
*Franchise*agentur	[wikâlat al-imtiyâz]	وِكالة الامتياز
*Nachrichten*agentur	[wikalat al-anbâ']	وِكالة الانْباء
*Schiffahrts*agentur	[wikalat al-milâḥa]	وِكالة المِلاحة
*Vertriebs*agentur	[wikâlat at-tawziʿ]	وِكالة التوزيع
in Vertretung	[bi-l-wikâla]	بالوِكالة
Bevollmächtigter, Beauftragter, Vertreter, Agent	[wakîl, wukalâ']	وكِيل ج وُكلاء
*Verkaufs*vertreter	[wakîl al-bayʿ]	وكِيل البيْع
*Handels*vertreter	[wakîl tiğârî]	وكِيل تِجاريّ
*Handlungs*reisender	[wakîl mutağawwil]	وكِيل متجوّل
*Exklusiv*vertreter	[wakîl ḥaṣrî]	وكِيل حصْريّ
Spediteur	[wakîl aš-šaḥn]	وكِيل الشحْن
*General*agent	[wakîl ʿâmm]	وكِيل عامّ
Kommisionär	[wakîl bi-l-ʿumûla]	وكِيل بالعُمُولة
Vertreter *konzessionieren*	[iʿtamada wakîlan]	اعتمد وكِيلا
*Energie*erzeugung	[tawlîd aṭ-ṭâqa]	توليد الطاقة
übernehmen *Management*	[tawallâ al-idâra]	تولّى الإدارة
übernehmen *Verantwortung*	[tawallâ al-masûliyya]	تولّى المسؤوليّة
sich aneignen, sich bemächtigen *Anteile*	[istawlâ ʿalâ ḥiṣaṣ]	استولى على حِصص
Übernahme *der Finanzierung*	[tawallî at-tamwîl]	تولّي التمويل
Besitzergreifung *von Besitzungen*	[istîlâ' al-mumtalakât]	استيلاء على ممتلكات
Priorität	[awlawiyya, ~ât]	أوْلويّة ج ات
wirtschaftliche Prioritäten *setzen*	[waḍaʿa awlawiyyât iqtiṣâdiyya]	وضع أوْلويّات اقتصاديّة
absolute Priorität *setzen*	[awlâ awlawiyya muṭlaqa]	أولى أوْلويّة مطلقة
schenken *Geschenk einem Kunden*	[wahaba (yahabu, wahb) ʿamîlan hiba]	وهب (ـَ وهْب) عميلا هِبة

Geschenk, Schenkung	[hiba, ~ât]	هِبة ج ات
fiktiv, Schein-	[wahmî]	وهْميّ

ي

Lotterie	[yâ-naṣîb]	يا نصِيب
Arbeitskraft	[yad ʿâmila, aydin]	يد عاملة ج أيْدٍ
manuell	[yadawî]	يدويّ
erleichtern *Operation*	[yassara ʿamaliyya]	يسّر عمليّة
leicht möglich sein o. werden *(Geschäftsabschluß)*	[tayassara (ʿaqd aṣ-ṣafaqa)]	تيسّر (عقْدُ الصفقة)
Wohlstand	[yusr]	يُسْر
*Steuer*erleichterung	[taysîr ḍarîbî]	تيسير ضرِيبيّ
Erleichterung *der Kreditaufnahme*	[taysîr al-iqtirâḍ]	تيسير الاقتراض
*Finanz*förderung	[taysîr mâlî]	تيسير ماليّ
Vergünstigungen, Sonderkonditionen	[taysîrât]	تيسيرات
günstig, zu günstigen Bedingungen	[muyassar]	ميسّر
wohlhabend	[maysûr]	ميسور
wohlhabend	[mûsir]	موسِر
Wohlstand	[maysara]	ميْسرة
geringfügig	[yasîr]	يسِير
Tagelohn	[muyâwama]	مياومة
Tagelöhner	[muyâwim, ~ûn]	مياوِم ج ون
*Zah*ltag	[yawm ad-dafʿ]	يوْم الدفْع
*Kalender*tag	[yawm taqwîmî]	يوْم تقويميّ
Tagebuch, Journal	[yawmiyya, ~ât]	يوميّة ج ات

Ersparnisse, Spareinlagen 73